Oldenbourg
Grundriss
der Geschichte

I0138040

Oldenbourg Grundriss der Geschichte

Herausgegeben
von
Lothar Gall
Karl-Joachim Hölkeskamp
Hermann Jakobs

Band 40

Das moderne Indien 1498 bis 2004

Von
Jürgen Lütt

Oldenbourg Verlag München 2012

Bibliografische Information der Deutschen Nationalbibliothek

Die Deutsche Nationalbibliothek verzeichnet diese Publikation in der Deutschen Nationalbibliografie; detaillierte bibliografische Daten sind im Internet über <http://dnb.d-nb.de> abrufbar.

© 2012 Oldenbourg Wissenschaftsverlag GmbH, München
Rosenheimer Straße 145, D-81671 München
Internet: oldenbourg-verlag.de

Umschlaggestaltung: hauserlacour
Gedruckt auf säurefreiem, alterungsbeständigem Papier (chlorfrei gebleicht).

Satz: le-tex publishing services GmbH, Leipzig
Druck und Bindung: Grafik+Druck, München

ISBN 978-3-486-58161-4
eISBN 978-3-486-71511-8

Inhaltsverzeichnis

Vorwort der Herausgeber   IX

Vorwort   XI

I. Darstellung   1

  1. Einführung   1
     1.1   Kolonialismus und „Rückständigkeit"   1
     1.2   Nationalismus und „Nation-building"   2

  2. Die Ankunft der Europäer (1498 –1757)   3
     2.1   Indien um 1500   3
     2.2   Die portugiesische Herrschaft in Indien   4
     2.3   Die europäischen Ostindien-Kompanien   7
     2.4   Militärische Überlegenheit der Europäer   12

  3. Von Händlern zu Herrschern: Indien unter der Englischen
     Ostindien-Kompanie (1757–1858)   13
     3.1   Ausgangsposition: Die Briten in Bengalen vor 1757   13
     3.2   Die Eroberung Bengalens und die Ausdehnung
         der englischen Herrschaft (1757–1793)   14
     3.3   Ausbreitung und Sicherung der englischen Herrschaft
         in Indien (1773–1856)   23
     3.4   Die Öffnung Indiens: Evangelikalismus, Utilitarismus,
         Liberalismus   30
     3.5   Rammohan Roy und die Bengalische Renaissance   35
     3.6   Der Indische Aufstand 1857/58   38

  4. Indien als Kronkolonie und die Anfänge des indischen
     Nationalismus 1858–1918   41
     4.1   Herrschaftsverständnis und Herrschaftspraxis
         der Kolonialmacht   41
     4.2   Die Anfänge des indischen Nationalismus   46
     4.3   Verfassungsreformen und Erster Weltkrieg   59

  5. Indien im Zeichen Mahatma Gandhis (1916–1947)   62
     5.1   Das Leben Gandhis bis zu seinem Einstieg in die indische
         Politik   62
     5.2   Gandhis erste Kampagne: Nicht-Zusammenarbeit   65
     5.3   Die zwanziger Jahre: Communalism und
         Kommunismus   68
     5.4   Gandhis zweite Kampagne: Ziviler Ungehorsam   73
     5.5   Nehru und die Internationalisierung der indischen
         Nationalbewegung   77
     5.6   Das „kommunalistische Problem" und die Ursprünge
         Pakistans   80

5.7   Indien im Zweiten Weltkrieg   81
5.8   Unabhängigkeit und Teilung 1945–1947   88

6. Das unabhängige Indien 1947–2004   90
6.1   Die Ära Jawaharlal Nehrus 1947–1964   90
6.2   Kurzes Zwischenspiel: Lal Bahadur Shastri 1964–1966 . . 102
6.3   Die erste Regierung Indira Gandhi 1966–1977 103
6.4   „Non-Congressism" an der Macht: Die Regierung
      der Janata Party 1977–1979 110
6.5   Die zweite Regierungszeit Indira Gandhis 1980–1984 . . 112
6.6   Die Regierungszeit Rajiv Gandhis 1984–1989 114
6.7   Neue Konstellationen 1989–1998 116
6.8   Die Hindu-Nationalisten an der Macht (1998–2004) . . . 122

II. Grundprobleme und Tendenzen der Forschung   125

1. Grundlagen 125
   1.1   Indiens Ort in der Weltgeschichte 125
   1.2   Moderne Geschichte Südasiens als neue akademische
         Fachrichtung 126
2. Schulen der Indien-Geschichtsschreibung 128
   2.1   Die britischen Kolonialhistoriker 129
   2.2   Die indischen Historiker der nationalistischen Schule . . . 130
   2.3   Die Cambridge-Schule der Indien-Historiker 131
   2.4   Die marxistische Geschichtsschreibung über Indien 132
   2.5   Indien in den Modernisierungstheorien 134
   2.6   Der Postkolonialismus 137
3. Der Estado da India 143
   3.1   Forschungsstand, Desiderata 143
   3.2   Wurzeln und Triebkräfte der europäischen Expansion . . . 145
   3.3   Deutsche in portugiesischen Diensten 147
   3.4   Christliche Mission und Inquisition 149
4. Die nordeuropäischen Ostindien-Kompanien 149
   4.1   Indienhandel anderer europäischer Staaten 150
   4.2   Ziele Englands: Gab es einen imperialistischen Plan? . . . 151
5. Das 18. Jahrhundert in Indien 153
   5.1   Niedergang, Krise? Der Begriff „Orientalischer
         Despotismus" 153
   5.2   Wirtschaftliche Lage Indiens am Vorabend der britischen
         Eroberung 155
   5.3   „Plünderung Bengalens" und die Ausbeutungsthese 157
6. Die Entdeckung des alten Indiens und die Folgen 159
7. „Zeitalter der Reform" und „Bengalische Renaissance" – Beginn
   der Modernisierung Indiens? 161
8. Der Indische Aufstand – Meuterei oder Unabhängigkeitskrieg? . 165

9. Wurzeln und Charakter der indischen Nationalbewegung 168
   9.1 Trägerschaft 168
   9.2 Nationskonzept, Communalism 170
   9.3 Mahatma Gandhi 171

10. Die Dekolonisation Indiens 172
   10.1 Übertragung der Macht oder erkämpfte Freiheit? 172
   10.2 Subhas Chandra Bose 174

11. Die Teilung Indiens 174
   11.1 Verantwortlichkeiten 174
   11.2 Das Kaschmir-Problem 177

12. Bilanz der Kolonialherrschaft 178
   12.1 Die kritische Position 178
   12.2 Die liberale Position 182
   12.3 Resümee 186

13. Historiographische Probleme des unabhängigen Indiens 187
   13.1 Die Emergency – schwerste Krise des unabhängigen Indiens 188
   13.2 Der Hindu-Nationalismus – Fundamentalismus,
         Faschismus? 189
   13.3 Das unabhängige Indien – Erfolg oder Misserfolg der
         Modernisierung? 193

III. Quellen und Literatur   195

1. Quellen 195
   1.1 Zeitlich übergreifende Quellensammlungen 195
   1.2 Europäische Quellen für den Zeitraum 1498–1757 195
   1.3 Die Englische Ostindien-Kompanie 1600–1858 197
   1.4 Indien als britische Kronkolonie („British Raj") 1858–1947 200
   1.5 Die Anfänge des modernen Indiens: Religiöse und soziale
        Reform 200
   1.6 Die indische Nationalbewegung 1885–1947 201
   1.7 Indien nach 1947 206

2. Darstellungen 207
   2.1 Hilfsmittel 207
   2.2 Historiographie 208
   2.3 Epochenübergreifende Gesamtdarstellungen 211
   2.4 Indien und die Expansion Europas 213
   2.5 Der „Estado da India" der Portugiesen 214
   2.6 Die europäischen Ostindien-Kompanien (ca. 1600–1757) . 217
   2.7 Die Herrschaft der East India Company (1757–1858) . . . 219
   2.8 Indien als britische Kronkolonie (1858–1917) 225
   2.9 Die Anfänge des modernen Indiens: Religiöse und soziale
        Reform 226
   2.10 Die indische Nationalbewegung 1885–1947 228

2.11 Dekolonisation: Auf dem Weg zur Unabhängigkeit
1917–1947   235

2.12 Das unabhängige Indien („Indische Union", „Republik
Indien", „Bharat")   237

2.13 Übergreifende Themen   242

Anhang   247

Abkürzungen 247

Karten 249

Zeittafel 252

Glossar 257

Register   261

Personenregister 261

Autorenregister 265

Orts- und Sachregister 268

Vorwort der Herausgeber

Die Reihe verfolgt mehrere Ziele, unter ihnen auch solche, die von vergleichbaren Unternehmungen in Deutschland bislang nicht angestrebt wurden. Einmal will sie – und dies teilt sie mit anderen Reihen – eine gut lesbare Darstellung des historischen Geschehens liefern, die, von qualifizierten Fachgelehrten geschrieben, gleichzeitig eine Summe des heutigen Forschungsstandes bietet. Die Reihe umfasst die alte, mittlere und neuere Geschichte und behandelt durchgängig nicht nur die deutsche Geschichte, obwohl sie sinngemäß in manchem Band im Vordergrund steht, schließt vielmehr den europäischen und, in den späteren Bänden, den weltpolitischen Vergleich immer ein. In einer Reihe von Zusatzbänden wird die Geschichte einiger außereuropäischer Länder behandelt. Weitere Zusatzbände erweitern die Geschichte Europas und des Nahen Ostens um Byzanz und die Islamische Welt und die ältere Geschichte, die in der Grundreihe nur die griechisch-römische Zeit umfasst, um den Alten Orient und die Europäische Bronzezeit. Unsere Reihe hebt sich von anderen jedoch vor allem dadurch ab, dass sie in gesonderten Abschnitten, die in der Regel ein Drittel des Gesamtumfangs ausmachen, den Forschungsstand ausführlich bespricht. Die Herausgeber gingen davon aus, dass dem nacharbeitenden Historiker, insbesondere dem Studenten und Lehrer, ein Hilfsmittel fehlt, das ihn unmittelbar an die Forschungsprobleme heranführt. Diesem Mangel kann in einem zusammenfassenden Werk, das sich an einen breiten Leserkreis wendet, weder durch erläuternde Anmerkungen noch durch eine kommentierende Bibliographie abgeholfen werden, sondern nur durch eine Darstellung und Erörterung der Forschungslage. Es versteht sich, dass dabei – schon um der wünschenswerten Vertiefung willen – jeweils nur die wichtigsten Probleme vorgestellt werden können, weniger bedeutsame Fragen hintangestellt werden müssen. Schließlich erschien es den Herausgebern sinnvoll und erforderlich, dem Leser ein nicht zu knapp bemessenes Literaturverzeichnis an die Hand zu geben, durch das er, von dem Forschungsteil geleitet, tiefer in die Materie eindringen kann.

Mit ihrem Ziel, sowohl Wissen zu vermitteln als auch zu selbständigen Studien und zu eigenen Arbeiten anzuleiten, wendet sich die Reihe in erster Linie an Studenten und Lehrer der Geschichte. Die Autoren der Bände haben sich darüber hinaus bemüht, ihre Darstellung so zu gestalten, dass auch der Nichtfachmann, etwa der Germanist, Jurist oder Wirtschaftswissenschaftler, sie mit Gewinn benutzen kann.

Die Herausgeber beabsichtigen, die Reihe stets auf dem laufenden Forschungsstand zu halten und so die Brauchbarkeit als Arbeitsinstrument über eine längere Zeit zu sichern. Deshalb sollen die einzelnen Bände von ihrem Autor oder einem anderen Fachgelehrten in gewissen Abständen überarbeitet werden. Der Zeitpunkt der Überarbeitung hängt davon ab, in welchem Ausmaß sich die allgemeine Situation der Forschung gewandelt hat.

Lothar Gall   Karl-Joachim Hölkeskamp   Hermann Jakobs

Vorwort

Was heißt „modernes Indien", und wann beginnt es? Darüber streiten sich die Historiker nach wie vor. Der 1885 gegründete Indische Nationalkongress hatte als Ziel die Modernisierung Indiens, aber schon in den 30er, 40er und 50er Jahren des 19. Jh. wollte die britische Kolonialregierung Indien reformieren („Reform-Ära"). Damals saßen die Briten schon fast ein Jahrhundert als bestimmende politische Kraft in Indien, so dass auch die Mitte des 18. Jh. ein plausibles Datum für den Beginn des modernen Indiens wäre. Doch bevor sich die Engländer mit der Schlacht bei Plassey 1757 als Territorialmacht in Bengalen festzusetzen begannen, gab es eine Phase von gut 250 Jahren, in der es zu ersten Begegnungen Indiens mit dem modernen Europa kam: Die Portugiesen machten im 16. Jh. ihre Präsenz in Indien in vielfacher Weise fühlbar, und seitdem hörte der Strom von Händlern, Missionaren, Militärs, Abenteurern und sonstigen Reisenden aus verschiedenen europäischen Ländern nicht mehr auf. Es kam zu verschiedensten Formen der Interaktion, friedlichen wie unfriedlichen. Für Indien fiel diese Epoche mit der Zeit des Moghulreiches zusammen, für Europa war es die erste Phase seiner Expansion und zugleich die Epoche, die wir heute „frühe Neuzeit" nennen.

Der Band „Indische Geschichte bis 1750" von Hermann Kulke hat die Entwicklung bis in die Mitte des 18. Jh. geführt, soweit das Moghulreich und andere einheimische Mächte betroffen sind – die Aktivitäten der Portugiesen, Holländer, Franzosen und Engländer vor 1750 wurden bewusst ausgelassen. Da sie die Vorläufer bzw. Wegbereiter der englischen Kolonialherrschaft waren, werden sie in diesem Band beschrieben. Es ergibt sich also eine Zeitspanne von 250 Jahren, in denen sich zwei Epochen überschneiden, die wir mit den aus der europäischen Geschichte übernommenen Begriffen Mittelalter und Neuzeit bzw. Moderne bezeichnen. Um ein vollständiges Bild der indischen Geschichte zwischen 1500 und 1750 zu bekommen, muss der Band von Hermann Kulke mit herangezogen werden.

Die Region, um deren Geschichte es hier geht, hat im Laufe der Epochen verschiedene Bezeichnungen gehabt: Ostindien, Vorderindien, Britisch-Indien, Indien und schließlich seit 1947 Südasien, da in diesem Jahr auf dem Gebiet des bisherigen „Indiens" zwei Staaten entstanden sind: Pakistan, und – als Bezeichnung dessen, was übrig blieb – Indien, genauer gesagt: Republik Indien oder Indische Union. Nach der Teilung Pakistans 1971 kam ein dritter hinzu: Bangladesch. „Südasien" bezeichnet seitdem den ganzen Subkontinent, also auch Nepal, Sri Lanka (bis 1972 Ceylon), Bhutan und die Malediven. Für die Zeit nach 1947 wird in diesem Buch der Name Indien nur im engeren Sinne gebraucht.

Nach 1947, und in einer neuen Welle in den 1990er Jahren, wurden – als Nachhutgefechte gegen den Kolonialismus – einige Städtenamen geändert, „indisiert". In diesem Buch werden in der Regel die alten Formen beibehalten, da sie so in den Quellen und in der Literatur vorkommen, also Bombay statt Mumbai, Madras statt Chennai, Benares statt Varanasi, Baroda statt Vadodara usw., das englische Calcutta heißt heute Kolkata, aber in diesem Buch wird die eingeführte deutsche Version gebraucht, also Kalkutta. In manchen Fällen werden beide Formen nebeneinander benutzt, je nach Zusammenhang: Lucknow = Lakhnau, Cawnpore = Kanpur.

Bei der Schreibung indischer Wörter und Namen wird auf diakritische Zeichen verzichtet. Für die Aussprache ist zu beachten: c und ch wie im Deutschen tsch, j und jh wie dsch, y wie j, sh wie sch, v immer wie w.

Ich freue mich, dass ich mit diesem Buch die Gelegenheit bekommen habe, Lehre und Forschung von mehreren Jahrzehnten sowohl aus meiner Heidelberger als auch meiner Berliner Zeit zusammenfassen zu dürfen. All meinen Studenten und Kollegen, die dazu beigetragen haben, sei hiermit gedankt, vor allem Dietmar Rothermund, meinem langjährigen Chef und Förderer am Südasien-Institut in Heidelberg. Besonderen Dank schulde ich auch meinem Kollegen und Freund Hermann Kulke. Für die kritische Durchsicht dieser und früherer Versionen danke ich außerdem Adelheid Conrad, Rolf-Peter Sieferle, Jan Kuhlmann und nicht zuletzt dem Herausgeber dieser Reihe, Herrn Lothar Gall. Wichtige Hinweise und Anregungen zur neueren Wirtschaftsentwicklung Indiens erfuhr ich von Simon Conrad, frühe Hilfe bei der Anlage der Bibliographie bekam ich von Axel Klein. Meinen Text voller exotischer Namen und fremdartiger Themen in Form gebracht zu haben, ist das dankbar gewürdigte Verdienst der Lektorin des Oldenbourg-Verlages Frau Cordula Hubert. Meine Frau Barbara Conrad-Lütt war auch bei dieser Arbeit all die Jahre meine treue Stütze, wofür gar nicht genug gedankt werden kann.

I. Darstellung

1. Einführung

1.1 Kolonialismus und „Rückständigkeit"

Das Indienbild in den Medien hat sich in den letzten Jahren stark gewandelt. Statt von Armut und Unterentwicklung ist nun von der aufstrebenden Wirtschaftsmacht, ja von der Weltmacht des 21. Jahrhunderts die Rede. Verwiesen wird dabei auf das hohe Wirtschaftswachstum mit Raten von 6 bis 9 %, auf Bangalore als das indische „Silicon Valley" und auf die Existenz von indischen Milliardären, die westliche Firmen aufkaufen. Bei näherem Hinsehen wird man allerdings erkennen, dass das Ausgangsniveau dieser Wachstumsraten ein sehr niedriges ist und dass nur ein Bruchteil der Bevölkerung merklich vom Aufschwung profitiert (etwa 15 bis 20 %), von den 1,2 Milliarden Menschen zählen etwa 400 Millionen zu den „absolut Armen". Der desolate Zustand der Infrastruktur, vor allem die mangelhafte Versorgung mit Energie, der hohe Stand des Analphabetentums lassen befürchten, dass die Rückständigkeit auch bei hohen Wachstumsraten nicht so schnell zu beheben sein wird. Selbst wenn der wirtschaftliche Aufschwung sich als dauerhafter Aufholprozess erweisen sollte, bleibt, zumindest für den Historiker, die Frage: Warum so spät? Man kommt also nicht um die Feststellung herum, dass Indien auch weiterhin exemplarisch für eins der großen Probleme der neueren Zeit steht: die riesige Diskrepanz in der wirtschaftlichen und sozialen Entwicklung zwischen der sog. Ersten und der sog. Dritten Welt und deren Folgen.

Politiker und Wissenschaftler sind sich heutzutage weitgehend darüber einig, dass die Ursache der allgemeinen indischen Rückständigkeit in der kolonialistischen Ausbeutung zu suchen ist. Vor allem in Indien ist diese Auffassung seit der Unabhängigkeitsbewegung Allgemeingut. Exemplarisch steht dafür der Ausspruch der indischen Ministerpräsidentin Indira Gandhi von 1983: „Die Europäer kamen, weil es (Indien) in jenen sagenhaften Tagen von Golkonda das reichste Land der Welt war. Vor einigen Jahrzehnten verließen sie es als eins der ärmsten" [2.13.1: MOLDEN, 86]. Golkonda, der Name eines Sultanats auf dem Dekkan, in dem es reiche Edelsteinvorkommen gab, bedeutet im Englischen bis heute soviel wie im Deutschen der Begriff El Dorado – das reiche Land schlechthin. In der wissenschaftlichen Literatur ist die These vom ausbeuterischen Kolonialismus gerade erst wieder von Mike Davis zugespitzt worden. Für die verheerenden Hungerkatastrophen des späten 19. Jh., die er als Holocaust bezeichnet, macht er direkt die Kolonialregierung verantwortlich.

Auf einer ganz anderen Ebene erfuhr die These vom zerstörerischen Kolonialismus durch Edward Said in seinem Buch Orientalism (1978), das eine der Grundlagen des sog. Postkolonialismus geworden ist, eine Radikalisierung: Der wirtschaftlichen und politischen Unterwerfung entspreche eine geistige und kulturelle bzw. diese sei ihr vorausgegangen.

Indira Gandhi spricht vom Beginn des ausbeuterischen Kolonialismus im 16. Jh., also lange vor der formalen Kolonialherrschaft der Briten seit Mitte des 18. Jh.s. Sie bestätigt damit, was oben über die Konzeption dieses Bandes gesagt worden ist. Die Zeit vom 16. bis zum 20. Jh. bildet für Indien eine zusammenhängende Epoche, in der Formulierung des indischen Historikers K.M. Panikkar: die Vasco-da-Gama-Epoche der asiatischen Geschichte.

Charakter des britischen Kolonialismus

Für Indira Gandhi war Indien die „klassische europäische Kolonie", für die Briten war es „das kostbarste Juwel in der britischen Krone" – so kostbar, dass sie zu seiner Sicherung auf dem Wege dorthin und ringsherum Stützpunkte und weitere Kolonien errichteten. Das ganze britische Kolonialreich in Asien und Afrika wurde letztlich zur Sicherung Indiens errichtet. Der damaligen britischen Führung war klar: Mit dem Besitz Indiens stand und fiel das Britische Weltreich. Aber was heißt „klassische europäische Kolonie"? Im Unterschied zu anderen britischen Kolonien wie in Nordamerika und Australien war Indien keine Siedlerkolonie. Hier herrschte stattdessen eine kleine Anzahl von britischen Beamten und Militärs über eine gewaltige Zahl von Einheimischen, Angehörigen einer der großen alten Hochkulturen Asiens. Was war der Sinn dieser Herrschaft? Was trieb die Briten dazu, weit entfernt von ihrer Heimat mit etwa 1500 Beamten und einigen zehntausend Soldaten etwa 300 Millionen Inder zu beherrschen? Wirtschaftliche Ausbeutung? „Civilising Mission"? Nationales Prestige? Weltherrschaft? Oder die Karriere einiger weniger unmittelbarer Nutznießer (Edward Said: „The Orient was a career")?

1.2 Nationalismus und „Nation-building"

Folgen der Kolonisierung

Der britische Kolonialismus brachte für Indien Umwälzungen auf allen Gebieten. Aber sie vollzogen sich nicht revolutionär, sondern über einen Zeitraum von knapp 200 Jahren. Ergebnis und zugleich Beschleuniger dieser Umwälzung war die indische Nationalbewegung, die zunächst nur eine Demokratisierung und Modernisierung Indiens anstrebte, aber schließlich die völlige politische Unabhängigkeit forderte. Die indische Nationalbewegung hatte ein Doppelgesicht. Einerseits war ihr Ziel Modernisierung, und das hieß Verwestlichung, auf allen Gebieten, andererseits stützte sie sich auf eine Rückbesinnung auf eigene Traditionen, angeregt durch die Entdeckung der indischen Kultur durch europäische Gelehrte seit dem späten 18. Jh.. Bis heute ist eins der umstrittenen Probleme der indischen Politik, welches Gewicht im Prozess der Modernisierung die indische Tradition haben soll. Mahatma Gandhi verwarf die industrielle Zivilisation aus dem Westen kategorisch und berief sich stattdessen auf die Tradition des indischen Dorfes. Er stellte sich damit gegen eins der Hauptziele des Indischen Nationalkongresses. Trotzdem wurde er die beherrschende Figur der indischen Politik zwischen 1920 und 1942.

Am 15. August 1947 erhielt die Kolonie Britisch-Indien die politische Unabhängigkeit, wurde aber zugleich geteilt in Pakistan, den Staat der indischen Muslime, und die Indische Union, die sich dagegen als säkularistischer Staat verstand. Die Teilung war der Endpunkt einer qualvollen Auseinanderentwicklung der beiden größten Religionsgruppen, der Hindus und der Muslime.

Indiens und Pakistans Unabhängigkeit erwies sich als Auftakt zu einem allgemeinen Prozess der Entkolonisierung („Dekolonisation") in der ganzen Welt. **Dekolonisation** In atemberaubender Geschwindigkeit vollzog sich dieser Prozess innerhalb von gut zwanzig Jahren nach 1947. Die indische Regierung unter Jawaharlal Nehru trug durch ihre Politik der Blockfreiheit nicht unerheblich dazu bei. Im Innern war das Hauptziel der Regierung, Indien so schnell wie möglich zu modernisieren. „Nation building" hieß und heißt dieser Prozess in Indien. Vier Jahrzehnte lang (1947–1989) wurde der Weg dazu durch die Nehru-Familie bestimmt (Vater, Tochter und Enkel). Massive Industrialisierung unter der Regie des Staates bei weitgehender Abschottung nach außen einerseits und „Säkularismus" andererseits waren die beiden Hauptpfeiler dieser Politik. Erst 1991 brach Indien zu neuen Ufern auf: es öffnete sich wirtschaftlich im Innern und nach außen. Politisch und kulturell setzte sich eine neue Kraft durch: der Hindu-Nationalismus, der in Gestalt der Bharatiya Janata Party (Indische Volkspartei) von 1998 bis 2004 die Regierung stellte.

Der Weg von der „Kolonie zur Nation", von der politischen Unfreiheit zur Unabhängigkeit, war zugleich ein Wandlungsprozess von einer agrarischen Hochkultur zur modernen sich industrialisierenden Nation. Die Hindu-Nationalisten sehen im heutigen unabhängigen Indien auch die Wiedergeburt Hindu-Indiens nach 600 Jahren Muslim-Fremdherrschaft (ca. 1200 – ca. 1800).

2. Die Ankunft der Europäer (1498–1757)

2.1 Indien um 1500

Als mit der Landung Vasco da Gamas in Calicut am 20. Mai 1498 die lange **Vasco da Gama** Suche der Portugiesen nach dem Seeweg nach Indien endlich ihr Ziel erreicht hatte, wurde diese „Entdeckung" zwar in ganz Europa sofort als welthistorisches Ereignis ersten Ranges erkannt, in Indien selbst jedoch blieb es eine Episode am Rande. Für den Samorin („der am Ozean"), den Herrscher des kleinen Küstenstaates, zu dem Calicut gehörte, waren die Portugiesen zusätzliche und daher willkommene Händler, von den muslimischen Händlern dagegen wurden die Neuankömmlinge sofort als gefährliche Konkurrenten erkannt und entsprechend bekämpft. Schon als Vasco da Gama im Herbst 1502 zum zweiten Mal Indien erreichte, kam es in der Hafenstadt Cannanore zu gewaltsamen Auseinandersetzungen, so dass sich auch der Samorin, der um den Handelsfrieden bangte, gegen die Portugiesen stellte. Damit begann der Kampf um die Vorherrschaft im Indischen Ozean. Die Portugiesen gewannen ihn, indem sie sich strategische Stützpunkte an der West- und Südwestküste Indiens sicherten, an erster Stelle Goa, das sie 1510 dem Sultanat Bijapur entrissen. Der Hafen von **Goa** Goa war wichtig, weil sich von hier die muslimischen Pilger nach Mekka einschifften und weil über Goa der Import von Pferden aus Persien verlief.

Die Muslimreiche   Bijapur war ursprünglich eine Provinz des Bahmanidenreichs, welches sich über das mittlere Indien, also den nördlichen Dekkan erstreckte. Im Laufe des 15. Jh. hatten sich seine Provinzgouverneure einer nach dem anderen selbstständig gemacht und eigene Sultanate gegründet, außer Bijapur auch das sagenumwobene Golkonda. Das Bahmanidenreich wiederum war ursprünglich eine Abspaltung des Sultanats von Delhi, das seit etwa 1200 den ganzen Norden Indiens beherrschte. Zur Zeit der Ankunft der Portugiesen taumelte das Sultanat von Delhi unter seiner letzten Dynastie der Lodis gerade seinem Ende entgegen. Die Moghuln, ein turkmongolischer Stamm aus dem Ferghana-Tal in Zentralasien, gaben ihm in der Schlacht von Panipat 1526 den Todesstoß und begründeten das Moghulreich.

Neben den beiden großen Muslim-Herrschaftsgebieten mit dem Moghulreich im Norden und dem Bahmanidenreich in der Mitte Indiens gab es damals noch einen dritten Muslim-Staat: das Sultanat von Gujarat, das für die Portugiesen nach Bijapur der zweite Gegner werden sollte. In allen diesen muslimischen Reichen auf indischem Boden herrschte eine kleine muslimische Erobererschicht, die in der Regel aus Persien, dem heutigen Afghanistan oder Zentralasien stammte, über die einheimische hinduistische Bevölkerung.

Das Hindureich   Nur im äußersten Süden des Subkontinents gab es noch ein Reich der Hindus: das seit 1336 bestehende Vijayanagara. In der ersten Zeit der Portugiesen stand ihm sein „Goldenes Zeitalter" unter König Krishnadevaraya (ca. 1509–1529) noch bevor, aber es befand sich in ständigem Abwehrkampf gegen seine muslimischen Nachbarn im Norden, bis es ihnen schließlich in der Schlacht von Talikota 1565 unterlag und völlig zerstört wurde. Nur mit Hilfe Vijayanagaras hatten die Portugiesen Goa erobern können – gegen das Versprechen, Vijayanagara den Pferdeimport zu überlassen. Das Versprechen brachen sie jedoch bald, und nachdem sie 1515 auch Hormus (Ormuz) am Persischen Golf erobert hatten, war der Pferdehandel ganz in portugiesischer Hand.

2.2 Die portugiesische Herrschaft in Indien

Der Estado da India   Goa wurde 1510 zur Hauptstadt des von König Manuel im Jahre 1505 gegründeten Estado da India gemacht, des portugiesischen Handelsreiches, das sich in den nächsten Jahrzehnten, ausgehend von den Stützpunkten in Indien, über ganz Südost- und Ostasien ausbreitete. Neben Goa war Malakka (1511) an der Meerenge zwischen Sumatra und der Malaiischen Halbinsel sein zweiter wichtiger Stützpunkt.

An der indischen Westküste bauten die Portugiesen ihre Stützpunkte und damit ihre Vorherrschaft systematisch aus: mit einem entscheidenden Sieg über die Flotte des Mameluken-Sultans, der auch vom eifersüchtigen Venedig unterstützt wurde, hatten sie 1509 die arabisch/osmanische Vorherrschaft im indischen Ozean gebrochen. Dann kamen auch innerindische Kriege ihrem Streben entgegen: Als das Sultanat von Gujarat, mit dem sie seit 1530 Krieg führten, auch von der Landseite, von den Rajputen und vom Moghulkaiser Humayun angegriffen wurde, floh der Sultan zu den Portugiesen nach Diu und bat sie um

Hilfe. Die gewährten sie ihm unter der Bedingung, dass sie Diu als ihre Festung ausbauen dürften (1535).

Um ihr Handelsmonopol im Indischen Ozean durchzusetzen, führten die Portugiesen das System des sog. *cartaz* ein: ein Freibrief bzw. Handelspass, der von jedem Händler gegen eine bestimmte Gebühr und die Hinterlegung einer Kaution erworben werden musste. Jedes Schiff im Indischen Ozean musste eine *cartaz* bei sich haben, sonst drohte Kassierung von Schiff, Ladung und Mannschaft. Außerdem musste sich jedes Schiff bei der Stärke der Bewaffnung, der Art der Ladung und der Herkunft der Passagiere Beschränkungen unterwerfen. Ab den 1560er Jahren mussten sich alle Kaufleute in Schiffskonvois, sog. *Cafilas*, zusammentun, die zu ihrem Schutz wie zu ihrer Kontrolle von portugiesischen Schiffen begleitet wurden. Das alles widersprach dem in Europa geltenden allgemeinen Rechtsverständnis, wonach die Meere für alle offen seien, doch fühlten sich die Portugiesen außerhalb des christlichen Europas daran nicht gebunden. {.margin Portugiesische Vorherrschaft zur See}

Mit dem Großreich Vijayanagara hatten die Portugiesen im Großen und Ganzen ein gutes Verhältnis. Es gab verschiedene Handelsabkommen, außer über Pferde auch über Salpeter, Eisen und Textilien, und 1547 wurde sogar ein Freundschaftsvertrag geschlossen. Der Untergang des Königreichs Vijayanagara 1565 war daher auch für die Portugiesen ein schwerer Schlag. Sie verloren einen wichtigen Handelspartner und ihren Hauptverbündeten gegen die Muslim-Sultanate. Langfristig bedeutete der Untergang Vijayanagaras die politische Zersplitterung ganz Südindiens, so dass die Europäer dort leichter Fuß fassen konnten. Tatsächlich begann die politische und militärische Intervention der Europäer auf dem Boden des früheren Vijayanagara.

Haupthandelsartikel der Portugiesen waren Gewürze, die in Europa als Genuss-, Heil- und Konservierungsmittel immer begehrter wurden. Pfeffer, das wichtigste Gewürz, bezog man aus dem als Pfefferküste bezeichneten indischen Malabar. {.margin Handelswaren}

Laut dem sog. „indischen Pfeffervertrag" durfte eine lizenzierte Gruppe von Kaufleuten den in Indien und Malakka aufgekauften Pfeffer gegen einen Fixpreis in Lissabon an die Krone liefern. Im „europäischen Vertrag" konnten diese Händler den Pfeffer dann wiederum gegen einen festgesetzten Preis von der Krone zurückkaufen und in Europa veräußern. Sie verkauften dann kleinere Mengen an Einzelhändler, die wiederum Vertreter in Antwerpen unterhielten, um von dort aus den wichtigen nordeuropäischen Markt zu versorgen. Neben Gewürzen spielten auch Baumwollstoffe schon eine Rolle, weil sie leicht und schön gemustert waren und damit den europäischen Wollstoffen überlegen. Auch Edelsteine aus Golkonda waren ein wichtiges Handelsprodukt.

Zunächst war der Gewürzhandel zwischen Asien und Europa die Haupteinnahmequelle für die Portugiesen, aber bald machten sie größere Profite im asiatisch-afrikanischen Handel: Sie verkauften indische Textilien nach Afrika und in das übrige Asien, persische und arabische Pferde nach Vijayanagara, kauften dagegen Gold und Elfenbein in Ostafrika für asiatische Abnehmer und nutzten beim Handel mit Gold und Silber die unterschiedlichen Preise in China, Japan und Indien aus (sog. Arbitragehandel).

2.2.1 Religionspolitik

Bei ihrer ersten Landung hatten die Portugiesen in den Hindu-Tempeln noch vermeintlich christliche Kirchen gesehen und darin gebetet. Auch als sie ihren Irrtum erkannt hatten, verhielten sie sich zunächst tolerant gegenüber den „Heiden", also den Hindus, galt doch ihr Hass in erster Linie den „Mauren", also den Muslimen. Seit 1540 wurde die Missionierung der „Heiden" für sie dann mindestens so wichtig wie der Handel. Zwischen 1580 und 1610 jedoch richtete sich ihr Eifer mehr auf die Vertiefung des Glaubens bei den Neophyten als auf weitere Neubekehrung.

Franz Xaver Die herausragende Gestalt der Religionspolitik Portugals in Indien war der Jesuit Francisco Xavier (Franz Xaver, 1506–1552). Als einer der ersten Schüler von Ignatius von Loyola, dem Gründer des Jesuitenordens, fuhr Xavier im Auftrag des Königs von Portugal und als päpstlicher Legat für den Fernen Osten nach Goa und landete dort am 6. Mai 1542. Sein erstes Arbeitsgebiet war aber der südöstliche Küstenstreifen Indiens, die sog. Koromandelküste, wo einige Jahre zuvor (zwischen 1534 und 1536) die gesamte Kaste der Fischer (Paravas bzw. heutige Selbstbezeichnung Bharathas), insgesamt etwa tausend Menschen, die Taufe empfangen hatte, um sich die Hilfe und den Schutz des Königs von Portugal gegen räuberische Stämme aus dem Norden zu sichern.

Inquisition 1554 wurde in Goa ein Inquisitionstribunal errichtet, nachdem es schon 1540 einen königlichen Befehl aus Lissabon gegeben hatte, alle Hindu-Tempel in Goa zu zerstören und sämtliche Nicht-Christen von öffentlichen Ämtern auszuschließen. Hauptsächlich aber richtete sich die Inquisition gegen Abtrünnige und Häretiker. Als 1580 Portugal mit Spanien in Personalunion vereinigt wurde, verstärkte sich der Druck auf die einheimischen Religionen. Selbst die Nestorianer, die „Sankt-Thomas-Christen", wurden als Häretiker behandelt und in der Synode von Diamper (1599) wegen ihrer „Irrtümer" offiziell verurteilt und damit verboten.

Jesuiten bei Kaiser Akbar Ein besonderes Kapitel der indischen Religionsgeschichte des 16. Jh. ist der Besuch von drei Jesuiten-Patres aus Goa bei Kaiser Akbar. Auf seine Einladung hin kamen 1580 drei Jesuiten an seinen Hof in Fatehpur Sikri. Akbar führte rege Diskussionen mit den drei Christen, sie durften ihn auf seinen Kriegszügen begleiten, ja er erlaubte ihnen sogar, dem Kronprinzen christliche Unterweisung zu geben. Die drei Patres glaubten Anzeichen dafür zu sehen, dass Akbar kurz vor dem Übertritt zum Christentum stehe. Aber sie hatten sich getäuscht. Sein Interesse für das Christentum war Teil seines allgemeinen religiösen Interesses, das auch anderen Religionen wie dem Hinduismus, dem Jainismus und dem Parsismus zugute kam.

Immerhin soll Akbar – laut Information der Patres – geplant haben, eine Reise nach Europa zu unternehmen. Aber dieser Plan zerschlug sich. Sonst ist in dieser Zeit nichts von Reisen oder Reiseplänen prominenter Inder nach Europa überliefert. Aus ganz Asien ist nur die Reise einer Gruppe von japanischen Christen bekannt, die zwischen 1582 und 1590 Südeuropa bereisten.

Nach 1600 änderten die Portugiesen ihre Missionspolitik grundlegend, angeführt von dem Jesuiten Roberto de Nobili: Statt in den Unterschichten möglichst viele Konvertiten in möglichst kurzer Zeit zu gewinnen, wandte sich de Nobili an die Brahmanen, studierte ihre Schriften und passte sich ihrem Lebensstil an, um auf diese Weise vom oberen Ende der sozialen Hierarchie her das Christentum zu verbreiten – mit wenig Erfolg.

Insgesamt gesehen, war die Religionspolitik der Portugiesen in Indien ein Fehlschlag. Außerhalb ihres Machtbereichs hatten sie kaum Missionserfolge, und innerhalb entfremdeten sie mit ihrer Inquisitionspolitik die Neophyten und die alten Thomas-Christen. Bis heute hängt der portugiesischen Herrschaft in Indien der Makel der Intoleranz und religiösen Verfolgung an.

2.2.2 Niedergang

Religionspolitik war sicher einer der Gründe für den Niedergang der portugiesischen Herrschaft seit dem späten 16. Jh.. Auch schon vor der Inquisition hatte sie sich durch Gewalt, Raub und Plünderungen einen schlechten Namen gemacht. Wohl waren die Portugiesen den indischen und anderen asiatischen Mächten waffentechnisch, den anderen Europäern in Schiffbau und nautischem Wissen überlegen. Als Holländer und Engländer jedoch diesen Vorsprung eingeholt hatten, begann die Vorherrschaft der Portugiesen zu wanken.

Von Anfang an aber hatte es noch andere Schwächen gegeben: Das kleine Portugal verfügte nicht über genügend eigenes Kapital für den Unterhalt seines Überseereichs, war daher auf ausländische Hilfe angewiesen, beharrte aber andererseits auf seinem Handelsmonopol. Anfangs stützte es sich noch auf Kapital von den oberdeutschen Handelshäusern in Nürnberg und Augsburg sowie aus Oberitalien. 1503 wurde die erste vertragliche Übereinkunft zwischen den deutschen Handelshäusern und der portugiesischen Krone getroffen, wonach die Deutschen für einen Zeitraum von 15 Jahren Privilegien erhielten. Aber ihr Handel musste über den portugiesischen König laufen. Ab 1535 durften nur noch Portugiesen nach Indien fahren. Im letzten Viertel des 16. Jh.s nahmen die Indien-Aktivitäten der deutschen Kaufleute zwar noch einmal einen Aufschwung, aber nach der Vereinigung Portugals mit der spanischen Krone 1580 und nach der Vernichtung der spanischen Armada durch die Engländer 1588 konnte die spanische Flotte die deutschen Handelsschiffe nicht mehr gegen die englischen Piraten, allen voran Francis Drake, schützen. Allein 1589 brachte Francis Drake 60 deutsche, für Indien bestimmte Handelsschiffe in englische Häfen oder versenkte sie auf See.

2.3 Die europäischen Ostindien-Kompanien

Holländer wie Engländer lernten aus den Fehlern der Portugiesen und bauten zugleich auf deren Erfahrungen auf. Für sie hatte der Handel absolute Priorität, und in dessen Interesse enthielten sie sich jeder Art von christlicher Mission. Ihr Handel war strikt privat organisiert, wenn auch der Staat als Schutzherr im Hintergrund stand. Die nötigen nautischen Kenntnisse für die Fahrt

Priorität des Handels

nach Indien waren inzwischen nicht mehr Monopol der Portugiesen. Vor allem dank des 1596 erschienenen Werks „Itinerario" des niederländischen Geistlichen und Reisenden Jan Huyghen van Linschoten standen die Kenntnisse über Handelsrouten und lokale Gegebenheiten in Indien auch den Holländern zur Verfügung. Fast gleichzeitig kam es sowohl in Holland als auch in England zur Gründung von Ostindien-Kompanien, in Holland war es 1602 die Vereenigde Oostindische Compagnie (VOC), in England 1600 die English East India Company (EIC). Die Gründe, weshalb sowohl die Niederländer wie die Engländer überhaupt einen eigenen Indienhandel aufbauten, anstatt wie bisher die indischen Waren in Lissabon abzuholen und von Antwerpen aus im übrigen Nordeuropa zu verteilen, waren zum einen die steigende Nachfrage, zum anderen Veränderungen der politischen Lage: Die Nachfrage nach Pfeffer und den anderen Gewürzen stieg in Europa so stark an, dass die Portugiesen sie nicht mehr allein befriedigen konnten – die Bevölkerung Europas wuchs stetig, was auf steigenden Wohlstand schließen lässt (dieser wiederum wird mit dem Zufluss von Edelmetallen aus Amerika erklärt). Und durch den Zusammenschluss Portugals mit Spanien wurde Portugal in den Konflikt zwischen Holland und Spanien hineingezogen. Damit war den Holländern Lissabon verschlossen, weshalb sie zunächst über die Nordroute, übers Polarmeer, einen eigenen Weg nach Indien suchten – vergeblich, es blieb also nichts anderes übrig, als sich die Route der Portugiesen freizukämpfen.

2.3.1 Die Vereinigte Ostindische Compagnie (VOC)

Vordringen der Holländer in Asien

Die Schwächen des portugiesischen Estado da India einerseits und die Handelsinnovationen der Holländer andererseits machten es möglich, dass diese während des 17. Jh.s, „ihrem Jahrhundert", mit rasanter Geschwindigkeit in Indien und im übrigen Asien vordringen und dabei die Portugiesen aus den meisten ihrer Stellungen verdrängen konnten. Wie schon bei der Ausbreitung der Portugiesen ein Jahrhundert zuvor war von den indischen Mächten kein ernsthafter Widerstand zu erwarten. In Südindien hatte sich nach der Zerstörung des Vijayanagara-Reiches ein Machtvakuum gebildet. Das Gebiet war in lauter kleine Fürstentümer (unter den sog. Nayakas) aufgesplittert, die sich gegenseitig bekriegten und die Holländer und anderen Europäer eher als Verbündete gegen ihre Nachbarn benutzten, als sich gemeinsam gegen sie zu stellen. Das Moghulreich verfügte über keine eigene Seemacht und war wirtschaftlich an den Gold- und Silberimporten der Europäer interessiert.

Zunächst fassten die Holländer in Ost- und Südostasien Fuß – vom Malaiischen Archipel bis nach Formosa und Japan – und eröffneten erst 1616 eine Faktorei in Surat, dem Haupthafen des Moghulreiches am Indischen Ozean. Aber auch in Agra, einer der Hauptstädte des Moghulreiches, und in Burhanpur gründeten sie Niederlassungen. Außerhalb des Moghulreiches war die südostindische Koromandelküste ihr Hauptbetätigungsfeld, doch seit 1684 konzentrierten sie sich immer mehr auf Ceylon und Java. Außerhalb dieser Gebiete verloren sie an Einfluss und Ansehen.

Das ganze 17. Jh. hindurch waren die Holländer den Engländern noch überlegen und sicherten sich ihren Vorsprung notfalls mit äußerster Brutalität. Im „Massaker von Amboina" machten sie 1623 die gesamte Mannschaft einer englischen Faktorei auf Sumatra nieder – eine Untat, die den Engländern bis zum Burenkrieg als Propagandastoff diente.

Die englisch-holländischen Handelskriege zur Zeit Oliver Cromwells brachten den Holländern bereits einen Rückschlag, doch ihr eigentlicher Niedergang begann dann im 18. Jh. als Folge innerer Verfallserscheinungen. Die wachsende Korruption unter den Verwaltungsbeamten in den Kolonien und die steigenden Kosten der Verwaltung führten bald dazu, dass Holland nicht mehr in der Lage war, den Aufstieg Englands in Indien aufzuhalten. 1795 lösten sie im Zuge der Gründung der Batavischen Republik die VOC auf.

2.3.2 Die Englische East India Company (EIC)

Spaniens Konflikt mit Holland war auch für England Grund genug, den Zugang zu den asiatischen Märkten auf eigene Faust zu suchen. Bis zum Beginn des spanisch-holländischen Kriegs 1585 war Antwerpen der Hafen gewesen, wohin die Engländer ihre Exporte (hauptsächlich Wolltuche) lieferten und dafür Gewürze und andere exotische Waren einkauften. Englische Reisende brachten im späten 16. Jh. Berichte über „indische Reichtümer" mit nach Hause, womit Gold, Silber, Juwelen, Seide und Baumwollstoffe gemeint waren. 1598 erschien Linschotens Werk „Itinerario" auch auf Englisch.

Englisches Interesse an Indien

Schon im folgenden Jahr 1599 brachte eine Gruppe von 101 Londoner Geschäftsleuten 30 133 Pfund Sterling für eine Indien-Fahrt auf und baten unter dem Namen „The Governor and Company of the Merchants of London trading to the East Indies" Königin Elisabeth I. um eine Charta, die ihnen nach einigem Hin und Her Ende 1600 genehmigt wurde. Mit dieser Charta wurde der Gesellschaft, kurz East India Company (EIC) genannt, das Handelsmonopol für Indien gewährt – zunächst für 15 Jahre, danach sollte es um jeweils weitere 15 Jahre verlängert werden. Dieses vom Staat garantierte Monopol sollte das enorme Risiko, das mit den Indien-Fahrten verbunden war, absichern helfen. Es bot den Kaufleuten Anreize, das hohe Risiko einzugehen, und bedeutete zudem militärischen Schutz durch den englischen Staat gegen Piraten und Konkurrenten und Durchsetzungskraft gegenüber indischen Herrschern. Trotzdem sollte es in der Folgezeit immer wieder Kaufleute geben, die außerhalb der Kompanie auf eigene Faust ihre Handelsfahrten nach Indien betrieben. Sie wurden „interlopers" genannt. Mit drastischen Strafen versuchte die EIC, sie auszuschalten.

Monopolcharta

Bis 1612 unternahm die EIC zwölf Reisen, für die das Kapital jedes Mal neu aufgenommen und anschließend der Gewinn an die Teilhaber ausgezahlt wurde. Die Flotte von 1607 ging im Sturm verloren. 1613 wurde das Kapital gleich für acht Jahre zusammengelegt, d. h. es wurde ein sog. Joint Stock gebildet, Stammkapital, die Vorstufe zur Aktiengesellschaft, wie sie in Holland schon existierte. 1657 genehmigte Cromwell eine neue Monopolcharta, die zum „Permanent Joint Stock" führte, was bedeutete, dass auch solche Bürger sich am Kapital beteiligen konnten, die sonst nichts mit Handel zu tun hatten. Die Kompanie bekam das Recht zugesprochen, Kriege zu führen, Verträge zu schließen und Festungen zu unterhalten.

Um das Monopol aufrechtzuerhalten, mussten immer wieder Bestechungsgelder an hohe Regierungsbeamte, einschließlich des Königs, bezahlt werden, vor Cromwells Zeit etwa 1200 Pfund Sterling im Jahr, für 1693 wird die Summe von 90 000 Pfund genannt. Trotzdem kam es mehrfach vor, dass der König das Monopol an andere Gesellschaften vergab, weil er gerade wieder dringend Geld brauchte. Konkurrenten aus dem übrigen England drängten auf Gründung eigener Kompanien. Auch sie wurden von der EIC als „interlopers" oder gar Piraten bekämpft. 1698 kam es schließlich zur Gründung einer zusätzlichen New or English East India Company. Der für beide Seiten schädliche Konkurrenzkampf führte 1702 zur Übereinkunft, sich nach 7 Jahren zu vereinigen. So entstand 1708 The United Company of Merchants of England trading to the East Indies.

Wirtschaftlichkeit des englischen Indienhandels
Bei den ersten Handelsflotten ab 1600, die nach England zurückkehrten, lagen die Profite bei 200 % des eingesetzten Kapitals. Für das ganze 17. Jh. rechnet man mit einem Durchschnittsprofit von 100 %. Dem standen aber hohe Risiken für die Ostindienfahrer gegenüber: Seekrankheit, Skorbut, Stürme, monatelanges Leben auf engstem Raum, Piraten, Untergang und Tod, für die Eigner selbst der Verlust der Schiffe mitsamt den Ladungen.

Der Ostindienhandel löste in England eine theoretische Diskussion über Nutzen und Nachteil des Handels mit Asien aus. Zwar bot der indische Markt viele interessante Produkte an, nahm aber keine englischen Produkte auf. Wollprodukte waren auf dem indischen Markt nicht absetzbar, allenfalls Waffen konnte man verkaufen. So mussten die indischen Waren zum größten Teil mit Edelmetallen, Gold und Silber, bezahlt werden. Das führte zeitweise zu einem starken Abfluss von Gold und Silber aus England, was als volkswirtschaftlicher Verlust betrachtet wurde. Wie ließ es sich rechtfertigen, dass die Kompanien Gold ausführten, um die indischen Waren zu bezahlen? Wirtschaftstheoretiker wie Thomas Mun (1571–1641), zeitweilig selbst Direktor der EIC, antworteten darauf im Sinne des Merkantilismus, dass die Nation letztlich davon profitiere, nämlich durch Investitionen im Schiffsbau, Einfuhr von wertvollen Produkten wie Gewürzen und Textilien, am meisten aber durch den Reexport der Waren auf den europäischen Kontinent, wodurch man wiederum dort Waren ohne Goldeinsatz einkaufen könne.

Thomas Roe am Moghulhof
Um den portugiesischen Monopolanspruch zu unterlaufen, nahmen die Engländer direkten Kontakt mit den Moghuln auf. Tatsächlich erwirkte Captain William Hawkins 1608 in Surat Handelsprivilegien für die Briten. Die Portugiesen in Goa erklärten daraufhin dem Moghulkaiser Jahangir den Krieg. Schließlich schickte der englische König einen eigenen Botschafter zum Moghulkaiser. Sir Thomas Roe weilte von September 1615 bis 1618 am Moghulhof, um einen Handelsvertrag abzuschließen. Doch die Moghuln ließen sich nicht auf bindende Verträge ein. Über seine Zeit in Agra hat Roe ein eindrucksvolles Tagebuch hinterlassen. Es gibt tiefe Einblicke in das Hofleben und das Funktionieren des Moghulsystems. Sein Resümé lautete: Es gibt keine klaren Kompetenzen am Hof, man wird mit widersprüchlichen Angaben abgespeist,

Zusagen werden mit Verzögerung oder überhaupt nicht eingehalten. Im Gegensatz zu den Jesuitenpatres, die Akbar christliche Heiligenbilder geschenkt hatten, brachte Roe als Geschenke für Jahangir „a mapp of the world", „a clock and two other trifles", außerdem eine ganze Kutsche mit [1.2.2: ROE 84, 94 und passim]. Ein anderer europäischer Besucher muss ihm auch einen Globus mitgebracht haben, denn wir sehen ihn auf einer Moghul-Miniatur, die Kaiser Jahangir auf dem Globus thronend darstellt. Aber sonst scheinen die Erfindungen Landkarte, Globus und Uhr („Nürnberger Ei") aus dem zeitgenössischen Europa keine weiteren Folgen in Indien gehabt zu haben. Der Reisende Ovington bemerkte, dass die Inder im Unterschied zu den Chinesen die europäischen Uhren nicht auseinander nahmen und wieder zusammensetzten; er erklärt es damit, dass der viele Staub in Indien das Getriebe blockiere.

Wie die Holländer errichteten auch die Engländer Niederlassungen in Indien, sog. Faktoreien, in denen einige Angestellte das Jahr über Waren ansammelten, bis die Schiffe aus England kamen und die Waren abholten. Die Erlaubnis, Faktoreien zu unterhalten, musste den jeweiligen indischen Herrschern in zähen Verhandlungen abgerungen werden. Nachdem es einige Male bewaffnete Zusammenstöße mit einheimischen Herrschern gegeben hatte, befestigten die Engländer ihre Faktoreien, was aber den indischen Herrschern immer ein Dorn im Auge blieb. Eine reguläre Armee unterhielten die Engländer erst ab 1746, als der Krieg mit Frankreich auch auf Indien übergriff. `Faktoreien`

Die wichtigsten englischen Faktoreien im Moghulreich waren Surat, Ahmedabad und Broach in Gujarat; Hariharpur und Balasore in Orissa; Hugli in Bengalen gegenüber dem späteren Kalkutta; von dort aus wurden Faktoreien in Patna und Kosimbazar gegründet. Außerhalb des Moghulreiches, im Süden Indiens, wurde 1641 mit Erlaubnis des lokalen Herrschers die Festung St. George gegründet, um die sich bald die Stadt Madras bildete. Bombay kam 1668 als Mitgift der portugiesischen Braut Charles II. in den Besitz der Krone, welche es an die EIC weiter verpachtete. Als der Hafen von Surat mehr und mehr versandete, stieg Bombay zum wichtigsten Hafen an der Westküste auf. 1690 wurde Fort William gegründet, um das herum sich die Stadt Kalkutta entwickelte.

Die lokalen Autoritäten versuchten, aus jedem Handel der Europäer möglichst viel Abgaben für sich herauszuholen. Die EIC bemühte sich daher, in Verhandlungen mit dem Moghulkaiser eine generelle Lösung zu finden. Schließlich gewährte Kaiser Farukhsiyar im Jahre 1717 einen Firman (wörtlich: Erlass, hier Konzession), wonach die EIC für die Pauschalsumme von 3000 Rupien pro Jahr an die Staatskasse zollfrei Waren aus- und einführen durfte (außer in Surat). Das war eine erstaunliche Konzession an die fremden Kaufleute. Kein anderer Handelspartner, weder inländischer noch ausländischer Herkunft, hat je ein solches Privileg bekommen. Der Firman von 1717 ist als „Magna Charta of English Trade" in die Geschichte Indiens eingegangen. Er sollte später eine verhängnisvolle Folge haben, als der Gouverneur von Bengalen ihn nicht mehr anerkannte und damit die englische Eroberung Bengalens auslöste. In der Literatur wird als Begründung für Farukhsiyars Großzügigkeit angegeben, dass ein Mitglied der englischen Gesandtschaft ihn von einer Krankheit heilen konnte und er sich dafür dankbar erweisen wollte, aber es gab sicher auch die Überlegung, dass die `Der Firman von 1717`

EIC inzwischen stark genug war, um den Handel von Surat, dem Haupthafen des Moghulreiches an der Westküste, zu behindern. Außerdem waren in dieser Spätphase des Moghulreiches dem Hofe in Delhi die 3000 Rupien in bar wichtiger als ungewisse Zolleinnahmen, von denen der Moghul nicht mehr sicher sein konnte, ob sie ihn je erreichten.

2.3.3 Die Französische Ostindien-Kompanie

Gründung
durch die Krone

Am 1. September 1664 wurde eine französische Ostindien-Kompanie gegründet, aber im Gegensatz zu England und Holland ging hier die Initiative von der Krone aus. Die französische Kaufmannschaft engagierte sich nur zögernd und widerwillig. Hauptmotiv bei der Gründung war nicht individueller Handelsprofit, sondern das merkantilistische Interesse des Staates und die nationale Ehre. 1670 segelte aus dem eigens dafür angelegten Hafen Lorient eine machtvolle Flotte nach Asien aus. Trotz Niederlagen gegen die Holländer und gegen das südindische Sultanat Golkonda gelang den Franzosen die Gründung von Faktoreien in Pondicherry, Chandernagore und Mahé (1674).

Wirtschaftlich war die französische Ostindien-Kompanie während der gesamten Zeit ihres Bestehens (bis 1769) ein Fehlschlag, dennoch spielt sie für die moderne Geschichte Indiens eine wichtige Rolle. Es waren die Franzosen, die sich als erste Europäer in die innerindischen Machtkämpfe einmischten. Dabei erwies sich zum ersten Mal die Überlegenheit europäischer gegenüber einheimischen Truppen. Die Briten hatten schon einmal 1685–1688 versucht, gegen den Moghulherrscher Aurangzeb Krieg zu führen (siehe Kapitel II.4), waren aber kläglich gescheitert. Dennoch bemerkte schon etwa 20 Jahre später der Venezianer Niccolao Manucci, der fast sein ganzes Leben in Indien verbracht hatte, über die militärische Stärke des Moghulreiches, 30 000 zuverlässige europäische Soldaten unter kompetenter Führung wären in der Lage, die ganze Größe und Macht der Moghuln hinwegzufegen und das gesamte Reich zu besetzen.

2.4 Militärische Überlegenheit der Europäer

Schlacht bei Adyar

Die Vision Manuccis sollte sich erst in den Machtkämpfen zwischen Franzosen und Engländern ab 1740 verwirklichen. Als sich England und Frankreich im Österreichischen Erbfolgekrieg in Europa gegenüber standen, wollten ihre jeweiligen Ostindien-Kompanien in Indien zunächst Neutralität wahren. Aber 1744 erschien eine englische Flotte vor Pondicherry, und damit war der englisch-französische Kampf auch in Indien eröffnet. Der lokale Herrscher von Arcot, Anwar-ud-din-Khan, eigentlich ein Moghul-Kommandant, der sich selbstständig gemacht hatte und in der englischen Literatur „Nawab of the Carnatic" genannt wird, wurde auf englischer Seite in den Konflikt hineingezogen. In der Schlacht bei Adyar (auch Schlacht von Mylapore genannt, heute Stadtteil von Madras/Chennai) am 24. Oktober 1746 stand er mit einem Heer von 10.000 indischen Soldaten dem französischen Heer gegenüber, das aus 230

Franzosen und 700 europäisch gedrillten einheimischen Soldaten unter der Führung des Schweizer Generals Paradis bestand. Paradis besiegte die zehnmal größere Übermacht ohne Schwierigkeiten. Beim Herannahen waren die französischen Feldgeschütze zunächst durch die Soldaten der Kampflinie verdeckt; kurz vor Erreichen des feindlichen Lagers öffnete sich die Kampflinie nach links und rechts, so dass das indische Heer völlig unerwartet getroffen wurde. Orme bemerkt, dass den Indern damals die Feldgeschütze der Europäer nicht bekannt gewesen seien. Vor allem hätten sie nicht gewusst, dass es Kanonen gab, die man fünf- bis sechsmal pro Minute feuern konnte, da es ihnen mit ihren Geschützen nur möglich gewesen sei, einmal in einer Viertelstunde zu feuern.

In der Schlacht von Adyar wirkte sich zum ersten Mal in Indien die „militärische Revolution", die sich in Europa seit dem späten 16. Jh. vollzogen hatte, zugunsten der Europäer aus, nämlich die Veränderungen in Kriegstaktik und Strategie, wie sie in der von Moritz von Nassau 1619 eröffneten Offiziersakademie zum ersten Mal gelehrt wurden. Das Exerzierwesen sowie das Marschieren und die Aufteilung des Heeres in kleinere Einheiten ermöglichte das Feuern in Salven. Die indischen Heere dagegen hielten an ihrer wenig flexiblen Kavallerie fest, da diese in innerindischen Kämpfen den Fußsoldaten stets überlegen war. Die indischen Heere bestanden aus Einzelkämpfern, die nur den Befehlen ihres Generals gehorchten und diesem in einem persönlichen Treueverhältnis verbunden waren. Sie wurden häufig erst kurz vor der Schlacht eilig zusammengestellt, so dass es keinerlei Kontinuität in der Kriegführung gab. Wenn ein General fiel, gab es keinen schnellen Ersatz. Der indische Reiter wollte auch sein Pferd, das ihm gehörte, möglichst nicht gefährden. Gegen die straff strukturierte Kriegsführung der Europäer nützte auch die größte persönliche Tapferkeit auf indischer Seite nichts. Das Fernrohr und regelmäßig ausgezahlter Sold waren weitere Vorteile auf Seiten der europäisch geführten Armeen.

Infolge des französisch-englischen Konflikts waren größere Kontingente europäischer Truppen nach Indien verlegt worden, die dann auch in den innerindischen Machtkämpfen eingesetzt wurden. Dabei wurden solche Truppenkontingente an indische Herrscher regelrecht vermietet – gegen Konzessionen wie Überlassung von Territorien, Steueraufkommen oder persönliche Geschenke. Politik und Handelsinteressen waren nun vermengt. Die Franzosen verloren diesen „Ersten Weltkrieg", weil die Briten die See beherrschten und daher mehr und schneller Nachschub heranschaffen konnten.

Unterschiedliche Militärwesen

3. Von Händlern zu Herrschern: Indien unter der Englischen Ostindien-Kompanie (1757–1858)

3.1 Ausgangsposition: Die Briten in Bengalen vor 1757

Den Angestellten der Englischen Ostindien-Kompanie wurde lediglich ein geringes, nominelles Gehalt gezahlt. Reich werden konnte der Einzelne nur durch

Privathandel, den er nebenher trieb. Bis zur Wende von 1757 wurden selten wirklich große Vermögen in Indien erworben. Das Risiko hingegen war sehr hoch, und viele erreichten ihr Ziel nie. An den Lebensdaten auf den Grabsteinen des englischen Friedhofs in Kalkutta kann man heute noch sehen, wie hoch die Sterberate der Europäer in Indien damals war. Einmal gab es in Kalkutta innerhalb von vier Monaten 460 Todesfälle bei 1200 englischen Einwohnern. Ein Sprichwort lautete: "Two Monsoons are the Age of a Man" [2.7.3: SPEAR, Nabobs].

Um die englischen Faktoreien siedelten sich schon damals zahlreiche indische Händler an, hier fanden sie Sicherheit und Ordnung, hier lebten Inder und Engländer friedlich nebeneinander. Es gab noch keine Rassenvorurteile, Heiraten mit einheimischen Frauen etwa wurden als durchaus normal akzeptiert. Ein Überlegenheitsgefühl war bei den Europäern erst in Ansätzen vorhanden.

System der Zwischenhändler Wie funktionierte nun der Handel? Für die Direktoren der EIC war wichtig, dass ihre indischen Faktoreien pünktlich und zuverlässig mit den gewünschten Waren beliefert wurden, da ja die Schiffsfahrten zwischen Europa und Indien stark von den Jahreszeiten abhängig waren. Um die zuverlässige Lieferung zu gewährleisten, ließ die EIC über indische Zwischenhändler (Gomasthas) den Webern einen Kredit (Dadni) vorschießen und zum festgesetzten Termin die bestellte Ware abholen. Vor 1740 betrug der Vorschuss 50–85 % des Warenwerts, der Rest wurde bei Ablieferung gezahlt. Als sich aber herausstellte, dass viele Zwischenhändler den vollen Warenwert des Vorschusses zum Abgabetermin in der Faktorei nicht abliefern konnten, bestimmten die Direktoren in London, dass den Zwischenhändlern so wenig Vorschuss wie möglich für die Weber zu geben sei. Die Zwischenhändler sollten das Risiko der Finanzierung selber tragen. Die Kompanie würde ihnen die Waren einfach abkaufen. Die Zwischenhändler wehrten sich dagegen und behaupteten, sie könnten höchstens ein Viertel des Betrags selbst finanzieren. Außerdem gefiel ihnen nicht, dass sie 12 % Strafgebühren für Waren, die beim Abgabetermin ausblieben, zahlen mussten.Die indischen Kaufleute in Kosimbazar z. B. weigerten sich, die Strafgebühren für Lieferversäumnisse zu zahlen. Nach diesen Erfahrungen wurde 1753 das Agency System eingeführt: Die bisherigen Zwischenhändler wurden nun zu bezahlten Angestellten der Kompanie. Im 18. Jh. stieg das Volumen des englischen Handels mit Indien stetig an, besonders mit Bengalen, ein Zeichen für die wachsende Nachfrage nach Baumwollstoffen in Europa.

3.2 Die Eroberung Bengalens und die Ausdehnung der englischen Herrschaft (1757–1793)

3.2.1 Von der Schlacht bei Plassey bis zur Einsetzung von Warren Hastings als Generalgouverneur (1757–1772)

Seit dem Tod des Moghulkaisers Aurangzeb 1707 waren die Gouverneure der einzelnen Provinzen des Moghulreichs, die Nawabs, immer unabhängiger geworden. Nawab Siraj-ud-Daula, der 1756 als neuer Gouverneur antrat, beschuldigte die englischen Kaufleute, die ihnen durch den Moghulkaiser Farukhsiyar

Nawab Siraj-ud-Daula

im Jahre 1717 gewährten Privilegien zu missbrauchen. Sie hätten in den 40 Jahren seit 1717 die Regierung von Bengalen um Zolleinnahmen in Höhe von 1 875 000 Pfund Sterling betrogen. Außerdem hätten sie trotz seines Verbots die Befestigung von Kalkutta verstärkt und vertragswidrig einem seiner Untertanen Asyl gewährt. Siraj-ud-Daula entschloss sich daher, gegen die Engländer vorzugehen. Nach kurzer Belagerung nahm er Kalkutta ein. Dabei passierte das Unglück, dass 140 Briten in einem Verließ, in das der Nawab sie hatte einsperren lassen, erstickten. Die Geschichte vom „Black Hole" wurde zu einem der „Black Hole" imperialistischen Mythen, die die Grausamkeit der indischen Fürsten zeigen sollten.

Die Engländer, die dem „Black Hole" entkommen konnten, riefen ihre Landsleute in Madras um Hilfe. Dort waren die englischen Kompanie-Angestellten schon seit den Auseinandersetzungen mit den Franzosen in den 1740er Jahren gewohnt, Konflikte mit den einheimischen Herrschern mit der Waffe auszufechten. In diesen Kämpfen hatte sich ein gewisser Robert Clive hervorgetan, der als junger Schreiber in der Faktorei angefangen und sich hochgedient hatte. Ihm wurde nun das Entsatzkommando für Bengalen übertragen. Er nahm sofort den Kampf gegen den neuen Herrscher von Bengalen auf. Die Kühnheit, ja Unverfrorenheit, mit der Clive gegen den Nawab von Bengalen vorging, lässt sich nur mit den Erfahrungen, die er in Südindien gemacht hatte, erklären, denn sein Gegner verfügte über eine zahlenmäßig weit überlegene Streitmacht, verstärkt zudem durch französische Truppen. Doch Clive siegte, allerdings nicht mit militärischer Stärke, vielmehr durch List und Verrat, indem er Mir Jafar, einen Rivalen des Nawabs, durch Bestechung zu einer Verschwörung gewann, und zwar mit dem Versprechen, ihn im Falle eines Sieges auf den Thron zu heben. Die nötigen Bestechungsgelder verschaffte sich Clive von einer der finanzstärksten und einflussreichsten Bankiersfamilien ganz Indiens, den Jagatseths.

Im Handel mit den Briten und anderen Europäern hatte sich nämlich inzwischen eine indische Händler- und Bankiersschicht herangebildet, die nicht nur von diesem Handel profitierte, sondern auch die Geschäftsmoral der Engländer schätzte; Engländer zahlten pünktlich und beglichen ihre Schulden, bevor sie Englische Geschäftsmoral nach England zurückkehrten. Im Gegensatz dazu hatten die indischen Händler unter ihren eigenen Herrschern keine gute Stellung, sondern waren stets der Willkür des Herrschers und des Adels ausgesetzt. Wenn es dem König gefiel, ließ er einen reichen Kaufmann unter irgendeinem Vorwand kurzerhand schröpfen. Die Engländer dagegen gehörten schon einer frühen Form der kapitalistischen Gesellschaft an, in der das Eigentum als unantastbar galt und der Geschäftsmann ein hohes Sozialprestige besaß. In England war es sozial durchaus akzeptiert und auch üblich, dass die jüngeren Söhne eines Adligen ins „business" gingen, in den Worten Daniel Defoes: „Trade in England makes Gentlemen". Andererseits wurden die Kinder und Enkel von Kaufleuten zu „as good Gentlemen as those of the highest birth and the most ancient families" [DEFOE, Complete English Tradesman, zitiert nach W. SOMBART, Liebe, Luxus und Kapitalismus. Über die Entstehung der modernen Welt aus dem Geist der Verschwendung. Berlin 1983, S. 32].

Darüber hinaus spielte in Indien aber auch der religiöse Gegensatz eine Rolle: Die Bankiers waren Hindus, die Herrscher samt Hofstaat Muslime, meist eingewanderte Perser, Zentralasiaten oder Araber oder deren Nachkommen in zweiter oder dritter Generation. Hier wird deutlich, welche Auswirkungen religiöse Gegensätze zwischen Hindus und Muslimen in einem entscheidenden Moment der indischen Geschichte hatten: Hindus unterstützten die Fremden gegen den eigenen Herrscher, der ein Muslim war. Es gab damals nicht so etwas wie eine „indische Nationalität", kein Solidaritätsgefühl aller Inder gleich welcher Religion. Die Engländer dagegen besaßen ein solches nationales Zusammengehörigkeitsgefühl, was noch durch die Entfernung von der Heimat verstärkt wurde.

Mit Hilfe der Verschwörer gelang es Clive ohne große Mühe, den Herrscher von Bengalen in der sog. Schlacht von Plassey (=Pilasi) zu schlagen. „Die Schlacht von Plassey" ist in die Geschichtsbücher als das entscheidende Ereignis eingegangen, das zur Errichtung der britischen Herrschaft in Indien geführt hat. Auch aus heutiger Sicht ist diese Einschätzung richtig. Allerdings handelte es sich dabei weniger um eine Schlacht, eher um eine Kanonade, ein Scharmützel, denn der von dem Verschwörer Mir Jafar geführte Teil der indischen Truppen rührte sich nicht. Siraj-ud-Daula verlor die Nerven und floh. Die Verluste für Clive waren minimal. Siraj-ud-Daula wurde von dem Sohn des Rebellen ermordet, der Rebell Mir Jafar selbst von den Briten auf den Thron gehoben. Damit hatten sich die Briten als Königsmacher in die indischen Angelegenheiten eingeschaltet. Mir Jafar hatte Clive vorher alle alten Privilegien bestätigt, neue hinzugefügt und hohe Summen Geldes aus dem Staatsschatz versprochen. Den Briten wurden einige Distrikte südlich von Kalkutta überlassen, deren Steuern sie erheben durften. Einen Teil davon mussten sie weiterleiten, den Rest konnten sie für sich behalten.

Mir Jafar erwies sich als schwacher Herrscher, dennoch bemühte er sich, die Briten durch kleine Nadelstiche, durch zweideutiges Verhalten, auch durch Hinhaltetaktik wieder zu vertreiben. Daraufhin ersetzten sie ihn im Jahre 1760 durch einen seiner Verwandten, Mir Kasim, und ließen sich diesen Wechsel wieder mit großen „Geschenken" vergüten. Mir Kasim verpflichtete sich, die Gelder, die ihnen Mir Jafar schuldig geblieben war, schnellstens zu zahlen, was er auch tat. Als energischer Herrscher konnte er aber nicht die Augen vor dem Verhalten der Angestellten der EIC im bengalischen Binnenhandel verschließen. Immer wieder protestierte er bei der Leitung der EIC gegen Willkür und anmaßendes Verhalten der Kompanie-Angestellten, die das Privileg von 1717 auch für ihre privaten Geschäfte beanspruchten. Die Gouverneure Henry Vansittart und Warren Hastings versprachen Abhilfe. Im Jahre 1763 schlossen sie mit Mir Kasim den „Vertrag von Monghyr", in dem sie sich im Namen der Kompanie verpflichteten, bestimmte Missbräuche abzustellen: Auch die Kompanie-Angestellten mussten jetzt 9 % Binnenzoll (Maut) zahlen, was aber immer noch weit unter den 40 % lag, die die Einheimischen zu entrichten hatten. Vansittart und Hastings hatten jedoch nicht mit dem Protest ihrer Landsleute gerechnet, die sich heftig gegen die Einschränkung ihrer Privilegien wehrten. Der Vertrag wurde zu Fall gebracht. Daraufhin schaffte Mir Kasim

Randglossen:
Rolle der Hindu-Geschäftsleute

Schlacht bei Plassey

Mir Jafar

Mir Kasim

nun auch den Binnenzoll für die einheimischen Kaufleute ab, was erneut zu Protesten der Engländer führte. Das war für Mir Kasim schließlich Anlass zum Krieg. Nachdem er aber zwei Schlachten verloren hatte, ließ er in einem Wutanfall seinen eigenen Truppenführer, einige Hindu-Geschäftsleute (Seths) und die englischen Gefangenen in Patna ermorden. Er floh zum Nawab von Oudh, bei dem sich gerade einer der Anwärter auf den Moghulthron (Shah Alam) befand. Zwischen diesen beiden und Mir Kasim auf der einen Seite und der EIC auf der anderen kam es am 22. Oktober 1764 zur Schlacht von Buxar (Baksar), in der die Engländer siegten. Nach Plassey war dies die entscheidende Schlacht, die die Vorherrschaft der Engländer in Bengalen bestätigte. Der Moghulkaiser in spe, der die Marathen als seine eigentlichen Feinde ansah (s. Kap. 3.3.1), zögerte nicht, die EIC als die de-facto-Macht in Bengalen anzuerkennen, und übertrug ihr daher das Recht der Steuereinziehung (Diwani). Ihm kam es darauf an, zuverlässig seinen Steueranteil aus Bengalen zu beziehen. Die Frage, ob es sich bei seinen Partnern um „Fremde" handelte, spielte für ihn keine Rolle.

Schlacht bei Buxar

Nachdem Mir Kasim geflohen war, setzten die Engländer wieder Mir Jafar ein, gegen hohe „Geschenke" und unter der Bedingung, dass den einheimischen Kaufleuten wieder die alten Zölle auferlegt würden. Doch Mir Jafar starb bald, worauf die Engländer seinen zweiten Sohn, noch ein Kind, zu seinem Nachfolger bestimmten und als seinen Vormund Mohamed Reza Khan, einen Perser einsetzten, dessen Vater schon in Diensten des Moghulkaisers und des Nawabs von Bengalen gestanden hatte und der auch verwandschaftlich mit der Nawab-Familie verbunden war. Mohamed Reza Khan übte somit die Kontrolle über Polizei, Militär und Strafgerichtsbarkeit (Nizamat) aus. Zugleich ließ ihn die EIC die Diwani, also das ihr 1765 übertragene Amt, das auch die Zivilgerichtsbarkeit umfasste, ausüben. Die Kompanie beließ diese Konstruktion der Doppelherrschaft („Dual Government"), tatsächlich eine indirekte Herrschaft, bis 1772. In diesem Jahr bestimmten die Direktoren in London, dass Warren Hastings die Regierung in Bengalen nun offen ausüben („to stand forth as Diwan") und als Generalgouverneur eine Verwaltung nach britischer Art aufbauen solle. Sichtbares Zeichen dieses Neuanfangs war die Verlegung der Hauptstadt von Murshidabad im Norden Bengalens in die englische Faktorei Kalkutta.

Dual Government

So kann man sagen, dass die formelle Kolonialherrschaft Englands in Indien im Jahre 1772 in Bengalen begann, nachdem die Briten bereits seit der Schlacht von Plassey 1757 de-facto-Herrscher gewesen waren. Allerdings war es nach wie vor eine Herrschaft im Namen des Moghulkaisers, und an dieser Fiktion hielt man bis 1858 fest.

Die anarchische Phase nach Plassey ist als „Plünderung Bengalens" in die Geschichte eingegangen. Man versteht darunter sowohl die systematische Ausbeutung des Landes als auch die Exzesse einzelner Kompanieangestellter. Clive selbst sicherte sich den größten Teil des Staatsschatzes („Money! Money! And no time to be lost" [zit. nach 2.7.3: SINHA, Economic History, Bd. I, 221]). Hinzu kamen Gefälligkeitsgeschenke bei jedem Herrscherwechsel. Auch der Missbrauch der Handelspässe, bewilligt durch den Firman aus dem Jahre 1717,

Plünderung Bengalens

gehörte zur Plünderung. Diese Dastaks wurden von den einzelnen Angestellten stillschweigend auch für den Privathandel benutzt, selbst bei Produkten, die wie Salz, Betel und einige andere ausdrücklich von der Zollfreiheit ausgenommen waren. Es kam sogar vor, dass sie ihre Dastaks an meistbietende indische Kaufleute weiterverkauften, die so die 40 % Wegezoll einsparten. Dem Nawab gingen auf diese Weise große Steuereinnahmen verloren. Das System der Dastaks wurde 1773 abgeschafft. Einzelne Kompanie-Angestellte scheuten nicht davor zurück, sich durch Amtsanmaßung und Gewalttätigkeit gegen einheimische Beamte Vorteile zu verschaffen, die Preise willkürlich festzusetzen und einheimische Lieferanten zu nötigen, wobei häufig die Gomasthas als Instrumente der Druckausübung eingesetzt wurden.

Für die Zeit nach 1765 bestand die „Plünderung" vor allem in der systematischen Verwendung des Steueraufkommens für den Kauf der Waren, die von der Kompanie nach England exportiert wurden. Das Ausmaß dieser Transaktionen und ihre kurz- und langfristige Wirkung ist allerdings nach wie vor unter Historikern umstritten (siehe Kap. II.5).

3.2.2 Kontrolle der EIC durch den englischen Staat

Die Vorgänge in Bengalen seit der Schlacht bei Plassey waren inzwischen auch in England ruchbar geworden. Mit Staunen und Empörung hörte man von der dortigen Anarchie und dem Chaos, von Übergriffen auf die Einheimischen und von der Bereicherung der Kompanie-Angestellten. Letzteres fand man bestätigt, als einzelne Rückkehrer zu Hause ihren Reichtum ostentativ zur Schau stellten, indem sie z. B. üppige Landsitze kauften. Diese neureichen Rückkehrer aus Bengalen nannte man Nabobs, eine englische Verballhornung des indischen Wortes Nawab, und machte sie zur Zielscheibe des Spotts in der Literatur und auf der Bühne. Man befürchtete aber auch, dass sie ihren Reichtum in der englischen Innenpolitik einsetzen würden, um politischen Einfluss zu erlangen. Wie aber sollte der englische Staat auf die Eroberung Bengalens durch eine Handelskompanie reagieren? In der folgenden Diskussion, vor allem im Parlament, spielten zwei Bücher eine zentrale Rolle, die von zwei verschiedenen Standpunkten aus über die Vorgänge in Bengalen berichteten: William Bolts' „Considerations on India Affairs" von 1772 und die kurz danach veröffentlichte Antwort darauf von Harry Verelst: „A View of the Rise, Progress and Present State of the English Government in Bengal".

William Bolts und Harry Verelst

Bolts' Buch war eine scharfe Abrechnung mit der Politik der EIC in Bengalen und mit den von ihr verschuldeten Zuständen dort. Er berichtete von Übergriffen einzelner Angestellter auf die Einheimischen, auch über Belästigungen von Frauen. Bolts war selbst Angestellter der EIC in Indien gewesen und wegen seiner Kritik an ihrer Politik aus Indien ausgewiesen worden.

Verelst versuchte, Bolts' Glaubwürdigkeit als Person in Frage zu stellen, und erklärte die Ereignisse in Bengalen mit dem immer stärkeren Druck des Direktoriums auf die Angestellten, die Einkäufe (das sog. Investment) zu erhöhen und zur gleichen Zeit die Preise niedrig zu halten. Verantwortlich für die Unterdrückung der indischen Arbeiter und Handwerker seien im Übrigen vor allem die Gomasthas, die indischen Zwischenhändler. Bolts hatte in seinem Buch berichtet, dass sich einige der bengalischen Weber, die von der Kompanie unter immer stärkeren Produktionsdruck gesetzt wurden, aus Protest ihre Daumen abschnitten, um ihren Unwillen und ihre Unfähigkeit, sich diesem Druck zu beugen, zu demonstrieren.

Während Verelst Verständnis für das Verhalten der Kompanie-Angestellten zu wecken suchte, argumentierte Bolts vom freihändlerischen Standpunkt aus. Das Erzübel sei der monopolistische Charakter der EIC. Obwohl die Direktoren der EIC die Verbreitung von Bolts' Buch durch Aufkauf der Auflage zu verhindern suchten, konnten sie seine Wirkung nicht mindern; inzwischen waren Übersetzungen in Frankreich und Deutschland erschienen. Das Parlament jedenfalls setzte ein Select Committee ein, das die Vorgänge in Bengalen untersuchen und Vorschläge für eine Neuordnung des Verhältnisses von Staat und Kompanie erarbeiten sollte. Bolts' Argumente wurden von keinem Geringeren als Adam Smith aufgegriffen, der in seinem 1776 erschienenen Buch „The Wealth of Nations" die Abschaffung der Monopolkompanien und stattdessen den Freihandel mit Indien und anderen Überseegebieten forderte. (Auch Edmund Burke war von Bolts' Buch beeinflusst; später sollte es eine der Hauptquellen der antikolonialistischen Propaganda der indischen Nationalisten werden.)

In den folgenden Jahren erließ das Parlament eine Reihe von Indien-Gesetzen, mit denen zum einen ein tragfähiges Verhältnis zwischen dem englischen Staat und der privaten Ostindienkompanie als Herrscherin über ein Überseeterritorium hergestellt und zum anderen in jenem Territorium geordnete Zustände gewährleistet werden sollten.

Britische Indien-Gesetze

Nach mehreren gescheiterten Anläufen brachte schließlich 1784 Premier William Pitt (der Jüngere) seinen India Act durchs Parlament. Danach blieben die wirtschaftlichen Funktionen der EIC unangetastet, alle Angelegenheiten der zivilen Verwaltung, der Steuererhebung und des Militärs wurden jedoch der Aufsicht und den Weisungen einer neu einzurichtenden Kontrollbehörde (Board of Control) unterstellt. Der Direktor des Board of Control war Mitglied der Regierung und damit dem Parlament verantwortlich. Eigentliches Machtgremium aber war das Secret Committee mit Sitz in London, das besonders für Entscheidungen über Krieg und Frieden zuständig war. Gebildet aus drei Direktoren, war es der Ansprechpartner für den Board of Control. Die Position des Generalgouverneurs (GG) war gestärkt, der ihm beigesellte Rat (Council) hatte vier Mitglieder, die Stimme des GG war ausschlaggebend. Doch konnten König und Parlament den GG jederzeit abberufen.

Bemerkenswert an Pitts India Act von 1784 war § 34: Er verbot der Kompanie ausdrücklich, Angriffskriege gegen indische Mächte zu führen, da „to pursue schemes of conquest and extension of dominion in India are measures repugnant to the wish, the honour, and policy of this nation" [1.3.1: MUIR, Making, 174f.]. Außerdem sah das Gesetz vor, dass alle zwanzig Jahre die Angelegenheiten der Kompanie im Britischen Parlament verhandelt werden sollten. Tatsächlich sind die Parlamentsdebatten über Indien in den Jahren 1793, 1813,

1833 und schließlich das letzte Mal 1853 zu eindrucksvollen Bestandsaufnahmen der britischen Politik in Indien geworden.

3.2.3 Festigung der englischen Herrschaft unter Warren Hastings und Charles Cornwallis

Als die EIC 1772 Warren Hastings anwies, „to stand forth as Diwan", d. h. die Steuer effektiver einzutreiben, geschah das auch wegen der finanziellen Schwierigkeiten, in die die Kompanie als Folge der Hungersnot von 1769/70 geraten war. Die Bauern konnten ihre Steuern nicht mehr bezahlen – da nützte es der EIC nichts, dass sie die indischen Steuereinzieher zu rigoroser Eintreibung drängte: sie geriet in ein Defizit, so dass sie das Direktorium in London um finanzielle Unterstützung bitten musste. Eine der Hauptaufgaben, die Warren Hastings und sein Rat zu bewältigen hatten, war daher, effiziente und durchschaubare Methoden der Grundsteuereinziehung zu finden und die Höhe der Steuern so festzusetzen, dass zwar das Höchstmögliche für die Kompanie erzielt würde, die Bauern jedoch nicht überfordert und zur Aufgabe des Ackerbaus gezwungen würden. Als Hastings 1774 zum Generalgouverneur ernannt worden war, hatte er endlich freie Hand, die indirekte Herrschaft zu beenden und eine effiziente britische Verwaltung aufzubauen.

Steuergesetzgebung Das Moghulreich ließ die Grundsteuer durch Steuereinzieher, sog. Zamindare, einziehen. Die Höhe der Steuern war relativ und betrug etwa die Hälfte der Ernte in Naturalien oder in Bargeld, bei schlechten Ernten verringerte sich die absolute Menge entsprechend. Die tatsächlichen Bebauer des Bodens waren die sog. Rayats (in englischer Schreibweise: *ryots*). Sie hatten praktisch ein Erbrecht, denn es herrschte wegen der niedrigen Bevölkerungsdichte als Folge der häufigen Hungersnöte und sonstiger Kalamitäten Mangel an Rayats und entsprechend Überfluss an Land. Als die Engländer die Diwani übernahmen, war ihnen nicht klar, wieviel das Land überhaupt hergab und wieviel davon die Zamindars heimlich für sich behielten. Zunächst versuchte Hastings, durch eine Methode, die laut Bernier schon im Moghulreich üblich gewesen war, nämlich durch Versteigerung der Steuereinziehung (*farming out*) den wahren Ertragswert des Bodens zu ermitteln, da man davon ausging, dass der Bieter im eigenen Interesse nicht mehr bieten würde, als das Land hergebe. Doch weit gefehlt: In der Annahme, durch Ausbeutung der Rayats mehr als den Einsatz wieder hereinholen zu können, steigerte man die Angebote. Nach den schlechten Erfahrungen damit begann 1776 die grundsätzliche Diskussion über eine endgültige Regelung. Hastings war für eine Steuerveranlagung auf Lebenszeit, Philip Francis, sein Kollege und Rivale im Council, für eine Festlegung auf alle Zeiten (*permanent settlement*). Ein Jahr nach Ablauf von Hastings' Amtszeit als Generalgouverneur, 1785, wurde das Permanent Settlement angekündigt, endgültig in Kraft trat es im Jahre 1793 unter Generalgouverneur Charles Cornwallis (im Amt 1786–1793). Nun wurde die Grundsteuer als „permanent" und unveränderlich in ihrer Höhe festgesetzt. Sie musste in bar und pünktlich zu einem bestimmten Zeitpunkt entrichtet werden. Dem Zamindar wurde das Land als uneingeschränktes Eigentum überlassen, d. h. es war nun frei veräußerlich

Permanent Settlement

bzw. vererbbar. Die bisherigen Rayats mit ihren gewohnheitsmäßigen Besitz-rechten wurden zu Pächtern, denen jederzeit gekündigt werden konnte. Die Differenz zwischen den variablen Pachtsummen und der festen Steuer ging als Pacht an den Zamindar. Konkret hieß das damals, dass neun Zehntel des Steu-eraufkommens an den Staat gingen, ein Zehntel dem Zamindar verblieb. Der Anteil des Zamindars wurde so niedrig gehalten, um ihn anzuspornen, durch gutes Wirtschaften den Ertrag zu steigern.

Das Permanent Settlement war der erste schwerwiegende Eingriff der Eng-länder in die indische Wirtschafts- und Sozialordnung, Karl Marx nannte sie 1853 die wichtigste Maßnahme der Engländer in Indien überhaupt. Mit ihr wurde Land zu Privateigentum im kapitalistischen Sinne. Dem Permanent Sett-lement lag die damals in England herrschende Lehre John Lockes zugrunde, wonach Privateigentum ein Naturrecht sei. Die Physiokratische Schule lehrte außerdem, dass zur Verbesserung des Ertrages Handelskapital aufs Land ge-lenkt werden müsse. Das sei aber nur möglich, wenn auf dem Land sichere Eigentumsrechte garantiert würden. Die Einführung eines Marktes für Land würde zur Konkurrenz unter den Landeigentümern führen. Land müsse erst käuflich sein, um einen Wert zu bekommen. Der bisherige Pachtbezieher wür-de dadurch zum Unternehmer, zum *improving landlord*. Natürlich gab es auch den pragmatischen Grund der Herrschaftssicherung: Die neue Regelung sollte eine Schicht von Indern heranbilden, die ihre Existenz der britischen Herrschaft verdankte und daher ihr gegenüber loyal sein würde. Das Permanent Settlement wäre somit ein wichtiger Schritt auf dem Wege zu einem Permanent Dominion. Tatsächlich wurde in der Folgezeit die alte Moghul-Elite weitgehend durch die reichen Geschäftsleute aus Kalkutta ersetzt.

Langfristig wurden jedoch die Erwartungen der Engländer an die Wirkung des Permanent Settlement enttäuscht: Die neuen Eigentümer wurden keines-wegs zu *improving landlords*, sondern betrachteten ihre Ländereien als Pfründe, die ihnen eine leistungslose Rendite garantierte, von der sie in der Stadt (Kalkut-ta) gut leben konnten. Zudem entwickelte sich das Phänomen der mehrfachen Unterverpachtung (*sub-infeudation*): die Pächter verpachteten das Land weiter, und die nächsten Pächter wiederum an weitere Unterpächter. **Folgen des Permanent Settlement**

Zu den langfristigen Folgen gehörte aber auch, dass die neuen Zamindars im Verlauf des 19. Jh.s einen großen Teil der *bhadralog* bildeten, einer Führungs-schicht, die später zum Träger des indischen Nationalismus werden sollte.

Aus den negativen Ergebnissen des Permanent Settlement zogen die Briten den Schluss, später in anderen Teilen Indiens andere Vermögensverhältnisse einzuführen: in Madras wurde daher das Rayatwari-System aufgebaut, wonach der Rayat als der tatsächliche Bebauer des Bodens veranlagt wurde; im Nord-westen gab es das Mahalwari-System, wonach das ganze Dorf die Steuereinheit war.

Die Steuereinziehung bedurfte einer gut funktionierenden Gerichtsbarkeit, da ja die Besteuerung eng mit Besitztiteln, Erbansprüchen usw. zusammen-hing. Daher gehörte es zu den Aufgaben von Hastings und seinem Rat, das Rechts- und Gerichtswesen neu zu ordnen. In den Distrikthauptstädten wur-den englische Gerichte mit englischen Richtern an der Spitze errichtet, in Kal- **Gerichtsbarkeit** kutta wurde ein Supreme Court als oberste Instanz gegründet. Das Strafrecht, das bisher für alle Religionsgruppen das islamische gewesen war, wurde zunächst übernommen. Erst in den neunziger Jahren des 18. Jh. begann man, es allmählich nach englischen Maßstäben umzustellen, aber es war ein langer Prozess, bis ein neues Strafrecht geschaffen war. Als erstes wurden die sog. barbarischen Strafen wie Steinigen, Handabhacken und Ähnliches abgeschafft, hingegen konnte Diebstahl mit dem Tode bestraft werden, wie es damals ja auch in England üblich war.

Im Zivilrecht (*personal law*) besaß schon unter islamischer Herrschaft jede Religionsgruppe ihr eigenes System; diese Trennung übernahm Hastings. Für die Hindus waren damit aber tiefgreifende Änderungen verbunden, denn er ließ das bisher sehr locker gehandhabte und von Region zu Region variierende Zivilrecht vereinheitlichen und kodifizieren. Es war Hastings, der die alten auf Sanskrit verfassten Rechtstexte (*dharmashastras*) von Pandits ins Persische übersetzen ließ, woraus dann englische Übersetzungen angefertigt wurden. Doch Hastings selbst suchte auch den direkten Zugang zu den Originaltexten.

Entdeckung der altindischen Kultur Bei dieser Suche tat sich Hastings und den Angestellten der EIC eine neue Welt auf: die klassische Kultur der Hindus, also die Schätze der Sanskrit-Literatur, deren älteste Texte ein (damals) unvorstellbar hohes Alter zu haben schienen. Zur Hilfe bei der Erschließung der alten Sanskrit-Texte berief Hastings einen der berühmtesten Orientalisten des damaligen Europas nach Indien, Sir William Jones von der Universität Oxford, und machte ihn zum obersten Richter am neu eingerichteten Supreme Court in Kalkutta. Jones gründete 1784 die „Asiatick Society of Bengal", die erste indologische Institution überhaupt, in der die neuen Entdeckungen vorgestellt und diskutiert wurden. 1792 gründete die EIC eigens für das Sammeln und Erforschen und schließlich die Übersetzung der Sanskrit-Quellen das Benares Sanskrit College.

Der Prozess gegen Warren Hastings Obwohl Hastings einigermaßen geordnete Verhältnisse herzustellen versuchte und auch Bengalen und die übrigen englischen Besitzungen in Indien nach außen hin abgesichert hatte, blieb in England die Empörung über die Zustände in Bengalen groß. Schon Clive war nach seiner Rückkehr nach England wegen Korruption angeklagt worden. Er wurde zwar freigesprochen, aber aus Verbitterung über den Prozess nahm er sich das Leben. Nach Clives Tod wurde Hastings zum Sündenbock erklärt, und auch ihm machte man nach seiner Rückkehr nach England den Prozess („Impeachment of Warren Hastings").

Der Prozess vor dem Oberhaus begann im Mai 1787 und dauerte in 148 Sitzungen bis April 1795. In 22 Anklagepunkten, später zu vieren zusammengefasst, wurden Hastings kriminelle Praktiken in Indien, finanzielle Schädigung der EIC, Vergehen gegen das Wohl des indischen Volkes, Entehrung der Krone Englands und Verstoß gegen die moralischen Werte der englischen Nation vorgeworfen. Treibende Kraft hinter dem Prozess war Edmund Burke (1729–1797), britischer Staatsmann, Philosoph und glänzender Parlamentsredner. Burke vertrat die Ansicht, die indischen Untertanen der EIC müssten nach ihren eigenen Gesetzen und dem für alle Menschen gleich gültigen Naturrecht regiert werden. Dass er den Prozess durchsetzen konnte, hing aber sicher auch damit zusammen, dass den Parlamentariern das Geld von Hastings sowie generell der Einfluss der EIC in der englischen Politik Angst einflößte. Der Prozess endete jedoch mit einem Freispruch.

Bis heute wird darüber diskutiert, ob Hastings zu Recht angeklagt wurde oder nicht. Man könnte den Prozess leicht als Farce and Heuchelei abtun, denn auch nach Hastings ging die Eroberung Indiens weiter, mit unveränderten Mitteln. Dennoch wurden mit dem Prozess gewisse moralische Maßstäbe aufgestellt und möglicher Willkür Grenzen gesetzt. Letztlich aber blieb es während der ganzen Kolonialherrschaft eine ungelöste Grundsatzfrage der englischen Kolonialpolitik, ob nicht-europäische Gebiete nach europäischen oder einheimischen Grundsätzen beurteilt und regiert werden sollten – hatte sich doch Hastings darauf berufen, dass seine Handlungsweise indischen Gebräuchen entsprach. Er hielt sich zugute, dass er ein Bewunderer der einheimischen Kultur war.

3.3 Ausbreitung und Sicherung der englischen Herrschaft in Indien (1773–1856)

3.3.1 Die EIC und die indischen Mächte im Zeichen der „Französischen Gefahr" 1773–1813

Die drei wichtigsten indischen Mächte außerhalb des Moghulreiches waren die Marathen-Konföderation, das Fürstentum von Mysore (Maisur) und schließlich Hyderabad unter dem Nizam, ursprünglich eine Provinz des Moghulreiches. Zwischen diesen dreien und der EIC gab es ein ständiges Spiel wechselnder Allianzen. Die EIC wurde dabei nicht als gemeinsam zu bekämpfender auswärtiger Feind betrachtet, sondern als eine indische Macht unter anderen.

Inzwischen war den meisten indischen Herrschern klar geworden, dass sie die modernen Waffen und Taktiken der Engländer übernehmen mussten, wollten sie gegen diese bestehen. Als Helfer dabei boten sich Frankreich, aber vor allem auf eigene Faust agierende europäische Abenteurer an, meistens entweder Deserteure der EIC oder Europäer anderer Nationalität. Das ganze späte 18. und frühe 19. Jh. war in Indien eine Zeit der Abenteurer, die sich zunächst mit einer Truppe vagabundierender Soldaten in den Dienst wechselnder Herrscher stellten und machmal sogar – bei günstiger Gelegenheit und durch Geschick und entschlossenes Handeln – kleine Herrschaften für sich selbst errichten konnten. Der EIC wiederum waren diese Leute ein Dorn im Auge, weshalb sie versuchte, sie von den einheimischen Fürstenhöfen fernzuhalten.

Die Marathen-Konföderation war damals ohne Zweifel die stärkste indische Macht, und eine Zeitlang sah es so aus, als ob sie das Moghulreich beerben würde. Aber es gab noch einen anderen Anwärter auf den Moghulthron, nämlich den Afghanen Ahmed Shah Abdali, der 1749 auf den Trümmern des Perserreichs das Königreich Afghanistan gegründet hatte und seitdem mehrere Invasionen nach Nordwestindien unternommen hatte. Bestimmte Kreise am Moghulhof hätten lieber die muslimischen Afghanen als die hinduistischen Marathen als Nachfolger der Moghulherrscher gesehen. Aber die

Die Marathen-Konföderation

beiden potentiellen Hauptrivalen der Briten paralysierten sich gegenseitig in der gewaltigsten Schlacht des 18. Jh. auf indischem Boden, nämlich in Panipat, dem traditionellen Schlachtfeld nördlich von Delhi. Aber auch nach dieser Schwächung hätten die Marathen für die EIC gefährlich werden können. Zwei Faktoren kamen den Briten zugute: interne Rivalitäten in der Marathen-Konföderation und ihre Unbeliebtheit, um nicht zu sagen der Hass auf die Marathen-Herrschaft bei ihren eigenen Untertanen und im übrigen Indien. Die Marathen hatten es nicht verstanden, außerhalb ihres engeren Kernbereichs Anerkennung ihrer Herrschaft und Loyalität zu gewinnen. In den eroberten Gebieten beschränkte sich ihre Herrschaft auf die jährliche, einer Plünderung gleichende Eintreibung der Steuern (ein Viertel der Ernte: „Chauth"). Jede andere Herrschaft schien den Menschen besser als die der Marathen; es gibt sogar zeitgenössische Belege dafür, dass die britische Herrschaft als Befreiung empfunden wurde.

Zum ersten Mal geriet die EIC mit den Marathen in Konflikt, als ihre Angestellten in Bombay im Jahre 1775 Raghunat Rao, einen der Anwärter auf das Amt des Peshwa (Hausmeier), des tatsächlichen Herrschers, unterstützten. Sie verlangten als Belohnung dafür, der EIC die Inseln Salsette und Bassein in der Nähe von Bombay abzutreten. In dem Krieg erlitten sie zwar 1779 eine Niederlage und mussten vorübergehend alle Gewinne zurückgeben, aber schließlich errangen sie doch einen Sieg und konnten 1782 im Vertrag von Salbye ihre Landgewinne bestätigen.

Mysore unter Haider Ali Danach herrschte gut zwanzig Jahre eine prekäre Ruhe mit den Marathen. Zur selben Zeit erwuchs den Briten jedoch in Südindien ein neuer Gegner. Haider Ali Khan (1721–1782), ein Offizier, dessen Vorfahren durch Aurangzebs Dekkan-Kriege nach Südindien gekommen waren, hatte in dem Fürstentum Mysore, einem der Nachfolgestaaten des alten Vijayanagara, den Maharaja aus der Hindu-Dynastie der Wodeyars verdrängt und die Herrschaft usurpiert (1760/61). Geschickt agierte er zwischen Briten und Franzosen, Marathen und Hyderabad. Schon 1767 bis 1769 war es zu einem ersten Krieg mit der EIC gekommen, in dem Haider Ali Madras und damit die EIC erfolgreich belagerte und den Engländern seine Friedensbedingungen diktieren konnte. Sein Sieg trug ihm ungeheures Prestige ein, da man die Briten für unbesiegbar gehalten hatte.

Haider Ali war wohl der erste indische Herrscher, dem die Notwendigkeit einer entschlossenen Modernisierung eindringlich vor Augen stand, wenn er gegenüber der EIC überleben wollte. Er machte die Steuereinziehung effizienter, versuchte Bauern anzusiedeln und Handwerk und Handel zu fördern. Sogar eine eigene Marine schuf er, da er wusste, dass die Stärke der EIC nicht zuletzt im Nachschub über See begründet war. Für die Modernisierung seiner Armee zog er schon seit 1755 Franzosen in seinen Dienst. Sie drillten und führten seine Truppen, speziell die Artillerie.

Der zweite Krieg der EIC gegen Mysore (1780–1784) entstand im Zusammenhang mit dem Marathen-Krieg; plötzlich sah sich die EIC allen drei indischen Mächten des Dekkans, Mysore, Hyderabad und den Marathen, unterstützt von Franzosen und Holländern, gegenüber, einer Allianz, die allerdings wegen gegenseitiger Eifersüchteleien rasch zerfiel. Mitten im Krieg starb Haider Ali, und sein Sohn Tipu (1749–1799), der sich schon als tapferer Soldat hervorgetan hatte, wurde sein Nachfolger sowohl als Truppenführer als auch als Herrscher über das Fürstentum Mysore. Nach einer achtmonatigen Belagerung der Stadt Mangalore konnte er mit dem Vertrag von Mangalore vom 11. März 1784 den Krieg siegreich beenden. Während er sich gleich darauf in einen Krieg mit den Marathen und mit Hyderabad stürzte (1785–1787), konsolidierte er seine Herrschaft zu Hause weiter, indem er den alten Hindu-Herrscher von Mysore endgültig absetzte und sich zum Sultan erklärte („Padshah" 1786). Zielstrebig versuchte er eine eigene Waffenproduktion – Kanonen und Musketen – aufzubauen. Wie sein Vater förderte er Landwirtschaft und Handwerk, z. B. veranlasste er die Herstellung von Seide. Seine Religionspolitik war widersprüchlich: Einerseits wollte er das Volk, überwiegend Hindus, islamisieren: durch den Bau von Moscheen, die Einführung des muslimischen Kalenders, die Umbenennung der Städte mit arabischen Namen und die Zwangsbekehrung von Christen und Hindus. Andererseits beschäftigte er Hindus in den höchsten Stellungen des Staates, ja beschenkte Brahmanen und Hindu-Klöster mit Ländereien. Vielleicht wollte er mit seiner Islamisierungspolitik dem Nizam von Hyderabad imponieren, um in dessen Familie einheiraten zu können, aber für diesen war Tipu wegen seiner Herkunft nicht standesgemäß. *Tipu Sultan*

1790 griff Tipu Sultan den Raja von Travancore an, der mit der EIC verbündet war. Da die Marathen und der Nizam von Hyderabad sich ebenfalls von Tipu Sultan bedroht fühlten, konnten sie von Generalgouverneur Cornwallis als Verbündete gewonnen werden.

Tipu Sultan war der erste indische Herrscher, der, um den Briten in Indien entgegenzutreten, außerhalb Indiens Unterstützung suchte. Schon früher hatte er seine Fühler zu den Afghanen, den Persern und den Osmanen ausgestreckt, doch ohne Erfolg. 1788 hatte er einen Botschafter zu Ludwig XVI. nach Paris geschickt. Nun schickte er wieder Gesandte zu den seit Langem mit ihm verbundenen Franzosen auf der Insel Mauritius, und deren Gouverneur verkündete sofort die Allianz Frankreichs mit Mysore. Inzwischen war in Paris die Revolution ausgebrochen, Tipu wurde von den Revolutionären zum französischen „Citoyen" ernannt, woraufhin er in seiner Hauptstadt Seringapatam einen Freiheitsbaum aufstellte, und eine Handvoll französischer Truppen landete zu seiner Unterstützung an der Malabar-Küste. Das war der Anlass für GG Cornwallis, Tipu anzugreifen und damit den 3. Mysore-Krieg auszulösen (1790–1792). Eingeschlossen von drei Heeren in seiner Hauptstadt Seringapatam, musste sich Tipu geschlagen geben und am Ende jedem der drei Gegner Gebiete abtreten, zusammen etwa die Hälfte seines Landes. *Tipu Sultan und Frankreich*

1798 kam es zu einem weiteren Schub bei der Expansion der englischen Herrschaft in Indien. Er ergab sich aus dem weltweiten Ringen Englands mit Napoleons Frankreich. In den neunziger Jahren hatte sich die französische Präsenz in Indien wieder verstärkt. Tipu Sultan war weiterhin über seinen Botschafter mit Frankreich in Kontakt und forderte französische Hilfe in jeder Form an, der Nizam von Hyderabad beschäftigte französische Offiziere in sei *Expansionspolitik unter Wellesley 1798–1805* ner Armee, und auch die Marathen hatten inzwischen erkannt, dass sie ihre Armee durch europäische Berater modernisieren mussten, um gegen die EIC bestehen zu können. Und schließlich landete Ende 1798 Napoleon in Ägypten, „Französische Gefahr" um von dort aus – das war der Plan – Indien zu erobern. Der neue General-gouverneur Marquess Wellesley (im Amt 1798–1805) nahm die „französische Gefahr" zum Anlass, eine ausgesprochen expansive Politik in Indien zu betreiben. Mit Rückendeckung der britischen Regierung, aber gegen die Bedenken der EIC-Direktoren, begann er einen Präventivkrieg gegen Napoleons potentiellen Verbündeten auf indischem Boden, Tipu Sultan. Im 4. Mysore-Krieg (1798/99) wurde Tipu Sultan endgültig besiegt, er selbst fiel am 4. Mai 1799 im Kampf in seiner Hauptstadt Seringapatam. Tipu Sultan, der „Tiger von Mysore", war der zäheste und entschlossenste Feind der EIC gewesen und von den Engländern gehasst und gefürchtet. Wie schon seinen Vater Haider Ali stellten die Briten Tipu Sultan als Inbegriff des „Orientalischen Despoten" dar.

Subsidien-Verträge Wellesley annektierte den Staat Mysore aber nicht, sondern setzte die frühere Hindu-Dynastie wieder ein und band diese durch einen sog. Subsidien-Vertrag an die EIC, einen Vertrag, der unter dem Vorwand, Schutz zu bieten, tatsächlich den Staat ausbeutete und unter Kontrolle hielt. Im Einzelnen wurde bestimmt: Die Truppen der EIC mussten auf dem Territorium des Staats aufgenommen und auf seine Kosten unterhalten werden, wobei die EIC jedoch die alleinige Verfügung über diese Truppen behielt. Sollte sie mit diesen Truppen gegen Nachbarstaaten Krieg führen, musste der Herrscher dafür so viel Geld aufbringen, wie die EIC verlangte. Würden die Gelder nicht bezahlt, hatte die EIC das Recht, die Verwaltung des Landes oder Teile davon zu besetzen, um sich aus dem Steueraufkommen zu bedienen. Ohne Genehmigung der EIC durfte der Herrscher keine Kontakte mit auswärtigen Mächten unterhalten, keine Europäer in seinen Dienst nehmen und musste Europäer, die ohne einen Pass der EIC angetroffen wurden, ausliefern. Der Herrscher versprach, in Fragen der Finanz- und Steuerverwaltung, des Handels usw. dem Rat der EIC zu folgen. In der Hauptstadt platzierte die EIC einen „British Resident", der auf die Einhaltung dieser Bestimmung zu achten hatte. Diese Art Schutz-, tatsächlich Knebelverträge wurde in der Folge auch mit den Fürstenstaaten Hyderabad, Travancore und Awadh abgeschlossen, die so zu abhängigen Klientelstaaten wurden. Kleinere Gebiete wurden direkt annektiert: Tanjore 1799, Surat 1800, Nellore, Arcot und Trichinopoly 1801.

Nordindien Die Marathen im Norden Indiens jedoch blieben noch eine Zeitlang ein ernst zu nehmender Gegenspieler für die EIC. Erst 1802 wurde im Vertrag von Bassein dieses Territorium unter Peshwa Baji Rao II. nach über 20 Jahren Konflikt faktisch von den Briten abhängig. Im 2. Marathen-Krieg (1803–1805) besetzten die Truppen der EIC Delhi und „befreiten" den alten Moghulkaiser, der dort schon seit den 1770er Jahren eine machtlose Existenz geführt hatte. Sie gewährten ihm eine Pension und beließen ihm den Titel, um die Fiktion des Moghulreiches fortbestehen zu lassen, obwohl er de facto nur noch ein „König von Delhi" war.

Die „Französische Gefahr" und, zeitweilig mit ihr verbunden, die „Russische Gefahr" veranlassten die Briten, nicht nur auf dem Subkontinent ihre Macht auszudehnen, sondern sie auch nach außen und auf dem Weg dorthin zu si-
chern. Nachdem Napoleon seinen von Ägypten aus geplanten Indienzug 1799
hatte abbrechen müssen, vereinbarte er kurz darauf mit Zar Paul I. eine ko-
ordinierte Expedition mit dem gleichen Ziel. Je 35 000 Truppen sollten sich
in Astrachan vereinigen und gemeinsam nach Indien marschieren. Zusätzlich
schickte Zar Paul I. eine Armee von 22 500 Kosaken los, die über Chiva und
Buchara den Amudarya aufwärts nach Indien ziehen sollte. Der Auftrag an Ge-
neral Orlow lautete, die britische Herrschaft in Indien durch eine russische zu
ersetzen und den Handel nach Russland zu lenken. Der ganze Reichtum In-
diens werde die Belohnung für diese Expedition sein. Die Ermordung Pauls am
24. März 1801 bedeutete das Aus für diese Expedition, die Kosakenarmee er-
reichte nicht einmal Zentralasien.

Abwehr französischer und russischer Bedrohungen

Als Napoleon und Alexander I. im Vertrag von Tilsit 1807 ein Bündnis schmiedeten, sprachen sie auch wieder über Pläne, Indien zu erobern. Neben dem Seeweg wurden vor allem die beiden Landrouten über die Türkei und Persien und über Zentralasien erwogen.

Die Engländer in Indien nahmen die Gefahr aus dem Nordwesten immer-hin so ernst, dass sie 1808 je eine Mission nach Persien, Afghanistan, Sind und in den Panjab schickten. Die Mission nach Afghanistan war der erste offizielle Kontakt zu diesem Land überhaupt, und das wichtigste Ergebnis der Reise war das Buch „An Account of the Kingdom of Caubul and Its Dependencies in Per-sia, Tartary and India" von Mountstuart Elphinstone, dem Leiter der Mission (erschienen 1815, kurz darauf ins Deutsche übersetzt) – das erste wissenschaft-liche Werk über Afghanistan überhaupt.

Mit dem Ende der Revolutionszeit bzw. der Napoleonischen Kriege war Eng-lands Stellung als Weltmacht bis zum Ersten Weltkrieg unbestritten. Nicht nur sein indischer Besitz war nun unangefochten, sondern auch der Weg dorthin war für England sicher. Die holländischen Kolonien am Kap der Guten Hoff-nung und auf Ceylon, die England während der Kriege mit Frankreich besetzt hatte, blieben auch nach dem Wiener Kongress bei England (nur Java wurde an Holland zurückgegeben). Im Mittelmeer war ihm 1814 Malta als Stützpunkt auf dem Wege nach Indien über Ägypten endgültig zugesprochen worden.

3.3.2 Britische Expansion 1813–1856

Nepal, das Reich der Gurkhas im Himalaya, erstreckte sich seit dem späten 18. Jh. von Kaschmir bis Bhutan. Es kontrollierte die Handelswege nach Tibet und China, außerdem war es ein wichtiger Holzlieferant. Unter dem Vorwand, es bilde sich eine Hindu-Koalition aus Gurkhas, Sikhs und Marathen, bereite-te GG Hastings (im Amt 1813–1823) einen Krieg gegen Nepal vor. Ein Streit um 200 Dörfer in Butwal im April 1814 gab ihm dafür den Anlass. Bereits im Mai 1815 war das Heer der Gurkhas besiegt, im Friedensvertrag von Sugauli musste Nepal rund ein Drittel seines Staatsgebietes abtreten. Auch hier musste sich der besiegte Herrscher verpflichten, einen britischen Residenten am Hofe zuzulassen, außerdem durfte er keine anderen Europäer oder Amerikaner in seine Dienste aufnehmen. Trotzdem wurde Nepal als eigenständiger Staat belassen, es wurde auch später nicht Teil Britisch-Indiens, vermutlich weil es als Pufferstaat zu Tibet bzw. China dienen sollte.

Der Marathen-Konföderation wurde im 3. und letzten Marathen-Krieg 1817/18 der Todesstoß versetzt, ihre Gebiete annektiert, der letzte Peshwa mit einer Pension abgefunden. Damit war der EIC die Oberherrschaft in Indien gesichert. Bis 1828 war fast ganz Indien erobert: Nur im Nordwesten, im Panjab, herrschte seit 1799 König Ranjit Singh über das Reich der Sikhs, und am Unterlauf des Indus hielten sich die Emire von Sind.

„The Great Game"   Das Sikh-Reich war den Briten willkommen als Pufferstaat gegen die Afghanen, von denen man seit den Invasionen Ahmed Shah Abdalis im 18. Jh. jederzeit neue Einfälle – womöglich im Bunde mit den Russen – fürchtete. 1828 hatte Russland Persien entscheidend besiegt und machte es nun zum Werkzeug seiner Expansionsbestrebungen nach Südosten. Für die Briten in Indien wurde damit die „russische Gefahr" wieder akut. In dieser Zeit taucht der Begriff auf, der das ganze 19. Jh. hindurch das Verhältnis zwischen Britisch-Indien und Russland in Asien bezeichnen sollte: „The Great Game", das Große Spiel, ein wahres Pokerspiel um Einfluss und Macht in Zentralasien, ein „Kalter Krieg" avant la lettre, der jederzeit in einen heißen umschlagen konnte und tatsächlich zu zwei anglo-afghanischen Kriegen geführt hat.

Persien versuchte 1835 und wiederum 1838 mit Unterstützung durch russische Truppen, das afghanische Herat durch Belagerung zu erobern. Schon tauchte am Hofe von Kabul ein russischer Offizier auf. Einer möglichen Eroberung ganz Afghanistans wollte GG Auckland (im Amt 1836–1842) zuvorkommen. Im Juni 1838 wurde ein sog. Tripartite Treaty zwischen der britisch-indischen Regierung, Ranjit Singh und Shah Shuja, einem ehemaligen Emir von Kabul, der 1809 vertrieben worden war und in Britisch-Indien Asyl gefunden hatte, abgeschlossen. Nach den Vorstellungen der Briten sollten die Sikhs die Soldaten stellen, die Briten das Geld und Shah Shuja den Namen.

Erster anglo-
afghanischer Krieg   Da aber Ranjit Singh am 27. Juni 1839 starb und wegen der Nachfolgewirren die Sikh-Truppen ausblieben, mussten die Briten ihre eigene Armee in Bewegung setzen. Die Eroberung ging relativ schnell vonstatten: Im Dezember 1838 setzte sich die „Army of the Indus" in Bewegung und marschierte durch Sind. Im April 1839 wurde Kandahar eingenommen; Ghazni, zwei Monate später, musste gestürmt werden. Der Emir Dost Mohamed wurde von seinen Leuten verlassen, da sie von den Briten bestochen worden waren. Am 7. August 1839 zogen die britischen Truppen in Kabul ein und setzten Shah Shuja auf den Thron. Alles ließ sich gut an – Afghanistan wurde „geöffnet", für „moderne" Ideen und für christliche Missionare.

Der neue König versuchte, das Land zu modernisieren: eine zentralistische Verwaltung aufzubauen, Steuern einzutreiben, eine moderne Armee aufzustellen, d. h. die Soldaten selbst zu rekrutieren, statt von freiwilligen Aufgeboten der Stämme abhängig zu sein. Aber dann kam die Wende: Im November 1841, also ein Jahr nach der Absetzung des vorigen Emirs, brach in Kabul ein Aufstand aus. Die beiden britischen Vertreter wurden getötet, ein halbes Jahr später auch Shah Shuja. Die restlichen britischen Truppen (4500 Mann) und deren ziviler Anhang – 12 000 Personen Tross mit Frauen, Kindern, Kranken und Verwundeten – mussten im Januar 1842 Kabul verlassen. Auf ihrem Abmarsch wurden sie durch Überfälle, Kälte und Hunger vollständig aufgerieben. Als einziger Überlebender erreichte der Arzt William Brydon am 13. Januar 1842 Jalalabad. Es war die katastrophalste Niederlage der Briten in einem Kolonialkrieg (16 000 Mann Verluste), lange Zeit ein Trauma der britischen Kolonialgeschichte. Als Ergebnis zogen sie sich zurück und überließen Afghanistan sich selbst. Diese Politik bzw. Nicht-Politik gegenüber Afghanistan bekam den euphemistischen Namen „Masterly Inactivity".

Ranjit Singh hatte seit 1799 die Gebiete des Panjabs in einem Königreich ver-einigt. Bei seinem Tode erstreckte sich sein Reich vom Himalaya im Norden bis zu den Wüsten Sinds im Süden, im Westen vom Khyber-Pass bis zum Fluss Sut-lej als östlicher Grenze. So erwarb er sich den Beinamen Sher-i-Panjab, Löwe des Panjab. Die Erfolge der East India Company vor Augen, war ihm klar, dass er seinen Staat modernisieren musste, wenn er nicht dasselbe Schicksal erlei-den sollte wie die anderen indischen Fürsten. Er nahm über 100 ausländische Offiziere und andere Berater in seine Dienste, die meisten Franzosen und Ita-liener; ein Amerikaner und zwei Deutsche waren auch dabei. Sie sollten seine Armee nach westlichen Methoden und Strategien ausbilden. Vor allem die Be-dienung der Artillerie überließ er den Europäern. Er führte auch die Bezahlung des Soldes in Geld ein, obwohl auch weiterhin Jagirs (Lehen) vergeben wurden.

Der „Löwe des Panjab"

In Ranjit Singhs Königreich waren die Sikhs zwar das Staatsvolk, aber auch Hindus und Muslime konnten hohe Staatsämter bekleiden. Kaschmir-Brahma-nen z. B. spielten am Hofe eine große Rolle. Doch die Einheit dieses Reiches stand und fiel mit der Person Ranjit Singhs, nach seinem Tod 1839 breiteten sich Chaos und Anarchie aus. Als sich seine sieben Söhne schließlich auf den ältesten, Kharak Singh, als Nachfolger geeinigt hatten, erwies sich dieser als zu schwach, das Land und vor allem die Armee unter Kontrolle zu halten; noch dazu war er dem Opium verfallen. Er starb schon 1840, vermutlich von sei-nem Sohn Nao Nibul Singh vergiftet. Dieser hätte wohl das Zeug dazu gehabt, den Staat zu regieren, aber er kam durch einen Unfall ums Leben. Die beiden verbleibenden Gruppen am Hof, die sich über die Nachfolge uneins waren, er-suchten nun die Briten um Hilfe. Der eine Anwärter, Sher Singh, bot ihnen als Gegenleistung das Gebiet westlich des Sutlej; die Maharani, die Witwe Kharak Singhs, bot 25 % der Staatseinkünfte oder entsprechende Gebiete in Kaschmir. Beide Gruppen versuchten, sich der Armee zu bedienen, die durch Konzessio-nen immer größer und eigenmächtiger geworden war. Doch der Sold für die Soldaten konnte längst nicht mehr regelmäßig gezahlt werden, denn führende Sikhs brachten ihr Geld lieber nach Britisch-Indien in Sicherheit, statt Steuern zu zahlen. Sechs Jahre nach Ranjit Singhs Tod war immer noch keine Stabilisie-rung des Staates erreicht worden. Die Armee suchte die Lösung in einem Krieg mit den Briten. Aber wie tapfer die Sikh-Soldaten auch kämpften, ihr Schick-sal wurde durch den Verrat zweier Sikh-Generäle entschieden, so dass sie die entscheidende Schlacht von Sobraon verloren. Im Friedensvertrag vom 9. März 1845 nahmen sich die Briten den Jalandhar Doab, das fruchtbare Gebiet zwi-schen dem Beas und dem Sutlej. Da die geforderte Reparationssumme nicht

Nachfolgekämpfe im Sikh-Königreich

Kriege gegen die Briten

bezahlt werden konnte, nahmen sie sich außerdem Kaschmir und verkauften es an Golab Singh weiter, der dort eine eigene Herrscher-Dynastie begründete.

Die EIC verordnete dem Sikh-Staat eine Besatzungszeit von einem Jahr, in dem Henry Lawrence die Verwaltung beaufsichtigte, sah also bewusst von einer Annexion ab, um sich den Panjab als selbstständigen Puffer gegenüber dem Nordwesten zu erhalten. Doch nur drei Jahre später brach ein neuer Krieg aus, veranlasst durch die Rebellion eines Gouverneurs in Multan. Nach dem Zweiten Sikh-Krieg wurde am 30. März 1849 die Annexion auch des Panjabs durch Proklamation vollzogen.

3.4 Die Öffnung Indiens: Evangelikalismus, Utilitarismus, Liberalismus

3.4.1 Die Evangelikalen und die Christliche Mission in Indien

Schon seit Längerem propagierten Evangelikale ein Indienbild, das in völligem Gegensatz zu dem der Generation von Warren Hastings und Sir William Jones stand, für die der Hinduismus dem Christentum keineswegs ethisch unterlegen und die Kultur des alten Indiens in vieler Hinsicht sogar der des klassischen Griechenlands ebenbürtig, manchmal sogar überlegen gewesen war.

Der Evangelikalismus war eine Erweckungsbewegung innerhalb des englischen Protestantismus und fußte auf dem von den Brüdern John und Charles Wesley begründeten Methodismus. Die Evangelikalen richteten sich gegen die rein verstandesmäßige Auffassung des Christentums und propagierten stattdessen einen gelebten und persönlich erfahrbaren Glauben, woraus sich für sie das Gebot eines sittlich strengen Lebenswandels ergab.

Charles Grant, ein Angestellter der EIC, der sich zum Berater der Generalgouverneure Cornwallis und John Shore (im Amt 1793–1795), ebenfalls ein Evangelikaler, hochgearbeitet hatte, war ein überzeugter Vertreter des evangelikalen Protestantismus. Er verfasste 1792 eine Streitschrift mit dem Titel: „Observations on the State of Society among the Asiatic Subjects of Great Britain, particularly with Respect to their Morals and on the Means of Improving it", aber erst 1813 lag sie dem Parlament für die Beratungen über Indien gedruckt vor (1833 noch einmal). Grants Streitschrift ist der Versuch, eine Bilanz der bisherigen Politik der EIC in Indien zu ziehen, die Kultur der neuen Untertanen einzuschätzen und aus beidem Schlussfolgerungen für eine zukünftige Politik gegenüber Indien zu formulieren.

Charles Grants Streitschrift

Die ersten 30 Jahre der britischen Herrschaft in Indien nennt Grant eine Kette von Irrtümern, aber er warnt davor, sich aus Indien zurückzuziehen. Das würde für Indien noch schlimmere Folgen haben, indem entweder indische Abenteurer oder die europäischen Rivalen Englands dort die Macht übernähmen. England müsse sowohl aus Eigeninteresse als auch aus christlicher Pflicht die vollen Aufgaben einer Regierung in Indien übernehmen. Um das Wohl der indischen Untertanen zu gewährleisten, müsse die ganze Sozialstruktur, und – da engstens damit verbunden – die Religion der Hindus geändert werden. Mit

Hinweis auf das altindische „Gesetzbuch des Manu" und die Göttin Kali nennt Grant den Hinduismus einen „bestialischen Aberglauben" und „den für seine Macht und Dauer bemerkenswertesten Despotismus, den die Welt je gesehen hat". Die Brahmanen gebrauchten die Religion, um den Rest der Gesellschaft mit Hilfe des Kastensystems zu unterdrücken.

„Licht in das Dunkel des Hinduismus" zu bringen, hieß für Grant, die Hindus zum Christentum zu bekehren. Die christliche Wahrheit würde sie von ihren alten Unwahrheiten abbringen, was zu einer neuen Gesellschaft führen werde. Licht bedeute nicht nur das Predigen der Frohen Botschaft, sondern das gesamte moderne Wissen des Westens. Dazu sei der allgemeine Gebrauch des Englischen nötig, was auch die Qualität der britischen Verwaltung erhöhen werde.

Grants Schrift war also der Versuch, eine Rechtfertigung für die dauerhafte britische Herrschaft über Indien durch Vergleich der beiden Zivilisationen zu finden. Warern Hastings hatte noch geglaubt, daß die britische Herrschaft über Indien nur vorübergehend sei.

Widerspruch gegen Grant kam sowohl vom Kreis um Sir William Jones als auch von den Geschäftsleuten, die nur am Handel mit Indien interessiert waren. Sie stimmten zwar mit Grants Urteil über den Hinduismus überein, glaubten aber weder, dass die Hindu-Gesellschaft verändert werden könne, noch dass es die Aufgabe der Briten sei, dies zu tun.

Grants Schrift löste einen zwanzigjährigen Grundsatzstreit zwischen EIC und Evangelikalen über das Für und Wider einer Missionierung Indiens aus. „Saints" standen gegen „Sinners" („Pamphlet War"). Außer im südöstlichen Indien hatte die EIC bisher christliche Mission auf ihrem Territorium verboten. Die Evangelikalen forderten nun die Aufhebung dieses Verbots, was aber 1793 vom Parlament noch abgelehnt wurde. Pamphlet War

1813 schließlich, als das Parlament zum zweiten Mal über die Verlängerung der Charta der EIC debattierte, wurde der Streit zugunsten der Evangelikalen entschieden, und Indien wurde für die christliche Mission geöffnet. Die Missionare versuchten in der Folgezeit nicht nur, Hindus für das Christentum zu gewinnen, sondern auch, die britisch-indische Regierung zu bewegen, bestimmte einheimische Bräuche zu verbieten und sich aus der Patronage „heidnischer" Einrichtungen zurückzuziehen, wie z. B. der Erhebung der Hindu-Pilgersteuer.

Ihre Ausgangsposition war günstig, denn schon vor 1813 hatten sich evangelikale Missionare in Bengalen niedergelassen. Sie nutzten dazu die kleine dänische Faktorei Serampore am anderen Ufer des Huglis, etwas flussaufwärts von Kalkutta. Ihr Führer war William Carey (1761–1834), von Haus aus armer Schuhmacher, aber eifriger Baptist, der im Mai 1792 eine Schrift veröffentlicht hatte, in der er zur Missionierung der „Heiden" aufrief: „An Enquiry into the Obligations of Christians, to Use Means for the Conversion of the Heathens". Die Baptisten hatten sich in dem dänischen Serampore niedergelassen, da ja auf dem Gebiet der EIC vor 1813 christliche Mission verboten war. Fast 100 Jahre nach Gründung der Halle-Mission im dänischen Tranquebar in Südindien begann damit ein neues Kapitel in der christlichen (protestantischen) Missionsgeschichte Indiens. William Carey

Im Gegensatz zu Charles Grant traten Carey und seine Mitstreiter freundlich und ohne Verachtung den Einheimischen gegenüber und wollten sie in ihren eigenen Sprachen ansprechen. Mit einer alten Druckerpresse, die er aus England mitgebracht hatte, wurde das Neue Testament auf Bengali gedruckt und im Februar 1801 veröffentlicht. Die Serampore-Missionare studierten auch Sanskrit und übersetzten einige der klassischen Werke ins Bengali, um den Hindus gegenüber die in ihnen enthaltenen „Irrtümer" herausstellen zu können. Ein Jahr nach der Gründung des Hindu College gründeten die Missionare das Serampore College und brachten auf Bengali die Monatszeitschrift Digdarsan (=Blick auf die Welt) und die Wochenzeitung Samachar Darpan (=Nachrichtenspiegel) heraus.

Die Serampore-Missionare übersetzten die Bibel und andere christliche Schriften in weitere indische Sprachen. Zwischen 1801 und 1832 wurden 212 000 Bände in 40 verschiedenen indischen Sprachen gedruckt. Mit dieser christlichen Literatur begann die Standardisierung der modernen indischen Sprachen.

College of Fort William In diesem Sinne wirkte auch das im Jahr 1800 durch Generalgouverneur Wellesley gegründete College of Fort William in Kalkutta, auf dem englische Beamte vor allem einheimische Sprachen lernten. Wellesley wollte so einen neuen Typ von Beamten für die EIC ausbilden lassen. An Stelle des Abenteurers und Glücksritters, der durch windige Geschäfte möglichst schnell reich werden wollte, sollte der Typ des tüchtigen und unbestechlichen Verwalters der britischen Herrschaft herangezüchtet werden. Vorbild für das neue College waren Oxford und Cambridge. Die Einführung des modernen Beamten bedeutete allerdings zugleich die Eliminierung der einheimischen Beamten, zumindest in den höheren Rängen.

3.4.2 James Mill und das utilitaristische Indienbild

Einige Jahre nach der Öffnung Indiens für die christliche Mission erfolgte durch das Werk „The History of British India" von James Mill ein weiterer Frontalangriff auf die hinduistische Kultur, diesmal von aufklärerischer Seite. James Mill war von den Ideen des englischen Philosophen Jeremy Bentham (1748–1832) geprägt, des Begründers des sog. Utilitarismus, der „Nützlichkeitslehre", wonach alle Menschen nach dem eigenen Vorteil strebten und dadurch den **Mills Indienbild** „größten Nutzen für die größte Zahl" bewirkten. In seinem Buch stellt Mill Indien als ein Land zivilisatorischer Rückständigkeit, des Aberglaubens und der sozialen Unterdrückung durch „Priesterbetrug" dar. Auf der „Stufenleiter der Zivilisation" (*scale of civilisation*) ordnet er die Hindu-Kultur ganz unten ein. Die Hindus seien allenfalls als „halbzivilisiert" einzuschätzen. Die Wirkung von Mills „History of British India" kann gar nicht stark genug eingeschätzt werden. Nicht nur, dass James Mill an höchster Stelle in der Verwaltung der EIC in London saß, sein Werk über Indien wurde zum Lehrbuch für zukünftige britische Indienbeamte und blieb bis zum Ersten Weltkrieg in Gebrauch.

Mit William Bentinck kam ein weiterer Schüler Benthams zunächst als Gouverneur von Bengalen (1827–1833) und dann als Generalgouverneur (1833–

1835) nach Indien. Mit ihm begann eine Phase der britischen Herrschaft in Indien, in der die führenden Politiker bzw. Beamten in Kalkutta die indische Gesellschaft gezielt von oben reformieren wollten. Auf Indien die utilitaristischen Prinzipien anzuwenden, bedeute, alles, was sog. vernünftigen Gesetzen widerspreche, abzuschaffen, also nicht nur die sog. barbarischen Sitten wie die Witwenverbrennung, sondern auch die meisten religiösen Sitten und Bräuche, ja die ganze Sozialstruktur, das Kastenwesen.

Gegen die Witwenverbrennung hatten schon seit einiger Zeit die christlichen Missionare agitiert. In der damaligen Diskussion stand für diesen uralten hinduistischen Brauch der Begriff Suttee, die anglisierte Form des Sanskritwortes Sati, was in diesem Zusammenhang „die Tugendhafte" bedeutet, nämlich die tugendhafte Frau, die beim Tode ihres Ehemannes den Scheiterhaufen mit seiner Leiche besteigt und sich verbrennen lässt. Dieser Brauch wurde nun im Jahre 1829 von der britisch-indischen Regierung verboten. Doch Witwen, die sich nicht mit ihrem verstorbenen Ehemann verbrennen ließen, wurden von ihrer Familie oft diskriminiert. Der Tod des Ehemannes wurde ihnen als Folge schlechten Karmas angelastet. Eine Wiederheirat war für sie ausgeschlossen. Erst im Jahre 1856 wurde die Wiederverheiratung durch den Hindu Widows Remarriage Act gesetzlich ermöglicht.

Witwenverbrennung

Hauptsächlich im nördlichen Indien gab es die von den Engländern als Thugs bezeichneten Raubmörder, die angeblich aus religiösen Motiven – als Anhänger der Göttin Kali – Reisende, meistens Kaufleute, mit einem gelben Seidenschal erdrosselten. Die Briten zählten sie unter die Kategorie „Criminal Tribes". Im Jahre 1829 wude William Henry Sleeman mit der Ausrottung der Thuggee, dem Unwesen dieses religiös motivierten Mordens, betraut. Mit 30 Mitarbeitern jagte er die Thugs und ließ sie ab 1832 vor Gericht stellen. Die Anti-Thug-Kampagne dauerte bis 1845.

Thuggee

Die dreißiger Jahre des 19. Jh. nennt man die Reform-Ära in der Geschichte Britisch-Indiens. Ihre Leitbegriffe waren „Good Government" und „Improvement": Durch „Zivilisierung" sollte den Indern „Glück" gebracht werden.

3.4.3 Thomas Babington Macaulays Reformen

Neben Bentinck war der Historiker, Publizist und Politiker Thomas Babington Macaulay (1800–1859) der einflussreichste utilitaristische Reformpolitiker. Der Tag, an dem die Inder selbst europäische Einrichtungen verlangen würden, werde der stolzeste Tag in der englischen Geschichte sein, sagte Macaulay während der Debatten über die Verlängerung der Charta 1833 im Parlament.

Als Mitglied des Rates des Generalgouverneurs (Law Member) sorgte Macaulay für die Einführung des Englischen als Unterrichtssprache, eine der folgenreichsten Maßnahmen der englischen Herrschaft in Indien. Mit dieser Entscheidung beendete er einen jahrzehntelangen Streit unter den britischen Beamten zwischen den Anhängern der einheimischen klassischen Sprachen, den „Orientalists", und den Befürwortern des Englischen, den „Anglicists". Macaulay begründete seine Entscheidung zugunsten des Englischen in seiner bis heute berühmt-berüchtigten „Minute on Education" von 1835: Die Lite-

Englisch als Unterrichtsprache

raturen in den klassischen orientalischen Sprachen Arabisch, Persisch und Sanskrit mögen zwar interessante Dichtungen enthalten, aber für die moderne Welt seien sie wertlos, während Englisch den Zugang zum modernen Wissen Europas eröffne. Allerdings könne England nicht das gesamte indische Volk auf Englisch bilden, sondern nur eine kleine Schicht, die – „indisch in Hautfarbe, aber englisch im Geiste" – als Dolmetscher zwischen den britischen Herrschern und den Massen des indischen Volkes fungieren müsse. 1854 empfahl die nach dem Indien-Minister benannte Wood Despatch den Aufbau von Universitäten nach englischem Muster (zunächst in Kalkutta, Bombay und Madras).

Entsprechend dem völligen Neuanfang in der Bildung wollte Macaulay auch ein völlig neues Strafrecht einführen. Er legte einen Entwurf zu einem Indian Penal Code vor, der aber nicht etwa eine Übertragung des damals bestehenden englischen Strafrechts auf Indien bedeutet hätte, sondern ganz neu im Sinne Benthams konzipiert war. Es dauerte allerdings noch bis 1860, bis Macaulays Entwurf mit Modifizierungen als allgemeines Strafrecht für ganz Indien eingeführt wurde.

Freihandel   Zum „liberal creed" gehörte die entsprechende Wirtschaftspolitik. Für einen Liberalen wie Maucaulay war ein „world empire of trade" wichtiger als „territorial power". Schon William Bolts hatte die EIC vom Standpunkt des Freihandels aus kritisiert, Adam Smith hatte die Abschaffung des Monopols der EIC gefordert. Doch erst 1813, als es zum zweiten Mal (nach 1793) im britischen Parlament eine Generaldebatte über Indien gab, wurde das Handelsmonopol der EIC abgeschafft. Der Freihandel herrschte nun international auch in der Beziehung zu Indien. Mit der Abschaffung des Handelsmonopols wurde die EIC zu einer reinen Verwaltungsagentur für Indien.

In den Debatten von 1833 sagte Macaulay, dass für England ein gut regiertes und unabhängiges Indien, das englische Textilien und englisches Besteck kaufe, viel vorteilhafter sei als ein schlecht regiertes, England unterworfenes, das zu ungebildet und zu arm sei, um englische Waren zu kaufen. Ganz im Sinne dieser Ansicht wurde der Export indischer Fertigtextilien, bis dahin die Hauptsäule des Handels der EIC, seit der Einführung des Freihandelsprinzips durch den Export indischer Rohbaumwolle nach Großbritannien ersetzt. Dort, in Lancashire, wurde diese zu Garn und anschließend zu Stoffen verarbeitet, die wiederum u. a. nach Indien exportiert wurden. Diese tiefgreifende Strukturveränderung im britisch-indischen Handelsverkehr ist später von allen Kritikern des Kolonialismus, angefangen von Marx, als die langfristig verheerendste Folge des Kolonialismus für Indien eingeschätzt worden.

3.4.4 Der Eisenbahnbau

Eisenbahnbau als Testfall für das liberale Credo   Das Projekt des Eisenbahnbaus war ein Testfall für die liberale These, dass sich zivilisatorische Mission mit wirtschaftlichem Profitstreben vereinbaren lasse. Die Einführung der Eisenbahn in Indien wurde mit dem Argument propagiert, dass damit die westliche Zivilisation verbreitet und den rückständigen Völkerschaften der Fortschritt gebracht werde. Insbesondere würden durch das Eisenbahnfahren die Kastenschranken niedergerissen. Auch könnten in Zeiten der Hungersnot Lebensmittel schneller in die betroffenen Gebiete transportiert werden. Andererseits sei der wirtschaftliche Nutzen für Großbritannien immens, da englische Industriegüter bei niedrigen Einfuhrzöllen großräumig abgesetzt und umgekehrt Rohbaumwolle schnell in die Häfen gebracht werden könnten. Das militärische Argument kam als drittes hinzu: 1846 brauchte man für den Transport der Truppen von Kalkutta nach Benares noch etwa sechs Wochen. Mit der Eisenbahn ließ sich die Distanz auf wenige Tage reduzieren (1908/9 auf nur noch 13 Stunden). Die „kommunikative Durchdringung" Indiens würde durch die Eisenbahn enorm verbessert, wovon nicht nur die Armee, sonder auch die Zivilverwaltung profitieren würde.

Kurz vor 1845 wurden gleich zwei Eisenbahngesellschaften gegründet: Die East India Railway (E.I.R.) und die Great Indian Peninsular Railway (G.I.P.R.). 1849 kam es zum Kontrakt zwischen der EIC und diesen beiden Gesellschaften. Aber der Kapitalmarkt in London zeigte sich unwillig, das Eisenbahnprojekt zu finanzieren, da er sich keinen Profit davon versprach. GG Dalhousie (im Amt 1847–1856) musste die Anleger mit einem sog. Garantiesystem locken: es bedeutete eine staatliche Zinsgarantie für die Aktieninhaber, und zwar in Höhe von 5 % für eine Zeit von maximal 99 Jahren. „Private enterprise at public risk" nennt es Daniel Thorner.

Am 16. April 1853 wurde schließlich die erste Eisenbahnstrecke Bombay–Thana mit einer Länge von 20 Meilen eingeweiht. In den folgenden Jahrzehnten wurde das indische Eisenbahnnetz zum zweitgrößten der Welt (nach Russland) ausgebaut. Die Ertragssituation für die Aktionäre war allerdings nicht befriedigend, so dass die Garantie voll zur Geltung kam. Von 1854 bis 1869 betrugen die Einnahmen 12 Millionen Pfund, die Garantieleistungen dagegen 25,5 Millionen Pfund. Die einseitige Besitzerstruktur zeigt sich an den Zahlen: Von den 32 109 Aktienbesitzern im Jahre 1865 waren nur 762 Inder.

Karl Marx glaubte in einem seiner später berühmt gewordenen Indien-Artikel von 1853 vorhersagen zu können, dass der Eisenbahnbau notwendigerweise die allgemeine Industrialisierung Indiens nach sich ziehen müsse. Hier irrte er, denn alle Einzelteile, die für das Eisenbahnsystem nötig waren, wurden aus England eingeführt – bis 1924.

Zum Good Government gehörten auch der Ausbau des Straßennetzes und die Wiederherstellung des weitverzweigten Systems der Bewässerungskanäle im Nordwesten und anderen Gebieten. Allerdings waren es militärische Gründe, die den Ausbau eines gesamtindischen Straßennetzes vorantrieben: 1836 von Kalkutta nach Delhi, 1842 von Bombay nach Kalkutta und von Bombay nach Agra. *Andere Infrastrukturprojekte*

3.5 Rammohan Roy und die Bengalische Renaissance

Es dauerte fast 60 Jahre seit Plassey, bis sich auf indischer Seite eine intellektuelle Reaktion auf die englische Herrschaft bemerkbar machte: 1816 veröffentlichte (Raja) Rammohan Roy (1772?–1833) sein erstes Werk auf Englisch, „An Abridgement of the Vedant", und eröffnete damit die intellektuelle Auseinander- *Raja Rammohan Roy* setzung des modernen Indiens mit seiner eigenen Vergangenheit, was zugleich eine Auseinandersetzung mit den neuen Ideen aus dem Westen war. Bis dahin hatten die Inder ihre neuen Herren hauptsächlich als Händler, Steuereintreiber, Richter und Soldaten kennen gelernt. Ein intellektueller Austausch hatte – wenigstens öffentlich – nicht stattgefunden. Rammohan Roys Buch eröffnete schlagartig eine neue Epoche der indischen Geschichte, und er selbst wirkte darin als regster Publizist, Reformer und Diskussionspartner. Nicht nur in der damaligen Hindu-Elite Bengalens wurde er die zentrale Figur (wobei er zu Lebzeiten mehr Gegner als Anhänger hatte), seine Äußerungen wurden auch in Europa und in den USA wahrgenommen.

Väterlicherseits waren R.M. Roys Vorfahren Zamindare, mütterlicherseits Dorfpriester. An seiner Erziehung ist bemerkenswert, dass er nicht nur die für einen Brahmanen übliche Sanskrit-Ausbildung genoss, sondern auch drei Jahre lang Unterricht in Persisch und Arabisch erhielt, wobei er mit der Sufi-Mystik in Kontakt kam und ihre Ähnlichkeit mit der Philosphie der Upanischaden entdeckte. Ergebnis dieser Erfahrung war ein kleines Buch auf Persisch mit einem arabischen Vorwort und dem Titel „Tuhfat al-Muwahhidin" (1803/4, „A Gift to Deists"), das eine scharfe Kritik am Bilderkult des Hinduismus enthielt. Das führte zum Streit mit seinem Vater und den Dorfpriestern, was ihn 1799 zwang, sein Heimatdorf zu verlassen. Nachdem er mit 22 Jahren Englisch gelernt hatte, trat er 1803 in den Dienst der Engländer, zuerst als *clerk* im Rangpore Collectorate (1803), bis er zum Diwan aufstieg, also dem Chef der Distriktverwaltung, womit er eine erhebliche Machtstellung innehatte. Er blieb etwa zehn Jahre lang auf diesem Posten, bis er ihn 1814 aufgab, weil er genug Geld hatte, um sich nun nur noch seinem eigentlichen Interesse zu widmen: dem Studium religiöser Fragen.

Er war nun 40 Jahre alt und zog nach Kalkutta, wo er sich ein Haus im europäischen Stil kaufte. Als erstes gründete R.M. Roy eine Gesellschaft mit dem programmatischen Titel: „Atmiya Sabha – Friendly Society für the Worship of the One Invisible God as inculcated in the Vedas and the Upanishads" (1814). 1815 veröffentlichte er zwei Schriften auf Bengali: Vedantagrantha und Vedantasara, beide basierend auf den Vedantasutras des Badarayana, formelhafte Kurzfassungen der Upanischaden, und auf dem Kommentar des Philosophen Shankaracharya dazu aus dem 9. Jh.. Dass eine theologische Darstellung über einen zentralen „heiligen" Sanskrit-Text in der Volkssprache Bengali erschien, war bemerkenswert genug, aber noch revolutionärer aus orthodoxer Hindu-Sicht war ihre Veröffentlichung auf Englisch als „Translation of an Abridgement of the Vedant" (1816, schon im Jahr darauf auf Deutsch) und entsprechend in den folgenden Jahren sowohl bengalische als auch englische Übersetzungen der wichtigsten Upanischaden: Kena-, Isha-, Mundaka- und Katha-Upanishad.

R.M. Roys „gereinigter"
Hinduismus

In seinen Schriften behauptet R.M. Roy, dass er den wahren Veda, wie er in den Upanischaden (Vedanta) zum Ausdruck komme, wieder herstelle. Danach sei der Veda monotheistisch: es gebe nur einen persönlichen Gott, dem die einzelne Seele gegenüber stehe. All die vielen ausgeklügelten Rituale seien spätere Korruptionen und sollten keine Rolle mehr spielen, sondern moralisches Handeln sei der wahre Gottesdienst, jeder solle Zugang zu den heiligen Schriften haben, und Erkenntnismittel sei allein die Vernunft.

Ganz im Sinne R.M. Roys war die Gründung des Hindu College, das am 20. Januar 1817 in Kalkutta eröffnet wurde. Es sollte die Söhne der Hindu-Elite die englische Sprache lehren und ihnen das moderne Wissen des Westens vermitteln, ihnen zugleich aber auch ihre eigene Hindu-Tradition nahe bringen. In der Kontroverse zwischen Orientalisten und Anglizisten stand R.M. Roy auf Seiten der Anglizisten, was er in einem offenen Brief zwölf Jahre vor Macaulays „Minute on Education" mit ähnlichen Argumenten zum Ausdruck brachte. 1818 begann er seinen Kampf gegen die Witwenverbrennung, die er aus nächster Nähe beim Tode seines Bruders, als dessen Witwe den Scheiterhaufen bestieg, erlebte, was ihn tief erschütterte. In diesem Punkt war er in Übereinstimmung mit den Bestrebungen der christlichen Missionare und der britischen Regierung, die schließlich 1829 die Witwenverbrennung verbot.

Es waren theologische Gründe, die zur Kontroverse zwischen ihm und den christlichen Missionaren aus Serampore führten. Auf seine 1820 erschienene Schrift „The Precepts of Jesus, the Guide to Peace and Happiness" reagierten die Missionare empört, denn in ihr wurde Jesus nur als Lehrer einer allgemeinen Ethik dargestellt, nicht als Sohn Gottes, und auch die Dreieinigkeit wurde unterschlagen. Die Missionare verbaten sich die „heidnische" Interpretation des Christentums, überhaupt Roys Einmischung in die innerchristliche Theologie. Nach heftigen Angriffen der Missionare auf den Hinduismus allgemein verteidigte Roy seine Religion und polemisierte gegen den christlichen Trinitätsglauben im Namen des Unitarismus. **Theologische Kontroversen**

Im Jahre 1828 gründete Roy den Brahmo Samaj (Bengali = „Brahma-Gesellschaft"), mit dem er seine Vorstellungen vom wahren Hinduismus verbreiten wollte. Der Gottesdienst des Brahmo Samaj bestand aus der Rezitation von Sanskrit-Texten aus den Upanischaden, ihrer Übersetzung und einer Predigt auf Bengali. Der Brahmo Samaj war die erste moderne Reformbewegung im Hinduismus und hat wesentlich den sog. Neo-Hinduismus geprägt, die Zahl seiner Mitglieder blieb allerdings immer klein und auf die anglisierte Oberschicht beschränkt.

Zu Lebzeiten hatte R.M.Roy auch unter seinen Landsleuten mehr Gegner als Anhänger, am lautstärksten die konservative Dharma Sabha, gegründet 1830, deren bekanntester Sprecher ihr Präsident Raja Radhakanta Deb war. Trotz dieser Gegnerschaft und obwohl der Brahmo Samaj zahlenmäßig klein blieb, hat jedoch Rammohan Roy das moderne Indien maßgeblich geprägt. Bezeichnungen wie „Vater des modernen Indiens" bzw. „des Hinduismus" sind dafür kennzeichnend. Er war die zentrale Figur jener kulturellen Blüte, die man „Bengalische Renaissance" nennt. Die klassische indische Vergangenheit wurde neu entdeckt. Übersetzungen aus dem Sanskrit erschlossen diese kulturellen Schätze, Zeitungen auf Englisch und Bengali schossen aus dem Boden; intellektuelle Zirkel und Vereinigungen wurden gegründet; eine Öffentlichkeit entstand, die ein Bewusstsein für die Notwendigkeit durchgreifender Reformen von Religion und Gesellschaft schuf.

Viel radikaler als Rammohan Roy war allerdings die Gruppe von jungen In- **Das „Junge Bengalen"** tellektuellen, die „Junges Bengalen" genannt wurde. Sie brachen total mit der Hindu-Tradition und mit den damit verbundenen gesellschaftlichen Regeln. Sie wollten nichts weniger als die orthodoxen Fesseln des Hinduismus abstreifen und kämpften daher gegen den „religiösen Obskurantismus" und für „fortschrittliche" soziale Reform. Ihr Anführer war der radikale Freidenker Henry Louis Vivian Derozio, Lecturer am Hindu College in Kalkutta von 1826 bis 1831. Sein Vater, Spross einer wohlhabenden portugiesischen Kaufmannsfamilie, arbeitete für eine englische Handelsgesellschaft, Derozios Mutter wiederum war Engländerin, Schwester eines englischen Farmers in Bihar. Nach dem Besuch einer der angesehensten Schulen Kalkuttas und einiger Zeit als Buchhalter im Büro seines Vaters wandte sich Derozio der Philosophie und der Literatur zu. Mit einer kritischen Abhandlung über die Philosphie Kants erregte er Aufsehen. Er kam mit Persönlichkeiten des Hindu College wie David Hare und Rammohan Roy in Kontakt und bekam dort schon bald eine Anstellung als Lehrer für die Oberklassen. Neben seiner Tätigkeit als Lehrer gab er zwei Zeitungen heraus und schrieb für mehrere weitere.

Henry Derozio

1828 gründete Derozio die Academic Association. In den regelmäßigen Diskussionen in seinem Haus „entlarvten" die Teilnehmer den Hinduismus als unmenschlich, sozial ungerecht und lebensfremd und schworen allgemein der Religion ab. In der institutseigenen Zeitung des Hindu-College schrieb der Derozio-Schüler Madhab Chandra Mallik: „If there is anything we hate from the bottom of our heart, it is Hinduism." Ihre „Bibel" war Tom Paines „Age of Reason". Die Schriften von Voltaire, Hume und Locke wurden ins Bengalische übersetzt.

Andere erklärten öffentlich, dass sie nicht an die Heiligkeit des Ganges glaubten, sie gaben ihre täglichen Gebete auf, schworen dem Glauben ab, grüßten das Abbild der Göttin Kali mit den Worten „good morning, madam", liefen in Gruppen durch die Straßen, skandierend: „We have eaten Mussalman bread", warfen Rinderknochen in die Häuser der Gläubigen und schrien orthodoxe Brahmanen auf der Straße an: „We take beef!" Diese Provokationen machten viele Eltern besorgt um den Ruf ihrer Familien; sie drängten daher die Leitung des Hindu College, Derozio aus dem Lehrerkollegium auszuschließen, was 1831 auch geschah. Noch im selben Jahr starb er an Cholera, doch der Sturm von Freidenkertum und religiöser Revolte überdauerte seinen Tod bis weit in die 1840er Jahre. Seine Schüler, die „Derozians", gründeten 1838 die Society for the Acquisition of General Knowledge.

3.6 Der Indische Aufstand 1857/58

Am 10. Mai 1857 – ein Jahr nach der Annexion Oudhs – brach in der Garnison von Meerut, nordöstlich von Delhi, unter den „Sepoys", den indischen Soldaten der Bengal Army, eine Meuterei aus, die sich in den folgenden Monaten über große Teile Nord- und Zentralindiens ausbreitete und gebietsweise, vor allem in Oudh, die Ausmaße eines Volksaufstandes annahm. Ausgelöst hatte den Aufstand, dass die indischen Soldaten von Meerut sich weigerten, Patronen

„The Mutiny"

anzunehmen, von denen sie glaubten, sie seien mit Rinder- und Schweinetalg eingefettet – ersteres für die Hindus, zweites für die Muslime unakzeptabel. Als sie von ihren britischen Offizieren in Ketten gelegt wurden, befreiten ihre Kameraden sie und zogen mit ihnen nach Delhi, wo sich ihnen die dortige Garnison anschloss. Die Aufständischen töteten alle Engländer, die sie finden konnten, und riefen den alten Moghulkaiser Bahadur Shah Zafar II. zu ihrem Führer aus. Dieser Akt bezeichnete schon die Stoßrichtung der Aufständischen, nämlich die Fremdherrschaft abzuschütteln und das Moghulreich und ganz allgemein die alten Verhältnisse wiederherzustellen. Doch der machtlose, inzwischen 82-jährige „König von Delhi" war der Aufgabe, einen Aufstand gegen die britische Herrschaft zu führen, nicht gewachsen.

Dennoch erfasste der Aufstand in den nächsten Wochen und Monaten das ganze Gebiet zwischen Delhi und Patna. An manchen Orten wie in Benares und Allahabad konnten drohende Meutereien von den Briten im Keim erstickt werden, aber die Städte Delhi, Kanpur, Lakhnau und Jhansi wurden zu Bastionen der Aufständischen. Nach den Soldaten als Auslösern erhoben sich die Kräfte, die durch die britische Herrschaft ihre Position verloren hatten: Fürsten, deren Staaten von Dalhousie annektiert worden waren wie das Herrscherhaus von Oudh oder die Rani von Jhansi, oder anderweitig benachteiligt worden waren, wie Nana Sahib, der adoptierte Sohn des letzten Peshwa, dem die Pension gestrichen worden war; Muslim-Gelehrte, deren steuerfreie Pfründen (*waqf*) von den Briten eingezogen worden waren und die durch die Einführung des Englischen als Bildungs- und Amtssprache ihren Einfluss verloren hatten; die Schicht der Taluqdars von Oudh, die von den Briten als Steuereinzieher ausgeschaltet worden war.

Ausbreitung des Aufstands

Der Aufstand war eine ernste Bedrohung der Herrschaft der Briten, und sie brauchten bis weit in das Jahr 1858, um ihn völlig niederzuschlagen. Aber die Rückeroberung von Delhi begann schon am 7. Juni 1857, also kaum vier Wochen nach der Meuterei von Meerut, als sich eine britische Truppe auf den Hügeln außerhalb der Stadt (The Ridge) festsetzte. Ihr Erfolg hing vom Verhalten des Panjabs ab. Dem Gouverneur John Lawrence gelang es, potentielle Rebellenregimenter in Lahore, Peshawar und in Multan zu entwaffnen. Ende Juli war die Krise im Panjab überwunden. Am 4. September kam der Belagerungszug aus dem Panjab vor Delhi an, nach sechs Tagen Sturm eroberten die Briten am 19. September die Stadt.

In Kanpur („Cawnpore") brach die Meuterei am 4. Juni aus. Die Sepoys fanden einen Führer in Nana Sahib, der in der Nähe Kanpurs seinen Palast hatte. Er wollte die Aufständischen ursprünglich nach Delhi führen, entschloss sich aber, in Kanpur zu bleiben und die verschanzten Briten zu belagern. Drei Wochen lang verteidigten etwa 400 englische Kämpfer zusammen mit loyalen Sepoys sich und einen Tross von englischen Frauen und Kindern gegen Dauerbeschuss. Am Jahrestag von Plassey (24. Juni) versuchten die Belagerer die Erstürmung, wurden aber zurückgeschlagen. Zwei Tage später bot der Nana freien Abzug an. Am Morgen des 27. Juni verließen die erschöpften Engländer Kanpur, um auf Booten gangesabwärts zu segeln. Da geschah das Schreckliche: die wehrlosen Fliehenden wurden überfallen und niedergemacht (126 Tote). Das „Massaker

Opfermythos Cawnpore

von Cawnpore" ging als Opfer-Mythos in die Geschichte des britischen Empire ein.

Zum Opfermythos kam der Heldenmythos: die Verteidigung der britischen Residenz in Lucknow (Lakhnau) gegen monatelange Belagerung. Vom 1. Juli an wurde die britische Residenz in Lucknow belagert. 87 Tage lang hielten etwa 1800 kampffähige Männer auf britischer Seite gegen etwa 15 000 Aufständische die Residenz, bis sich die Truppen der Generäle Henry Havelock und James Outram durch den Belagerungsring hindurch zur Residenz vorkämpfen und somit die Verteidigungstruppen verstärken konnten. Der Belagerungsring blieb jedoch weiter bestehen. Am 16. November kam der zweite Entsatz in der Residenz an, die Frauen und Kinder konnten abtransportiert werden, aber erst am 21. März 1858 konnte Lucknow von General Sir Colin Campbell endgültig erobert werden.

Das ganze Land Oudh blieb aber noch in der Hand der Aufständischen. Es waren die Taluqdars, die mit ihren Bauern den Aufstand trugen. Campbell konnte schließlich auch Oudh zurückerobern, weil General Hugh Rose ihm den Rücken freihielt, indem er im Südwesten bis ins Marathenland hinein die britische Oberherrschaft wieder herstellte. Vereinzelte Trupps von Aufständischen hielten sich noch bis Ende 1859, wie z. B. die Rani von Jhansi.

Die Frage erhebt sich, warum der Aufstand nicht ganz Indien erfasst hat, sondern auf die mittlere Gangesebene begrenzt blieb. Bengalen blieb ruhig, obwohl es dort kurz vor Meerut eine Meuterei in der Garnison Barrackpore gegeben hatte (Mangal Pandey). In Bengalen war aber die englisch-gebildete Schicht am stärksten, und da diese damals noch an die „Segnungen der britischen Herrschaft" glaubte, blieb sie loyal und sah in dem Aufstand im „rückständigen" Norden nur einen reaktionären Rückfall. Loyale Inder gab es auch im Aufstandsgebiet. Es war auch hier die neue englisch-gebildete *middle class*, die von der britischen Herrschaft Vorteile erhoffte – für sich und für Indien –, die aber noch zu schwach war, um den Aufstand zu verhindern.

Die Gründe für das Scheitern der Aufständischen und den Sieg der Briten waren vielfältig. Den Aufständischen fehlte es im Gegensatz zu den Briten an einer effektiven Führung und Koordination. Die Briten waren außerdem technisch weit überlegen. Die Eisenbahnlinie von Kalkutta reichte damals zwar erst bis Benares, aber das war schon Vorteil genug, da auf diese Weise britische Überseetruppen relativ schnell herantransportiert werden konnten. Wichtig war das Stillhalten der Sikhs. Sie waren kurz vorher durch die Bengal Army besiegt worden und sahen keinen Grund, sich nun mit ihr zu solidarisieren. Afghanistan hielt still, weil kurz vorher die Briten Herat an Dost Mohamed zurückgegeben und ihm eine Subsidie von 100 000 Rupien zugesprochen hatten.

Der Indische Aufstand stellt in der Geschichte der britischen Herrschaft in Indien in mehrfacher Hinsicht eine Wasserscheide dar. Administrativ wurde die britische Herrschaft danach auf neue Grundlagen gestellt: Der Government of India Act von 1858 verfügte die Abschaffung der East India Company, Indien wurde nun auf die britische Krone übertragen, wurde Kronkolonie. Der Generalgouverneur erhielt den zusätzlichen Titel Vizekönig. Dem Indien-Minister (Secretary of State for India) stand der Council of India zur Seite, dessen 15

Mitglieder mindestens 10 Jahre in Indien gedient haben mussten und meistens ehemalige Beamte des Indian Civil Service (ICS) waren.

In der feierlichen Proklamation Königin Victorias vom 1. November 1858 wurde den Fürstenstaaten und den Großgrundbesitzern eine Bestandsgarantie gegeben (etwa 25 % hatten überlebt). Sie wurden nun als die „natural leaders of the people" anerkannt. Es sollte keine Eingriffe mehr in die traditionellen Sitten und Einrichtungen der Inder geben. Einheimische Nachfolgeregelungen wurden von den Briten akzeptiert. Die Fürsten waren nun „Protected feudatories of the crown". Der Vizekönig hatte die „Paramountcy" über die Fürsten. Die Proklamation bedeutete eine langfristige Umkehr der britischen Politik: Herrschaftserhaltung statt Reformierung der Gesellschaft war nun oberstes Ziel.

Königin Victorias Proklamation

4. Indien als Kronkolonie und die Anfänge des indischen Nationalismus 1858–1918

4.1 Herrschaftsverständnis und Herrschaftspraxis der Kolonialmacht

Die Epoche zwischen 1858 und 1914 war Höhepunkt und Glanzzeit der britischen Herrschaft in Indien – ihr „Imperial Heyday", Zeit der uneingeschränkten Machtentfaltung und der relativen Ruhe: nach den Stürmen der Eroberung und des Indischen Aufstands und vor Beginn der indischen Nationalbewegung als Massenbewegung. Ziel und Zweck der Herrschaft war nun nicht mehr eine Reform der indischen Gesellschaft, sondern Herrschaftserhaltung. Statt sich wie bisher eher auf die englisch gebildete *middle class* zu stützen, baute man nun auf die Aristokratie, die „natural leaders of the people". Von den Bauern, vom Volk, waren die Engländer enttäuscht, denn als vermeintliche Nutznießer der Reformen hätten sie eigentlich ihnen, den Engländern, gegenüber dankbar sein müssen – stattdessen hatten sie während des Aufstands zu ihren alten Herren gehalten.

Eine der Folgen des Indischen Aufstands bestand darin, dass sich der Prozess der wachsenden sozialen Distanz zwischen Engländern und Indern stark beschleunigte. Zwar hatte es schon seit den Tagen von GG Cornwallis eine Tendenz zur Segregierung gegeben. Abkömmlinge aus gemischten Ehen, von Indern ganz zu schweigen, durften keine höheren Posten in den Zivil- und Militärrängen der EIC einnehmen, trotzdem waren gemischte Ehen noch durchaus üblich (einer der britischen Generäle, die den Aufstand niederschlugen, war mit einer Inderin verheiratet). Die soziale Segregierung wurde dadurch erleichtert, dass die Kommunikation mit Zuhause, also England, immer leichter wurde. Schnellere Schiffe, die Eröffnung des Suezkanals 1869 und der Telegraph (1865) machten es den englischen Beamten immer leichter, ihre Ehefrauen aus England zu holen. Zur sozialen Isolierung der Engländer trug bei, dass sie sich in den Städten in eigenen Wohnquartieren niederließen,

Abschottung der Engländer

in den sog. Civil Lines, meistens durch die Eisenbahnlinie von der Stadt der Einheimischen (*black town*) getrennt.

Ihr neues Herrschaftsverständnis begründeten die Engländer nun mit dem Recht des Eroberers und ihrer vermeintlich angeborenen Überlegenheit. Zwei Bücher, die diesen imperialistischen Geist zum Ausdruck brachten, waren damals sehr erfolgreich: John Robert Seeleys „The Expansion of England" (1883), in dem der Sinn der englischen Geschichte in der Ausbreitung der angelsächsischen Rasse über die Erde gesehen wird, und Charles Wentworth Dilkes' „Greater Britain", in dem von der „grandeur of our race" die Rede ist, die zur Ausbreitung bestimmt sei. Bei Rudyard Kipling, dem literarischen „Propheten des britischen Imperialismus in Indien" zählten die Inder zu den „lesser breeds without the law", über die zu herrschen des „white man's burden" sei. Der Begriff *race* hatte damals allerdings noch eine breitere Bedeutung und war noch nicht auf die biologistische Bedeutung eingeengt, er konnte auch einfach nur Volk bedeuten. Zum Komplex Rassismus gehört auch das Konzept der kriegerischen und der femininen Rassen (*martial races* und *feminine races*), in die die indische Bevölkerung bei der Rekrutierung für die Armee eingeteilt wurde.

Wie immer man *race* versteht, es häuften sich sog. *racial incidents* im Verhalten und den Äußerungen von Engländern gegenüber Einheimischen. Englische Soldaten belästigten einheimische Frauen, sogar Vergewaltigungen gab es; Dorfbewohner wurden verprügelt, oder es wurde bei der Jagd „versehentlich" auf sie geschossen. Die Strafen waren meistens leicht, was auf indischer Seite zu Verbitterung führte.

Der Begriff Good Government blieb zwar weiterhin in Gebrauch, aber er hatte eine Bedeutungsverschiebung erfahren. Good Government diente nun nicht mehr der Erziehung der Inder zur Selbstständigkeit, sondern wurde als Daueraufgabe der britischen Herrschaft in Indien betrachtet. Niemand anderes könne es tun als die „Anglo-Saxon race". Nur die Engländer seien in der Lage, als neutrale Instanz über die vielen verschiedenen Völkerschaften Indiens zu herrschen. Ohne ihre Herrschaft würden die Inder über einander herfallen und letztlich wieder von den brahmanischen Priestern beherrscht werden.

4.1.1 Verwaltungsstruktur und Indian Civil Service (ICS)

Etwa 1500–2000 Kolonialbeamte regierten die circa 250 Millionen Einwohner des damaligen Britisch-Indiens, also der direkt regierten Provinzen. Sie bildeten den Indian Civil Service, den angesehensten und höchstbezahlten Beamtenapparat der damaligen Welt („steel-frame of British rule"). Als Deputy Commissioner oder District Magistrate herrschte ein ICS-Beamter über durchschnittlich etwa 2 Millionen Menschen. In seiner Hand waren judikative und exekutive Aufgaben vereint. Von einer zahlreichen Diener- und Angestelltenschar umgeben, in seinen Entscheidungen praktisch unabhängig, hatte er die Position eines Halbgottes. Diese erstaunlich kleine Zahl von englischen Beamten („Civilians"), etwa zwischen 23 und 50 Jahre alt, regierte die größte und bedeutendste der Kolonien im britischen Weltreich. Garant dieser Herrschaft war die britisch-indische Armee, eine der größten der damaligen Zeit. Etwa 10 000 englische Offiziere befehligten rund 60 000 englische und 200 000 indische Soldaten. Eine starke Polizeimacht und ein ausgedehntes Gerichtswesen waren weitere Stützen der britischen Herrschaft. Es war eine Autokratie, die das demokratische England in Indien unterhielt, und ihre Staatsraison war „law and order", nicht Entwicklung. Woodruff nennt die ICS-Beamten „Platonische Wächter", die tatsächlich despotische Macht ausübten. Ihr Despotismus war allerdings gezügelt durch ihre liberale Erziehung und durch die Kontrolle durch das englische Parlament.

Neben „Britisch-Indien", das direkt verwaltet wurde, gab es das Indien der Fürsten („Princely India"). Es gab 546 von ihnen von unterschiedlichster Größe (die größten waren Hyderabad, Mysore und Kaschmir). Seit 1858 genossen sie Bestandsgarantie und waren im Inneren weitgehend autonom, standen aber unter der „paramountcy" des britischen Vizekönigs. Er bildete die Spitze der Herrschaftspyramide des „Indian Empire", bestehend aus direkt regierten Provinzen und halbautonomen Fürstenstaaten. Hauptstadt war Kalkutta, bis 1912 Delhi, die Hauptstadt des vorbritischen Indiens, wieder dazu erklärt wurde (wegen des Ersten Weltkrieges fand der tatsächliche Umzug erst 1932 statt). Im Sommer zog der Vizekönig mit dem ganzen Hofstaat und allen Beamten in die Sommerresidenz Simla, einen kleinen Himalaya-Ort im Norden Indiens.

4.1.2 Lord Lytton und die Ausrufung des indischen Kaiserreichs

Glanz und Elend des britischen Imperialismus in Indien verkörperten sich am deutlichsten in der Herrschaft des Vizekönigs Lord Robert Lytton (im Amt 1876–1880). Der Premierminister Benjamin Disraeli hatte ihn, den Sohn seines Freundes, des Schriftstellers Edward Bulwer-Lytton, für diesen Posten ausgesucht, damit er sein Programm des Imperialismus, wie er es 1872 in seiner „Kristallpalastrede" verkündet hatte, in Indien umsetze. Angesichts des aufziehenden Sozialismus sollten spektakuläre außenpolitische Aktionen die Massen an den monarchischen Staat binden. Ganz in diesem Sinne war die Idee Disraelis, Königin Victoria mit dem Titel „Kaiserin von Indien" auszustatten – gegen Widerstand in Parlament und Öffentlichkeit, wo ein Kaiserreich als „unbritisch" angesehen wurde. Mit dem neuen Titel sollte England auch mit den drei Kaiserreichen Russland, Österreich und dem neugegründeten Deutschen Reich gleichziehen. In einer grandiosen Staatsfeier Anfang Januar 1877 vor den Toren des alten Delhis rief Lytton Königin Victoria zur Kaiserin von Indien („Kaiser-i-Hind") aus. An diesem „Imperial Durbar" (kaiserlichen Hofhaltung) beteiligte er allerdings nur die indischen Fürsten und andere traditionelle Kreise, die anglisierte neue *middle class* (s.u.) war ausgeschlossen. Lytton schwebte eine feudalistische Herrschaft nach dem Vorbild des europäischen Mittelalters vor, aber echte Mitbestimmungsmacht bekamen die Fürsten nicht. Er speiste sie mit Titeln und anderen Ehrenzeichen ab.

In starkem Kontrast zu diesem Pomp standen die Hungersnöte, die in Lyttons Regierungszeit besonders heftig waren (siehe Kap. II.12.1). Gegen die Kritik von Seiten der indischen *middle class* erließ Lytton 1879 den Vernacular

Press Act, wonach die Presse in einheimischen Sprachen unter Zensur gestellt wurde. Nachdem Disraeli 1880 als Premierminister abgewählt worden war, berief sein Nachfolger William Gladstone Lytton ab und ersetzte ihn mit dem liberalen Lord Ripon (im Amt 1880–1884). Dieser versuchte, die öffentliche Meinung der *middle class* zu besänftigen, indem er den Vernacular Press Act zurücknahm und eine Gesetzesvorlage einbrachte, wonach europäische Straftäter in den Provinzgerichten auch von indischen Richtern abgeurteilt werden könnten (Ilbert Bill 1883). Dagegen allerdings erhob sich unter den weißen Zivilisten (Plantagenbesitzer, Geschäftsleute) ein Sturm der Entrüstung, woraufhin man Europäern das Zugeständnis machte, dass mindestens die Hälfte der Geschworenen Europäer sein müssten.

4.1.3 Die Sicherung Indiens nach außen

In die Regierungszeit Lyttons fällt auch der 2. Anglo-Afghanische Krieg. Er gehörte zu den Maßnahmen, die die Briten zur Sicherung ihres indischen Besitzes nach außen ergreifen zu müssen glaubten. Anlass, Verlauf und Ergebnis dieses Krieges entsprachen in großen Zügen denen des ersten. Wieder war das Auftauchen eines russischen Offiziers in Kabul der Auslöser für britische Panik vor der „russischen Gefahr". Wieder begann das Unternehmen siegreich für die Engländer. Der beim Näherrücken der englischen Truppen von seinen Stammesführern und Soldaten verlassene Emir Sher Ali ernannte schnell seinen Sohn Yakub Khan zum Nachfolger, aber auch er konnte die Engländer am Einmarsch in Kabul nicht hindern. Er musste am 26. Mai 1879 den Vertrag von Gandamak akzeptieren, wonach Afghanistan seine Außenpolitik nur mit dem Einverständnis Englands führen dürfe und einen ständigen Vertreter Englands in Kabul akzeptieren müsse. England versprach im Gegenzug eine jährliche Subsidie von 600 000 Rupien.

Dem ersten permanenten Vertreter Englands in Kabul (Pierre Louis Cavagnari, der schon vorher die Verhandlungen geführt hatte) war nur etwa ein Monat Ruhe vergönnt. Ende August tauchten afghanische Reitertrupps aus Herat auf, wo eine Seitenlinie des afghanischen Herrscherhauses regierte, und verbreiteten anti-britische Parolen. Die britenfeindliche Stimmung breitete sich aus wie ein Lauffeuer, bis es schließlich am 2. September 1879 zum Sturm auf die britische Residenz kam, bei der alle Bewohner einschließlich Cavagnaris getötet wurden.

Die Engländer schickten eine neue, größere Armee aus Indien, die nach der zweiten Rückeroberung Kabuls ein Strafgericht über die Stadt und ihre Bewohner verhängte. Es kam zu Massenverhaftungen und zur Exekution von mehr als 100 Personen, was in England große Empörung hervorrief und von der liberalen Partei unter Gladstone zum Wahlkampfthema gemacht wurde. Nach seinem Amtsantritt suchte der neue Vizekönig Lord Ripon nach einer diplomatischen Lösung für Afghanistan, denn es war klar geworden, dass das Land militärisch nicht zu halten war. Da bot sich Abdur Rahman, eines jener zahlreichen Mitglieder der königlichen Dynastie, das bei einem der Thronfolgekämpfe nach

Turkestan hatte fliehen müssen, als neuer Emir an. Nach kurzen Verhandlungen hielt der neue Emir am 22. Juli 1880 in Kabul Hof.

Doch schon eine Woche später veränderte sich die Situation wieder. Sirdar Ayub Khan, der Herrscher von Herat, ebenfalls ein Spross der königlichen Dynastie, griff bei einem kleinen Dorf namens Maiwand, einen Tagesmarsch westlich von Kandahar, eine britisch-indische Truppe an und besiegte sie völlig. Von den 2500 Mann der Briten fielen fast 1000, der Rest zog sich in völliger Auflösung nach Kandahar zurück. Auch dort wurden sie von afghanischen Kämpfern bedrängt und belagert, bis General Frederick Roberts mit 10 000 Mann in einem Gewaltmarsch von Kabul heranrückte und sie entsetzte („Lord Roberts of Kandahar").

„Maiwand" war die schwerste Niederlage, die die britischen Truppen in diesem Krieg einstecken mussten, und nur dank des schnellen und effektiven Eingreifens von General Roberts konnte eine größere Katastrophe verhindert werden. Der Name des kleinen Ortes „Maiwand" ist bis heute der Inbegriff für die Fähigkeit der Afghanen, jeden Eindringling zu besiegen. Später hat der afghanische Staat dort ein Siegesdenkmal errichtet. Es steht für die Überzeugung der Afghanen, dass sie unbesiegbar seien. Die Engländer zogen aus der Niederlage von Maiwand die Folgerung, sich ganz aus Afghanistan zurückzuziehen.

In Burma, in der nordöstlichen Nachbarschaft Indiens, spitzte sich die Lage Ende 1885 zu, genauer gesagt in Oberburma, dem letzten unabhängigen Teil Burmas, nachdem Unterburma im 2. Anglo-burmesischen Krieg 1852–54 schon annektiert und 1864 als Provinz Britisch-Indien angegliedert worden war. König Mindon Min versuchte, durch Modernisierung und direkte Beziehungen zu anderen westlichen Ländern die Unabhängigkeit seines „Reiches von Ava" zu bewahren. Diese Unabhängigkeit war den Engländern angesichts des stagnierenden Handels, besonders mit Teakholz, und angesichts der Aktivitäten der Franzosen und Italiener im Land ein Dorn im Auge. Als nach dem Tode König Mindons 1878 der Nachfolger Thibaw über 100 Prinzen als mögliche Rivalen grausam umbringen ließ, begann in England eine öffentliche Kampagne, in der die Beseitigung dieses „barbarischen" Regimes gefordert wurde. Ein neuer französisch-burmesischer Vertrag über Eisenbahnkonzessionen im Januar 1881 bot schließlich den Anlass, um loszuschlagen. Am 28. November 1885 wurde die Hauptstadt Mandalay von britischen Truppen eingenommen, der König nach Indien ins Exil geschickt. Im Februar 1886 erklärte der indische Vizekönig Lord Dufferin (im Amt 1884–1888) offiziell die Annexion Oberburmas, womit ganz Burma Teil Britisch-Indiens geworden war.

Danach begann eine Phase des unorganisierten Widerstands. Die Anhänger des alten Regimes, vor allem Mönche, lieferten den Briten fünf Jahre lang harte Kämpfe, bis ihre „Pazifizierung" erreicht war. Für eine indirekte Herrschaft fehlte der Kandidat. Mit der Einverleibung Burmas war ein Land Teil Indiens geworden, das weder geographisch, noch religiös oder ethnisch etwas mit Indien zu tun hatte. Die burmesische Bevölkerung ließ sich nicht in die typische Kolonialwirtschaft einspannen, und daher forcierten die Engländer die Einwanderung von Indern, die schon seit 1864 eingesetzt hatte. Kulis, Verwal-

Der 3. Anglo-burmesische Krieg 1885/6

tungskräfte, Kaufleute und Soldaten, alles waren eingewanderte Inder, was in den kommenden Jahrzehnten zu schweren Spannungen führen sollte, bis das unabhängige Burma alle Inder wieder vertrieb. Im Falle Burmas kann man besonders deutlich erkennen, wie sich die typischen Motive und Vorwände der imperialistischen Expansion verbanden: Europäische Rivalen (Frankreich und Italien), Handelsinteressen (Anglo-Burma Trading Corporation) und moralische Empörung über barbarische Zustände (König Thibaw).

Unruhiger Nordwesten

Im Großen und Ganzen war mit der Annexion Oberburmas die territoriale Expansion beendet, nur der Nordwesten blieb unruhig. Russland rückte weiterhin in Zentralasien vor. Im Jahre 1893 zwang England daher Afghanistan, die sog. Durand-Linie als Grenze zu Indien zu akzeptieren, womit das Siedlungsgebiet der Paschtunen zerschnitten wurde. Die Stämme auf indischer Seite blieben zwar autonom, aber die Engländer behielten sich vor, sie durch sog. Strafaktionen in Schach zu halten. Erst 1907 einigten sich England und Russland im St. Petersburger Abkommen darauf, das Great Game zu beenden, indem die jeweiligen Einflusssphären klar markiert wurden. Keiner sollte in Afghanistan intervenieren, doch wurde es nach außen weiterhin von England vertreten.

4.2 Die Anfänge des indischen Nationalismus

4.2.1 Voraussetzungen: Westliche Bildung und religiöse Reform

Auf dem Höhepunkt des britischen Imperialismus in Indien wuchs bereits die Kraft heran, die ihm schließlich das Ende bereiten sollte: der indische Nationalismus. Er begann zunächst als eine kulturelle Bewegung, die auf eine grundlegende Erneuerung, d. h. Modernisierung Indiens zielte. Träger dieser kulturellen Erneuerung waren diejenigen Inder, die eine englische Bildung genossen hatten, die schon erwähnte *middle class*. Sie pflegten sich in Vereinen, *associations*, *clubs* zu treffen und dort Fragen von öffentlichem Interesse zu diskutieren. Man war sich in einem Punkte einig: um die indische Gesellschaft und Politik zu modernisieren, mußte die Religion gründlich reformiert werden.

Englische Bildung und religiöse Reform bildeten also die beiden wichtigsten Voraussetzungen für die Entstehung einer indischen Nationalbewegung. Die Gründung des Indischen Nationalkongresses („Indian National Congress") auf gesamtindischer Ebene im Jahre 1885 war die Krönung der Entwicklungen, die lange vorher in den Provinzen begonnen hatten.

Wachsen der englisch gebildeten *middle class*

Seit Macaulays Entscheidung im Jahre 1835, Englisch zur Amtssprache zu machen, strömten immer mehr junge Inder in die Schulen, die moderne Bildung in englischer Sprache anboten. Solche Schulen wurden nicht nur von der Regierung betrieben, sondern auch von indischen Privatsponsoren und von christlichen Missionaren. Die Schüler stammten in der Regel aus den Kasten, die auch schon unter muslimischer Herrschaft in den Regierungsdienst gestrebt hatten, hauptsächlich also Brahmanen und Angehörige der Schreiberkaste (Kayasths). Zwischen 1857 und 1888 nahm die Universität Kalkutta 26 862 Studenten auf, von denen 13 428 einen Abschluss schafften. In Bombay waren es 4 982 von 8 898, in Madras 8 983 von 22 913, und die Zahlen stiegen weiter exponentiell.

Die Absolventen wurden vor allem in der britisch-indischen Verwaltung und im Gerichtswesen beschäftigt, betätigten sich dann aber auch mehr und mehr in den sog. freien Berufen (englisch: *professions*): Rechtsanwälte, Lehrer und Professoren, Ärzte, Verleger, Redakteure und Journalisten. Sie konzentrierten sich in den Städten, die Zentren der britischen Herrschaft waren: Kalkutta, Bombay, Madras, Allahabad, Kanpur, Lahore. Wenn auch das Hauptmotiv für diese Schüler eine Karriere im Regierungsdienst war, so hatte ihr Schulbesuch doch tiefgreifende Auswirkungen auf ihre kulturelle Prägung.

Die Angehörigen der anglisierten *middle class* waren auch Träger der religiösen Reformen. Nach dem Vorbild des Brahmo Samaj entstanden auch in den anderen Regionen Indiens Reformbewegungen: der Arya Samaj im nördlichen und westlichen Indien, der Prarthana Samaj in Maharashtra, die Ramakrishna-Mission in Bengalen. Eine Sonderstellung nahm die Theosophische Gesellschaft ein. **Religiöse Reform**

Das Bemerkenswerte an Dayananda Saraswati, dem Gründer des Arya Samaj, ist, dass er nicht zur anglisierten *middle class* gehörte, sondern ein traditioneller Sanyasin und Sanskrit-Gelehrter war, der zunächst als schivaitischer Prediger gegen den Vischnuismus auftrat, besonders gegen die vischnuitische „Sekte" der Vallabhacharis, die eine orgiastische Gnadenreligion vertrat. Über das Studium der altindischen Sanskrit-Grammatik des Panini stieß er auf die Frage, was eigentlich die autoritativen Schriften des Hinduismus seien. Indem er sie immer mehr eingrenzte, bis nur noch die vier Hymnensammlungen des Veda übrigblieben, geriet er in Konflikt mit den führenden Pandits. Seine Niederlage in einem Streitgespräch („Sastrarth") mit ihnen, 1869 in Benares, führte zu seiner völligen Umorientierung: Nach einem Gespräch mit führenden Vertretern des Brahmo Samaj in Kalkutta legte er Kleider an, wurde also „bürgerlich", und wandte sich mit seinen Anliegen an die Angehörigen der neuen *middle class*, allerdings weder auf Sanskrit noch auf Englisch, sondern auf Hindi, derjenigen Sprache Nordindiens, die zur selben Zeit von einzelnen Hindu-Intellektuellen zu einer Standardsprache ausgebildet wurde, um sie zur zukünftigen Nationalsprache ganz Indiens zu machen. Auf Hindi geschrieben war auch sein Buch „Satyarth Prakash" (=Licht der Wahrheit), das 1875 erschien, im selben Jahr, in dem er in Bombay den Arya Samaj gründete. **Dayananda Saraswati Arya Samaj**

In seiner Lehre deutete Dayananda Saraswati den Hinduismus zu einem Monotheismus um, dessen verschiedene Götter nur verschiedene Namen des Einen Gottes seien. Pilgerfahrten, Tempeldienst (*puja*) und andere Gebote seien spätere Korruptionen. In der ersten Auflage seines Buches plädierte er auch für das Essen von Fleisch, sogar Rindfleisch, um den einzelnen Hindu körperlich stark zu machen, aber in der zweiten Auflage war davon nicht mehr die Rede, stattdessen erkannte er, dass die „Heilige Kuh" eine der wenigen Gemeinsamkeiten aller Hindus sei, und setzte sich fortan für den Schutz der Heiligen Kuh ein, ja gründete 1881 die erste Kuhschutzgesellschaft, woraus sich in den folgenden Jahren und Jahrzehnten eine mächtige Kuhschutzbewegung entwickelte.

Die Lektüre des Veda solle allen Hindus, er nannte sie Aryas, erlaubt sein. Die Kastenzugehörigkeit solle nicht auf der Geburt beruhen, sondern auf Charakter (*guna*), Taten (*karma*) und Begabung (*svabhav*). Die Zugehörigkeit zu einer bestimmten Kaste solle der Staat bestimmen: Er meinte mit Kaste die vier *varnas*, von *jatis* ist bei ihm keine Rede. Er verwarf Unberührbarkeit und Kinderheirat und trat für die Wiederverheiratung von Witwen ein. Großes Gewicht legte er auf die Erziehung, besonders auch die der Mädchen.

Dayananda Saraswati sagte ganz offen, dass seine Reformen letztlich dem politischen Aufstieg Indiens dienen sollten. Die Fürsten (Kshatriyas) sollten für die Aufrechterhaltung des Dharma (hier: Gesellschaftsordnung) sorgen. Über ihnen sollte ein König mit einer Ratsversammlung (Sabha) von acht weisen Ratgebern stehen. Ein großer Teil seines Buches besteht aus Polemiken gegen andere Richtungen im Hinduismus und gegen den Islam und das Christentum.

Dayananda wurde 1883 in einer Hofintrige vergiftet. Größte Wirkung erzielte der Arya Samaj im Panjab und im westlichen Uttar Pradesh (damals United Provinces). Zur Verwirklichung seiner Erziehungsideale wurde 1889 in Lahore das Anglo-Vedic College gegründet. 1893 kam es zur Spaltung des Arya Samaj in zwei Flügel: die College Party, die sich weiterhin an die Vorgaben der englischen Regierung hielt, und die Gurukul Party, die eine rein traditionelle Bildung in Form und Inhalt anbieten wollte, tatsächlich aber ebenfalls von europäischen Vorbildern beeinflusst war.

Theosophische Gesellschaft

Neben Brahmo und Arya Samaj war die dritte prägende Reformbewegung für das moderne Hindu-Indien die Theosophische Gesellschaft. Sie wurde im selben Jahr 1875 gegründet wie der Arya Samaj, aber im Ausland, in New York. Ihre Gründer waren die Deutsch-Russin „Madame" Helena Petrowna Blavatsky (1831–1891) und der Amerikaner Colonel Henry Olcott (1832–1907), der aus der spiritistischen Bewegung der USA kam. Beide wollten das verloren gegangene „ewige" und okkulte Wissen des alten Orients wiederbeleben und damit die einseitige „materialistische" Ausrichtung des modernen Westens korrigieren bzw. ergänzen, ohne die moderne Naturwissenschaft in Frage zu stellen; im Gegenteil, sie behaupteten, dass diese mit dem alten Wissen übereinstimme.

Anfänglich war das alte Ägypten Quelle von Madame Blavatskys Inspiration („Isis Unveiled", 1877), aber dann wandten sich die beiden Gründer dem Hinduismus und dem Buddhismus Südasiens zu. Sie nahmen Kontakt mit Dayananda Saraswati auf und kamen im Februar 1879 in Bombay an. Noch im Oktober desselben Jahres gründeten sie die Monatszeitschrift „The Theosophist", in der sie ihre Lehre verkündeten, außerdem entfaltete Colonel Olcott sowohl in Indien als auch auf Ceylon eine rege Vortragstätigkeit, bei der er die drei Ziele der Theosophischen Gesellschaft erläuterte: Errichtung einer auf dem gemeinsamen Kern aller Religionen basierenden universalen Brüderschaft der Menschen, in der Rasse, Religion und Hautfarbe (und, später hinzugefügt: Geschlecht und Kaste) keine Rolle spielen dürften; Förderung des Studiums der „arischen" und anderer „östlicher" Literaturen, Religionen und Wissenschaften; Erforschung „der verborgenen Geheimnisse der Natur" und der Seelenkräfte des Menschen. Anders als Dayananda beschränkten sie sich nicht auf die vier Hymnensammlungen des Veda, sondern stützten sich auf die Upanischaden, was 1882 zum Zerwürfnis mit ihm führte.

Im selben Jahr machten sie Adyar bei Madras zu ihrem Hauptquartier, da einer ihrer Hauptberater und einheimischen Gewährsleute T. Subba Row dort als Anwalt tätig war. 1883 gab es schon 85 „Logen" in Indien und auf Ceylon, in Indien hauptsächlich im Süden, aber auch schon in Bengalen und Bihar. Nachdem die Hindus in Indien und die buddhistischen Singhalesen auf Ceylon in den englischen Schulen jahrzehntelang nur Hohn und Spott über ihre Religion und Kultur hatten anhören müssen, reagierten sie mit Erleichterung und Genugtuung darauf, dass es nun Weiße aus dem Westen waren, die Buddhismus und Hinduismus feierten und sogar die Missionare und die Kolonialmacht kritisierten. In der Theosophischen Gesellschaft waren die Einheimischen gleichberechtigt mit den englischen Mitgliedern, darunter so Prominente wie Alfred P. Sinnett (1840–1921), seit 1872 Herausgeber der Zeitung „The Pioneer" und damit einer der einflussreichsten nicht zur Regierung gehörenden Engländer in Indien. Auch der ICS-Beamte Allan Octavian Hume (1829–1912), einer der Gründerväter des Indischen Nationalkongresses, gehörte einige Jahre zur Theosophischen Gesellschaft. Die personelle Verbindung zwischen Theosophen und Politik sollte ein Kennzeichen der indischen Nationalbewegung werden. Unter Madame Blavatskys Nachfolgerin, der Anglo-Irin Annie Besant, wurde diese Verbindung besonders intensiv.

Nach Rammohan Roy und Dayananda Saraswati ist Swami Vivekananda die dritte große Reformer-Persönlichkeit des 19. Jh.s. Während Rammohan Roy einen Hinduismus formulierte, der weitgehend den Ideen der Aufklärung und des Protestantismus entsprach und Dayananda Saraswati seinen reformierten Hinduismus scharf nach außen abgrenzte, machte Vivekananda aus dem Hinduismus eine universale Religion und erklärte seine Verbreitung zu Indiens Mission für die Menschheit. „Indische Spiritualität" solle die Welt von der materialistischen Einseitigkeit der modernen westlichen Zivilisation heilen bzw. erlösen: "Up, India, conquer the world with your spirituality" [2.9.: DIXIT, 301].

Vivekananda hatte als Narendranath Datta eine westliche Bildung genossen, erlebte aber im Alter von 18 Jahren bei der Begegnung mit dem traditionellen Hindu-Heiligen Shri Ramakrishna (1836–1886) eine Erweckung. 1886 entschloss er sich, Mönch (Sanyasin) zu werden, und begann 1888 ein Wanderleben durch ganz Indien, wobei er Kontakt zu mehreren Maharajas aufnahm, die ihn zu unterstützen versprachen. Mit ihrer Hilfe reiste er 1893 zum „Parlament der Religionen" in Chicago. Seine Reden dort machten großen Eindruck, er gewann sofort eine Reihe von amerikanischen Anhängern und Förderern. Drei Jahre blieb er in Amerika und nutzte die Zeit, um von dort aus Europa zu bereisen und die beiden berühmtesten Indologen ihrer Zeit zu besuchen, Max Müller in Oxford und Paul Deussen in Kiel.

Swami Vivekananda forderte seine Landsleute auf, sich religiös bzw. spirituell (beide Begriffe nebeneinander) zu regenerieren, und zwar durch Wiederbelebung bzw. Rückkehr zu den Lehren der Upanischaden, zum Vedanta. Spirituelle Erneuerung war für Vivekananda die Voraussetzung für jede weitere Art von Erneuerung. Die monistische Lehre der Upanischaden – *Tat*

Swami Vivekananda
(1863–1902)

twam asi =Das bist Du – interpretierte er sozialethisch: „Du sollst deinen Nächsten wie dich selbst lieben, weil dein Nächster du bist, und es ist bloße Illusion, die dich glauben macht, dein Nächster sei etwas von dir Verschiedenes." [2.9: HACKER, Der religiöse Nationalismus, 553].

Vivekanandas Erfolge im Westen wurden schnell in Indien bekannt, bei seiner Rückkehr 1897 wurde er als „Patriot-Prophet of India" triumphal gefeiert. Noch im selben Jahr wurde in Kalkutta die Ramakrishna-Mission zur Verbreitung von Vivekanandas Lehre gegründet. Mit dem Aufbau von sozialen Institutionen wie Schulen, Krankenhäusern usw. wurde seine Forderung nach einem „practical Vedanta" verwirklicht.

4.2.2 Die erste Phase des Indischen Nationalkongresses 1885–1907

Zwischen Weihnachten und Silvester 1885 trafen sich 72 Inder in Bombay und gründeten den Indischen Nationalkongress (Indian National Congress, abgekürzt INC). Fortan wollte man sich jedes Jahr um diese Zeit in einer jeweils anderen Stadt Indiens treffen, um die Interessen ganz Indiens zu formulieren und gegenüber der britischen Kolonialregierung zum Ausdruck zu bringen. So sollte diese zu den für nötig erachteten Reformen bewegt werden. Von nationaler Unabhängigkeit war in den Reden und Resolutionen mit keinem Wort die Rede. Trotzdem sollte sich der INC als die Organisation erweisen, die 62 Jahre später für Indien die Unabhängigkeit erkämpfte. „Die Kongress-Partei" oder kurz „Der Kongress" ist zu *der* Institution des indischen Nationalismus, zur Schöpferin des unabhängigen Indiens und schließlich auf Jahrzehnte hinaus zu dessen bestimmender politischer Kraft geworden. Die Bedeutung der Kongress-Partei geht indes weit über Indien hinaus. Sie war die erste organisierte Nationalbewegung in einer asiatischen Kolonie überhaupt, und sie hat als erste ihr Ziel erreicht. Es vergingen über 20 Jahre, bis in den anderen asiatischen Kolonien entsprechende Bewegungen gegründet wurden. Der Indische Nationalkongress war nicht nur Vorreiter, sondern auch Vorbild für alle späteren asiatischen Nationalbewegungen, und seit in einem späteren Stadium der Kampf für die Freiheit Indiens zugleich als Kampf gegen den Kolonialismus allgemein geführt wurde, wirkte er seinerseits als eine treibende Kraft für die Unabhängigkeit der anderen Kolonien. Im Laufe der Geschichte der indischen Nationalbewegung sind alle möglichen Methoden des antikolonialistischen Kampfes versucht worden: Konstitutionalismus, Terrorismus und schließlich, als originellster Beitrag Indiens: der gewaltlose Kampf unter der Führung Mahatma Gandhis.

Direkte Vorläuferin des INC war die im Jahre 1876 von dem Bengalen Surendranath Banerjea (1848–1926) gegründete Indian Association. Surendranath Banerjea begann 1876 eine Rundreise durch Indien, um für seine Ziele zu werben. Nach seinen eigenen Worten sollte seine Association der Kern einer gesamtindischen Bewegung werden. Schon damals sei unter den englischgebildeten und politisch interessierten Bengalen das Bedürfnis verbreitet gewesen, nach dem Vorbild Giuseppe Mazzinis in Italien für ein geeintes Indien zu kämpfen und als Vorstufe dazu eine gemeinsame politische Plattform für ganz

Indian Association

Indien zu schaffen. Die Ziele waren im Einzelnen: Die Schaffung einer starken öffentlichen Meinung im Land; die Einigung der indischen Völker (*races*) auf der Basis gemeinsamer politischer Interessen und Ziele; die Förderung guten Einvernehmens zwischen Hindus und Muslimen; die Einbeziehung der Massen in die großen öffentlichen Bewegungen des Tages.

1877 richtete die Indian Association eine Bittschrift an das britische Parlament, in der gegen die Herabsetzung des Prüfungsalters für den ICS protestiert wurde. Die Herabsetzung des Prüfungsalters bedeutete nämlich für die indischen Kandidaten eine Benachteiligung, da sie weniger Zeit für die Aneignung des ihnen vielfach fremden Stoffes, der ja ausschließlich aus dem klassischen europäischen Bildungskanon stammte, beließ. Einige indische Eltern zogen aus diesem Gesetz die Konsequenz, ihre Söhne schon als Kinder zur Ausbildung nach England zu schicken, wie es z. B. die Väter von Aurobindo Ghosh und Jawaharlal Nehru taten.

Die 72 Teilnehmer der ersten Sitzung des INC in Bombay kamen aus allen Teilen Indiens, aber die drei großen Provinzen Bengalen, Bombay und Madras stellten das Gros. Alle waren Hindus, kein einziger Muslim war auf dieser ersten Sitzung anwesend. Die meisten Teilnehmer waren von lokalen Institutionen entsandt worden. Soweit statistische Angaben im Anhang des Reports dieser und der folgenden Kongresssitzungen gemacht worden sind, fällt die Fülle der Organisationen mit ausgeprägtem Hindu-Charakter auf. Die Vertreter waren nicht in einem formalisierten Verfahren bestimmt worden, sondern meistens reisten diejenigen zur Kongresssitzung, die vor Ort „prominent" waren und sich die weite Reise finanziell leisten konnten. Als Berufsangaben findet man häufig „Journalist" und „Zeitungsherausgeber", „Anwalt" oder auch „Landbesitzer". Auch nach der Kastenzugehörigkeit wurde in diesen frühen Sitzungen gefragt. Die überwältigende Mehrheit waren entweder Brahmanen oder Kayasths, einige Rajputen sind die Ausnahme.

Der INC wollte auf ein einheitliches indisches Nationalbewusstsein hinarbeiten. In diesem Sinne wurde das Fehlen von Muslimen auf dieser ersten Sitzung beklagt. Für die nächsten Sitzungen wurde daher gezielt versucht, prominente Muslim-Persönlichkeiten für den Kongress zu gewinnen. Auf der zweiten Sitzung in Kalkutta waren von den insgesamt 434 Teilnehmern 33 Muslime, also weniger als 10 %, während der Anteil der Muslime an der Gesamtbevölkerung ca. 25 % betrug. Auf der Sitzung von 1889 in Bombay waren von den knapp 2000 Teilnehmern immerhin 250 Muslime, aber danach nahm ihr Anteil mit Ausnahme der Lakhnau-Sitzung 1899 ständig ab (1905: 17 von 756).

Von den neun am Schluss verabschiedeten Resolutionen der ersten Sitzung betrafen vier die britische Verwaltung: ihr Funktionieren solle untersucht und als erstes der India Council, mit dem der Indienminister in London sich umgab, abgeschafft werden. Da dieser aus pensionierten ICS-Beamten bestand, sahen die Inder in ihm ein reaktionäres, jede Änderung blockierendes Element. Die Gesetzgebenden Räte sollten sowohl auf gesamtindischer als auch auf Provinzebene erweitert werden. In einer weiteren Resolution wurde beklagt, dass der Zweite Anglo-Afghanische Krieg mit indischen Truppen und auf Kosten des

Zusammensetzung des INC

indischen Steuerzahlers geführt worden sei. Die drohende Annexion Oberburmas lehnten die Kongresspolitiker ab und forderten die Reduzierung der Militärausgaben. Falls diese nicht durch Sparmaßnahmen gesenkt werden könnten, sollte man sie durch Erhebung von Zöllen decken.

Wirtschaft Indiens Damit war das Thema Wirtschaft angesprochen, das auf den späteren Sitzungen einen prominenten Platz einnehmen sollte. Immer wieder wurden Maßnahmen zur Industrialisierung Indiens gefordert. Die bestehenden Zollgesetze verhinderten nach Ansicht der Kongresspolitiker das Entstehen einer indischen Industrie. Unter den frühen Kongresspolitikern war es Dadabhai Naoroji (1825–1917), der sich des Themas Wirtschaft am vehementesten annahm. Schon 1876 hatte er in einer Rede die indische Armut beklagt und leitete daraus seine These von der wirtschaftlichen Ausbeutung Indiens durch die britische Kolonialpolitik ab („Drain of wealth"). Er wies nach, dass die Home Charges, die Verwaltungskosten, und vor allem die Militärausgaben einen ständigen großen Verlust für die indische Wirtschaft bedeuteten. Er verfolgte seine politischen Ziele sowohl in Indien selbst als auch in zwei mehrjährigen Aufenthalten in England. 1892 gelang es ihm sogar, als Angehöriger der Liberalen Partei für drei Jahre ins britische Parlament gewählt zu werden.

Ein weiteres wirtschaftliches Thema, das die folgenden Kongresssitzungen immer wieder beschäftigen sollte, war die zunehmende Verschuldung der Bauern. Um diesen Missstand zu beheben, forderte man die Herabsetzung der Grundsteuer (siehe Kap. II.12.1).

Modernismus Der INC war eine modernistische Bewegung, d. h. er strebte eine moderne indische Nation nach dem Muster Europas an. Unmittelbares Vorbild war und blieb England, aber Inspiration wurde auch aus Italien (Mazzini), den Vereinigten Staaten von Amerika (dem ersten Fall der Emanzipation einer britischen Kolonie) und – durch die Terroristen jedenfalls – aus Irland und Russland bezogen. Der modernistische Charakter der indischen Nationalbewegung in Gestalt des INC bedeutet indes nicht, dass die Vergangenheit und die Religion bzw. die Kultur nicht eine zentrale Rolle gespielt hätten. Auch hier zeigt sich die Gemeinsamkeit aller modernen Nationalbewegungen: Geschichte und Kultur wurden, wenn auch in sehr verschiedener und eigenwilliger Weise, zur Legitimation des Unabhängigkeitskampfes eingesetzt und instrumentalisiert. Geschichte und Kultur waren aber nicht nur Legitimation und Inspiration, sondern auch Hindernis und Gefahr, bedeutete doch die Errichtung einer modernen Nation zugleich die umwälzende Reformierung der Tradition.

Communalism Die Versuchung, den Unabhängigkeitskampf religiös zu legitimieren, war von Anfang an da, aber der INC gab sich betont überreligiös und verurteilte alle Bewegungen, die sich nur für eine der indischen Religionsgruppen (*communities*) einsetzte, wie zunächst der Muslim-Nationalismus, aber später auch der Hindu- und Sikh-Nationalismus, als „Communalism" – ein englischer Begriff, der in diesem Sinne bis heute nur in Süd- und Südostasien gebräuchlich ist. Eine Rolle bei der Aburteilung mag auch gespielt haben, dass diese Einzelbewegungen dem INC Konkurrenz machten. Damit es nicht innerhalb des INC zu interreligiösen Streitigkeiten komme, wurde 1888 eine Resolution erlassen, die die Behandlung solcher strittigen Themen verbot. Trotzdem kam es während der frühen Sitzungen immer wieder zu hitzigen Debatten und peinlichen Szenen.

Die Engländer begrüßten anfangs den INC mit der Überlegung, er kön-   Haltung der Engländer
ne als Ventil für die latente Unzufriedenheit dienen, als ein Barometer für die Stimmung im Lande und möglicher Ansprechpartner, aber schon drei Jahre nach Gründung wandte sich Vizekönig Dufferin gegen ihn. Nun hieß es, die Mitglieder des INC seien eine mikroskopische Minderheit von wurzellosen Intellektuellen, nicht repräsentativ für die indische Bevölkerung und ohne Prestige in der traditionellen Gesellschaft, „baboos" (etwa: Schreiberlinge) wurden sie spöttisch genannt. Sie hätten hauptsächlich ihren eigenen Vorteil im Auge. Die Briten beklagten auch das Überwiegen des „clever, but superficial Bengali". Vollere Mägen, nicht freiere Presse seien das erste Ziel der Regierung, sagte Dufferin. Tatsächlich gab es von Seiten der britisch-indischen Regierung keine Reaktionen auf die Appelle und Bittschriften des Kongresses. Regierungsangestellten wurde verboten, an den Sitzungen teilzunehmen.

Dabei war der frühe INC gemäßigt und loyal. Bei aller Kritik an Einzel-   Charakter des frühen
heiten des kolonialen Systems bekannten sich die Redner immer wieder zu   INC
den „Segnungen der britischen Herrschaft", womit sie die „fortschrittliche humanitäre Zivilisation Britanniens", die englische Bildung, das politische Ideal der britischen Staatsbürgerschaft und die britischen Selbstverpflichtungen von 1833 und 1858 meinten. Gesetz und Ordnung, die Einheit Indiens, Frieden, Rede- und Pressefreiheit gehörten auch zu den „Segnungen".

Ob Sozialreformen auch Thema der Agenda des INC sein sollten, blieb zu-   National Social
nächst offen. 1887 wurde die National Social Conference als Begleitveranstal-   Conference
tung des Indischen Nationalkongresses gegründet. Die Frage lautete: Sollte eine Reform der Gesellschaft der politischen Reform vorausgehen oder umgekehrt? An der Age of Consent Bill von 1891, einer von der Regierung, allerdings auf Druck indischer Reformer, eingebrachten Gesetzesvorlage, bei der es um die Erhöhung des Mindestheiratsalters für Mädchen von 10 auf 12 Jahre ging, entzündete sich der Streit. Schon 1884 hatte der Parse Behramji Malabari mit zwei Schriften zu diesem Thema eine indienweite Diskussion und damit eine Kampagne für eine allgemeine Sozialreform ausgelöst. Malabari trug die Kampagne 1890 mit einem „Appeal on Behalf of the Daughters of India" sogar nach England. Die Britische Regierung lehnte aber zunächst eine Intervention ab, indem sie sich auf die Proklamation Königin Victorias von 1858 berief: keine Einmischung in die alten Sitten des Volkes.

Bal Gangadhar Tilak (1856–1920) hatte schon 1885 in Maharashtra Pro-   B.G. Tilak
testversammlungen gegen die Intervention der Regierung in Heiratsgebräuche organisiert. Er wurde der lautstärkste Führer der orthodoxen Opposition gegen die Age of Consent Bill. Dabei war er nicht prinzipiell gegen die Erhöhung des Ehevollzugsalters. Aber er sah in dem Gesetz den Beginn einer Regierungsintervention in religiöse Angelegenheiten. Sie impliziere, dass die Inder von den Briten abhängig seien. Aber die Inder müssten lernen, selbst ihr Haus in Ordnung zu bringen: „Education and not legislation is the proper method for eradicating the evil" [2.9: HEIMSATH, 165]. Als das Gesetz 1891 schließlich doch verabschiedet wurde, nannte Tilak die Reformer Feinde des Volkes. Auf der

Kongress-Sitzung 1895 in Puna (Poona) setzte er durch, dass der Social Conference nicht erlaubt werde, die Räumlichkeiten des INC zu benutzen. Damit war die Social Conference nicht mehr Teil des INC.

Die Folge dieser Kampagne war, dass zwischen 1891 und 1929 keine soziale Gesetzgebung mehr stattfand.

„Gemäßigte" und „Extremisten"

Die Kontroverse um die Age of Consent Bill war eine der Ursachen für die Entstehung des sog. extremistischen Flügels, der sich vom „moderaten Flügel" innerhalb des INC absetzte.

Massive Kritik an der bisherigen „moderaten" Kongresspolitik wurde 1893 in der Bombayer Zeitschrift Indu Prakash in einer anonym erscheinenden Artikelserie mit dem Titel „New Lamps for Old" formuliert. Die Politik der Bitten und Appelle habe sich als nutzlos erwiesen, stattdessen sei furchtloses Handeln und dynamische Führerschaft geboten, kurz: eine neue Partei (New Party) sei nötig. Nicht England mit seiner parlamentarischen Redekultur solle Vorbild für Indien sein, sondern das Frankreich der Revolution, die von den Massen getragen wurde. Um die indischen Massen zu gewinnen, müsse man an die traditionellen Vorstellungen des Volkes appellieren.

Aurobindo Ghosh

Der Verfasser war Aurobindo Ghosh (1872–1950), nach Tilak die zweite herausragende Gestalt der Extremisten. Als er „New Lamps for Old" schrieb, war er gerade aus England zurückgekehrt, wohin ihn sein anglisierter Vater als Achtjährigen zur Erziehung geschickt hatte. Nach dem Wunsch des Vaters sollte er sich für den Indian Civil Service qualifizieren, aber er „versäumte" mehrmals den dafür vorgeschriebenen Reittest und verwirkte so die Aufnahme. Nun fand Aurobindo Ghosh eine Anstellung als Englisch- und Französischlehrer in dem kleinen Fürstentum Baroda nördlich von Bombay.

Die von Aurobindo aufgestellte Forderung, an indische Traditionen anzuknüpfen, erfüllte Tilak in Maharashtra, indem er religiöse Feste in nationalistische Demonstrationen umwandelte, vor allem das in seinem Heimatland volkstümliche, dem Elefantengott Ganesh gewidmete Ganpati-Fest. Er führte Shivaji-Feiern ein und erinnerte damit an den glorreichen Kampf der Marathen gegen die Moghulherrschaft. In diesem Zusammenhang rechtfertigte er sogar, dass Shivaji, der Führer der Marathen gegen Aurangzeb, den Moghulgeneral Afsal Khan heimtückisch ermordete, als er ihn zu Friedensverhandlungen getroffen hatte. „Der Zweck heiligt die Mittel", war Tilaks Maxime. Als Sanskrit-Gelehrter begründete er sie mit seiner Interpretation der Bhagavadgita, dem Lehrgedicht aus dem Epos Mahabharata, in der Krishna angesichts des Kampfes zwischen Kauravas und Pandavas Arjuna über das Sittengesetz unterrichtet. Als dieser zögert, gegen seine Verwandten auf der anderen Seite zu kämpfen, erinnert ihn Krishna an seine Kastenpflicht. Mit dem altindischen Ideal „Nishkama Karma" (=interesselose Tat) wollte Tilak eine aktivistische Ethik begründen.

Tatsächlich beriefen sich die Attentäter, die während einer Pestepidemie in Puna am 27. Juni 1897 den britischen Pestkommissar W.C. Rand und seinen Begleiter ermordeten, auf Tilaks Bhagavadgita-Interpretation. Zur Unterdrückung der Epidemie hatte Rand zu drastischen Maßnahmen gegriffen, die es mit sich brachten, dass auf der Straße und sogar in den Wohnhäusern Polizei und Soldaten die Bewohner ohne Rücksicht auf Rang und Kaste untersuchten. Dabei wurden auch Frauen berührt. Tilak geißelte diese Maßnahmen mit scharfer Kritik, wobei er nicht die medizinischen Notwendigkeiten bestritt, sondern die Einmischung einer fremden Regierung in die sozialen und religiösen Sitten des indischen Volkes beklagte.

Wegen seiner kritischen Zeitungsartikel wurde Tilak im September 1897 vor Gericht gestellt und auf Grund des § 124 A des Penal Code zu 18 Monaten Zuchthaus (*rigorous imprisonment*) verurteilt. Der Paragraph war 1870 ins Gesetzbuch eingefügt worden und bestrafte „disaffection towards the government", ein Straftatbestand, über den sich später Mahatma Gandhi mokieren sollte. Nach elf Monaten Haft wurde Tilak unter Auflagen frei gelassen.

Als auf den Verleger von Aurobindos Artikelserie „New Lamps for Old" Druck ausgeübt wurde, brach Aurobindo die Serie ab, blieb aber weiterhin im Hintergrund. Erst seit etwa 1902 streckte er seine Fühler nach seiner alten Heimat Bengalen aus und begann, auch mit Hilfe seines Bruders, dort ein Netzwerk von Revolutionären aufzubauen. Die Teilung Bengalens durch Vizekönig G.N. Curzon (im Amt 1898–1905) im Jahre 1905 war für Aurobindo und seine Revolutionäre die Gelegenheit, mit einer Swadeshi-Kampagne an die Öffentlichkeit zu treten. Curzon hatte sich schon durch seine aggressiv imperialistischen Äußerungen, durch verschärfte Pressezensur und durch Eingriffe in die Stadtverwaltung und in die Universität von Kalkutta, deren Budget er kürzte, unbeliebt gemacht. Die Teilung Bengalens in West und Ost sollte offenkundig den Antagonismus von Hindus und Muslimen schüren und die Hindu-Führungsschicht schwächen, die zwar in Kalkutta lebte, aber vielfach ihre Landgüter in Ostbengalen hatte.

Die Swadeshi-Kampagne zwischen 1904 und 1908 war jedoch in erster Linie eine Studentenbewegung, und der Versuch, die Massen für den indischen Nationalismus zu mobilisieren, misslang. Aber schon jetzt wurden die Methoden geprobt, die später von Gandhi erfolgreich im großen Stil angewandt werden sollten: Unter den Schlagwörtern *swadeshi* (Eigenes) und *atmashakti* (Selbstvertrauen) wurden englische Textilien öffentlich verbrannt und an ihrer Stelle einheimische Produkte propagiert, unter dem Begriff Passiver Widerstand wurden englische Einrichtungen boykottiert, und im Falle der Bildungseinrichtungen einheimischer Ersatz in Form von „National Education" angeboten.

Das geistige Rüstzeug lieferte Aurobindo, inzwischen nach Bengalen umgezogen, in seinen Zeitschriften „Bande Mataram", die er seit 1906 zusammen mit Bipin Chandra Pal herausgab, und „Karmayogin". Darin entwickelte er eine Ideologie, deren Kennzeichen die Verbindung von Nationalismus mit Sanskrit-Begriffen aus Religion und Philosophie des Hinduismus war („Politischer Vedantismus"). *Moksha*, eigentlich „Erlösung", wird zu politischer Befreiung vom englischen Joch umgedeutet; *karmayogin*, eigentlich „Derjenige, der Erlösung durch Werke sucht", wird zum politischen Aktivisten. Im Zentrum seiner Begrifflichkeit steht *shakti*, eigentlich die „weibliche Kraft (göttliche kosmische Energie), die Leben schafft". Bei Aurobindo wird sie zum politischen Willen zur Macht, personifiziert in der „Mutter", unter der sowohl die Muttergöttin (Durga, Kali, Bhawani) als auch das Mutterland Indien verstanden wird. In dem Artikel „Bhawani Mandir" (Tempel für die Göttin Bhawani) von 1906 stellt er

Bengalen

Swadeshi-Kampagne

fest, während außerhalb Indiens gewaltige Energien am Werke seien, fehle es in Indien vor allem daran. Die Erweckung der *shakti* im indischen Volk sei die Voraussetzung für alle weitere Entwicklung (Industrialisierung, Wissenschaft, politische Unabhängigkeit).

Auf der INC-Sitzung in Kalkutta Ende 1906 versuchte Aurobindo, die Extremisten zu organisieren, um eine gemeinsame Abwahl der Moderaten zu erreichen, was aber scheiterte. Den Begriff *swaraj* (Selbstregierung) übernahmen die Moderaten von den Extremisten, beschränkten ihn aber auf die Bedeutung „wie in den Kolonien" – gemeint waren die weißen Dominions Kanada, Australien, Neuseeland. Aurobindo und seine Anhänger verstanden darunter hingegen „absolute swaraj", also vollständige Unabhängigkeit, eine Forderung, die der INC erst 1929 aufstellte.

In seiner Schrift „The Doctrine of Passive Resistance" (April 1907) wiederholte Aurobindo diese Forderung, rief zum Boykott auf, ja auch zu aktivem Widerstand gegen die britische Regierung. Auf der INC-Sitzung in Surat Ende 1907 versuchte Aurobindo, Tilak zum Präsidenten des Kongresses wählen zu lassen, was jedoch in Tumult und Chaos endete und zur Spaltung des Kongresses führte. Die Extremisten wurden vertrieben, es blieb ein „Rumpf-Kongress" der Moderaten.

Nach einem Bombenattentat in Kalkutta im April 1908, dem statt des eigentlich gemeinten englischen Richters zwei unbeteiligte Engländerinnen zum Opfer fielen, wurde Aurobindo als geistiger Anstifter verhaftet. Die Anklage stützte sich auf seine Schrift „The Doctrine of Passive Resistance". Ein ganzes Jahr dauerte seine Untersuchungshaft im Alipur-Gefängnis, wo er, wie er später schrieb, religiöse Visionen hatte, aber tatsächlich wohl zu der Einsicht kam, dass seine Aufgabe eher in der geistigen Aufrichtung Indiens lag als in der revolutionären Aktion. Im Prozess (Alipore Bomb Case) wurde er freigesprochen. Kurz nach seiner Entlassung entwarf er in seiner Uttarpara-Rede vom 30. Mai 1909 eine Vision für Indiens Weltmission. Die Wiedergeburt Indiens sei für die Zukunft der Welt nötig. Um erneuter Haft zu entgehen, verließ er im Februar 1910 Bengalen und floh in die französische Kolonie Pondicherry, wo er sich bis zu seinem Tode ganz der Entwicklung einer eigenen Weltanschauung widmete.

Panjab   Nach Maharashtra und Bengalen war das dritte Zentrum der Extremisten der Panjab. Ihr Führer dort war Lala Lajpat Rai, der aus dem Arya Samaj hervorgegangen war. Der Arya Samaj selbst hielt sich aus der Politik heraus, aber einzelne Mitglieder betätigten sich politisch.

1901 rief Lajpat Rai dazu auf, technische Erziehung und Industrialisierung selbst in die Hände zu nehmen. Zusammen mit Arya-Samaj-Führer Hans Raj gründete er die Zeitung Panjabee, deren Motto „self-help at any cost" war [2.10: SARKAR, 127]. Mit dem Vorwurf, er hätte die Bauern zur Revolte aufgestachelt, wurde Lala Lajpat Rai 1907 des Landes verwiesen (er ging nach London, später nach New York). Damit endete die Swadeshi-Bewegung im Panjab.

4.2.3 Der Separatismus der Muslime

Die indischen Muslime beteiligten sich nicht an der Swadeshi-Bewegung. Stattdessen wurde im Jahre 1906 die Muslim-Liga gegründet. Schon bei Gründung
des Indischen Nationalkongresses hatte sich Sir Syed Ahmad Khan (1817–
1898)als prominenter Sprecher der indischen Muslime gegen eine Mitarbeit   Sir Syed Ahmad Khan
ausgesprochen. Er fürchtete, dass der INC illoyal gegenüber der britischen
Herrschaft sein würde – zum Schaden der Muslime, wenn sie sich daran beteiligten – und dass die Muslime in der vom INC angestrebten Staatsform zur
permanenten Minderheit verdammt sein würden.

Sir Syed stammte aus einer alten Familie Delhis und war mit 21 Jahren in
britische Dienste getreten. Die „Mutiny", die er als junger Mann erlebte, lehnte
er als von vorneherein verfehltes Unternehmen ab und unterstützte stattdessen die Engländer. Es schmerzte ihn, dass diese die Muslime für die Mutiny
verantwortlich machten und sie dafür in ihrer Politik bestraften. Fortan rief er
seine Glaubensbrüder zur Loyalität gegen England auf und machte es sich zur
Lebensaufgabe, den Engländern die grundsätzliche Loyalität der Muslim-Ge-
meinschaft zu beweisen. Nur eine Anpassung an die moderne Welt könne das
Überleben der indischen Muslime sichern. Entsprechend forderte er dazu auf,
sich englische Bildung anzueignen. Das galt vor allem auch, um mit den Hindus, die in Scharen in die englischen Schulen strömten, mithalten zu können.

„Zurück zum Koran" hieß das Motto Syed Ahmad Khans, womit er alle anderen autoritativen Schriften als ungültig verwarf. Der ursprüngliche Islam sei
vereinbar mit Vernunft und Natur und mit dem Fortschritt, er sei liberal, indi-
vidualistisch und sozialethisch. Sir Syed betonte die fundamentale Ähnlichkeit
von Islam und Christentum. Da die Natur ja Gottes Werk sei, sei das Studium
der Natur Gottesdienst (damit zog er auf sich und seine Anhänger die abfäl-
lig gemeinte Bezeichnung „Naturalist"). Er kämpfte gegen die Vorstellungen,
dass der Islam die Frauen „in Pardah" (im Harem) abschließen müsse oder gegen ihre Erziehung sei; dass der Islam den Heiligen Krieg vorschreibe und dass
er die Sklaverei rechtfertige. Im Jahre 1866 gründete er seine eigene Zeitung,
die „Aligarh Institute Gazette". Um seinen Glaubensbrüdern modernes Wissen
schmackhaft zu machen, schlug er über seine im selben Jahr gegründete British
India Association (BIA) der Regierung vor, sie solle moderne Bildung über das
Medium der Volkssprache („Vernacular") vermitteln. Die Kritik am bestehenden englischen Schulwesen, die zwar nicht offen ausgesprochen wird, aber deutlich zwischen den Zeilen zu lesen ist, richtete sich nicht nur dagegen, dass es zu
wenige Einheimische erfasse, sondern dass es nur auf die Bedürfnisse der Kolonialregierung ausgerichtet sei und nicht genug dem Wohl des indischen Volkes
diene. Die Regierung in Kalkutta lehnte seine Forderung ab, da die Volksspra-
chen noch nicht geeignet seien, die notwendige Höhe des Unterrichtsniveaus
zu gewährleisten. Sir Syed sprach von *einer* Volkssprache, womit er Urdu meinte, aber damit provozierte er eine heftige Diskussion unter den Hindus, die nun
die Förderung „ihrer" Volkssprache, nämlich Hindi, forderten. Urdu und Hindi
sind zwar zwei Namen für dieselbe Sprache, aber die beiden Versionen unterscheiden sich durch ihre Schrift (Urdu in arabisch-persischer Schrift, Hindi in

der Sanskrit-Schrift Devanagari) und durch ihren Wortschatz bei religiös-philosophischen Themen (Urdu islamisch, Hindi hinduistisch). Die Hindi-Urdu-Kontroverse wurde in den nächsten Jahrzehnten eines der drei Dauerstreitthemen zwischen Hindus und Muslimen in Nordindien. Die beiden anderen waren die „Heilige Kuh", wenn zu bestimmten islamischen Festen Kühe geschlachtet wurden, und „Musik vor Moscheen", wenn an bestimmten Hindu-Festtagen Prozessionen mit „Heidenlärm" an Moscheen, wo gerade die Muslime beteten, vorbeizogen.

Die Vorstellungen von Syed Ahmad Khan trafen sich mit denen der englischen Regierung in dem im Jahre 1876 gegründeten Muhammadan Anglo-Oriental College in Aligarh, in dem westliche Kultur zusammen mit der Religion des Islams vermittelt werden sollte. Erster Direktor wurde der Engländer Theodore Beck. Ziel war, Muslimen eine englische Bildung ohne Vorurteil gegen ihre Religion zukommen zu lassen. Das zweite Ziel war, aus den Muslimen Indiens „würdige und nützliche Untertanen der Britischen Krone" zu machen.

Gründung der Muslim-Liga

Die Einsicht Syed Ahmad Khans, dass Hindus und Muslime mehr trenne als verbinde, gewann unter den Muslimen immer mehr Anhänger. Die Entfremdung wurde noch vergrößert, als die britische Regierung im Jahre 1900 Hindi als Amtssprache in den United Provinces anerkannte.

Den letzten Anstoß zur Gründung einer eigenen politischen Vertretung gab die Ankündigung des Indien-Ministers John Morley im britischen Parlament, dass die Gesetzgebenden Räte erweitert werden sollten. Am 1. Oktober 1906 trug eine Muslim Deputation dem Vizekönig Lord Minto (im Amt 1906–1910) in Simla ihre Forderungen vor: getrennte Wählerschaften („Separate Electorates") für die indischen Muslime, was auf eigene, nicht geographisch bestimmte Wahlkreise hinauslief, und eine höhere Vertreterzahl, als ihrem Bevölkerungsanteil entsprach. Begründet wurde letztere Forderung mit dem Beitrag, den sie zur Verteidigung des Empire leisteten, womit auf den überproportionalen Anteil von Muslimen in der britisch-indischen Armee angespielt wurde, und mit ihrer früheren Position als Herrscher Indiens. Minto und seine Berater im ICS unterstützten diese Sonderwünsche der Muslime und setzten sich gegen Morley durch.

Es waren die Mitglieder der Mohammedan Educational Conference, die sich am 30. Dezember 1906 in Dakka zur All-India Muslim League erklärten. Die meisten waren Großgrundbesitzer und ehemalige höhere Regierungsbeamte, von den 55 Gründungsmitgliedern waren 25 Anwälte. Von vorneherein gab es eine Rivalität zwischen den Muslimen der United Provinces und denen von Bengalen. Der junge Aga Khan (Sir Sultan Mohamed Shah, 1877–1957) beanspruchte eine Führungsrolle. Die ersten Resolutionen bekräftigten die Loyalität gegenüber dem Britischen Empire und forderten den Schutz und die Förderung der politischen Interessen der indischen Muslime, ohne dass der Begriff „politische Interessen" erläutert worden wäre.

4.3 Verfassungsreformen und Erster Weltkrieg

4.3.1 Die Morley-Minto-Reformen von 1909

John Morley war schon ein bekannter liberaler Philosoph und Politiker, als er nach dem Wahlsieg der Liberalen Partei Indien-Minister wurde (1905–1910). Was die Kolonie Indien betraf, sahen sich die britischen Liberalen in einem Dilemma: Konnte eine Demokratie, welche zu Hause die bürgerliche Freiheit hochhielt, guten Gewissens und erfolgreich ein asiatisches Reich mit autokratischen Mitteln regieren?

Morleys Verfassungsreformen, die auf eine Erweiterung der Gesetzgebenden Räte und die Ausweitung ihrer Befugnisse zielten, gelten aus heutiger Sicht als der Beginn der Parlamentarisierung und letztlich auch der Dekolonisierung Indiens, aber als er seinen Gesetzesentwurf im britischen Parlament einbrachte, bestritt er ausdrücklich diese Absicht. Das musste er wohl aus taktischen Gründen tun, zumal ihm starker Widerstand nicht nur in England, sondern auch von Vizekönig Minto und seinem Berater Herbert Risley entgegenschlug. Diese beiden setzten nicht nur die getrennten Wählerschaften für die Muslime durch, sondern splitterten die übrigen Wähler, die ohnehin nur 1 % der indischen Bevölkerung ausmachten und überwiegend Hindus waren, in weitere Gruppen („interests") auf: Großgrundbesitzer, Handelskammern, Jute- und Teepflanzer, Universitäten. Kriterien für die Wahlberechtigung waren Besitz und Bildung, Kandidaten konnten auf Grund unliebsamer politischer Tätigkeiten disqualifiziert werden.

Die auf diese Weise Gewählten waren aber in allen Gremien zahlenmäßig unterlegen gegenüber dem Block der von der Regierung „Nominierten", nur in Bengalen überwogen die Gewählten die Nominierten mit 26 zu 25 Köpfen.

4.3.2 Indien im Ersten Weltkrieg

Als der Erste Weltkrieg ausbrach, lag die Versuchung nahe, „Englands Notlage" für indische Interessen auszunutzen, aber die moderaten Kongresspolitiker beschlossen, loyal zu bleiben. Dafür wurden drei Gründe vorgebracht: Man hoffte, eine loyale Haltung würde nach dem Krieg eine Belohnung in Form von einer Selbstregierung nach dem Vorbild der „White Dominions" nach sich ziehen. Verglichen mit den Mittelmächten war England mit seiner parlamentarischen Demokratie außerdem das kleinere Übel. Und schließlich gab es das Argument, ausgerechnet von Mahatma Gandhi vorgebracht, dass der Krieg den Indern eine Gelegenheit böte, den Umgang mit Waffen zu üben.

Die indischen Muslime sahen sich nach Eintritt des Osmanischen Reichs in den Krieg auf der Gegnerseite in einem Loyalitätskonflikt. Aber die meisten ließen sich durch die Zusicherung der britischen Regierung, dass die Heiligen Stätten unangetastet bleiben würden, beruhigen. Panislamisten wurden verhaftet.

Es waren Exilinder, die den Krieg für den aktiven Kampf gegen England ausnutzten. Schon vor dem Krieg hatten sich in Kanada und in Kalifornien indische Revolutionäre formiert: Die Ghadr-Partei war die stärkste Organisation und

Exilinder und das
Deutsche Reich

hatte konspirative Kontakte nach Indien. Nun suchte sie den Kontakt auch zu deutschen Stellen. Das Deutsche Reich war darauf nicht vorbereitet und hatte kein Gesamtkonzept für eine Politik gegenüber den Kolonien der Gegner. Immerhin kämpften etwa 700 000 bis 1 Million indische Soldaten für Großbritannien, teils in Mesopotamien gegen das Osmanische Reich, teils in Frankreich gegen das Deutsche Reich. Die deutsche Botschaft in den USA gab heimlich Gelder an Exilinder, die damit Waffen kauften und über Südostasien nach Indien schmuggeln wollten, was aber scheiterte.

Als Anlaufstelle für die Exilinder in Berlin gründete das Auswärtige Amt (AA) unter der Leitung des Freiherrn Max von Oppenheim die „Nachrichtenstelle für den Orient". Die Inder hatten im „Indischen Nationalkomitee" ihre Organisation: dazu gehörten der mit einer reichen Amerikanerin verheiratete Dr. Taraknath Das; Bhupendranath Datta, jüngerer Bruder von Vivekananda; Virendranath Chattopadhyaya, genannt „Chatto", Bruder der prominenten Kongress-Politikerin Sarojini Naidu; und Mahendra Pratap, Sohn des von den Engländern abgesetzten Maharajas von Hatras. Auf Vorschlag von Mahendra Pratap organisierten das AA und der deutsche Generalstab – in Abstimmung mit der osmanischen Regierung - eine Afghanistan-Expedition, die den Emir Habibullah in Kabul dazu bewegen sollte, in Indien einzufallen und dadurch einen Aufstand zu entfachen. Geleitet wurde die Expedition von Legationssekretär Werner Otto von Hentig und Oskar Ritter von Niedermayer.

Am 22. August 1915 erreichten sie Kabul. Der Hof und die Bevölkerung waren deutlich auf Seiten der Mittelmächte, aber der Emir zögerte. Nach langem Hinhalten erklärte er am 12. März 1916, dass Afghanistan sich nicht am Krieg beteiligen werde, es sei denn, zwei Voraussetzungen würden erfüllt: 1. In Indien ereigne sich ein Aufstand, 2. deutsche oder türkische Truppen – mindestens 20 000 Mann – griffen Belutschistan an. Da diese Forderungen nicht erfüllt werden konnten, war die Afghanistan-Expedition gescheitert. Mahendra Pratap hatte allerdings am 1. Dezember 1915 in Kabul eine „Provisorische Regierung von Indien" gegründet. Er selbst ernannte sich zum Präsidenten bis zu dem Zeitpunkt, an dem in Indien eine reguläre Regierung errichtet sein würde. Maulana Barkatullah wurde sein Premierminister. Diese provisorische Regierung hatte allerdings keine weiteren Folgen. Für den Emir Habibullah sollte seine Weigerung böse Folgen haben: Er wurde nach dem Krieg ermordet, und sein Nachfolger wurde der deutschfreundliche Amanullah.

Indiens Beitrag zu den alliierten Kriegsanstrengungen

Das britische War Office spannte Indien bis zum äußersten für den Krieg ein, es wurde in den Worten von Vizekönig Charles Hardinge (im Amt 1910–1916) „ausgeblutet" (*bled white*). Indische Truppen wurden nach Frankreich, Ostafrika, Mesopotamien, Ägypten, Gallipoli, Palästina, Saloniki, Aden und zum Persischen Golf geschickt. Jedem Distrikt in Britisch-Indien wurden Quoten für auszuhebende Rekruten und für Kriegsanleihen auferlegt. Den ICS-Beamten drohten bei Nichterreichen der Ziele berufliche Nachteile. Die Landbevölkerung wurde mit Gewaltandrohung und Bestechungen gezwungen, ihre jungen Männer für die Armee herzugeben, und dabei kam es zu Schlägen, Folter und manchmal zu Erschießungen. Insgesamt sind damals 1 440 337 Inder rekrutiert worden, davon wurden 1 381 050 nach Übersee geschickt, 101 439 sind gefallen.

Alles in allem hat die Britisch-Indische Regierung etwa 130 Millionen Pfund Sterling für den Krieg ausgegeben. Dazu kam der mehr oder weniger freiwillige Beitrag der Fürsten in Höhe von 2 Millionen Pfund Sterling. An Sachgütern wurden 1874 Meilen Eisenbahnschienen, 6000 Fahrzeuge, 237 Lokomotiven, 883 Dampfer und 10 Millionen m^3 Holz an die Kriegsschauplätze geliefert, außerdem Munition, Gewehre, Kanonen, Zelte, Stiefel, Kleidung, Pferdegeschirr. Die Fürsten lieferten Truppen, Hospitalschiffe, Krankenschwestern. Der Feldzug in Mesopotamien wurde direkt von Indien aus geführt.

Als die Kriegslage im Jahre 1917 für England und Frankreich kritisch wurde und man dem amerikanischen Verbündeten entgegenkommen und Reformwillen in Indien signalisieren wollte, rang sich die britische Regierung zur sog. „August-Erklärung" durch. Am 20. August erklärte der Staatssekretär für Indien Lord Curzon: „The policy of His Majesty's government with which the Government of India are in complete accord, is that of the increasing association of Indians in every branch of the administration and the gradual development of self-governing institutions with a view to the progressive realization of responsible Government in India as an integral part of the British Empire" [2.3: SPEAR 1958, 780].

August-Erklärung und Montagu-Chelmsford-Reformen

Der Begriff Responsible Government mag viele Inder beeindruckt haben, aber wem eigentlich sollte die Regierung verantwortlich sein? Historiker haben später herausgefunden, dass nicht das indische Volk damit gemeint war, sondern die britische Regierung [2.11.1: DANZIG]. Aber das Versprechen der Reformen und vor allem das Schlagwort „Responsible Government" waren in der Welt. Tatsächlich erließ die britische Regierung nach dem Krieg die sog. Montagu-Chelmsford-Reformen. Sie beruhten auf dem Prinzip der Dyarchy, d. h. die Ressorts wurden geteilt, zunächst in Zentral- und Provinzressorts, Letztere wiederum in der Regierung vorbehaltene und den Indern übertragene Ressorts. Zu den „Übertragenen Ressorts" gehörten: Erziehungswesen außer den Universitäten, Gesundheitswesen, Landwirtschaft, Öffentliche Arbeiten außer Kanalbauten, Verbrauchs- und Provinzsteuern. Zu den „Vorbehaltenen Ressorts" gehörten die Finanzen und die Polizei. Die Minister wurden vom Gouverneur ausgewählt und konnten von ihm jederzeit entlassen werden. Sein Gehalt wurde vom Legislative Council genehmigt, dadurch war Abwahl möglich. Der Gouverneur hatte ein Vetorecht.

Das Prinzip der getrennten Wählerschaften für Muslime wurde beibehalten und außerdem nun auch für Indische Christen, in Indien ansässige Europäer und Anglo-Inder sowie für die Sikhs eingeführt. Neu war auch, dass die sog. Depressed Classes, also die Unberührbaren, zum ersten Mal durch das System der Nominierung repräsentiert wurden. Die Zahl der Wahlberechtigten wurde auf 2–3 % erhöht. (Bei etwa 300 Millionen Einwohnern 6 bis 9 Millionen Wähler.)

Der Erste Weltkrieg bedeutete auch für Indien einen Epocheneinschnitt. Trotz seines Sieges ging England geschwächt daraus hervor. Die wirtschaftliche Notlage Englands hatte in Indien zu Anfängen einer Industrialisierung geführt. Psychologisch hatte es Folgen, dass indische Soldaten in aller Welt eingesetzt worden waren und Zeuge wurden, wie die weißen Völker sich bekämpften, wodurch sie erkannten, dass sie nicht unbesiegbar waren. Außerdem waren sie mit den revolutionären Ideen des Nationalismus und des Sozialismus in Berührung gekommen.

5. Indien im Zeichen Mahatma Gandhis (1916–1947)

Mohandas Karamchand Gandhi betrat 1916 die politische Bühne Indiens, schon drei Jahre später stand er an der Spitze der indischen Nationalbewegung. Für die Massen blieb er von da an bis zu seinem gewaltsamen Tode am 30. Januar 1948 die Leitfigur. Es ist erstaunlich, dass gerade er diese Position erlangte, denn eigentlich war er ein Außenseiter der indischen Politik. Er gehörte weder zu den „Gemäßigten" noch zu den „Extremisten". Er hatte zwischen 1893 und 1915 im Ausland, in Südafrika, gelebt. Gandhi strebte keine Modernisierung Indiens an, wie es die Politik des INC war, sondern lehnte die moderne westliche Zivilisation kategorisch ab. Im Gegensatz zu den meisten indischen Politikern seiner Generation stammte er auch nicht aus einer der von den Briten direkt verwalteten Provinzen, sondern aus einem der vielen kleinen Fürstenstaaten auf der Halbinsel Kathiawar in Gujarat, wo er am 2. Oktober 1869 geboren wurde.

5.1   Das Leben Gandhis bis zu seinem Einstieg in die indische Politik

Gandhis Vater war der „Diwan", also eine Art Kanzler des Fürsten von Porbandar, die Familie gehörte zur Vaishya- oder Bania-Kaste, also zum dritten *varna*, dem der Kaufleute. Religiös waren die Gandhis Krishna-Verehrer, sie gehörten zur vischnuitischen Vallabhacharya-Sekte, in der die erotisch-mystische Liebe (*bhakti*) als Weg zu Gott gilt. Das ist bemerkenswert, da Gandhi sich später entschieden davon abwandte und sich als Verehrer Ramas, des strengen und kämpferischen Gottes und Helden des Ramayana, bekannte. Das Indien, von dem er träumte, sollte eine Herrschaft des Rama sein: „Ramrajya".

Des jungen Mohandas' Absicht, zum Studium nach England zu fahren, spaltete Familie und Kaste (*jati*), da es damals noch als Sünde galt, das „Schwarze Wasser" (*kala pani*), also den Ozean, zu überqueren. In England versuchte Gandhi zunächst, sich zum westlichen Gentleman zu bilden, gab es aber bald auf und widmete sich stattdessen der religiösen Suche, wobei er nicht nur auf das Neue Testament, sondern auch auf seine eigene religiöse Tradition stieß. In England las er zum ersten Mal die Bhagavadgita – in der englischen Übersetzung von Edwin Arnold (1832–1904): The Song Celestial, 1885. Mit einem Abschluss seines juristischen Studiums am Middle Temple Inn kehrte Gandhi nach knapp drei Jahren 1891 nach Indien zurück. Nach kurzem und unbefriedigendem Zwischenspiel als Anwalt in Rajkot und Bombay nahm er einen Auftrag aus der britischen Kolonie Natal in Südafrika an, wo er eine indische Firma in einem Rechtsstreit vertreten sollte.

Aus dem geplanten einen Monat wurden 21 Jahre. „Südafrika" bestand damals aus den beiden britischen Kolonien Kap-Kolonie und Natal und den beiden Burenrepubliken Transvaal und Oranje-Freistaat. In Natal gab es seit etwa 1860 indische Kontraktarbeiter, sog. Kulis, die zu 75 % auf den Zuckerrohr-, Tee- und Kaffeeplantagen arbeiteten, die übrigen waren im Bergbau, im Haushalt und in der Industrie beschäftigt. Im Zuge der Einwanderung der Kontraktarbeiter hatten sich auch indische Geschäftsleute und selbstständige Handwerker in Natal angesiedelt, sog. Free Indians. Sie wurden bald zu erfolgreichen Investoren und Landbesitzern. Das stieß auf den Widerwillen der Weißen. Zwar waren die Plantagenbesitzer an möglichst vielen billigen Arbeitskräften aus Indien interessiert, aber die sich dauerhaft niederlassenden Inder wurden von den Weißen als Konkurrenz gefürchtet. Nachdem in Natal einige Free Indians sogar das Wahlrecht erworben hatten, sollte eine Gesetzesvorlage 1894 die weitere Vergabe des Wahlrechts an Inder stoppen (Franchise Amendment Bill). Das war für Gandhi der Anlass, in Natal zu bleiben und sich politisch für die Inder zu engagieren.

Inder in Südafrika

Er gründete den Natal Indian Congress und sammelte die Unterschriften von fast allen Free Indians (9000) gegen das vorgesehene Gesetz. Gandhi berief sich bei seiner Forderung nach gleichen Rechten für Inder und Weiße auf die Proklamation Königin Victorias von 1858 für Indien. Tatsächlich erklärte der Kolonialminister in London das Gesetz für ungültig, da es in der Gesetzgebung im Britischen Reich keine „colour bar" geben dürfe. Nun änderte das Parlament von Natal den Text des Gesetzes, indem es sich nicht mehr gegen „Asiatics" richtete, sondern gegen Personen, die aus einem Land stammten, in dem es kein Wahlrecht gab. Das traf auf das damalige Indien zu.

Im Burenkrieg (1899–1902) stellte sich Gandhi ausdrücklich (gegen den Willen eines Teils seiner indischen Landsleute) auf die Seite der Briten und bot ihnen indische Hilfe in Form eines Ambulanzcorps an. Er argumentierte wieder mit der Zugehörigkeit zum Britischen Reich. Nur als „British subjects" sei ihre Existenz in Südafrika möglich.

Bald gab es jedoch einen neuen Grund für Gandhi, sich für seine Landsleute zu engagieren. Ein neues Gesetz mit anti-indischer Stoßrichtung sah eine Passpflicht für alle Inder ab dem 9. Lebensjahr vor, für den auch Finger- und Daumenabdrücke registriert werden sollten. Besonders die Forderung nach dem Daumenabdruck wurde von den Indern als schwere Kränkung empfunden, da er bis dahin nur von Kriminellen genommen worden war.

Der Black Act

Die Verordnung (von den Indern „Black Act" genannt) war für Gandhi der Anlass, seine besondere Methode des Widerstands zu entwickeln, die er später in Indien im großen Stil anwenden sollte. Bisher hatten all seine Bittschriften, Protestversammlungen und Loyalitätsbekundungen nichts bewirkt. Als Gründe dafür sah Gandhi die Uneinigkeit, Passivität und Gleichgültigkeit seiner Landsleute an, was die Unterdrückung durch die Weißen geradezu einlade. Eine tiefgreifende moralische Wandlung jedes Einzelnen wäre nötig, um aus den Indern selbstständige, selbstbewusste Persönlichkeiten zu machen. Verantwortung für das Ganze, Gruppensolidarität unter den Indern zu verankern war nun Gandhis Ziel.

Satyagraha   Seine Methode wurde zunächst „passiver Widerstand" genannt, aber bald führte Gandhi seinen eigenen Begriff dafür ein: Satyagraha, eine Sanskrit-Neuprägung, die wörtlich „Festhalten an der Wahrheit" bedeutet. Während der Begriff Passiver Widerstand nach Schwäche und Passivität klingt, soll im Begriff Satyagraha das aktive Moment betont werden. Die Wahrheit (*satya*) bedeute Stärke, moralische Stärke. Es war auch von *soul force*, Seelenstärke, die Rede. Der Gegner solle durch die Kraft der Wahrheit überzeugt werden und damit für die Sache der Satyagrahis gewonnen werden.

Gandhi ließ seine Anhänger am 11. September 1906 im Empire Theatre in Johannesburg in einer Schwurzeremonie feierlich geloben, sich nicht dem Black Act zu unterwerfen, sondern mit den Methoden des Satyagraha dagegen zu kämpfen.

Als die Regierung einige prominente Inder, darunter Gandhi, verhaftete, verteidigten diese sich also nicht, sondern bekannten sich von vornherein schuldig. Etwa 150 Inder wurden verhaftet. Gandhi ging daraufhin auf einen Vorschlag des Ministers des autonomen Transvaal, Jan Smuts, ein, dass die Inder sich freiwillig registrieren lassen sollten; dann würde der Black Act zurückgenommen. Kritikern hielt Gandhi entgegen, man müsse sich auf Kompromisse einlassen. „Unser Kampf ist nicht prinzipiell gegen die Regierung gerichtet, sondern zielt auf die Beseitigung des Stigmas, welches das Gesetz der indischen Gemeinschaft angehaftet hat. Ein Satyagrahi fürchtet sich niemals davor, seinem Gegner zu vertrauen, selbst auf die Gefahr hin, betrogen zu werden." Gandhi setzte sich durch. Die Inder ließen sich freiwillig registrieren. Und sie wurden tatsächlich betrogen: Indem die Regierung Smuts behauptete, dass nicht alle Inder sich freiwillig hätten registrieren lassen, nahm sie den Black Act nicht zurück. Darauf reagierten die Inder mit einer zweiten Runde des Widerstandes. Er bestand darin, dass sie nun die Pässe, die ihnen gerade ausgestellt worden waren, öffentlich verbrannten. Die Regierung reagierte nicht darauf. Sie war zufrieden damit, dass die Inder sich hatten registrieren lassen.

Als die Vereinigung der vier südafrikanischen Kolonien geplant wurde, befürchteten die Inder Nachteile für sich. Daher reisten im Sommer 1909 sowohl Gandhi als auch Sheth Haji Habib, ein Vertreter der indischen Geschäftsleute, nach England, um mit der britischen Regierung direkt zu verhandeln. In London machte der Premierminister von Transvaal, Louis Botha, den Indern ein Angebot: Wenn sie den *Black Act* und den *Immigrants Registration Act* akzeptierten, würden die kleineren Forderungen der Inder bewilligt werden. Habib nahm das Angebot der Buren an; Gandhi und eine Minderheit jedoch waren entschlossen, weiterzukämpfen.

Auf der Rückreise von London nach Südafrika beschloss Gandhi, sein Leben und seinen persönlichen Lebensstil noch radikaler zu ändern, als er es seit 1906 schon getan hatte. Er gab seinen Anwaltsberuf endgültig auf und kleidete sich ab nun traditionell indisch. *Brahmacharya* (Keuschheit) und *ahimsa* (Gewaltlosigkeit) hatte er schon 1906 geschworen, aber jetzt ging er noch einen Schritt weiter. Zusammen mit seinen Anhängern zog er sich in eine Kommune, die er Tolstoy Farm nannte, zurück, um – zusammen mit 10 Frauen und 60 Männern - das einfache Leben zu praktizieren. Das bestand in körperlicher Arbeit, Selbstversorgung der Kleingruppe, durch Sozialdienst zusammengehaltenem Gemeinschaftsleben, harmonischem Zusammenleben aller Religionsgruppen, Einbeziehung der unteren Kasten einschließlich der „Unberührbaren" und der Frauen im Geiste der Gleichberechtigung. Tolstoy Farm

Dieser Lebensstil war nun Teil von Gandhis neuer Weltanschauung, zusammengefasst formuliert in seiner kleinen Schrift „Hind Swaraj or Indian Home Rule", die er im Herbst 1909 auf der Rückfahrt von London verfasst hatte. Politisch beschritt er damit einen dritten Weg neben den Moderaten und den Extremisten. Beide wollten ja Indien zu einem modernen Land nach englischem Vorbild machen, nur eben ohne die englische Kolonialherrschaft. Gandhi dagegen lehnte die moderne westliche Zivilisation in toto ab, also moderne Medizin, Gerichtswesen, Bildungswesen, Parlament und Presse und vor allem „machinery", also die Industrie. Sie häufe ungeheure Zerstörungskräfte auf und verhindere ein religiöses Leben. Religiöses Leben heiße moralisches Leben. Als Quellen für seine Ansichten nennt Gandhi im Anhang Werke der europäischen Kulturkritik, vor allem von Leo Tolstoj. Hind Swaraj

Bis 1912 lebte Gandhi so zurückgezogen auf seiner Tolstoy Farm, seine politische Wirksamkeit war auf einem Tiefpunkt angelangt, als durch das Erscheinen Gopal Krishna Gokhales, des Führers des Indischen Nationalkongresses, in Südafrika der Kampf neu entfacht wurde. Gandhi gelang es noch einmal, die Mehrzahl seiner Landsleute in einer Kampagne mit sich zu reißen, und 1914 kam es dann endlich zu einer erträglichen Lösung für die Inder.

Wir sehen also, dass bei seiner Rückkehr nach Indien 1915 Gandhis Weltanschauung und seine politischen Methoden schon ausgebildet waren. Sein Wirken in Südafrika war in Indien mit zunehmendem Interesse beobachtet worden, so dass sich große Hoffnungen auf ihn richteten. Der Dichter Rabindranath Tagore, 1913 für seine Schriften mit dem Nobelpreis geehrt, prägte 1915 für Gandhi den Ehrennamen „Mahatma" (= große Seele). Seinen Lebensstil setzte Gandhi in Indien in seinen Ashrams fort: in Sabarmati bei Ahmedabad (1915–1930) und in Sevagram in Zentralindien (1934–1947). In kleineren lokalen Kampagnen wandte er seine in Südafrika entwickelten Methoden an.

5.2 Gandhis erste Kampagne: Nicht-Zusammenarbeit

Auch in Indien bekundete Gandhi zunächst seine Loyalität gegenüber dem britischen Reich. Noch in London, wo er auf dem Weg nach Indien Station machte, hatte er bei Kriegsausbruch wieder Ambulanzdienste angeboten. Gegen Ende des Krieges führte er in Indien sogar eine Rekrutierungskampagne für die britisch-indische Armee durch. Sie stieß auf praktisch keine Resonanz, und Gandhi wurde dabei so krank, dass er sich schon aufgab. Da wurde ein Gesetz erlassen, das die Wende in Gandhis Haltung zum Britischen Reich einleitete: der „Rowlatt Act", ein Gesetz, nach dem die Kriegsnotstandsgesetze, die erhebliche Einschränkungen der bürgerlichen Freiheiten mit sich gebracht hatten, auch nach dem Krieg beibehalten werden sollten. Gandhi war sofort entschlossen, mit Satyagraha dagegen zu kämpfen, was er dem Vizekönig gegenüber auch mit einem Telegramm ankündigte. Der für den 6. April 1919 beschlossene Hartal, eine Art Generalstreik, wurde weitgehend befolgt, aber es kam auch zu so schweren Gewaltausbrüchen, dass sich Gandhi entschloss, die Kampagne abzubrechen. Er unterwarf sich einem dreitägigen Fasten als Buße für seinen „Himalayan Blunder", nämlich seine völlige Fehleinschätzung der Bereitschaft der Menschen, gewaltlos zu kämpfen.

Massaker in Amritsar   Zu einem besonderen Vorfall kam es am 13. April 1919 in Amritsar. Nach der Verhaftung von zwei lokalen Führern hatte es Gewaltausbrüche gegeben: ein Rathaus und ein Postamt wurden niedergebrannt, Telegraphendrähte durchschnitten, einige Europäer, darunter zwei Frauen, verletzt. Die Briten reagierten mit drakonischen Maßnahmen: in der Straße, wo die Frauen angegriffen worden waren, mußten die Einheimischen auf dem Bauch kriechen. Für das populäre Baisakhi Fest, das auf den 13. April fiel, wurde eine Ausgangssperre verhängt. Trotzdem versammelte sich eine Menge im Jallianwala-Bagh, dem zentralen Platz von Amritsar. Der herbeigerufene General Reginald Dyer ließ durch seine Truppen in die Menge schießen, es gab fast 600 Tote und viele Verletzte. Wie Dyer später aussagte, sah er in Gandhi den Vorläufer einer indischen Revolution, so wie Tolstoj angeblich der Vorläufer der russischen Revolution gewesen sei.

Das Massaker von Amritsar war ein Wendepunkt in der Geschichte der britischen Herrschaft in Indien. Er bedeutete auf indischer Seite einen schweren Vertrauensverlust in die britische Herrschaft. Für Gandhi kam der endgültige Bruch erst ein Jahr später, als der Hunter Commission Report veröffentlicht wurde, der offizielle Untersuchungsbericht über das Jallianwala-Bagh-Massaker: General Dyer wurde zwar aus der Armee entlassen, aber er wurde nur gerügt, nicht bestraft. In England sammelten seine Anhänger 30 000 Pfund Sterling für ihn.

Im selben Monat Mai 1920 wurden die Beschlüsse der Konferenz von Sèvres bekannt, wonach das Osmanische Reich aufgelöst werden sollte. Schon vorher hatte die panislamische Khilafat-Bewegung in Indien gegen die drohende Auflösung des Osmanischen Reiches, das ja Träger des Kalifats war, protestiert. Gandhi verband nun die beiden Themen „Khilafat" (Kalifat) und „Panjab Wrong" (das Amritsar-Massaker). In der Khilafat-Bewegung sah er die „Gelegenheit des Jahrhunderts", Hindus und Muslime zusammenzuführen. Eine große Kampagne der Nichtzusammenarbeit (Non-cooperation) sollte Hindus und Muslime dauerhaft zusammenschweißen.

Non-cooperation   Auf einer Sitzung des All India Congress Committee am 1. August 1920 gelang es Gandhi nach langen Debatten, die Kongress-Führung für sein Projekt zu gewinnen und sie beschließen zu lassen, die Kampagne der Nichtzusammenarbeit am 1. Januar 1921 zu beginnen. Nacheinander waren die folgenden Maßnahmen vorgesehen: Das Ablegen von Titeln und die Rückgabe von Orden und Auszeichnungen; der Boykott der Gerichte; der Boykott der Schulen und Colleges.

Gandhi benutzte die Kampagne, um die Kongress-Partei auf eine neue Organisationsbasis zu stellen. Durch einen Beitrag von vier Annas (eine Viertelrupie) konnte jetzt jeder Mitglied werden. Der INC wurde nach Sprachprovinzen neu gegliedert, von denen Delegierte in das All India Congress Committee (AICC) gewählt wurden, das wiederum einen Arbeitsausschuss wählte (Working Committee, WC), der die Politik des INC bestimmte.

Die Kampagne lief zunächst mit großem Enthusiasmus an. Wo immer Gandhi persönlich auftauchte, strömten Tausende von Menschen zusammen. Etwa ab Herbst 1921 zeigte sich jedoch, dass gegen das Gebot der Gewaltlosigkeit immer häufiger verstoßen wurde. Die schlimmste Gewalttat passierte dann am 4. Februar 1922 in dem kleinen Ort Chauri Chaura in den United Provinces: ein wütender Mob zündete die Polizeistation an, die darin eingesperrten 21 Polizisten verbrannten. Gandhi war entsetzt und brach sofort die Non-cooperation-Kampagne ab.

Als Bilanz der Non-cooperation-Bewegung ist festzustellen, dass die Nationalbewegung durch die Mobilisierung und Politisierung weiter Teile der nichtanglisierten Bevölkerung nun zu einer Massenbewegung geworden war. Allerdings waren auch die Probleme eines Boykotts offenkundig geworden: Was sollte mit den Leuten geschehen, die durch den Boykott ihre Stellung oder ihren Studienplatz verloren? Sie mussten irgendwie versorgt werden. Gandhi gelang es, in der indischen Geschäftswelt durch Spenden neue Finanzquellen zu erschließen. Es ergab sich ein Zwang zu ständigem Aktionismus.

Gandhi war nun der unbestrittene Führer der indischen Nationalbewegung. Die Khilafat-Bewegung allerdings schlug fehl: Davon abgesehen, dass die türkische Regierung das Kalifat selbst abschaffte, handelte es sich um ein extraterritoriales Thema, das auf Dauer die Mehrheit der Inder nicht bewegen konnte. Neuer Streit entstand zwischen Hindus und Muslimen durch Missverständnisse, vor allem auf Seiten der Moplahs, einer Volksgruppe indisch-arabischen Ursprungs in Kerala, die einen „Heiligen Krieg" gegen die Hindu-Großgrundbesitzer erklärten.

Nachdem Gandhi seine Kampagne abgebrochen hatte, wurde er verhaftet und wegen einiger Artikel in seiner Zeitschrift „Young India" angeklagt. In seiner Verteidigungsrede schilderte er seine Entwicklung vom loyalen Bürger des Britischen Empire zum Rebellen und bekannte sich schuldig. Der britische Richter hatte Verständnis für ihn, aber sah sich gezwungen, ihn zu verurteilen: Vier Jahre Gefängnis. Nach zwei Jahren wurde er wegen Krankheit entlassen.

Zunächst hielt sich Gandhi aus der Politik heraus und widmete sich stattdessen seinem „Konstruktiven Programm", das einerseits aus der Wiederbelebung der Dorfindustrien (*village uplift*) bestand, andererseits aus der Förderung der Unberührbaren.

Im INC wollten die Gandhi-Anhänger die Boykott-Politik fortsetzen (die No-Changers), andere hielten einen Dauerboykott für unfruchtbar (die Pro-Changers, u. a. Motilal Nehru und C.R. Das, Mohammad Ali Jinnah und die Gefolgsleute Tilaks, der 1920 gestorben war) und gründeten daher Ende 1922 die Khilafat Congress Swaraj Party. Sie ließen sich in die Gesetzgebenden Rä-

te wählen, um dort „obstruction from within" zu üben. Ihre Dauerforderung
(„National Demand") war Dominion-Status für Indien.

5.3 Die zwanziger Jahre: Communalism und Kommunismus

In dem durch Gandhis Rückzug entstandenen politischen Vakuum konnte der
Communalism wieder gedeihen, neben den schon bekannten Bestrebungen auf
Muslim-Seite neuerdings auch bei den Hindus (im Folgenden als Hindu-Na-
tionalismus bezeichnet). Vom Ausland drang außerdem zum ersten Mal der
Kommunismus nach Indien ein.

Hindu-Nationalismus   Seit 1907 war mehrmals versucht worden, analog zur Muslim-Liga eine Hin-
du-Organisation auf die Beine zu stellen. Mit der Gründung der Hindu Mahasabha (HMS) Ende 1922 in Gaya, wo auch der INC gerade tagte, schien es zu
gelingen. Zu der dort anberaumten großen Sitzung in Benares im folgenden
August kamen 1500 Delegierte, und 6000 Besucher waren anwesend. Präsident
war Pandit Madan Mohan Malaviya (1861–1946), vor der Menge rief er aus,
dass die Hindu-Gemeinschaft nach tausend Jahren Demütigung heute ein neues Leben begonnen habe.

Dass es damals dann doch nicht zu einer Polarisierung der indischen Politik
in eine Hindu- und eine Muslim-Partei kam, hatte hauptsächlich zwei Gründe:
die Uneinigkeit zwischen Konservativen und Reformern innerhalb der HMS
über die Frage der Unberührbarkeit und die zögernde, schillernde Haltung ih-
Pandit Malaviya   res Präsidenten Pandit Malaviya. Auf der einen Seite stemmte er sich gegen die
Versuchung, aus der HMS eine politische Partei zu machen, die in Konkurrenz
zum INC getreten wäre, auf der anderen Seite benutzte er sie aber als Hausmacht innerhalb des Kongresses. Seine eigentliche Absicht war, die HMS zu
einer Plattform für alle Hindus zu machen, auf der Reformen auf sozialem und
religiösem Gebiet verbindlich beschlossen werden könnten.

Malaviya war seit den Anfängen der Kongress-Partei einer ihrer prominentesten Politiker, aber neben seiner Kongress-Tätigkeit hatte er sich in rein
hinduistischen Bewegungen als Führer hervorgetan: für die Anerkennung von
Hindi als mit Urdu gleichberechtigter Amts- und Unterrichtssprache (was 1900
erreicht wurde), für den Schutz der „Heiligen Kuh" und für die Errichtung
der Benares-Hindu-Universität. Nach dem Tode Tilaks 1920 hätte Malaviya
vermutlich an die Spitze der Nationalbewegung treten können, wenn nicht
Mahatma Gandhi mit seinem rasanten Aufstieg die Lage völlig verändert hätte.
Malaviya war einer der wenigen prominenten Kongress-Politiker, die damals
nicht Gandhis Non-Cooperation-Bewegung beitraten (wie auch Jinnah, s.u),
hauptsächlich aus dem Grund, dass er sich nicht zu einem Boykott *seiner*
Benares-Hindu-University entschließen konnte, wie es Gandhis Programm
ja verlangte. Malaviyas Politik des Lavierens zwischen Kongress und Hindu
Mahasabha war für Freund und Feind allerdings nicht immer klar und ein-
leuchtend, so dass das Missverständnis entstand, er wolle mit Hilfe der Hindu
Mahasabha den Kongress zu einer Hindu-Partei umfunktionieren, was wie-

derum Munition für die Muslim-Liga war, das Schreckgespenst eines Hindu-Indiens an die Wand zu malen.

Die Befürchtung war gegenüber dem gemäßigten, konservativ-liberalen Malaviya unbegründet, es waren andere, die aus der HMS tatsächlich eine radikale hindu-nationalistische Partei in scharfer Opposition zu Kongress und Muslim-Liga machen wollten: Der aus der Schule Tilaks stammende B.S. Moonje und der Arya Samaji Bhai Parmanand. Beide waren mindestens so anti-muslimisch wie anti-britisch. 1928 war Moonjes Stellung in der HMS schon so stark, dass er maßgeblich am Scheitern aller Kompromisse im Zusammenhang mit Jinnahs Angeboten und Forderungen beteiligt war. Aber erst 1937 wandelte sich die HMS endgültig in eine eigenständige Partei, als Vinayak Damodar Savarkar ihr Präsident wurde.

Savarkar stammte aus der terroristischen Tradition des indischen Nationalismus, und zwar aus dem Kreise jener jungen Brahmanen, die sich in den 90er Jahren des 19. Jh.s in Maharashtra auf Tilaks Schriften beriefen, als sie Attentate auf britische Beamte verübten. Der junge Savarkar wich damals nach London aus, wo er 1909 als Drahtzieher eines Attentats auf einen britischen Beamten in London zu zweimal lebenslänglich (= 50 Jahre) Verbannung auf den Andamanen verurteilt wurde. Nach dem Ersten Weltkrieg wurde er vorzeitig entlassen, stand dann unter Hausarrest und durfte sich nicht politisch betätigen. Die neu gewählte Kongress-Regierung der Provinz Bombay setzte 1937 seine völlige Befreiung durch. Sofort stürzte er sich in die politische Arena und machte die Hindu Mahasabha zu einer politischen Partei, die sich in schroffen Gegensatz zur Politik Gandhis und der Kongress-Partei setzte: gegen die Gewaltlosigkeit und den Antimodernismus Gandhis, gegen die angebliche Beschwichtigungspolitik gegenüber den Muslimen. „Hinduise politics and militarize Hinduism" war seine Parole. Von Savarkar stammt der Begriff „Hindutva", der in den 1980er Jahren wieder aktuell geworden ist. Savarkar hatte ihn in einem 1923 zunächst anonym erschienenen Buch vorgestellt und erläutert.

Zwei Jahre, nachdem Savarkars Buch „Hindutva" erschienen war, wurde in Nagpur (heute in Maharashtra) der Rashtriya Swayamsevak Sangh (RSS, frei übersetzt: Nationale Freiwilligen-Gemeinschaft) gegründet. Es sollte ausdrücklich eine rein kulturelle Organisation sein und wurde ordensmäßig geführt, mit starker Betonung der geistigen und körperlichen Disziplin. Sport mit stark militärischem Einschlag sollte eine große Rolle spielen. Ziel war die Heranbildung einer hindu-nationalistischen Elite. Als Gründer wird gewöhnlich ein bis dahin völlig unbekannter Mann namens Hedgewar genannt, aber tatsächlich gehörten zu den fünf Gründern auch B.S. Moonje und ein Bruder Savarkars. Damit bestand von vornherein eine enge personelle Beziehung zwischen der zunächst von Moonje und Bhai Parmanand, dann von V.D. Savarkar beherrschten Hindu Mahasabha und dem RSS. Die HMS unter Savarkar konnte bis 1947 keine nennenswerten Wahlerfolge erzielen und wurde dann als die Partei der Mörder Gandhis bekannt.

Führer der Muslim-Liga war damals Mohammad Ali Jinnah. Er war das zweite prominente „Opfer" von Gandhis Aufstieg. Bei seinem Eintritt in den INC im Jahre 1904 war Jinnah ein überzeugter „secular, liberal modernist"

Randnotizen:

V.D. Savarkar

Rashtriya Swayamsevak Sangh

Muslim-Nationalismus

[2.9.3: WOLPERT, 18] und setzte sich vehement für ein Indien ein, in dem religiöse Unterschiede keine Rolle spielen sollten. Wie sehr er sich bemühte, keine religiösen Vorurteile zu haben, zeigt die Tatsache, dass er die Verteidigung Tilaks, damals Inbegriff des militanten politischen Hinduismus, vor Gericht übernahm. Entsprechend war Jinnah auch gegen die Einführung der Separate Electorates in den Verfassungsreformen von 1909. Der Muslim-Liga trat er bezeichnenderweise erst 1912 bei, als sie sich politisch dem Kongress näherte, und nur unter der Bedingung, dass dieser Schritt nicht seine Loyalität zur „größeren nationalen Sache, der sein Leben gewidmet sei" [2.10.2.8: WOLPERT, 34], beeinträchtige.

Zusammen mit Tilak war Mohammad Ali Jinnah die treibende Kraft bei der Aushandlung des sog. Lucknow-Pakts von 1916, in dem sich Kongress und Muslim-Liga weitest möglich annäherten, um gemeinsam das Ziel der politischen Unabhängigkeit zu erkämpfen. Sarojini Naidu nannte Jinnah damals „Botschafter der Hindu-Muslim-Einheit". Im Jahre 1916 war Jinnah einer der brillantesten und erfolgreichsten Anwälte Indiens, seit 1910 Mitglied im Imperial Council, dem höchsten gesetzgebenden Gremium, das Indern zugänglich war. Aus damaliger Sicht hatte Jinnah alle Aussichten, einer der führenden, wenn nicht *der* führende Politiker Indiens zu werden. Aber dann betrat Gandhi die politische Bühne. In früheren kurzen Begegnungen hatten die beiden sich schon gegenüber gestanden, zur entscheidenden Konfrontation kam es 1920, als Gandhi die Führung der Nationalbewegung mit dem Auftrag übertragen wurde, eine Kampagne der Nicht-Zusammenarbeit zu organisieren.

In Gandhis Politik sah Jinnah einen Appell an die religiösen Leidenschaften und eine „Politik der Straße", was zutiefst gegen seine Überzeugungen verstieß. In dem Enthusiasmus und der allgemeinen Aufbruchsstimmung zu Anfang der NC-Bewegung geriet Jinnah mit seiner Ablehnung ins politische Abseits. Er fand danach nie mehr den Anschluss an den politischen Mainstream. Damals blieb ihm nichts anderes übrig, als entweder eine politische Randexistenz zu führen oder aber mit einem Gegenentwurf anzutreten. Bis Anfang der dreißiger Jahre tat er Ersteres.

In den zwanziger Jahren bemühte sich Jinnah noch um Ausgleich und Kompromiss und versuchte, in unzähligen Unity Conferences und All-Parties Conferences zwischen der Muslim-Liga einerseits und den anderen politischen Kräften andererseits eine Lösung zu finden. Hauptstreitpunkt waren die getrennten Wählerschaften. Motilal Nehru sah in seinem im August 1928 vorgelegten Verfassungsentwurf keine getrennten Wählerschaften vor, stattdessen eine allgemeine Schutzgarantie für die Minderheiten. Obwohl es mehrere führende Muslim-Politiker gab, die diesem Entwurf zustimmten, beharrte Jinnah auf drei Forderungen: Beibehaltung der getrennten Wählerschaften, ein Drittel der Sitze in der Central Legislative Assembly für die Muslime und möglichst viele Kompetenzen für die britisch-indischen Provinzen (Residuary Powers). Aber die All-India National Convention, ein breites Spektrum der politischen Kräfte Indiens, lehnte Jinnahs Forderungen Ende 1928 in Kalkutta ab. Die Folge war eine entscheidende Wendung in Jinnahs Haltung, in seinen Worten: „This is the parting of the ways" [zit. nach 2.10.2.8: WOLPERT, 98]. Ende März

1929 legte er seine „14 Punkte" vor, in denen die unabdingbaren Forderungen der Muslim-Liga noch einmal bekräftigt wurden [Wortlaut in: 2.10.3: SAYEED, 72/73].

Vor dem Ersten Weltkrieg waren nur einzelne Inder, die in Europa gewesen waren, mit marxistischem Gedankengut in Kontakt gekommen. Erst seit dem Oktoberputsch der Bolschewiki in Russland 1917 wurde man in Indien auf den Marxismus aufmerksam. Zwei Auslandsinder waren es, die den Kommunismus als politische Bewegung nach Indien brachten: M.N. Roy von Moskau aus und Virendranath Chattopadhyaya („Chatto") von Berlin aus. *Anfänge des indischen Kommunismus*

Manabendra Nath Roy, geboren als Narendra Nath Bhattacharya (1886–1954), hatte sich ursprünglich vor dem Ersten Weltkrieg im bengalischen Terroristenmilieu betätigt und dann, während des Krieges, an dem vergeblichen Versuch beteiligt, deutsche Waffen, die von Amerika nach Java geliefert werden sollten, nach Indien zu schmuggeln. Erst in den USA, wo er Ende 1915 ankam, begann er, marxistische Schriften zu lesen, wurde aber noch kein Kommunist. Nach dem Kriegseintritt der USA floh er nach Mexiko, wo er im September 1919 den russischen Komintern-Agenten Borodin kennen lernte, der ihn in die Hegel'sche Dialektik und den Marxismus einführte. Borodin vermittelte ihm eine Einladung zum 2. Kongress der Internationale in Moskau. Roy, begleitet von seiner amerikanischen Frau, reiste als Vertreter der mexikanischen Kommunistischen Partei dorthin. *M.N. Roy*

Die Sowjetunion verfolgte seit dem Oktoberputsch von 1917 offiziell eine antikolonialistische Politik. Die Kommunistische Internationale, abgekürzt Komintern, auch Dritte Internationale genannt, sollte das Instrument für die sowjetische Politik in den Kolonien sein. Lenin zufolge hatte sich in den Metropolen des Kapitalismus inzwischen eine „Arbeiteraristokratie" gebildet, die von der Ausbeutung der Kolonien mit profitiere und sich daher mit dem Kapitalismus arrangiert und die Revolution aufgegeben habe. Die Beseitigung des Kolonialismus sei daher eine wichtige Voraussetzung für die Revolution in den Metropolen. Aber wie sollten die Kommunisten in den Kolonien vorgehen?

Für den 2. Kongress der Komintern, der vom 19. Juli bis 7. August 1920 in Moskau stattfand, hatte Lenin schon seine entsprechende These vorbereitet: Aus der Einsicht heraus, dass es in einem Land wie Indien noch kein Proletariat gab und daher von einer revolutionären Situation keine Rede sein könne, verlangte Lenin, dass die Kommunisten die „bürgerlich-demokratischen Nationalbewegungen" unterstützen sollten, in Indien also den Indischen Nationalkongress. Dem widersprach M.N. Roy: Die Kommunisten müssten von vornherein selbstständig agieren, da die „bürgerlich-demokratischen Nationalbewegungen" heimliche Verbündete der Imperialisten seien und sich im Zweifelsfall gegen die Massen wenden würden. In dieser „Lenin-Roy-Debatte" gab Lenin insofern nach, als in der endgültigen Version statt von „bürgerlich-demokratischen Nationalbewegungen" nun von „revolutionären Befreiungsbewegungen" die Rede war, was aber für ihn in der Sache keinen Unterschied ausmachte. Tatsächlich haben diese beiden Strategien, erstere unter dem Begriff „Volksfrontpolitik" bekannt geworden, oder kommunistischer Alleingang, sich im Laufe der kommunistischen Weltbewegung immer wieder *Lenin-Roy-Debatte* abgelöst. Roy verschärfte auch die These über die Rolle der Kolonien für die Weltrevolution: die Beseitigung des Kolonialismus sei nicht nur „wichtige", sondern „unabdingbare Voraussetzung" dafür.

Mit M.N. Roys Auftritt in Moskau 1920 begann sein rasanter Aufstieg in der Hierarchie der Komintern bis zu seinem Sturz 1928. Als Mitglied des Zentralasienbüros der Komintern bereitete Roy in Taschkent allen Ernstes die Revolutionierung Indiens vor. Mit indischen Panislamisten, die während der Khilafat-Bewegung aus Indien nach Afghanistan und dann weiter nach Zentralasien geflüchtet waren, gründete er nicht nur eine indische Kommunistische Partei, sondern stellte auch eine Invasionsarmee auf. Die Komintern stellte ihm zwei Eisenbahnzüge mit Waffen, Goldbarren und indischer Währung zur Verfügung. In Roys Worten war das „die erste Internationale Brigade der Roten Armee". Die Durchführung dieses Plans scheiterte sowohl an Afghanistan, das den Durchmarsch verweigerte, als auch an dem Politikschwenk der Sowjet-Regierung, die sich genötigt sah, wegen der allgemeinen Versorgungsnot im ganzen Lande ein Handelsabkommen mit England abzuschließen (März 1921), und sich darin zu Wohlverhalten verpflichten musste.

Alle Agenten, die Roy nach Indien schickte, wurden vom britischen Geheimdienst an der Grenze abgefangen. Die britisch-indische Regierung tat alles, um jede kommunistische Regung im Keim zu ersticken. Die wichtigsten Mitarbeiter Roys in Indien (Roy selbst in absentia) wurden im „Cawnpore Conspiracy Case" angeklagt und vier von ihnen zu je vier Jahren Gefängnis verurteilt (April-Mai 1924). Damit war M.N. Roys Versuch, eine kommunistische Partei aufzubauen, zerschlagen.

Parteigründungen   Kurz darauf gründete Satya Bhakta eine legale kommunistische Partei, die ihren ersten Kongress am 25. Dezember 1925 in Kanpur veranstaltete, wo gerade auch der INC seine Jahrestagung abhielt. Seitdem hat die Kommunistische Partei Indiens (CPI) zwei Gründungsdaten: 1921 in Taschkent und 1925 in Kanpur. Andererseits versuchten die Kommunisten, in der Landbevölkerung Fuß zu fassen. Am 6. Februar 1926 fand in Krishnagar eine All-Bengal Tenants Conference statt, auf der beschlossen wurde, eine „Peasants' and Workers' Party of Bengal" zu gründen. Die Teilnehmer waren hauptsächlich *middle-class*-Intellektuelle, etwa 40 an Zahl.

Im September 1929 wurde Roy als Folge seiner Verstrickung in den Machtkampf zwischen Stalin und Bucharin wegen „Rechtsabweichung" aus der Komintern ausgeschlossen. Ende 1930 ging er nach Indien zurück, da ihm der sicherste Ort vor den Verfolgungen Stalins ein britisches Gefängnis in Indien zu sein schien. Prompt wurde er auch im Juli 1931 verhaftet, im Meerut Conspiracy Case zusammen mit weiteren Kommunisten angeklagt und zu zwölf Jahren Haft verurteilt, was bei der Revision auf vier Jahre reduziert wurde. Im Gefängnis löste er sich vom Kommunismus.

Mit dem Meerut Conspiracy Case (20.3.1929–3.8.1933) wollten die Engländer den Kommunismus in Indien ein für alle Mal zerschlagen, die CPI wurde im Sommer 1934 verboten. Erst im Februar 1942, im Zuge des britisch-sowjetischen Kriegsbündnisses, wurde sie wieder zugelassen.

5.4 Gandhis zweite Kampagne: Ziviler Ungehorsam

Als sich herausstellte, dass die von der britischen Regierung angekündigte Statutory Commission (auch Simon Commission genannt, nach ihrem Vorsitzenden, dem Labour-Politiker Simon), die zehn Jahre nach den Montagu-Chelmsford-Reformen das Funktionieren der Verfassung begutachten sollte, nur aus Engländern bestehen würde, wurde das in Indien als ungeheure Provokation empfunden. Bei ihrem Auftreten in Indien ab Februar 1928 wurde sie daher fast überall mit wütenden Demonstrationen und schwarzen Fahnen empfangen. Bei einem der Zusammenstöße mit der Polizei wurde Lala Lajpat Rai so verletzt, dass er bald darauf starb. In ihrem Bericht stellte die Kommission keine Fortschritte im politischen Status Indiens in Aussicht. Als indische Antwort darauf legte der INC nach einer All-Parties Conference einen eigenen von Motilal Nehru verfassten Verfassungsentwurf vor, in dem für Indien der Dominion-Status vorgesehen war.

An der Kongress-Sitzung Ende 1928 in Kalkutta nahm nach den Ereignissen nun auch Gandhi wieder aktiv teil. Dort verlangten Jawaharlal Nehru und Subhas Chandra Bose die volle Unabhängigkeit. Gandhi war dagegen, weil er die Forderung für verfrüht hielt. Aber wenn die britische Regierung nicht bis Ende 1929 einen Verfassungsentwurf mit Dominion-Status vorlege, dann würde der INC die Forderung nach voller Unabhängigkeit stellen und eine neue Kampagne, diesmal eine Kampagne des Zivilen Ungehorsams (*civil disobedience*), ankündigen. Vizekönig Lord Irwin (im Amt 1926–1931) antwortete mit der Ankündigung einer Konferenz am Runden Tisch (Round Table Conference), erklärte aber, dass er keine festen Versprechungen über das Ergebnis machen könne.

Der INC verkündete bei seiner Sitzung Ende 1929 in Lahore in der Nacht vom 31.12 auf 1.1.1930 Purna Swaraj, die vollständige Unabhängigkeit Indiens, als Ziel und kündigte zugleich den Beginn der Civil Disobedience Campaign an. Am 26. Januar 1930 wurde am Ufer des Ravi bei Lahore die indische Nationalflagge entrollt. Dieses Datum wurde später im unabhängigen Indien zum Republic Day.

Der Begriff Civil Disobedience stammt von dem amerikanischen Philosophen Henry David Thoreau (1817–1862) und bedeutet den passiven Widerstand des Einzelnen gegen eine moralisch zweifelhafte Staatsmacht. Gegenüber dem Boykott sieht der zivile Ungehorsam das bewusste Übertreten eines oder mehrerer Gesetze und das bewusste Akzeptieren der Strafe dafür vor. Gandhi hatte aus der Kampagne der Nicht-Zusammenarbeit gelernt und konzentrierte sich nun auf ein bestimmtes Gesetz, nämlich das Salzgesetz, mit dem sich die Regierung das Monopol auf die Herstellung von Salz gesichert hatte. In einem offenen Brief an den Vizekönig forderte Gandhi die Abschaffung der Salzsteuer und kündigte zur Durchsetzung dieser Forderung (und zehn weiterer, darunter das Verbot alkoholischer Getränke) seine Kampagne an.

Am 12. März 1930 verließen Gandhi und 78 Mitglieder den Sabarmati Ashram in Ahmedabad in Richtung Dandi, einem Ort am Meer südlich von Surat. Vorher hatte er ein Gelübde abgelegt, nicht vor Erlangung der Unabhän-

Gandhis Salzmarsch

gigkeit zurückzukehren. Sie marschierten 24 Tage lang etwa 20 km pro Tag. Überall stießen neue Mitmarschierer hinzu, am Ende waren es mehrere tausend. Am Strand von Dandi schöpfte Gandhi symbolisch Salz, was daraufhin überall im Land millionenfach nachgeahmt wurde.

Die Regierung reagierte mit Verhaftungen im großen Stil (etwa 100 000), Gandhi selbst wurde am 4./5. Mai 1930 verhaftet. Zu erschütternden Szenen kam es am 21. Mai 1930 bei dem Versuch der Gandhi-Anhänger, die Salzwerke von Dharsana gewaltlos zu besetzen. Sie wurden von Polizisten brutal niedergeschlagen, wobei es zwei Tote und 320 Verletzte gab. Dank ausländischer Reporter, vor allem amerikanischer, erschienen die Nachrichten darüber in Zeitungen der ganzen Welt.

Als das All India Congress Committee beschloss, die Kampagne auf andere Bereiche auszudehnen, erklärte die Regierung den Ausnahmezustand. Die Kongress-Organisationen wurden praktisch zerschlagen. Der INC behalf sich mit der Einsetzung von sog. Diktatoren, die unabhängig von den Gremien Entscheidungen treffen konnten.

Am 25. Januar 1931 wurden Gandhi und die Mitglieder des Kongress-Arbeitsausschusses überraschend entlassen, Irwin gab eine versöhnliche Erklärung ab.

Gandhi-Irwin Pakt   Am 17. Februar 1931 begannen die Gespräche zwischen Gandhi und Vizekönig Irwin, die am 4.3.1931 im sog. Gandhi-Irwin-Pakt gipfelten. Gandhi erklärte sich zur Beendigung der Civil Disobedience bereit, dafür nahm die Regierung die Ausnahmeverordnungen zurück und versprach die Entlassung der politischen Gefangenen. Die Amnestie galt allerdings nicht für politische Gefangene, denen Gewalttaten vorgeworfen wurden, auch galt sie nicht für die Soldaten eines Regiments, welches sich geweigert hatte, in Peshawar auf eine unbewaffnete Menge zu schießen. Ebenso wenig gehörten die Rückgabe von Land und die Wiedereinsetzung in Arbeitsverhältnisse dazu. Ausschreitungen der Polizei durften nicht untersucht werden. Doch arme Leute durften an der Küste Salz sieden. Vor allem aber erklärte sich Gandhi bereit, an der 2. Round Table Conference teilzunehmen.

Über dieses Abkommen gab es Enttäuschung sowohl im INC, vor allem bei Vater Motilal und Sohn Jawaharlal Nehru, als auch bei den britischen Konservativen. Winston Churchill, der damals einfacher Abgeordneter war, wurde nicht müde, gegen Gandhi und die indische Nationalbewegung rhetorisch zu Felde zu ziehen. "We ought to make it perfectly clear that we intend to remain rulers of India for a very long and indefinite period." Berühmt-berüchtigt geworden ist dabei seine Beschreibung Gandhis als „a seditious Middle Temple lawyer, now posing as a fakir of a type well-known in the East, striding half-naked up the steps of the Vice-regal palace …" [zit. nach: 2.10.1: TENDULKAR, Bd. 3, 53].

Gandhi auf der 2. Round   Am 29. August 1931 reiste Gandhi als alleiniger Vertreter des INC zur Round
Table Conference   Table Conference (RTC) nach London, begleitet nur von Pandit Malaviya und Sarojini Naidu. Die anderen Teilnehmer von indischer Seite waren alle von der Regierung nominiert worden. Diese waren Vertreter der Religions- und Volksgruppen, die die Engländer als Minderheiten bezeichneten und zu deren Anwälten sie sich machen zu müssen glaubten: die Muslime, die Sikhs, die

Unberührbaren, die in Indien lebenden Europäer, die Christen und die Anglo-Inder, außerdem Großgrundbesitzer und Fürsten. Premierminister James Mac-Donald wies darauf hin, dass mit diesen Minderheiten 46 % der Bevölkerung Indiens vertreten seien. Gandhi entgegnete ihm, dass die Frauen und die Unberührbaren auf seiner Seite seien.

Die Konferenz wurde von zwei Themen beherrscht, nämlich die Stellung der Fürstenstaaten in einem zukünftigen Indien (Stichwort „Federation") und die Sicherheitsgarantien für die Minderheiten (*safeguards*), womit entweder getrennte Wählerschaften oder Reservierung von Sitzen gemeint war. Für die Interessen der Unberührbaren stritt in London B.R. Ambedkar, ein Rechtsanwalt aus Bombay, der, selbst Unberührbarer, mit Hilfe eines Stipendiums des Fürsten (Gaekwad) von Baroda studiert hatte, u. a. in den USA, in England und in Bonn. Mit seiner Forderung nach getrennten Wählerschaften für die Unberührbaren stieß er auf den erbitterten Widerstand Gandhis, der ankündigte, dass er einem solchen Plan mit seinem Leben widerstehen würde. Angesichts der Unüberbrückbarkeit der Gegensätze stellte MacDonald schließlich einen eigenen Schiedsspruch („Communal Award") in Aussicht. Tief enttäuscht darüber, dass er nichts erreicht hatte, verließ Gandhi London wieder. Die Engländer triumphierten, da sich doch wieder einmal gezeigt habe, dass die Inder sich nicht einigen könnten.

Kaum war Gandhi Ende 1931 wieder in Indien gelandet, als er erneut verhaftet wurde. Der neue Vizekönig Freeman Willingdon (im Amt 1931–1936) war fest entschlossen, die Nationalbewegung ein für allemal zu zerschlagen. Der INC und andere missliebige Organisationen wurden verboten, ihre Führer eingekerkert und ihr Vermögen eingezogen. Es folgte ein Jahr der schlimmsten Repressionen. Versammlungen wurden mit exzessiver Gewalt auseinander getrieben, Gefangene in Gefängnissen wurden misshandelt (im Jahre 1932 wurden 6189 Personen ausgepeitscht), die Presse zensiert, Briefe abgefangen. In den Worten des von der India League (s.u.) in London bestellten Untersuchungsberichts „Condition of India": „The year 1932 has instituted the use of force on the civilian population in a manner unprecedented in Indo-British history" [1.4.2: Condition of India, 68]. Im Ganzen wurden 61 551 Inder verurteilt.

Im August 1932 verkündete MacDonald seinen Communal Award. Für die Unberührbaren machte er einen Kompromissvorschlag. Sie sollten zwar eigene Wahlkreise erhalten, aber außerdem das Recht, in den allgemeinen Wahlkreisen zu wählen. Damit wollte er es sowohl Ambedkar als auch Gandhi recht machen. Aber Gandhi sah allein schon wegen der gesonderten Wahlkreise seine Forderung nicht erfüllt. Er schrieb an MacDonald, dass er sich gezwungen sehe, ein „Fasten bis zum Tode" zu beginnen. MacDonald lehnte eine Rücknahme seiner Entscheidung ab: Nur eine Einigung unter den indischen Volks- und Religionsgruppen selbst könne den Schiedsspruch der Regierung ersetzen. Damit hatten die Briten die Last der Entscheidung von sich abgewälzt – der Konflikt war nunmehr ein innerindischer. Es kam nun zu einer Konfrontation zwischen Gandhi und Ambedkar.

Gandhi hatte sich das Schicksal der Unberührbaren seit seinem „Konstruktiven Programm" in den frühen zwanziger Jahren besonders angelegen

Problem der Unberührbaren

sein lassen. Anfang der dreißiger Jahre bekam das Thema Unberührbarkeit zusätzliche Aktualität, weil verschiedene Gesetzesvorlagen den Zutritt zu Tempeln auch für Unberührbare ermöglichen sollten. Gandhi betrachtete die Einrichtung der Unberührbarkeit als eine Schande für den Hinduismus, aber die Hindus müssten diesen Schandfleck selbst beseitigen. Eine verfassungsrechtliche Abtrennung der Unberührbaren von den Hindus würde die Trennung von Unberührbaren und Kastenhindus verewigen, statt sie aufzuheben. Dem Hinduismus wären damit die Aufgabe und die Chance genommen, sich selbst zu reformieren. Für Ambedkar dagegen lag nur auf dem Weg des wirtschaftlichen und politischen Aufstiegs eine Hoffnung für die Unberührbaren. Schon 1916 hatte er die Depressed Classes of India Association gegründet.

Epic Fast und Poona-Pakt

Gandhis Fasten, das „Epic Fast", erregte ganz Indien. Millionen in Indien beteten und fasteten am 20. September 1932, dem Tag des Fastenbeginns. Während des Fastens selbst strömten von allen Seiten Nachrichten herein, dass Tempel, Brunnen und öffentliche Plätze den Unberührbaren geöffnet worden seien. Es gab Szenen der Verbrüderung zwischen Hindus, die zu den vier *varnas* gehörten, und Unberührbaren. Studenten trugen die Botschaft in die Dörfer. Es gab Versammlungen von Unberührbaren, auf denen Resolutionen zugunsten gemeinsamer Wählerschaften verabschiedet wurden. Schließlich wurde im nahen Bombay eine Konferenz führender Hindupolitiker einberufen, um einen Kompromiss mit Ambedkar auszuhandeln.

Nachdem Gandhi den Kompromiss akzeptiert hatte, sah sich Ambedkar angesichts des öffentlichen Drucks gezwungen, ebenfalls zuzustimmen, sonst wäre er von seinen eigenen Anhängern nicht verstanden worden. Später hat Ambedkar diesen „Poona-Pakt" als Erpressung und außerdem nutzlos verurteilt. Tatsächlich aber war der durch Gandhis Fasten ausgelöste Stimmungsumschwung der erste große Durchbruch auf dem langen Wege der Emanzipation der Unberührbaren.

Nach dem Abbruch der Civil-Disobedience-Kampagne 1934 zog sich Gandhi erneut aus der aktiven Politik zurück, ja trat sogar aus dem INC aus, und widmete sich ganz dem Problem der Unberührbaren, für die er den euphemistischen Namen Harijan prägte, was Volk bzw. Kinder Gottes, genau genommen Vishnus, bedeutet. Vishnu ist im Hinduismus der mildtätige, gütige Gott, andererseits waren gerade vishnuitische Tempel sehr oft besonders restriktiv gegenüber den niederen Kasten. Für Gandhi bekam die Hebung der Unberührbaren, „Harijan Uplift", nun oberste Priorität, auch seine neue Zeitschrift nannte er „Harijan".

Durch die Bewegung des zivilen Ungehorsams waren noch mehr Teile der indischen Bevölkerung politisiert und für die Nationalbewegung mobilisiert worden. Die britische Herrschaft hatte sich noch ein Stück weiter diskreditiert. International war erneut die Aufmerksamkeit auf Indien gelenkt worden. Vor allem die amerikanische Öffentlichkeit wurde immer mehr zu der moralischen Instanz, auf die die britischen Politiker Rücksicht nehmen mussten.

5.5 Nehru und die Internationalisierung der indischen Nationalbewegung

Der Rückzug Gandhis ermöglichte den anderen politischen Kräften, wieder zum Zuge zu kommen. Im INC setzten sich auf der Sitzung des AICC 1934 in Patna diejenigen durch, die für eine Teilnahme an den Wahlen eintraten. Bei der gleichen Gelegenheit formierten sich diejenigen INC-Mitglieder, die zwar einen Sozialismus vertraten, sich dabei aber von den von Moskau gelenkten Kommunisten absetzten, zur Congress Socialist Party (CSP). Zu den Gründern gehörten Jayaprakash Narayan und Rammanohar Lohia, Minoo R. Masani, Achyut Patwardhan und Ashoka Mehta. Die Kommunisten ihrerseits, die im selben Jahre verboten wurden, schmähten die neue CSP als „Sozialfaschisten" und ihre Gründung als „linkes Manöver der Bourgeoisie", änderten aber ihre Haltung 1935, als die Komintern auf Grund der Entwicklungen in Deutschland und Italien die „Volksfront" propagierte. Als Folge kam es 1936 zu einer Kooperation, die den Kommunisten die Mitgliedschaft in der CSP ermöglichte.

Ein Mann trat nicht der CSP bei, von dem man es eigentlich hätte erwarten können: Jawaharlal Nehru. Denn er gehörte zu den jungen Männern im INC, die seit den späten zwanziger Jahren immer öfter von Sozialismus redeten.

Jawaharlal Nehru

Vater und Sohn Nehru hörten während ihrer Europa-Reise 1926 in Berlin, dass im Februar 1927 in Brüssel ein „Kongress gegen nationale Unterdrückung und Imperialismus" stattfinden sollte. Jawaharlal ließ sich vom INC als dessen offizieller Vertreter dort hinschicken. Wie sich dann zeigte, war der Kongress in Brüssel die erste Gelegenheit, bei der sich anti-kolonialistische Bewegungen aus aller Welt auf einer Plattform trafen und ihre Forderungen der Weltöffentlichkeit präsentierten. Neben Politikern aus Kolonien und sog. Halbkolonien (wie China und Mexiko) nahmen auch Sozialdemokraten und Pazifisten (wie Albert Einstein) aus Europa teil. Nach außen erschien der Kongress als breites Spektrum aller „friedens- und freiheitsliebenden Kräfte der Welt", tatsächlich zogen die Kommunisten im Hintergrund die Fäden, genauer gesagt Willy Münzenberg, damals einer der prominentesten Kommunisten, Freund Lenins aus Züricher Tagen und in der Weimarer Republik „Roter Pressezar".

Brüsseler Kongress

Auf dem Kongress wurde Jawaharlal Nehru Mitglied des Organisationskomitees der neu gegründeten „Liga gegen Imperialismus", und später wurde er eines von neun Mitgliedern des Exekutivkomitees. Für ihn war der Brüsseler Kongress der Einstieg in die Internationalisierung der indischen Nationalbewegung. Ihm wurde damals klar, dass die Inder ihr Ziel der politischen Unabhängigkeit nur im Verbund einer breiten internationalen Bewegung erreichen konnten. Anders ausgedrückt: Um Indien vom britischen Kolonialismus zu befreien, musste der Kolonialismus an sich bekämpft werden.

Nach dem Brüsseler Kongress erging eine Einladung an die beiden Nehrus nach Moskau zu den Feierlichkeiten anlässlich des zehnten Jahrestages der „Russischen Oktoberrevolution". Ab da datiert Jawaharlals Sympathie für den Sowjetkommunismus, aber langfristig setzte Nehru nicht darauf, sondern auf den Sozialismus der britischen Labour Party.

Die Einstellung der britischen Sozialisten zum Kolonialismus und speziell zur indischen Kolonie war zunächst ambivalent. Einerseits war man für die Emanzipation aller Menschen einschließlich derer in den Kolonien, andererseits sah man im Kolonialismus auch ein Vehikel zur Verbreitung der modernen Zivilisation. Es war daher für die Labour-Politiker undenkbar, die Macht in Indien etwa den traditionellen Klassen zu übertragen, denselben Klassen, die man zuhause als Klassenfeind bekämpfte. Nur den sog. „fortschrittlichen Kräften" der einheimischen Gesellschaft durfte man die Regierung anvertrauen. Mahatma Gandhi erschien in den zwanziger Jahren vielen Labour-Politikern als ein Reaktionär und Obskurant, da er sich u. a. auch mit feudalen und großkapitalistischen Leuten umgab und seine politischen Aktionen religiös begründete. Außerdem hielt man es für unverantwortlich, sich aus Indien zurückzuziehen, solange nicht für den Hindu-Muslim-Konflikt eine tragfähige Lösung gefunden wäre.

Diese Vorbehalte gegenüber der indischen Nationalbewegung innerhalb der Labour-Führung auszuräumen hatte sich der indische Student und Politiker Krishna Menon vorgenommen. Krishna Menon studierte an der London School of Economics, sozusagen der Universität der Labour Party, und sein wichtigster akademischer Lehrer war der prominente Labour-Politiker Harold Laski. Krishna Menon gründete die India League, eine Lobby-Gruppe innerhalb der Labour-Party, die beweisen wollte, dass Indien „reif" für die Unabhängigkeit sei. Es war Krishna Menon, der Jawaharlal Nehru bei seinem Besuch in England 1935 in die Labour-Party einführte.

Einen besonders starken Befürworter und Sympathisanten ihrer Bestrebungen fanden Nehru und Krishna Menon in dem Labour-Politiker Stafford Cripps, der seit etwa 1930 in öffentlichen Reden immer wieder klar und deutlich gegen Kolonialismus und Imperialismus Stellung nahm. Stafford Cripps gehörte zu den wenigen englischen Politikern, die damals schon für Indien das uneingeschränkte „Selbstbestimmungsrecht" forderten. Für Cripps war Kolonialismus nichts anderes als Faschismus, und diesen Sprachgebrauch übernahm auch Nehru.

Eine Reihe von Faktoren führte während der dreißiger Jahre dazu, dass die Labour Party ihre Bedenken gegenüber einer indischen Unabhängigkeit aufgab und sich praktisch darauf festlegte, nach einem Wahlsieg unverzüglich die Unabhängigkeit Indiens in die Wege zu leiten.

So hatte der Bericht der Fact Finding Mission der India League über das Ausmaß der Repression in Indien die Labour-Politiker überrascht und erschüttert, und sie waren bereit, die Schlussfolgerungen der Kommission zu übernehmen: „In our view peace will emerge only when the present policy is abandoned and the Congress and Mahatma Gandhi are brought into effective cooperation for the purpose of a settlement. All other methods will fail" [1.4.2: Condition of India, 499].

Nehru überzeugte die Labour-Politiker außerdem, dass das zukünftige unabhängige Indien sozialistisch sein werde. Das gelang ihm durch enge Kontakte und viele Gespräche mit Labour-Politikern, vor allem aber mit seinem autobiographischen Buch „Toward Freedom", das bei seinem Erscheinen in England

Anfang 1936 ein großer Erfolg wurde. Aber nicht nur die Tatsache, dass das Buch in England erschien, ist bemerkenswert, sondern auch, dass die indischen Themen im Sinne Labours behandelt wurden: das Ziel des INC sei ein fortschrittliches, sozialistisches Indien; Religion sei etwas Reaktionäres und werde vom INC bekämpft. Die religiösen Gegensätze zwischen Hindus und Muslimen würden von den reaktionären Kräften angezettelt und würden sich mit deren Überwindung von selbst erledigen. Der Faschismus, den die Labour Party bekämpfte, sei auch der Feind der Kongress-Partei. Faschismus und Imperialismus gehörten zusammen. Indem Indien den Imperialismus (in Gestalt des britischen Kolonialismus) bekämpfe, bekämpfe es auch den Faschismus.

Nehrus Beschreibung und Charakterisierung Gandhis in seinem Buch ist durchaus ambivalent. Einerseits lässt er erkennen, dass er Gandhis weltanschauliche, vor allem religiöse Seiten eher als etwas Skurriles, manchmal Ärgerliches, aber letztlich persönlich Kauziges, also Nebensächliches ansieht. Andererseits muss er sich eingestehen (und das ist auch das Signal an seine Leserschaft in England), dass Gandhi das Vertrauen der Massen hat und dass ohne ihn in der indischen Politik nichts geht. "He had an amazing knack of reaching the heart of the people" [1.6.3: NEHRU, Toward Freedom, 73]. Im unabhängigen Indien aber würde für Gandhis „fads" (Schrullen) kein Platz sein.

Als Cripps im Januar 1937 eine Einheitsfront von Kommunisten, Independent Labour Party und Socialist League zustande gebracht hatte, schrieb Nehru ihm einen langen Brief, in dem er ihm zu dieser „joint front of left wing elements" gratulierte. Bei der Gelegenheit schilderte ihm Nehru seine Wahlkampagne, die 1937 zum Sieg der Kongress-Partei in den meisten Provinzen Britisch-Indiens geführt hatte. Cripps gratulierte ihm darauf zu diesem Erfolg und ermunterte ihn, schärfstens gegen die „faschistischen Methoden" der britisch-indischen Regierung zu kämpfen. *Nehru und Cripps*

Sir Stafford Cripps arrangierte in seinem Landsitz ein „privates" Treffen zwischen Nehru und Krishna Menon einerseits und führenden Labour-Politikern, darunter Clement Attlee, andererseits, auf dem Modalitäten einer Machtübergabe an die Inder besprochen wurden, falls Labour an die Macht käme. Diesen Tag, den 24. Juni 1938, kann man mit Fug und Recht ein historisches Datum nennen, da von ihm der Weg zur Cripps-Mission 1942 und schließlich zum 15. August 1947, dem Tag der Unabhängigkeit, geführt hat.

Der von Nehru an Cripps gemeldete Sieg des INC bezog sich auf die Wahlen von 1937, die nach den Modalitäten der zwei Jahre zuvor vom britischen Parlament verabschiedeten neuen Verfassung für Indien durchgeführt worden waren (Government of India Act). Die Zahl der Wahlberechtigten war auf 10 % der Bevölkerung, etwa 35 Millionen, davon 10 Millionen Unberührbare, erweitert worden. In den Provinzen wurden nun rein indische Regierungen gewählt, im Zentrum aber blieb die Dyarchie bestehen, indem die Finanz-, Außen- und Militärpolitik weiterhin in englischer Hand blieben. Der Vizekönig behielt ein Veto für alle Angelegenheiten, auch in den Provinzen. *Government of India Act 1935*

Die Wahlen von 1937 waren für den INC in der Tat ein Triumph: er siegte in sieben von elf Provinzen, von 1585 zu vergebenden Sitzen gewann er 711. *Die Wahlen von 1937*

Die Muslim-Liga gewann von den 489 für Muslime reservierten Sitzen nur 104, in Bengalen 37 von 119, im Panjab nur einen Sitz von 86. In den Vereinigten Provinzen (UP) gewann sie 29 von 66 Muslim-Sitzen, in den Nordwest-Grenzprovinzen und in Sind nicht einen einzigen Sitz. Der INC wuchs zwischen 1936 und 1939 von 500 000 auf 5 000 000 Mitglieder.

5.6 Das „kommunalistische Problem" und die Ursprünge Pakistans

Das schlechte Abschneiden der Muslim-Liga in den Wahlen von 1937 hatte schwerwiegende Folgen für die weitere Entwicklung der Beziehungen zwischen INC und Muslim-Liga und ganz allgemein zwischen Hindus und Muslimen. Die nun beginnende Regierungspraxis der Kongress-Partei in den meisten Provinzen wurde von der Muslim-Liga als Alptraum empfunden und als Beleg dafür, dass ein gedeihliches Zusammenleben von Hindus und Muslimen in einem zukünftigen Indien unmöglich sei. Die Muslim-Liga unter der Führung Jinnahs zog daraus die Konsequenz, auf die Schaffung eines eigenen muslimischen Staates, Pakistans, hinzuarbeiten.

Enttäuscht und verbittert hatte sich Jinnah Anfang der dreißiger Jahre nach England zurückgezogen, bis er 1935 von der Muslim-Liga zurückgerufen wurde, als mit dem Government of India Act eine neue Situation entstanden war.

Muslime als Minderheit Bis dahin war Jinnah davon ausgegangen, dass die Muslime eine Minderheit seien, die durch Verfassungsgarantien (*safeguards*) gesichert werden müsse. Nach den Wahlen von 1937 musste er erleben, dass seine Muslim-Liga der Mehrheitspartei INC hilflos ausgeliefert war. Dass sie in den Vereinigten Provinzen (UP), der Provinz, in der die Muslime zwar nicht die zahlenmäßige Mehrheit stellten, aber wo ihre Führungsschicht saß, überhaupt nicht an der Regierung beteiligt wurden, verletzte ihr Selbstbewusstsein als „Minderheit". Es waren vor allem kulturelle und symbolische Fragen, die das Selbstwertgefühl der Muslim-Liga-Führer bewegten: Hindi statt Urdu als Unterrichtssprache in den Schulen, das Singen der Kongress-Hymne Bande Mataram bei öffentlichen Anlässen, die Erklärung von Gandhis Geburtstag zum offiziellen Feiertag, das Hissen der Kongress-Flagge an öffentlichen Gebäuden. Der Werbekampagne des INC um die Muslime (Mass Contact Programme) setzte die Muslim-Liga ihren Alleinvertretungsanspruch für alle indischen Muslime entgegen. Alle diese Beschwerden wurden im sog. Pirpur-Report der Muslim-Liga, der am 15. November 1938 erschien, zusammengefasst.

Zwei-Nationen-Theorie Es waren diese Erfahrungen, die die Muslim-Liga unter Jinnah dazu brachten, sich der Zwei-Nationen-Theorie zuzuwenden: Die indischen Muslime seien eine eigene Nation, wie auch die Hindus. Die Konsequenz aus dieser These war, dass die Muslim-Liga auf ihrem Parteitag im März des Jahres 1940 den Beschluss fasste, einen eigenen Staat für die indischen Muslime anzustreben. In seiner Rede vom 22. März betonte Jinnah noch einmal die Unterschiede zwischen Hindus und Muslimen: „The Hindus and the Muslims belong to two different religious philosophies, social customs, and literature. They neither intermarry, nor interdine together, and indeed they belong to two different civilizations which are based mainly on conflicting ideas and conceptions" [1.6.4: Pirzada (Hrsg.), Bd. II, 338].

Dass die Vorstellungen über die konkrete Gestalt eines solchen zukünftigen Muslim-Staates allerdings noch weit auseinander gingen, zeigt der widersprüchliche Wortlaut der späteren sog. Pakistan-Resolution vom 23. März 1940: „Resolved that it is the considered view of this Session of the All-India Muslim League that no constitutional plan would be workable in this country or acceptable to the Muslims unless it is designed on the following basic principles, viz. that geographically contiguous units are demarcated into regions which should be so constituted, with such territorial readjustments as may be necessary, that the areas in which the Muslims are numerically in a majority as in the North-Western and Eastern zones of India should be grouped to constitute ‚Independent States' in which the constituent units shall be autonomous and sovereign" [zitiert nach 2.11.3: Conrad, 157, Anm. 28].

Auffallend ist u. a., dass die Namen der betreffenden Regionen keine Erwähnung finden. Nirgendwo im Text kommt die Bezeichnung Pakistan vor, und es ist auch nicht von einem islamischen Staat die Rede. Der Text nimmt zum Verfassungsproblem Gesamtindiens Stellung, beruft sich aber nicht explizit auf die „Zwei-Nationen-Theorie". Die Teilungsforderung wird nur indirekt erhoben, jeweils für die östlichen und westlichen Muslim-Gebiete. Allerdings wird in keiner Zeile darüber Aufschluss gegeben, welche staatlichen Verbindungen zwischen ihnen geplant sind.

Jinnah tat jetzt – Ironie der Geschichte – genau das, was er 1920 Gandhi vorgeworfen hatte: Er appellierte an die religiösen Gefühle und trug die Politik auf die Straße.

5.7 Indien im Zweiten Weltkrieg

Am 3. September 1939 ließ Vizekönig Victor Linlithgow (im Amt 1936–1943) verkünden, dass, um Polen zu verteidigen, Indien beschlossen habe, dem Deutschen Reich den Krieg zu erklären. Die Reaktion der Kongress-Führer war ambivalent. Einerseits war man einhellig „antifaschistisch" eingestellt, in Nehrus Worten: „Wir wollen keinen faschistischen Sieg". Aber den britischen Imperialismus zu unterstützen wäre falsch, denn „unser Land wird durch eben diesen Imperialismus beherrscht". Wenn England tatsächlich für die Freiheit kämpfe, sollte es dann nicht logischerweise Indien freilassen? Die Kongress-Führer forderten eine definitive Erklärung von Seiten Englands, dass am Ende des Krieges Indien in die Freiheit entlassen und die Kongress-Partei bis dahin an der Zentralregierung beteiligt werde. Im Unterschied zu Gandhi, für den die Gewaltlosigkeit oberstes Gebot blieb, wäre Nehru unter diesen Bedingungen für eine aktive Teilnahme Indiens am Krieg bereit gewesen. Aber der Vizekönig lehnte diese Forderung schon während des Oktobers 1939 ab, wobei er die Ansprüche der Fürsten und der Muslime und generell aller „Gruppen, Parteien

Britisch-indische Kriegserklärung

und Interessen" ins Spiel brachte. Aus Protest dagegen beschloss die Kongress-Partei, ihre Regierungen in den Provinzen zurücktreten zu lassen.

Dieser Schritt bedeutete, dass die Kongress-Partei nun zu einer neuen Kampagne schreiten musste, um sich politisch im Spiel zu halten. Zu einer Massenkampagne nach dem Muster von 1921/2 und 1930–34 konnte sich Gandhi nicht entschließen, sie wäre von den Briten zum Anlass genommen worden, die ganze Kongress-Partei zu zerschlagen. Die „Emergency Power Ordinance" vom 1. Juni 1940 hätte ihnen dazu die Handhabe gegeben. Als die Erklärung des Vizekönigs vom 8. August 1940 („August-Angebot") wiederum kein Entgegenkommen gezeigt hatte, startete Gandhi am 17. Oktober 1940 daher seine Kampagne des „Individuellen friedlichen Ungehorsams". Konkret sah das so aus, dass einzelne Kongress-Politiker öffentlich das Volk aufforderten, sich nicht am Krieg zu beteiligen, vor allem sich nicht für die Armee rekrutieren zu lassen. Als erster sprach Vinoba Bhave und wurde verhaftet, dann folgten Nehru und Sardar Vallabhbhai Patel und bis zum Sommer 1941 etwa weitere 20 000 Kongress-Mitglieder, bis sie Ende 1941, nach dem Kriegseintritt Japans und der USA, wieder frei gelassen wurden. Den britischen Kriegsanstrengungen taten diese Aktivitäten keinen Abbruch. Die Stärke der britisch-indischen Armee stieg von 190 000 Soldaten am Anfang des Krieges auf etwa zweieinhalb Millionen am Ende.

Wie auf den Hauptschauplätzen des Zweiten Weltkrieges spitzte sich 1942 auch in Indien die Lage zu, und die Weichen für die Zeit nach 1945 wurden gestellt. Die drei entscheidenden Ereignisse für Indien waren: 1. die Cripps-Mission im Frühjahr 1942, 2. der August-Aufstand und schließlich 3. das Wirken von Subhas Chandra Bose auf Seiten der Achsenmächte.

Auslöser dieser Zuspitzung war das rasante Vordringen der Japaner in ganz Südostasien nach ihrem Angriff auf Pearl Harbour am 7. Dezember 1941. In Indonesien und Burma wurden sie als Befreier begrüßt. Kam nun Indien an die Reihe? Am 15. Februar 1942 fiel Singapur, Bastion und Eckpfeiler der britischen Macht in Asien. „Das ist das Ende des Britischen Empires in Asien", verkündete Subhas Chandra Bose in seiner Radioansprache aus Berlin am 27. Februar 1942. Am 7. März 1942 wurde Rangoon von den Japanern erobert. Einen Tag später forderte der japanische Premierminister Tojo: „Indien den Indern".

Indien wurde nun auch Thema der amerikanischen Politik. Die Begrüßung der Japaner in Südostasien als Befreier ließ – aus Sicht der Alliierten – das Schlimmste für Indien erwarten. Indien war nicht nur für das Prestige der alliierten Seite und als gewaltiges Reservoir von Soldaten und wirtschaftlichen Ressourcen wichtig, sondern auch als alliierte Truppenbasis für die Unterstützung der Nationalchinesen in China gegen die japanischen Invasoren unentbehrlich.

Die Mehrheit der Amerikaner verfolgte das indische Freiheitsstreben mit großer Sympathie. Es erinnerte sie an ihre eigenen Ursprünge: Auch sie hatten sich als britische Kolonie vom „Mutterland" befreien müssen. Aber wie schon im Ersten Weltkrieg stand ihre grundsätzliche Sympathie mit den Indern und anderen Kolonialvölkern in krassem Widerspruch zu ihrem Bündnis mit den beiden Kolonialmächten England und Frankreich. Mit dem Eintritt in den Zweiten Weltkrieg wiederholte sich dieses Dilemma.

Aus Sicht der Amerikaner musste den Indern ein neues politisches Angebot gemacht werden, um sie zur aktiven Unterstützung der alliierten Sache zu bewegen. Widerwillig fand sich die britische Regierung dazu bereit und beauftragte Sir Stafford Cripps im Frühjahr 1942, den indischen Parteien eine „Draft Declaration" (etwa: vorläufige Erklärung) zu übergeben. Laut dieser Erklärung, in der Literatur auch Cripps-Angebot genannt, sollte unmittelbar nach Kriegsende eine Verfassunggebende Versammlung die Verfassung für eine „Indische Union" ausarbeiten; diese sollte den Status eines vollwertigen Dominions erhalten, aber auch das Recht, aus dem Commonwealth auszuscheiden. Für die Provinzen und Fürstentümer würde kein Zwang bestehen, sich der Indischen Union anzuschließen (die so genannte „local option") – was die Möglichkeit eines separaten Muslim-Staates implizierte. Für die Dauer des Krieges müsse die volle Verantwortung für die indische Verteidigung in britischen Händen bleiben, man hoffe jedoch, dass die politischen Kräfte Indiens sich voll an den alliierten Kriegsanstrengungen beteiligen würden. Nach intensiven Verhandlungen lehnte die Kongress-Partei schließlich das Angebot ab. Ihr wichtigster Einwand war, dass durch die „local option" die Einheit Indiens gefährdet werde; außerdem müsse die Unabhängigkeit sofort zugestanden werden.

Cripps-Angebot

Trotz eifrigster Bemühungen von Roosevelts Sonderbeauftragtem Johnson um Vermittlung scheiterten die Verhandlungen schließlich an der Frage der Kontrolle des Verteidigungsressorts. Doch auch Churchill sabotierte von London aus die Verhandlungen, da ihm in Wirklichkeit an einer Lösung im Sinne der Inder nicht gelegen war. Aber die Cripps-Mission ist nicht nur deswegen wichtig, weil zum ersten Mal die indische Unabhängigkeit von britischer Seite ernsthaft ins Gespräch gebracht wurde, sondern auch weil Cripps in seinen Verhandlungen mit den indischen Führern einen völlig neuen Stil einführte. Er sprach nicht mehr aus der Position der kolonialen Herren, ex cathedra sozusagen, sondern von Gleich zu Gleich. Dieser atmosphärische Stilwechsel wurde in Indien sofort bemerkt und dankbar begrüßt.

Am entschiedensten in seiner Ablehnung des Cripps-Angebots war Mahatma Gandhi. Er soll es als „post-dated cheque on a bankrupt bank" [2.10.1: Tendulkar, Bd. 6, 72] bezeichnet haben, d. h. er ging damals offenbar davon aus, dass England den Krieg und damit sein Empire verlieren würde. In dieser Ansicht war er nicht zuletzt durch die Radioansprachen Subhas Chandra Boses aus Berlin beeinflusst.

Bose war neben Jawaharlal Nehru die große Hoffnung der indischen Nationalbewegung in den zwanziger und dreißiger Jahren. Wie Nehru zählte er zum linken Flügel des INC, sein politischer Ziehvater war der populäre Bürgermeister von Kalkutta C.R. Das (gestorben 1925). Mehrfach schickten die Briten Bose ins Gefängnis und in die Verbannung.

S.C. Bose und Deutschland

Gandhis Politik der Gewaltlosigkeit und seinen Antimodernismus lehnte Bose allerdings ab. In den dreißiger Jahren reiste er mehrmals durch Europa und suchte nach potentiellen Verbündeten im kommenden großen Konflikt, den er schon früh voraussah. Dabei näherte er sich auch dem faschistischen Italien und dem nationalsozialistischen Deutschland. Was ihn an diesen beiden Staaten faszinierte – wie auch übrigens an der Sowjetunion – war die rigorose

Entschlossenheit und Dynamik, mit der die Modernisierung und Industrialisierung betrieben wurde. Staatliche Wirtschaftsplanung und Bodenreform erstrebte Bose auch für Indien. In seinem Buch „The Indian Struggle" nannte er als Ziel für Indien eine „synthesis between Communism and Fascism", wobei er den Faschismus als radikale Form des Nationalismus ansah. Allerdings nahm Bose Anstoß am Rassismus der Nationalsozialisten und versuchte sogar, Hitler zur Revision seiner antiindischen Äußerungen in „Mein Kampf" zu bewegen – vergeblich. „I am opposed to Hitlerism", sagte er am 12. Oktober 1939 in Delhi [zit. nach 2.11.2: HAUNER, 244].

1938/39 wurde Bose zum Präsidenten des INC gewählt, aber nach seiner Wiederwahl ein Jahr später wurde der Widerstand Gandhis so stark, dass er sich genötigt sah, vorzeitig zurückzutreten. Als er daraufhin sein eigenes Parteienbündnis gründete (Forward Bloc, 1. Mai 1939), wurde er aus dem INC ausgeschlossen.

Nach Ausbruch des Krieges rief Bose das indische Volk auf, sich nicht am imperialistischen Krieg der Engländer zu beteiligen, und forderte die sofortige Errichtung einer provisorischen Regierung eines nationalen Indiens. Das brachte ihm die Verhaftung durch die britischen Behörden ein, und er wäre wohl für den Rest des Krieges im Gefängnis verschwunden, wenn er Ende 1940 nicht durch Hungerstreik seine Überführung in Hausarrest erzwungen hätte. Aus dem gelang ihm am 16. Januar 1941 seine spektakuläre Flucht nach Kabul. Unter dem Pseudonym Orlando Mazzotta und mit italienischem Pass suchte er Kontakt zu Moskau, aber die Sowjets winkten ab, da sie eine britische Intrige witterten. Daraufhin fuhr er nach Berlin, wo er Anfang April 1941 ankam, zunächst inkognito.

In Berlin versuchte er drei Ziele zu erreichen: Eine indische Exilregierung aufzubauen, von Deutschland und Italien (und später von Japan) eine Erklärung für ein freies Indien zu erlangen und aus den von den Achsenmächten gefangenen indischen Soldaten eine Nationale Befreiungsarmee zu bilden.

Das Dritte Reich und Indien

In Berlin erreichte Bose seine Ziele nur zum Teil. Das lag an der ambivalenten Haltung Hitlers und ganz allgemein des Dritten Reiches zum Kolonialismus und speziell zu Indien. In den zwanziger Jahren war die NSDAP in dieser Frage noch gespalten gewesen. Während Hitler an die Weltherrschaft der „arischen Rasse" glaubte und damit das englische Weltreich rechtfertigte und unterstützte, trat der linke Flügel der Partei unter den Brüdern Otto und Gregor Strasser für ein Bündnis Deutschlands mit den Kolonialvölkern ein, denn beide hätten einen gemeinsamen Feind: Die Urheber des „Versailler Vertrages" waren zugleich die Unterdrücker der Kolonialvölker. 1930 setzte sich Hitler gegen Strasser durch. Hitler strebte ein Bündnis mit England an und sah in der kommunistischen Sowjetunion den eigentlichen Feind. Der Arier-Begriff und das Hakenkreuz stammten zwar aus Indien, aber die heutigen Inder waren für Hitler und Rosenberg das „verlumpte" Ergebnis der Rassenmischung mit den dunklen Ureinwohnern.

Das Auswärtige Amt allerdings unterstützte Boses Verlangen nach einer Unabhängigkeitserklärung Indiens; man legte Hitler verschiedene Entwürfe vor, aber er konnte sich trotz der Zustimmung der italienischen und japanischen

Regierungen nicht entschließen, sie zu unterzeichnen. Auch die persönliche Begegnung zwischen Hitler und Bose, die endlich am 27. Mai 1942 stattfand, brachte keinen Durchbruch. Im Gespräch begründete Hitler sein Zögern mit der aktuellen militärischen Lage, doch der wahre Grund wird wohl gewesen sein, dass er immer noch auf ein Umschwenken Englands auf die deutsche Seite im Kampf gegen die Sowjetunion hoffte.

Statt einer offiziellen Exilregierung wurde Bose eine „Zentrale Freies Indien", das einer provisorischen Regierung entsprach, zugebilligt. Sie arbeitete eng mit dem „Sonderreferat Indien" im Auswärtigen Amt zusammen, das von Adam von Trott zu Solz geleitet wurde. Bose bekam auch einen eigenen Radiosender „Radio Azad Hind" (=Radio Freies Indien) zur Verfügung gestellt, dessen Sendungen in Indien gehört wurden. Am 11. September 1942 erklang zum ersten Mal die Hymne der Provisorischen Regierung bei einer Veranstaltung mit Bose im Atlantic Hotel in Hamburg, später wurde sie die Hymne des unabhängigen Indiens.

Bose hatte gehofft, dass deutsche Truppen die Engländer aus Indien vertreiben würden. Dazu musste der Weg über die zunächst mit dem Deutschen Reich durch den Hitler-Stalin-Pakt verbündete Sowjetunion gehen. Umso enttäuschter war er über den deutschen Angriff auf die Sowjetunion am 21. Juni 1941.

Erfolgreicher war Bose mit der Aufstellung einer „Indischen Legion" im Rahmen der Wehrmacht. Er bildete sie aus indischen Kriegsgefangenen, die von General Rommels Armee in Nordafrika gefangen genommen worden waren und in der kleinen anhaltinischen Stadt Annaburg interniert waren. Von etwa 12 000 Kriegsgefangenen meldeten sich über 3000 für die Indische Legion (dazu kamen etwa 300 deutsche Offiziere, Unteroffiziere und Dolmetscher). Sie wurden für die Bewachung des Atlantikwalls im Westen eingesetzt, nachdem Bose sich ausbedungen hatte, dass sie nicht gegen die Sowjetunion verwendet werden dürften. **Die Indische Legion**

Als Bose erkannte, dass er in Europa nichts mehr ausrichten konnte, ließ er sich nach Japan bringen. Am 8. Februar 1943 bestieg er in Kiel ein deutsches U-Boot, das ihn in der Nähe von Madagaskar einem japanischen U-Boot übergab, mit dem er am 16. Mai 1943 Tokio erreichte. Am 10. Juni 1943 wurde er von Premierminister Tojo empfangen. Bose ließ sich in Singapur nieder und übernahm den Oberbefehl über die schon vor ihm gegründete Indian National Army (INA), die nun auf 80 000 Mitglieder anwuchs. **S.C. Bose und Japan**

Nachdem die Japaner im August 1943 den Burmesen erlaubt hatten, ihre Unabhängigkeit zu erklären, proklamierte Bose am 21. Oktober 1943 in Singapur vor 50 000 dort versammelten Auslandsindern eine Provisorische Regierung des Freien Indiens und erklärte den Engländern und den USA den Krieg. Die Japaner überließen ihm die von ihnen eroberten Andamanen und Nikobaren, also indisches Gebiet, als Hoheitsgebiet.

Im März 1944 starteten eine indische und drei japanische Divisionen die sog. Imphal-Operation, die einen Einfall in Nordostindien von Burma aus vorsah. Mit dem Schlachtruf „Dilli Chalo" (=Auf nach Dehli, der Schlachtruf der Meuterer von Meerut 1857) gingen die Soldaten der Indian National Army gegen ihre Landsleute auf britischer Seite in den Kampf. Aber sie wurden geschlagen, die INA löste sich im Zuge des Untergangs der japanischen Armee auf.

Nach der japanischen Kapitulation am 15. August 1945 flog Bose nach Formosa (Taiwan), vermutlich, um von dort in die Sowjetunion zu gelangen. Doch beim Absturz seines Flugzeugs wurde er so schwer verletzt, dass er am 18 August 1945 starb.

Bose fühlte sich bei seinen Aktivitäten im Herbst 1943 nicht zuletzt durch die Geschehnisse in Indien ermutigt. Genau ein Jahr vorher war dort ein allgemeiner Volksaufstand ausgebrochen, der zwar von den Briten mühsam unterdrückt werden konnte, aber das ganze Jahr 1943 hindurch weiterschwelte. Durch seine Aufrufe hoffte Bose, dass ganz Indien sich erneut erheben würde.

Nachdem die Cripps-Mission im April gescheitert war, sah die Kongress-Partei unter Gandhis Führung den Zeitpunkt gekommen, eine neue Kampagne gegen die Briten zu starten. Die Briten wurden nun direkt aufgefordert, Indien zu verlassen: „Quit India" war die Parole. Auf Flugblättern wurden die Inder aufgefordert, das Land nach den Regeln von Ahimsa (Gewaltlosigkeit) komplett lahm zu legen. „Satyagrahis should go out to die and not to live", hieß die Parole, was auf „Do or Die" verkürzt wurde.

Wenige Stunden, nachdem am 8. August 1942 diese Resolution vom Arbeitsausschuss beschlossen worden war, wurde die Kongress-Partei verboten und die gesamte Führung verhaftet. Die unteren Ränge gingen in den Untergrund und versuchten, die Kampagne trotzdem in Gang zu setzen. Ohne Gandhis Führung allerdings geriet die Kampagne bald außer Kontrolle, und das Gebot der Gewaltlosigkeit wurde nicht mehr beachtet. Nun drängten Kräfte innerhalb und außerhalb der Kongress-Partei nach vorne, die grundsätzlich mit Gandhis gewaltloser Politik nicht einverstanden waren, wie der damalige „Kongress-Sozialist" Jayaprakash Narayan. Träger des Aufstandes waren in den Städten Studenten und auf dem Lande sog. Kisan Sabhas, also Bauernorganisationen. In der Benares Hindu University wurde ein Chemie-Professor zum Experten für die Herstellung von Explosivwaffen. Noch nie seit 1857/8 war die britische Herrschaft über Indien so gefährdet wie in diesen Wochen.

Das Scheitern des Aufstandes hatte verschiedene Gründe: Es fehlte den Aufständischen an Führern, einem Konzept und an einer zentralen Koordinierung der Aufstandaktivitäten. Auch beteiligten sich nicht alle Regionen Indiens daran: der Panjab und die Madras-Provinz blieben weitgehend ruhig, und zwei politische Gruppierungen verweigerten sich: die Muslime und die Kommunisten. Die Muslime waren seit der Kongress-Herrschaft in den Provinzen nach den Wahlen von 1937 in ihrer politischen Orientierung mehr und mehr zur Muslim-Liga übergewechselt. Die indischen Kommunisten wurden auf Geheiß der Komintern-Führung in Moskau angewiesen, im „antifaschistischen Volkskrieg" auf Seiten der Briten zu kämpfen. Auch die Hindu-Nationalisten unter Savarkar hielten sich zurück, da sie den Krieg als eine Gelegenheit ansahen, Hindus an modernen Waffen ausbilden zu lassen. Aber der wichtigste Grund für das Scheitern des Aufstandes lag wohl darin, dass diejenigen Aufständischen, die sich nicht an Gandhis Gewaltlosigkeit gebunden fühlten, über keine

Quit-India-Bewegung und August-Aufstand 1942

modernen Waffen verfügten und daher gegen die Repression durch Armee und Polizei keine Chance hatten.

Die britisch-indische Regierung nutzte den Aufstand, um Gandhi zu diskreditieren. Er habe sein Prinzip der Gewaltlosigkeit aufgegeben und sei somit ein Heuchler und für alle Ausschreitungen und Opfer verantwortlich. Gandhi wies diese Anschuldigungen entschieden zurück, das Volk sei erst durch die repressive Politik der Regierung zu den Gewalttaten getrieben worden. Um seine Glaubwürdigkeit zu bekräftigen, kündigte Gandhi ein Fasten an, das er allerdings auf 21 Tage begrenzte, denn er wolle überleben, „so Gott will". Gandhis Fasten

Die britisch-indische Regierung geriet durch Gandhis Fasten in eine schwierige Lage. Gegen die Linie Churchills, Gandhi verhungern zu lassen, wenn er faste, erhob Lumley, der Gouverneur der Provinz Bombay, wo Gandhi gefangen gehalten wurde, schwere Bedenken. Er sah, falls Gandhi verhungere, eine bedrohliche Situation für seine Provinz voraus und befürchtete Angriffe auf die Regierungsbeamten in großem Umfange, weshalb beträchtliche Streitkräfte für eine unbestimmte Dauer zur Unterstützung der Polizei bereitgestellt werden müssten. Durch einen eventuellen Tod Gandhis in einem britischen Gefängnis würden die britisch-indischen Beziehungen für immer belastet sein. Den Kompromissvorschlag des Vizekönigs, Gandhi sofort für die Dauer seines Fastens für frei zu erklären, ihn aber zu verpflichten, die private Unterkunft, wo er sein Fasten dann ausführen würde, nicht zu verlassen, lehnten sowohl Churchill als auch Gandhi ab. Gandhi antwortete darauf, dass er nicht wünsche, unter Vorspiegelung falscher Tatsachen freigelassen zu werden. Das Ende des auf 21 Tage befristeten Fastens buchte die britische Regierung als einen Sieg für sich. Man war stolz darauf, hart geblieben zu sein.

Die britische Herrschaft überstand alle diese Krisen während des Krieges, da ihre wichtigsten Machtinstrumente, die Armee und die Polizei, loyal blieben. Für die indischen Soldaten bedeutete der Dienst in der Armee begehrte wirtschaftliche Absicherung, für die große Masse des Volkes allerdings waren die Folgen des Krieges katastrophal: Die kriegsbedingte Inflation drückte den ohnehin niedrigen Lebensstandard noch mehr, und in Bengalen kam es 1943 zu einer Hungerkatastrophe, der 3,5 Millionen Menschen zum Opfer fielen, da die Verpflegung der dort stationierten britischen und amerikanischen Truppen Vorrang hatte. Krise der britischen Herrschaft

Erst nach dem Krieg wurden die Existenz und die Aktivitäten der INA in Indien bekannt. Als die Briten Ende 1945 gegen drei Offiziere der INA stellvertretend einen Prozess wegen Hochverrats anstrengten, führte das zu massenhaften Sympathiebekundungen für die Gefangenen und zu Unruhen mit Toten, darunter 107 britische und amerikanische Soldaten. Höhepunkt der Unruhen waren im Februar schließlich Meutereien in der Marine und in der Luftwaffe. Sie konnten zwar niedergeschlagen werden, aber für Vizekönig Archibald Wavell (im Amt 1943–1947), selbst Militär, wurde klar, dass man sich hinfort nicht mehr auf die bewaffneten Streitkräfte verlassen konnte.

5.8 Unabhängigkeit und Teilung 1945–1947

Die Regierungsübernahme durch die Labour Party in England im August 1945 brachte auch für Indien die entscheidende Veränderung. Da die neue Regierung unter Premierminister Attlee sich an die im Cripps-Angebot von 1942 enthaltene Grundsatzentscheidung gebunden fühlte, war die Unabhängigkeit Indiens jetzt nur noch eine Frage des Wann und des Wie. Beides hing weitgehend vom Verhalten Jinnahs ab, der mit seiner Muslim-Liga gestärkt aus dem Krieg hervorgegangen war. Durch den Rücktritt der kongressgeführten Provinzregierungen im Herbst 1939 war ihm die Rolle des wichtigsten Partners der Briten auf indischer Seite zugefallen. Den Wahlkampf für die Gesetzgebenden Räte im Zentrum und in den Provinzen führte die Muslim-Liga mit dem Schlagwort Pakistan. Das brachte ihr diesmal – im Gegensatz zu 1937 - einen überwältigenden Sieg in den Muslim-Wahlkreisen ein. In Bengalen und im Sind reichte es für die Regierungsübernahme, nicht allerdings im Panjab, wo die Liga zwar 79 der 86 Muslim-Sitze errang, nicht aber die Mehrheit von 175. Bei den Pathanen in den Nordwest-Grenzprovinzen (NWFP) siegte der Kongress.

Jinnah machte von vornherein klar, dass er weder an einer einzuberufenden Verfassunggebenden Versammlung noch an einer Interimsregierung teilnehmen würde, solange ihm nicht ein eigener Staat Pakistan zugesichert würde. Um aus dieser Sackgasse herauszukommen, schickte die Labour-Regierung im Frühjahr 1946 drei Minister, darunter Cripps in der sog. Cabinet Mission nach Indien, um in Absprache mit den indischen Politikern noch einmal zu versuchen, die Einheit Indiens zu retten. Der Cabinet Mission Plan, der stark von dem damaligen Kongresspräsidenten Maulana Abul Kalam Azad beeinflusst war und am 16. Mai 1946 der Öffentlichkeit vorgestellt wurde, sah eine weitgehende Dezentralisierung Indiens vor. Nur die drei Ressorts Verteidigung, Außenpolitik und Kommunikation sollten auf jeden Fall in die Kompetenz der Zentralregierung fallen. Ganz Indien wurde in die drei Zonen A, B und C eingeteilt. Zone B umfasste die Muslim-Mehrheitsprovinzen Panjab, Sind, die Nordwestgrenzprovinz und Britisch-Belutschistan. Zone C bestand aus Bengalen und Assam, in denen zusammen die Muslime ebenfalls eine Mehrheit besaßen. Zone A war das übrige Indien, wo die Hindus das Übergewicht hatten. Auf diese Weise sollte einerseits die Einheit des Landes gewahrt bleiben, andererseits den Muslimen weitgehende Autonomie gewährt werden, um ihre Angst vor Hindu-Dominanz zu beschwichtigen. In dem Plan hieß es zwar ausdrücklich, dass Indien nicht geteilt werden sollte, aber es war auch vorgesehen, dass nach zehn Jahren die Gruppen B und C die Möglichkeit haben würden, durch Abstimmung in ihren Parlamenten aus der Union auszutreten. Das war die Hintertür, durch die Jinnah doch noch zu seinem Pakistan hätte kommen können, was wohl auch der Grund dafür war, dass die Muslim-Liga nach einigem Zögern und nachdem auch die Kongress-Partei zugestimmt hatte, den Cabinet Mission Plan annahm. Aber dann passierte – in den Worten Maulana Abul Kalam Azads, des damaligen Kongress-Präsidenten, – „eines jener Unglücke, die den Lauf der Geschichte ändern". Auf einer Pressekonferenz in Bombay am 10. Juli 1946 machte Nehru deutlich, dass der Kongress sich in der zukünftigen Verfassunggebenden Versammlung nicht an „irgendwelche Abmachungen" gebunden fühlen würde, sondern neu entscheiden werde, wie es die jeweilige Situation gebiete. Jinnah verstand diese Äußerung Nehrus als Widerrufung der Zustimmung zum Cabinet Mission Plan. Prompt widerrief die Muslim-Liga auf ihrer nächsten Sitzung ebenfalls ihre Zustimmung. Auf derselben Sitzung beschloss sie außerdem, zur „direct action" zu schreiten, um Pakistan durchzusetzen. Was „direct action" bedeuten sollte, zeigte sich zum Entsetzen ganz Indiens am 16. August 1946 in Kalkutta, wo sich – offenbar von langer Hand vorbereitet – von der Muslim-Liga gesteuerte Banden auf Kongress-Politiker und Kongress-Eigentum stürzten, woraus ein allgemeines Massaker entstand, dem in fünf Tagen vier- bis sechstausend Tote und 16 000 Verletzte zum Opfer fielen („Great Calcutta Killing"). Dieser „Schwarze Tag in der Geschichte Indiens" war aber nur der Auftakt zu weiteren Zusammenstößen zwischen Hindus und Muslimen vor allem in Ostbengalen (Distrikt Noakhali) und Bihar während der Wintermonate 1946/47, die Gandhi durch einen Fußmarsch durch die Dörfer zu mildern versuchte. Aber auch er konnte nicht verhindern, dass die Beziehungen zwischen Hindus und Muslimen so verbittert wurden, dass immer mehr Leuten die Teilung des Landes als die einzige Lösung erschien. Als am 2. September eine „Interimsregierung" mit Jawaharlal Nehru als Premierminister gebildet wurde, weigerte sich die Muslim-Liga beizutreten. Jinnah erklärte den Tag zum Trauertag und wies die Muslime an, schwarze Fahnen zu hissen. Als die Muslim-Liga schließlich doch beitrat, betrieb sie erklärtermaßen Sabotage von innen.

„Direct action" in Kalkutta

In dieser Lage schuf die Erklärung Attlees vom 20. Februar eine neue Situation. Er verkündete, dass die Übergabe der Macht „nicht später als Juni 1948" stattfinden sollte, wobei er aber offen ließ, an wen: ob an die Regierung eines vereinten Indiens oder, falls die Verfassunggebende Versammlung nicht alle Gruppen, sprich die Muslim-Liga und die Fürsten, umfasse, an entsprechende Teilstaaten. Zugleich benannte er den neuen Vizekönig, Lord Mountbatten, Verwandter des Königshauses, aber der Labour Party nahestehend und bisher Oberbefehlshaber der alliierten Truppen in Südostasien. Auch Mountbatten konnte keine Einigung zwischen den Parteien herbeiführen, und so ließ er am 3. Juni 1947 zeitgleich in Delhi und in London den Beschluss zur Teilung Indiens verkünden, zugleich zog er die Machtübertragung auf den 15. August 1947 vor. Der Londoner Anwalt Cyril Radcliffe wurde als Vorsitzender einer Boundary Commission beauftragt, bis zum 15. August 1947 die zukünftigen Grenzen zu ziehen. Kriterium sollten die Siedlungsgebiete der beiden Religionsgruppen sein, wobei die beiden Hauptprovinzen Panjab und Bengalen geteilt werden sollten. Am 14. Juni stimmte auch Gandhi im All India Congress Committee für die Teilung, nachdem Mountbatten ihn dazu überredet hatte.

Attlees Erklärung vom 20. Februar 1947

Beschluss zur Teilung

In der Nacht vom 14. auf 15. August 1947 verkündete Nehru vom Roten Fort in Delhi die Unabhängigkeit Indiens, schon am 14. August tat Jinnah in Karatschi das entsprechende für Pakistan. In Delhi feierten Zehntausende, allerdings ohne Gandhi. Sein Kommentar zur Unabhängigkeit gegenüber Louis Fischer lautete: „32 Jahre Arbeit haben ein unrühmliches Ende gefunden" [2.10.1: FISCHER 1951, 493].

Der 15. August 1947

6. Das unabhängige Indien 1947–2004

6.1 Die Ära Jawaharlal Nehrus 1947–1964

Auswirkungen
der Teilung
Die Bekanntgabe des Schiedsspruchs über die Teilung, die bewusst zwei Tage nach den Unabhängigkeitsfeiern erfolgte, setzte einen gigantischen Bevölkerungsaustausch in Gang. Hindus und Sikhs flohen aus dem Gebiet des künftigen Pakistans in den verbleibenden Teil Indiens, Muslime dagegen von dort nach Pakistan. Die Massenmigration war mit entsetzlichen Verbrechen und Gräueln verbunden, die wiederum den gegenseitigen Hass und die Rachegefühle zwischen den religiösen Gruppen steigerten. Genaue Zahlen der Toten und Entwurzelten gibt es nicht. Die höchsten Schätzungen rechnen mit bis zu acht Millionen Flüchtlingen in jeweils beiden Richtungen und bis zu zwei Millionen Toten insgesamt. Nach Delhi allein war eine Million Hindus und Sikhs gekommen. Um ihnen Platz zu schaffen, wurden die alten Muslim-Bewohner vertrieben, sofern sie nicht schon geflohen waren. Die große Masse aber wurde in unzureichend eingerichteten Lagern zusammengepfercht.

Kaum waren die beiden Staaten Indien und Pakistan geboren, da brach auch schon ein Krieg zwischen ihnen über Kaschmir aus, dessen Ergebnis die Teilung Kaschmirs war.

Zusätzlich heizte der Streit über das Staatsvermögen, von dem laut Teilungsvertrag 550 Millionen Rupien (= 40 Millionen Pfund Sterling) Pakistan zustanden, die politischen Leidenschaften an. Angesichts des Krieges mit Pakistan um Kaschmir weigerte sich die indische Regierung, diese Summe an Pakistan zu überweisen. Gandhi, der inzwischen wieder in Delhi lebte und dort mit ansehen musste, wie Hindu-Flüchtlinge ihren Zorn und ihre Verbitterung an den alteingesessenen Muslim-Bewohnern ausließen, stellte sich schützend vor diese. Die Hindu-Flüchtlinge forderte er auf, in ihre Heimat zurückzukehren, die in Delhi verbliebenen Muslime, in ihrer angestammten Heimat zu bleiben. Er glaubte, dass nur durch Rückgängigmachen der gegenseitigen Vertreibung in Zukunft ein erträgliches Verhältnis zwischen den beiden Religionsgruppen und zwischen den beiden Staaten gewährleistet werden könne. Was den Anteil Pakistans am Staatsschatz anging, forderte er die indische Regierung auf, ihn ordnungsgemäß an Pakistan abzuliefern. Um zu zeigen, wie ernst es ihm war, griff Gandhi zu seiner schärfsten Waffe: zu einem Fasten auf unbestimmte Zeit ab dem 13. Januar 1948. Schon zwei Tage später beschloss die indische Regierung, das Geld an Pakistan zu überweisen. Bis zum Morgen des 18. Januars brauchte man, um das Dokument der Versöhnung zu unterzeichnen, so dass Gandhi sein Fasten abbrechen konnte.

Gandhis Ermordung
Die Hindu Mahasabha allerdings distanzierte sich ausdrücklich von dem Versöhnungsdokument und kritisierte diejenigen Hindus, die unterschrieben hatten. Aus ihr kamen denn auch die Mörder Gandhis: Am 30. Januar 1948, einem Freitag, nachmittags um 17.17 Uhr, erschoss ein gewisser Nathuram Godse, ein neununddreißigjähriger Brahmane aus Poona (heute Puna) in Maharashtra, Mahatma Gandhi, als er gerade zu seinem öffentlichen Gebet

schritt. Godse gehörte zu einer Verschwörergruppe von militanten Hindu-Nationalisten aus Maharashtra, nur einer von den sieben mit ihm Angeklagten war ein Flüchtling aus dem Panjab. Sie nahmen Gandhi seine Versöhnungs-politik gegenüber den Muslimen übel und glaubten, dass er an der Teilung Indiens schuld sei und, nachdem Pakistan einmal geschaffen war, dieses auch noch auf Kosten von Restindien unterstütze. Unter den Angeklagten war auch der ehemalige Präsident der Hindu Mahasabha V.D. Savarkar. Er wurde aus Mangel an Beweisen freigesprochen, genauso wie der sich zum Kronzeu-gen erklärende Badge; die beiden Hauptangeklagten Nathuram Godse und N.D. Apte, der Drahtzieher, wurden zum Tode verurteilt und am 15. November 1949 hingerichtet.

Einen Tag vor seiner Ermordung hatte Gandhi in einer Rede seine Vor-stellungen über die zukünftige Rolle der Kongress-Partei und die allgemeine Verfassung Indiens dargelegt, was später als sein „Letzter Wille und Testa-ment" angesehen wurde. Gandhi plädierte darin für die Umwandlung der Kongress-Partei in eine sozialpolitische Organisation und den Aufbau einer Repräsentativverfassung auf der Basis der Dörfer. Diese basisdemokratischen und industriefeindlichen Vorstellungen Gandhis wurden mit seinem Tode obsolet, Nehru hatte schon in seinem Briefwechsel mit Gandhi Ende 1945 klargemacht, dass er dessen Vorstellungen vom Dorf als der Basis des zukünf-tigen Indiens nicht akzeptieren könne. Da nun auch die Hindu-Nationalisten als politische Kraft bis auf Weiteres diskreditiert und ausgeschaltet waren, hatte Nehru politisch freie Hand, Indien nach seinen Vorstellungen zu ge-stalten: Autonomie bzw. Autarkie in der Wirtschaft durch staatliche Planung, Bündnisfreiheit in der Außenpolitik, Sozialismus und Säkularismus in der Sozial- und Kulturpolitik. Nehru war aber klug genug, an einige Einrichtungen der Kolonialzeit anzuknüpfen bzw. sie zu übernehmen: Der alte Indian Civil Service (ICS) wurde als Indian Administrative Service (IAS) weitergeführt. Auch die alte britisch-indische Armee wurde als Armee des unabhängigen Indiens übernommen und nicht etwa die Indian National Army des Subhas Chandra Bose. Im Erziehungswesen ging es ebenfalls in den eingefahrenen Bahnen weiter: Bevorzugung der Elite auf Kosten der breiten Massen (ganz im Gegensatz zu Gandhis Vorstellungen). Die englische Sprache sollte zwar nach fünfzehn Jahren durch Hindi als gesamtindische Amtssprache ersetzt werden, aber dieses Ziel wurde nicht erreicht (s.u).

Gandhis „Testament"

6.1.1 Die neue Verfassung

Als die Verfassunggebende Versammlung am 9. Dezember 1946 ihre Bera-tungen begann, knüpfte sie an den vom britischen Parlament im Jahre 1935 verabschiedeten „Government of India Act" an. Hinzugefügt wurden eine Präambel, in der sich der neue Staat als demokratisch, föderalistisch, republi-kanisch und säkularistisch definierte, außerdem der Grundrechtekatalog von 1931 und schließlich die „Directive Principles of State Policy". Der Grund-rechtekatalog enthielt vor allem die Garantie der Freiheit und Gleichheit für jeden Inder auf den Feldern Religion, Rede, Bildung und Kultur. Hier drückte

Koloniales Erbe und nationaler Neubeginn

das neue Indien seine Entschlossenheit aus, massiv in die hinduistische Sozialstruktur einzugreifen durch das, was man später Protective Discrimination genannt hat. In § 15 wurde die Unberührbarkeit als soziale Praxis verboten. Mit dem Säkularismus als Prinzip wollte man den Dauerkonflikt zwischen Hindus und Muslimen lösen.

Die „Directive Principles of State Policy" waren Zielvorgaben für die Zukunft wie z. B. wirtschaftliche und soziale Gleichheit. Auch fanden sich hier einige Themen wieder, die in den Beratungen umstritten gewesen waren, z. B. der von den Hindu-Nationalisten geforderte staatliche Schutz der „Heiligen Kuh". In der Sprache der Landwirte und Veterinäre findet sich das Thema in § 48 wieder.

Eine Kontinuität zum Government of India Act von 1935 besteht – trotz des Bekenntnisses zum Föderalismus - in der starken Stellung der Zentralregierung, was damals der kolonialen Herrschaftssicherung gedient hatte. Über die Gouverneure der Unionsstaaten hat die Zentralregierung einen direkten Zugriff auf die Landesregierungen. Der Gouverneur ernennt den Ministerpräsidenten und auf dessen Vorschlag die Minister. Der Staatspräsident kann eine Landesregierung auf Antrag des Premierministers absetzen und President's Rule (§ 356) verhängen. Auch die Regelung über den Notstand in den Artikeln 352–360 stammt noch aus dem Government of India Act von 1935. Am Unabhängigkeitstag, am 26. Januar 1951 trat die neue Verfassung in Kraft.

6.1.2 Innenpolitik

Der antikolonialistische Kampf hatte zwar schon in weiten Kreisen ein indisches Nationalbewusstsein geschaffen, aber das neue Indien war noch lange kein integrierter Staat bzw. eine Nation. „Nation building" war (und ist) das ausdrückliche Ziel der indischen Führung. Als Hindernisse auf dem Weg zur Nation galten Kastengeist („castism") und Communalism, die regionale Zersplitterung („regionalism") und die sprachliche Vielfalt („linguism").

Die Fürstenstaaten   Eine schwierige Hypothek für das neue Indien war die Existenz der Fürstenstaaten, 546 an der Zahl und von unterschiedlichster Größe. Das Teilungsgesetz sah vor, dass die Fürstenstaaten demjenigen der beiden Nachfolgestaaten angeschlossen würden, dem sie geographisch am nächsten waren. In Zweifelsfällen sollte die Entscheidung des Herrschers ausschlaggebend sein. Dem Innenminister Sardar Vallabhbhai Patel gelang es, die meisten Fürsten auf dem Gebiet der Indischen Union zu überreden, sich dieser anzuschließen, wodurch er sich den Beinamen „Bismarck Indiens" erwarb. Der Nizam von Hyderabad dachte eine Zeit lang an Selbstständigkeit, und Junagadh hatte sich für den Anschluss an Pakistan entschlossen, obwohl sein Staat von indischem Gebiet umgeben war. Darauf reagierte die indische Regierung mit Gewalt und inkorporierte Junagadh ebenso wie schließlich im September 1949 Hyderabad.

Seinen Teil Kaschmirs machte Indien zum Unionsstaat Jammu und Kaschmir (seit Januar 1957 „unwiderruflich"), jedoch mit Sonderstatus (nach § 370 der indischen Verfassung). Der Ministerpräsident von Kaschmir, Sheikh Abdullah, Nehrus Freund und Verbündeter seit den späten dreißiger Jahren, erwies sich jedoch als politisch unzuverlässig. Die indische Regierung verdächtigte ihn, heimlich mit der Unabhängigkeit zu liebäugeln, weshalb sie am 9. August 1953 seine Regierung entließ und ihn selbst verhaftete. Aber auch unter seinem Nachfolger Bakshi Ghulam Muhammad konnte Kaschmir nicht wirklich in den indischen Staat integriert werden. Die besondere Situation des indischen Teils von Kaschmir führte im Inneren zu Willkür und Korruption.

Die territoriale Gliederung aus britischer Zeit in Provinzen und Fürsten-staaten konnte nur ein Übergangszustand sein, schon bald kam die Forderung nach einer Neugliederung. Es begann 1953, als ein Bewohner der früheren Ma-dras-Provinz sich mit der Forderung nach einem eigenen Telugu-sprachigen Union State zu Tode fastete und damit eine Agitation für die Neugliederung ganz Indiens nach dem Kriterium der Sprache auslöste. Eine eigens eingesetz-te Kommission legte 1955 ihre Empfehlungen vor, die im darauffolgenden Jahr weitgehend umgesetzt wurden. Tatsächlich wurden 1956 die Telugu-sprachigen Gebiete der ehemaligen Provinz Madras, der früheren Fürstentümer Hydera-bad und Mysore in dem neuen Union State Andhra Pradesh zusammengefasst. Die übrigen Gebiete Hyderabads kamen an Mysore (seit 1973 Karnataka). Die Provinz Bombay wurde in die beiden Unionsstaaten Maharashtra und Gujarat geteilt. Nach langem Streit ging die Stadt Bombay an Maharashtra.

Die Sikhs strebten einen eigenen Unionsstaat an, aber da Religion kein Kri-terium sein durfte, erreichten sie ihr Ziel erst 1966, und zwar unter dem Etikett der Sprache Panjabi („Panjabi Suba"). In dem neuen Panjab hatten die Sikhs nun eine Mehrheit von 55–60 %. Aus den restlichen Hindi-sprachigen Teilen des alten Ost-Panjabs wurden die beiden neuen Unionsstaaten Haryana und Hi-machal Pradesh. Der neue Panjab sollte als Hauptstadt die von dem modernis-tischen Architekten Le Corbusier erbaute Stadt Chandigarh erhalten, während Haryana eine neue Hauptstadt bekommen sollte, was bis heute nicht geschehen ist.

Der neue Unionsstaat Kerala wurde aus den alten Fürstenstaaten Cochin und Travancore und dem Malayalam-sprachigen Gebiet der alten Madras-Provinz (Malabar) gebildet. Im November 2000 wurden drei neue Unionsstaaten ge-schaffen: Chattisgarh durch Abspaltung von Madhya Pradesh, Uttaranchal von Uttar Pradesh und Jharkand von Bihar.

Die Neuordnung aufgrund des sprachlichen Prinzips („linguistic principle") hat sich weitgehend bewährt. Kleine Grenzstreitigkeiten wegen Wasserressour-cen hat es zwar immer wieder gegeben, aber sie konnten friedlich beigelegt werden. Eine größere Krise gab es 1969, als sich die Region Telengana, ur-sprünglich ein Teil des Fürstenstaates Hyderabad, wieder von Andhra Pradesh trennen wollte. Die Bewohner Telenganas fühlten sich gegenüber den übri-gen Teilen von Andhra Pradesh in der wirtschaftlichen Entwicklung und in den Bildungschancen benachteiligt. Hier schien es so, als ob die historisch ge-wachsenen Unterschiede stärker waren als das Gemeinschaftsgefühl aufgrund derselben Sprache. Auf Druck der Zentralregierung blieb aber Telengana bei Andhra Pradesh.

Auch nach dem Abzug der Briten gab es auf indischem Boden immer noch kleine Kolonien Frankreichs und Portugals. Mit Frankreich einigte sich Indi-en zwischen 1950 und 56 über die Rückgabe der Kolonien Pondichery, Kari-

Neugliederung der Unionsstaaten

kal, Mahé und Chandernagore. Die drei ersteren blieben als zentral verwaltete Einheit unter dem Namen Pondicherry mit gewissen Sonderrechten bestehen. Portugal dagegen verweigerte Verhandlungen über seine Kolonien auf südasiatischem Boden, darunter als wichtigste Goa, weshalb Indien sie 1961 mit Gewalt besetzte. Das Königreich Sikkim, seit 1950 indisches Protektorat, wurde 1973 von Indien militärisch besetzt und zwei Jahre später zum 22. Unionsstaat erklärt.

Kampf um die Nationalsprache
Laut Artikel 343, Absatz 1 der Verfassung sollte Hindi in der Devanagari-Schrift bis 1965 Englisch als Amtssprache ersetzt haben. Dieser Beschluss war mit nur einer Stimme Mehrheit zustande gekommen, und es war abzusehen, dass es Probleme geben würde. Tatsächlich erklärte der Innenminister im Parlament im September 1959, dass Hindi bis zum Jahre 1965 nicht überall eingeführt werden könne. Im dravidischen Süden, vor allem in Madras, hatte sich Widerstand, und zwar unter Führung der Draviden-Partei DMK, gegen die Einführung des Hindi gebildet. Auch ein neues Sprachgesetz, der Official Language Act von 1963, das besagte, dass Englisch als Zweitoption beibehalten werden dürfe, konnte die Gemüter nicht beruhigen. Ihren Höhepunkt erreichte die Anti-Hindi-Agitation in den Tagen vor dem „Republic Day", dem 26. Januar 1965, als in Madras Studenten skandierten „Hindi never, English ever". In den folgenden Tagen eskalierten die Unruhen: Die meisten DMK-Führer wurden verhaftet, zwei DMK-Mitglieder verübten Selbstverbrennung, am 10. Februar tobten Straßenkämpfe, bei denen 19 Personen durch die Polizei getötet wurden. Insgesamt forderte der etwa zweimonatige Protest sechzig Todesopfer. Am 11. Februar 1965 versprach der neue Premierminister Lal Bahadur Shastri, die informellen Zusagen Nehrus einzuhalten und Englisch uneingeschränkt beizubehalten. Nach drastischen Verlusten der Kongress-Partei im Süden bei den Wahlen von 1967 gewann die Sprachenfrage erneut Bedeutung. Schließlich wurde am 16. Dezember 1967 der Official Language (Amendment) Act mit 205 zu 41 Stimmen angenommen, wonach Englisch in Ergänzung zu Hindi für alle offiziellen Zwecke der Union und für die Tätigkeit des Parlaments sowie für die Kommunikation zwischen Union und einem Unions-Staat, der nicht Hindi als offizielle Sprache übernommen hatte, beibehalten wurde. Für das Schulsystem wurde die Drei-Sprachen-Politik vorgesehen, wie auch für die Vergabe von Regierungsstellen in den Unions-Staaten fortan die Landessprache plus Kenntnisse in Hindi und Englisch verlangt wurden.

Die Parteien
Die Kongress-Partei war während des Unabhängigkeitskampfes eher eine Bewegung als eine Partei gewesen, d. h. sie hatte versucht, möglichst alle politischen Kräfte für das eine Ziel, die politische Unabhängigkeit, zu bündeln. Nachdem das Ziel erreicht war, forderte Gandhi kurz vor seinem Tod, die Kongress-Partei aufzulösen und sie in eine karitative Organisation umzuwandeln. Für Nehru aber, den Parteivorsitzenden, war sie das willkommene Instrument, mit dem er sein Hauptziel umzusetzen hoffte, nämlich mit seiner Variante von Staatssozialismus das Land möglichst schnell zu industrialisieren. Die starken Rivalen, die es im konservativen Lager der Kongress-Partei gab, brauchte Nehru bald nicht mehr zu fürchten: Sardar V. Patel starb schon 1950; im selben Jahr wurde Rajendra Prasad, der schon immer ein Gegenspieler Nehrus gewesen

war, Präsident der Republik und stand damit über den Parteien; Purushottam Das Tandon schließlich, der Vertreter des gemäßigten Hindu-Nationalismus innerhalb der Kongress-Partei, wurde 1951 von Nehru kaltgestellt. So konnte das Ziel „Socialist Pattern of Society" auf dem Parteitag von Avadhi im Jahre 1955 auch offiziell proklamiert werden.

Gegen die überwältigende Übermacht der Kongress-Partei hatten es die anderen Parteien schwer. Für die ersten dreißig Jahre des unabhängigen Indiens kann man tatsächlich von einer Einparteienherrschaft sprechen. Bei den Wahlen pflegte die Kongress-Partei über 40 % der Stimmen zu gewinnen, die Stimmen der anderen blieben im einstelligen Bereich. Neben der Kongress-Partei gab es drei politische Lager: die Kommunisten, die sog. Indischen Sozialisten und die Hindu-Nationalisten. Hinzu kamen die Regionalparteien.

Die indischen Kommunisten waren seit ihrer Nichtteilnahme am August-Aufstand von 1942 in der indischen Öffentlichkeit weitgehend desavouiert. Trotzdem wagten sie nach dem Zweiten Weltkrieg in Telengana, damals noch Teil des Fürstentums Hyderabad, einen gewaltsamen Aufstand, um von dieser Bastion aus ganz Indien zu erobern. Der Aufstand zog sich bis 1951 hin. Wie die gesamte kommunistische Bewegung war auch die indische in einen rechten und einen linken Flügel gespalten. Der sog. rechte Flügel unter P.C. Joshi und S.A. Dange vertrat den Gedanken einer „Einheitsfront", man unterstützte die als „progressiv" eingeschätzte Kongress-Partei Nehrus. Der linke Flügel dagegen forderte eine scharfe Abgrenzung zur Kongress-Partei, deren Köpfe lediglich „Lakaien des Imperialismus" seien. Um eine „echte Befreiung Indiens" zu ermöglichen, forderte der linke Flügel eine antikapitalistische Strategie mit gewaltsamen Aktionen in den Städten und auf dem Land. Dabei wolle man sich auf drei Klassen stützen: das Proletariat, die Landbevölkerung und das Kleinbürgertum. In den Wahlen von 1952 zur Lok Sabha, dem Unterhaus des Unionsparlaments, gewannen die Kommunisten 16 Sitze (von 489), 1957 27 Sitze (von 494).

1957 führten die Wahlen in Kerala zu einer kommunistisch geführten Koalitionsregierung unter Ministerpräsident E.M.S. Namboodiripad. Es war das erste Mal in der Geschichte, dass eine kommunistische Partei durch demokratische Wahlen an die Macht kam. Die neue Regierung begann eine weitreichende Bodenreform und brachte dadurch die landbesitzenden Schichten gegen sich auf. Die christlichen Kirchen entfremdete sie sich, indem sie das christliche Privatschulwesen unter strenge Staatskontrolle nahm. Als Reaktion darauf startete die Kongress-Partei eine Massenagitation gegen diese Regierung, die schließlich zu größeren Unruhen führte und die Intervention des Präsidenten der Republik nach Art. 356 (President's Rule) auslöste.

Der indisch-chinesische Konflikt spaltete die CPI noch weiter. In der Grenzfrage unterstützte der rechte (prosowjetische) Flügel Nehru. Als schließlich Ende 1962 der Krieg ausbrach, wurden die pro-chinesischen Genossen des linken Flügels verhaftet (mehr als 1000), die pro-sowjetischen nicht. Das führte 1964 schließlich zur Spaltung der CPI. Es war die Wahlkommission, die bei den Wahlen von 1967 den Namen der linken CPI mit CPI (M) (M für marxistisch) festlegte. CPI und CPI (M) unterschieden sich fortan in ihrer Haltung zum

Die Kommunisten

Parlamentarismus, zum „Kampf der Massen" und zur Agrarpolitik. Außerdem organisierte sich die CPI (M) wieder nach dem Prinzip einer Kaderpartei.

„Indischer Sozialismus"   Aus der Congress Socialist Party ging im März 1948 durch Ausschluss aus der Kongress-Partei die Socialist Party of India hervor. Damit war eine Eigentümlichkeit der indischen politischen Landschaft geboren, der sog. Indische Sozialismus, Sammelbezeichnung für ein Konglomerat kleiner, sich ständig auflösender und wieder neu bildender Parteien, die sich ideologisch irgendwo zwischen Marx und Gandhi bewegten. Die beiden führenden Persönlichkeiten dieses diffusen Feldes waren in den 1950er und 1960er Jahren Jayaprakash Narayan (1902–1979) und Rammanohar Lohia (1910–1967).

In Anlehnung an Mahatma Gandhis Ideen sorgen sich die Indischen Sozialisten um die Landbevölkerung und um das Dorf. Im Unterschied zum Mahatma sind sie allerdings nicht antimodernistisch, schon gar nicht industriefeindlich, und berufen sich nicht auf die Religion bzw. auf den Hinduismus. Ihr Ziel ist der Sozialismus, aber von den Kommunisten unterscheiden sie sich durch die strikte Ablehnung von Gewalt und Unterordnung unter eine fremde Macht. Die Entwicklung müsse dezentral und von unten nach oben verlaufen. J.P. Narayan entfernte sich immer mehr vom Marxismus und näherte sich stattdessen Gandhis Ideen an, zog sich allmählich aus dem Parteiengetriebe zurück, um stattdessen den direkten Kontakt zu den einfachen Menschen zu suchen. Über moralische Erziehung und Vorbildhaftigkeit müsse man die indische Gesellschaft von Grund auf verändern. Schließlich sagte er sich endgültig vom Marxismus los und schloss sich der 1951 gegründeten Landschenkungs-(Bhoodan-)Bewegung des Vinoba Bhave an. Er ging in die Dörfer und gründete einen eigenen Ashram, um sich dort mit ländlichen Problemen auseinanderzusetzen und neue Methoden auszuprobieren.

Auch Lohia strebte eine dezentrale Wirtschaftsstruktur an und wollte vor allem auf dem Land die kleinen und mittleren Handwerks- bzw. Industriebetriebe fördern. In der Politik versuchte er, das Monopol der Kongress-Partei durch den Aufbau einer effektiven Opposition zu brechen (Schlagwort „Non-Congressism"). Als großer Redner und charismatische Persönlichkeit war Lohia, der vom Herbst 1929 bis Februar 1933 in Berlin studiert hatte, der einzige Politiker von Rang, der sich mit Nehru messen konnte. 1955 gründete Lohia seine eigene Socialist Party.

Hindu-Nationalismus   Auf den Mord an Gandhi durch eine hindunationalistische Verschwörung reagierte die Regierung Nehru am 4. Februar 1948 mit dem Verbot des Rashtriya Swayamsevak Sangh (RSS), die Hindu Mahasabha (HMS) wurde strengen Restriktionen unterworfen, viele ihrer Führer wurden verhaftet. Um einem totalen Verbot zuvorzukommen, beschloss der Arbeitsausschuss der HMS am 14. Februar 1948, ab sofort die politische Tätigkeit zu suspendieren. Der RSS wurde unter der Bedingung, sich eine Verfassung zu geben, Mitgliederlisten zu führen, offen und nur auf kulturellem Gebiet zu wirken, am 12. Juli 1949 wieder zugelassen. Die selbstauferlegte politische Zurückhaltung der HMS dauerte allerdings kaum sechs Monate. In den selbstkritischen Beratungen innerhalb der HMS tat sich vor allem Syama Prasad Mookerjee (geb. 1901) hervor. Mookerjee kam von dem bengalischen Zweig der HMS, der seit den zwanziger Jahren von

den konservativen Marwaris beherrscht wurde. Als Sohn des bekannten früheren Rektors der Universität von Kalkutta, Sir Ashutosh Mookerjee, hatte er
sich selbst als tüchtiger Wissenschaftler und Politiker hervorgetan. Nehru hatte
ihn sogar als Minister für Industrie und Beschaffung in sein Kabinett geholt.
Mookerjee gehörte im Gegensatz zu den radikalen Reformern und fanatischen
Ideologen aus Maharashtra und dem Panjab zum gemäßigt konservativen Flügel der HMS.

Mookerjee erkannte, dass die HMS so diskreditiert war, dass sie sich zunächst einmal aus der Politik zurückziehen müsse und sich nur noch sozialen
und kulturellen Problemen der Hindugemeinschaft widmen solle. Als er für
diese Position in der Partei keine Mehrheit fand, trat er aus und suchte nach
Bundesgenossen für eine neue Partei. Am 21. Juni 1951 wurde in Delhi der
Bharatiya Jana Sangh, kurz Jan Sangh, gegründet, nachdem auf Provinzebene
entsprechende Gründungen vorausgegangen waren. Aus den Programmen und
öffentlichen Verlautbarungen der neuen Partei wird ersichtlich, dass sich diese
Hindunationalisten von der engen und militanten Savarkar-Linie lösen wollten. Die Partei wolle sich allen Bürgern Indiens ungeachtet ihrer Kaste, ihres
Glaubens oder ihrer community öffnen, d. h. also auch den Muslimen. Für die
allen religiösen Gruppen gemeinsame indische Kultur prägte der Parteiideolo-
ge Deen Dayal Upadhyaya den Begriff Bharatiya Sankriti.

Jan Sangh

Der Jan Sangh unter Mookerjee strebte eine „moderne und pragmatische
Gesellschaft" an, die aber auf den „alten Wurzeln und Idealen" beruhen sollte,
die sich in „all der Zeit bewährt" hätten. Damit setzte man sich sowohl vom „de-
struktiven Individualismus" des westlichen Liberalismus ab als auch von den
„zerstörerischen Kräften" des sowjetischen Marxismus.

Der frühzeitige Tod Mookerjees am 23. Juni 1953 in Jammu unter ungeklär-
ten Umständen war ein schwerer Schlag für den Jan Sangh und den Hindu-
Nationalismus allgemein. Die einzige überzeugende Führerfigur von gesamtindischer Statur mit starker Hausmacht in Westbengalen war damit verschwunden. Der Hindu-Nationalismus war auf Jahrzehnte praktisch führerlos.

Bis 1959 fehlte im indischen Parteienspektrum eine liberal-konservative und
marktwirtschaftlich orientierte Partei, bis in diesem Jahr die Swatantra Party
gegründet wurde. Da in der Führung neben Unternehmern auch einige Fürsten
und Großgrundbesitzer zu finden waren, nannte Nehru die Swatantra Party die
Partei der Reichen. Im damaligen Klima des sozialistischen Aufbruchs konnte
sich die Partei aber nicht halten, nach wenigen Jahren verschwand sie wieder.
Bis heute gibt es in Indien keine liberale Partei.

Die Swatantra-Partei

Die Dravidische Fortschrittspartei (Dravida Munnetra Kazhagam, DMK)
mit ihren Ablegern ADMK und AIADMK als Partei der Tamilen und der Akali
Dal als Partei der Sikhs waren in der Nehru-Ära die wichtigsten Regionalparteien.

Regionalparteien

6.1.3 Wirtschaftspolitik

In seinen wirtschaftspolitischen Vorstellungen war Nehru von der Planungseuphorie der 1930er Jahre geprägt. Schon 1938 schuf er sich mit dem National

Planning Committee ein Instrument, mit dem die Wirtschaftspolitik des unabhängigen Indiens vorbereitet werden sollte. Schnelle Industrialisierung und weitgehende Unabhängigkeit von außen waren die Zielvorgaben. Auf der Industries Conference im Dezember 1947 in Delhi legte Nehru die Grundzüge seiner zukünftigen Wirtschaftspolitik dar: eine sozialistische Planwirtschaft

Planwirtschaft mit marktwirtschaftlichen Elementen, also ein gemischtes Wirtschaftssystem, in dem die Schlüsselindustrien vom Staat betrieben, aber auch der private Sektor vom Staat gelenkt und kontrolliert werden sollte. In den beiden „Industrial Policy Resolutions" von 1948 und 1956 wurde dieses Programm spezifiziert und umgesetzt. Die 1950 gegründete Planungskommission sollte die Fünfjahrespläne zur Steuerung des wirtschaftlichen Aufbaus entwerfen, hatte aber nur beratende Funktion, oberstes Entscheidungsgremium in Fragen der Wirtschaft wurde der National Development Council (NDC). In beiden Gremien war Nehru Vorsitzender. Der erste Fünfjahresplan (1951–1956) hatte als Schwerpunkt noch die Landwirtschaft, aber mit dem zweiten (1957–1962) sollte die Industrialisierung mit voller Kraft in die Wege geleitet werden. Die zweite Industrial Policy Resolution von 1956 teilte die Industrie in drei Sektoren auf, sog. Schedules: A. Industriebereiche, in denen Neugründungen nur durch den Staat erlaubt sind: Rüstung, Kernenergie, Luft- und Schienenverkehr, Eisen und Stahl, Schwermaschinenbau u. a.; B: Industriebereiche, in denen sich der Staat in Konkurrenz zur Privatwirtschaft betätigen, aber langfristig die Kontrolle übernehmen wollte. Dazu gehörten u. a. Aluminium, Medikamente, Farbstoffe und Plastik, Dünger. C: Alle anderen Industrien, deren Entwicklung den Initiativen der Privatindustrie überlassen bleibt (z. B. Konsumgüterindustrie). Der Zweite Fünfjahresplan basierte auf dem Wachstumsmodell des „Meisterplaners" Prasanta Chandra Mahalanobis. Sein Rat war, zuerst die Schwerindustrie (Kohle, Stahl, Zement etc.), danach die mittlere Industrie (Maschinen etc.) und erst später die Leichtindustrie aufzubauen. Ziel war, das Volkseinkommen über die nächsten fünf Jahre um 25 % zu steigern und Arbeitsplätze für weitere 10–12 Millionen Inder zu schaffen.

Hilfe von außen   Während der erste Fünfjahresplan noch aus eigener Kraft finanziert worden war (aus den im Zweiten Weltkrieg angehäuften Devisen), war man für den zweiten auf Kapitalhilfe und technisches Know-how von außen angewiesen. Auf amerikanische Initiative wurde 1957 das International Consortium of India Aid Donors gegründet, zu dem auch die Bundesrepublik Deutschland gehörte. Bis 1971 belief sich die Kapitalhilfe der Bundesrepublik auf 5,3 Milliarden DM (10,8 Milliarden Rupien). Indien erhielt damals 35 % der westdeutschen Auslandshilfe. Die Bundesrepublik war nach den USA Indiens wichtigster Kapitalgeber. Mit dieser Unterstützung schuf die Regierung „Hindustan Steel", das größte Industrie-Unternehmen des Landes: Drei gigantische Stahlwerke wurden errichtet, mit sowjetischer Hilfe in Bhilai, mit britischer in Durgapur und mit (west-)deutscher in Rourkela. Rourkela wurde das modernste Stahlwerk der Welt.

In den fünfziger Jahren herrschte in der indischen Führungsschicht, die Nehru sich herangezogen hatte, eine stark ideologisch geprägte Aufbruchsstimmung. Ihr Vorbild war der Labour-Sozialismus mit Beigaben sowjetischer

Planungseuphorie. Nehru beschwor in seinen Reden „die Tempel des neuen Indiens", womit er Staudämme, Stahlwerke, große Verkehrsprojekte meinte. Befreit von der Fremdherrschaft und mit dem Instrument der Planung meinte man, in kurzer Zeit zu den industrialisierten Nationen des Westens aufschließen zu können. Aber schon Anfang der 1960er Jahre wurde deutlich, dass die hochgesteckten Ziele nicht erreicht werden konnten.

Auf dem landwirtschaftlichen Sektor wollte die Regierung ab 1960 gegen Großgrundbesitz vorgehen. Für den einzelnen Landbesitzer wurde eine Obergrenze (*land ceiling*) festgesetzt. Entgegen § 31 der Verfassung, der das Privateigentum garantierte, wurde also enteignet. Aber das Gesetz wurde in vielen Fällen umgangen, indem das Land auf die einzelnen Mitglieder der Familie umgeschrieben wurde. Tatsächlich wurden durch dieses Gesetz die sog. „middle peasants" begünstigt. Sie waren die Stütze der Kongress-Partei auf dem Land und bildeten eine ihrer „vote banks". In gewisser Weise stand das im Widerspruch zur sozialistischen Rhetorik der Kongress-Partei. Es war eher eine „kapitalistische Revolution im sozialistischen Indien" (Daniel Thorner). Trotzdem gelang es der Kongress-Partei, sich als Anwalt der Muslime, der Unberührbaren, unteren Kasten, Stämme, „bonded labourers" und der Frauen darzustellen.

6.1.4 Die Außenpolitik

In seiner Radioansprache vom 7. September 1946 – eine Woche nach der Einsetzung der indischen Interimsregierung – stellte Nehru die Prinzipien seiner zukünftigen Außenpolitik vor. Es waren die Kernelemente der späteren Blockfreiheit (*non-nalignment*). Angesichts der sich schon damals abzeichnenden Ost-West-Spaltung der Welt machte Nehru klar, dass Indien sich von jeder Art Machtpolitik der Blöcke, die gegeneinander stünden, fernhalten wolle. Das zweite Prinzip, eng verbunden mit der Blockfreiheit, war der Antikolonialismus: Indien werde sich weiterhin für die Emanzipierung aller Kolonien einsetzen. Das dritte Prinzip in Nehrus Rede war die Offenheit und Kooperationswilligkeit nach allen Seiten. Blockfreiheit bedeute nicht Neutralität im passiven Sinne, vielmehr wolle Indien aktive Friedenspolitik betreiben. Das wirtschaftliche Interesse Indiens gebiete es, sowohl mit den USA als auch mit der Sowjetunion gute Beziehungen zu unterhalten. Das galt sogar für die Annahme von militärischer Hilfe, wie sich 1962 herausstellen sollte. Nehru reklamierte außerdem eine gewisse Führungsposition in den UN, indem er sich auf die eigene kulturelle Tradition Indiens seit Kaiser Aschoka sowie den indischen Freiheitskampf gegen die Briten berief. Angesichts der wirtschaftlichen und militärischen Schwäche Indiens konnte das nur eine moralische Führung bedeuten. In den UN nahm Indien in fast allen konkreten internationalen Konflikten der folgenden Jahre entweder einen eigenen „dritten" Standpunkt ein oder gab seine Stimme mal der einen, mal der anderen Seite, etwa im Korea-Krieg.

Der Initiative des indonesischen Präsidenten Sukarno zu einer großen „Asiatisch-afrikanischen Konferenz" in Bandung auf Java schloss sich Nehru mit

Antikolonialismus und die Politik der Blockfreiheit

Konferenz von Bandung Eifer an. Zum ersten Mal seit Brüssel 1927 trafen sich die ehemaligen Kolonien Asiens und Afrikas auf einer Plattform, um Möglichkeiten und Grenzen gemeinsamen Handelns auszuloten (18.–24. April 1955). 23 asiatische und sechs afrikanische Staaten mit 340 Delegierten nahmen daran teil. Sie repräsentierten immerhin über die Hälfte der Weltbevölkerung. Nehru nutzte Bandung zu einer Demonstration gegen den Kolonialismus und für asiatische Solidarität.

Ein weiteres Anliegen Nehrus in Bandung war der Schulterschluss mit China. Indien strebte eine indisch-chinesische Kollaboration an, die zu einem „neuen Asien" führen sollte. Dieses Werben um China war jedoch von vornherein einseitig. Die chinesischen Kommunisten brüskierten Indien, indem sie Nehru einen „Agenten des westlichen Imperialismus" schimpften und ihre Genossen von der Kommunistischen Partei Indiens (CPI) dazu aufriefen, Indien vom „Joch des Imperialismus und seiner Kollaborateure" zu befreien. Als am 24. Oktober 1950 chinesische Truppen in Tibet einmarschierten, reagierte Nehru beschwichtigend. Nach langen Verhandlungen zwischen Indien und China kam schließlich ein „Agreement on Trade and Intercourse between the Tibet Region of China and India" zustande, das am 25. April 1954 unterzeichnet wurde. Dieses Abkommen ist dadurch bemerkenswert, dass seine Präambel die berühmte Panch Sheela enthielt, die fünf Grundsätze, auf denen die internationalen Beziehungen beruhen sollten, wie Nehru sie sich vorstellte: 1. Gegenseitige Achtung der territorialen Integrität und Souveränität; 2. Verzicht auf Aggression; 3. Nichteinmischung in die inneren Angelegenheiten anderer Staaten; 4. Gleichheit und gegenseitiger Nutzen; 5. Friedliche Koexistenz. Nehru gelang es, Punkt 5 der Panch Sheela in den „10 Prinzipien von Bandung" unterzubringen.

In Bandung schieden sich die blockfreien Staaten von den blockgebundenen. Zu den Führern der Blockfreien gehörten fortan neben Nehru und Sukarno Gamal Abdel Nasser aus Ägypten, Kwame Nkrumah aus Ghana. Nach der Konferenz von Bandung stieß noch Marschall Tito aus Jugoslawien zur Blockfreien-Bewegung. Tito war es auch, der sechs Jahre später nach Belgrad einlud, wo die Bewegung der Blockfreien nun auch formell begründet wurde. Doch damals begann schon der Niedergang der Blockfreien-Bewegung, obwohl sie formal bis heute besteht. Kurz nach der Konferenz von Belgrad ließ Nehru die kleine portugiesische Kolonie Goa mit Waffengewalt besetzen, was Punkt 8 der Prinzipien von Bandung widersprach. Auch der Krieg zwischen Indien und China Ende 1962 wurde allgemein als Scheitern der Blockfreiheit angesehen. Schon 1956 allerdings hatte Nehrus Politik an Glaubwürdigkeit verloren, als er unterschiedlich auf die internationalen Krisen in Suez und Ungarn reagierte: Während er die Angreifer Ägyptens schärfstens verurteilte, konnte er sich zu einem entsprechenden Vorgehen in Bezug auf Ungarn nicht durchringen.

Grenzprobleme
mit China 1959 brachte die entscheidende Wende in den indisch-chinesischen Beziehungen. Bis dahin hatte die indische Regierung vor der Öffentlichkeit verheimlicht, was sie selbst erst ein Jahr vorher festgestellt hatte, dass nämlich China schon 1956 eine Straße durch das ferne indische Grenzgebiet Aksai Chin, eine Salzwüste im Grenzgebiet von Pakistan, China, Indien und Tibet, gebaut hatte. In dem folgenden Briefwechsel zwischen Nehru und Tschou Enlai prallten die

beiden gegensätzlichen Grenzauffassungen aufeinander. Indien ging davon aus, dass die Grenzverläufe, die 1914 zwischen den Briten, dem chinesischen Kaiserreich und Tibet ausgehandelt worden waren, weiterhin Bestand hatten. Die Chinesen indessen vertraten die Auffassung, dass die Grenzen in Aksai Chin im Westen sowie in Arunachal Pradesh im Osten nicht geklärt seien und dass ihr Verlauf von Indien und China erst ausgehandelt werden müsse. Regelungen aus der Kolonialzeit hatten für China grundsätzlich keine Gültigkeit.

1959 war das Jahr, in dem der Widerstand der Tibeter gegen die chinesische Besatzung in einem allgemeinen Aufstand gipfelte und die ersten gewaltsamen Grenzzwischenfälle zwischen Indien und China stattfanden. Seit dem Frühjahr 1960 verstärkten beide Seiten ihre Truppen an den Grenzen. Die Lage eskalierte, bis schließlich Anfang Oktober 1962 chinesische Truppen die Grenze im Nordosten, die sog. McMahon-Linie, überschritten. Am 20. Oktober 1962 eröffneten dann auch im Westsektor chinesische Truppen das Feuer. Die indische Gegenoffensive am 14. November scheiterte kläglich. Jetzt schien ganz Nordostindien einer gewaltigen chinesischen Invasion hilflos ausgeliefert zu sein. Nehru geriet in Panik. Am 19. November schrieb er verzweifelt zwei Briefe an den amerikanischen Präsidenten George F. Kennedy, in denen er die Lage als „really desperate" bezeichnete. Noch bevor Kennedy antworten konnte, erklärte jedoch China einen einseitigen Waffenstillstand und begann seine Truppen auf die angeblich ursprüngliche „line of control" zurückzuziehen. Der Grenzverlauf bleibt bis heute umstritten.

Die meisten politischen Kommentatoren meinten, dass damit die Blockfreiheit gescheitert sei, während Nehru weiterhin an dem Konzept festhielt. Aber langfristig hatte der Krieg den Rückzug Indiens aus der Weltpolitik zur Folge, außerdem eine massive Aufrüstung einschließlich eines Atomwaffenprogramms. Nehru persönlich war nach den Ereignissen ein gebrochener Mann. Nach zwei Schlaganfällen 1963 und im Januar 1964 starb er am 27. Mai 1964 am dritten.

Neben China war und ist Pakistan ein Dauergegner Indiens. Der Streit um Kaschmir war Anlass für drei Kriege (1947/48, 1965 und 1999) und ist das Hauptproblem zwischen den beiden Staaten geblieben. Die Umstände der Teilung Kaschmirs sind bis heute umstritten (siehe Kap. II.11), die jeweiligen Grundpositionen unvereinbar. Jedenfalls beruft sich Indien auf die formale Entscheidung des letzten Maharajas, sein Land Indien anzuschließen. Hari Singh hatte lange mit seiner Entscheidung gezögert, bis in der Nacht vom 21. auf 22. Oktober 1947 Pathan-Stammesangehörige, geführt von pakistanischen Offizieren, in Kaschmir einfielen und sich auf die Hauptstadt Srinagar zubewegten. In diesem Moment bat der Maharaja die indische Regierung um Hilfe. Diese verlangte aber seine vorherige Anschlusserklärung, die am 26. Oktober erfolgte. In den frühen Stunden des 27. Oktober wurden indische Soldaten nach Srinagar eingeflogen und hielten die vordringenden Pathan-Krieger auf. Seit Mai 1948 beteiligten sich reguläre Einheiten der pakistanischen Armee an der Invasion, bis sich beide Seiten auf den von den UN geforderten Waffenstillstand einließen (1. Januar 1949).

Das wichtigste Argument Pakistans für seinen Anspruch auf Kaschmir ist die

Verhältnis zu Pakistan, Streit um Kaschmir

Zugehörigkeit der Mehrheit der Bevölkerung zum Islam (77 %). Aber für Indien ist die Religionszugehörigkeit kein Kriterium, denn seine Staatsräson ist der Säkularismus. Die Empfehlung des UN-Ausschusses für Kaschmir vom 13. August 1948, wonach eine Volksabstimmung unter Aufsicht der UNO abzuhalten sei, ist von Indien bis heute nicht ausgeführt worden, da es die Bedingung, dass Pakistan seine Truppen vorher abzieht, nicht erfüllt sieht.

Aber es gab noch andere Streitpunkte zwischen Indien und Pakistan: 1948 warf Pakistan Indien vor, dass es den Fluss Ravi, der für die Wasserversorgung Pakistans lebenswichtig sei, umgeleitet habe. 1950 gab es ein Massaker an Hindus in Ostpakistan. Gegen das Drängen Innenminister Patels, militärisch zu intervenieren, setzte sich Nehru durch, indem er mit Liaquat Ali Khan den Minorities Pact, auch bekannt als Liaqat-Nehru Agreement, aushandelte, der im April 1950 unterzeichnet wurde.

6.2   Kurzes Zwischenspiel: Lal Bahadur Shastri 1964–1966

Nachfolger Nehrus wurde der 60-jährige, bescheiden, ja geradezu unscheinbar (150 cm groß) wirkende, immer in Gandhi-Kleidung auftretende Lal Bahadur Shastri. Seit den zwanziger Jahren war er an zentraler Stelle in der Kongress-Führung tätig gewesen, zuerst in Uttar Pradesh, wo er Nehru kennen lernte, dann auf gesamtindischer Ebene; in den fünfziger Jahren holte ihn Nehru mehrmals als Minister in sein Kabinett; ob er allerdings sein Wunschkandidat als Nachfolger war, ist fraglich.

Shastri versuchte, die Wirtschaft wieder in Gang zu bringen. Ideologisch unbelastet, wollte er statt in Grundindustrien mehr in die Landwirtschaft investieren, statt die Wirtschaft zu kontrollieren, bot er ihr Anreize, angesichts der offensichtlichen Ineffizienz des Öffentlichen Sektors wollte er dem Privatsektor und den ausländischen Investoren mehr Möglichkeiten geben. Auch sollte wieder mehr Entscheidungsbefugnis von der Planungskommission auf die Ministerien und die Unionsstaaten verlagert werden. Politiker, die von Nehru wegen ihrer Kritik an seiner Wirtschaftpolitik kaltgestellt worden waren, holte Shastri wieder zurück, darunter Morarji Desai. Die linke Presse verspottete sie als „Syndicate" und unterstellte ihnen eine Nähe zur Swatantra Party. Die Kritik des linken Flügels der Kongress-Partei und der Kommunisten äußerte sich in drei Misstrauensanträgen im Parlament. Im Februar 1965 gründete Shastri den National Planning Council als Gegengewicht zur Planungskommission. In ihm sollten mehr von der Regierung unabhängige Experten bei der Vorbereitung des 5. Fünfjahresplans vertreten sein. Hätte Shastri länger gelebt, hätte er wohl die Reformen eingeführt, die erst 25 Jahre später, 1991, tatsächlich durchgeführt wurden.

Rann von Kutch   Außenpolitisch fiel in seine Zeit der zweite Krieg mit Pakistan. Schon im April 1965 drangen pakistanische Truppen in das Rann von Kutch an der Westküste im nördlichen Gujarat ein. Es handelte sich um ein etwa 18 000 km² großes Stück Salzmarsch, das zur Hälfte des Jahres überflutet ist. Indien beanspruchte das ganze Rann, weil es zum früheren Fürstenstaat Kutch, inzwischen

Teil Indiens, gehört hatte. Pakistan dagegen betrachtete das Rann von Kutch als einen Meeresarm, auf dem die Grenze entsprechend internationaler Gepflogenheiten in der Mitte verlaufen müsse. Nach dem Waffenstillstand am 30. Juni 1965 einigten sich beide Seiten, den Schiedsspruch eines internationalen Tribunals zu akzeptieren. Dieses entschied am 19. Februar 1968, dass der größere Teil des Rann Indien zufallen solle, einige Stücke Weideland am nördlichen Rand hingegen Pakistan. Der Schiedsspruch wurde von beiden Seiten angenommen.

Muslimische Aufstände in Kaschmir nutzte Pakistan zu einem Angriff in der Hoffnung, diesmal ganz Kaschmir erobern zu können. Stattdessen führte Indien einen massiven Vorstoß bis nach Lahore. Am 23. September kam es zum Waffenstillstand. Die Sowjetunion bot die Stadt Taschkent als Ort für die Friedensverhandlungen zwischen Shastri und dem pakistanischen Präsidenten Ayub Khan an. Anfang 1966 fanden sie statt, und das Ergebnis war die Wiederherstellung des Vorkriegszustandes. Kurz vor seinem Rückflug nach Delhi erlag Shastri einem Herzinfarkt.

6.3 Die erste Regierung Indira Gandhi 1966–1977

Am 19. Januar 1966 wurde Nehrus Tochter Indira Gandhi (1917–1984) zur Premierministerin gewählt. Sie hatte bereits in den 1950er Jahren eng mit ihrem Vater zusammengearbeitet, lange bevor ihr Mann Feroze Gandhi, ein Parse, der mit dem Mahatma nicht verwandt war, 1960 gestorben war. Schon 1959 war sie Präsidentin der Kongress-Partei geworden. Shastri hatte sie zu seiner Presse- und Informationsministerin gemacht. Die Frage ist, ob Nehru schon die Weichen für seine Tochter als Nachfolgerin gestellt hatte. Auffällig ist, dass er schon 1963 einige wichtige Kongress-Politiker ausgebootet hatte, darunter Morarji Desai, der nun bei der Wahl des Premierministers als Gegenkandidat Indiras unterlag.

6.3.1 Kampf um die Macht 1966–1969

In den Wahlen von 1967 gab es Verluste für die Kongress-Partei, Gewinne für die beiden kommunistischen Parteien. Der linke Flügel forderte daraufhin eine radikalere Politik. Am 12. Mai 1967 verabschiedete der Arbeitsausschuss der Kongress-Partei ein 10-Punkte-Programm, in dem die Verstaatlichung wichtiger Bereiche gefordert wurde, wobei man sich auf die Resolution von Avadhi 1955 und die §§ 38 und 39 der „Directive Principles of State Policy" berief.

Indira Gandhi begann nun, den Kongress auf entschiedenen Linkskurs zu bringen, personell und ideologisch. Mitte 1967 machte sie P.N. Haksar zu ihrem Amtschef. Der war nicht nur wie sie selbst Kaschmir-Brahmane, sondern auch Kommilitone aus gemeinsamen Studienzeiten in England, vor allem aber zeichnete er sich durch seine guten Kontakte zum linken Flügel der Kongress-Partei aus. Als ehemaliges CPI-Mitglied besaß er auch dort noch immer Freunde. Aber noch war Indiras Rivale Morarji Desai Finanzminister und Vizepremier.

Am 20. Juli 1969 entließ sie ihn kurzerhand und kündigte zwei Tage später auf dem Verordnungswege die Verstaatlichung der vierzehn Großbanken an. Nun begann der Machtkampf zwischen Indira Gandhi und ihren linken Freunden auf der einen Seite und dem „Syndicate" auf der anderen erst richtig. Als Präsident Zakir Hussein plötzlich starb, brachte sie gegen den offiziellen Nachfolgekandidaten der Kongress-Partei ihren eigenen Kandidaten ins Spiel: den alten Gewerkschaftsführer V.V. Giri. In dem in der Öffentlichkeit ausgetragenen Propagandakrieg scheute Indira Gandhi nicht davor zurück, ihre Gegner Faschisten zu nennen, ein absurder Vorwurf, wenn man bedenkt, dass Morarji Desai ein Altgandhianer und Kamraj eher links orientiert war. Das „Syndicate" antwortete mit dem ebenso absurden Vorwurf, Indira wolle Indien an Russland verkaufen. Am 12. November 1969 kam es zur entscheidenden Kraftprobe: das „Syndicate" schloss Indira Gandhi aus der Kongress-Partei aus, und zwar wegen Disziplinlosigkeit und Missachtung der Parteiführung. Indira Gandhi erzwang daraufhin eine Kampfabstimmung in der Parlamentsfraktion der Kongress-Partei: 220 der insgesamt 283 Unterhausabgeordneten der Kongress-Partei unterstützten sie. Die parlamentarische Mehrheit hatte sie damit allerdings verloren (von insgesamt 523 Abgeordneten). Stattdessen stützte sie sich fortan auf die CPI (46 Stimmen) und auf die Tamilenpartei (DMK). Die Kongress-Partei war damit gespalten: in den Congress (I) (=Indira) und den Congress (O) (=Opposition). In der ersten Sitzung des Parlaments nach der Spaltung stimmte der Kongress (O) zusammen mit Swatantra Party und Jan Sangh gegen die Regierung. Auf Seiten der Regierung waren die CPI, DMK und der Akali Dal.

6.3.2 Verstaatlichungspolitik

Die Verstaatlichung der Banken sollte – so hoffte man – die Regierung in die Lage versetzen, Kredite zu Vorzugsbedingungen gezielt an die Landwirtschaft, an kleine Unternehmen und an die Exportindustrien zu vergeben. Außerdem wollte man das Bankenmanagement besser kontrollieren und private Machtkonzentrationen verhindern. Auch hoffte man, dass sich die private Sparquote erhöhen würde. Die CPI brachte ihre Freude über diese Maßnahme lauthals zum Ausdruck und behauptete, es sei ihre Politik, die Indira Gandhi nun verwirkliche.

Schon damals wurde die Frage gestellt, ob es sich um einen ideologischen Kampf zweier Weltanschauungslager („Progressive" gegen „Rightist") oder um einen persönlichen Machtkampf zwischen Indira Gandhi und den Männern des „Syndicate", an erster Stelle Morarji Desai, handele. Indien müsse sozialistisch werden, meinte Indira Gandhi, auch wenn sie keine dogmatische Sozialistin sei. In Indien bedeute Sozialismus Kampf gegen Armut und Ungleichheit. Im Namen des Sozialismus setzte sie auch die Abschaffung der noch verbliebenen Fürstenprivilegien durch.

Da der Congress (I) im Parlament nun in der Minderheit war, wurden die nächsten Wahlen schon auf das Frühjahr 1971 vorgezogen. Congress (O), Jan Sangh, Socialist Party und Swatantra Party gingen ein Wahlbündnis ein und kämpften mit dem Slogan: „Indira hatao" („Schlagt Indira") gegen den

Congress (I). Dieser reagierte seinerseits mit dem Wahlslogan „Gharibi hatao" („Schlagt die Armut").

Das Ergebnis der Wahlen war ein überwältigender Sieg für Indira Gandhi. Von den 518 Sitzen der Lok Sabha gewann ihr Congress (I) 352, der Congress (O) wurde mit nur 16 Sitzen vernichtend geschlagen (Jan Sangh 22, Swatantra Party 8, CPI 23, CPI(M) 25, SSP 3, PSP 2, der Rest 53). Auch in den Landtagswahlen ein Jahr später siegte die Congress Party (I) in fast allen Unionsstaaten.

Nach diesem überwältigenden Wahlsieg wurden nun zusätzlich zu den großen Banken auch die Versicherungen (1972), die Kohleindustrie (1972), der Getreidehandel, das Transportwesen, die Schifffahrt und andere Schlüsselindustrien verstaatlicht. In der Landwirtschaft wurde die sog. Grüne Revolution eingeleitet, die durch Einsatz moderner Maschinen, Dünge- und Schädlingsbekämpfungsmittel vor allem im Panjab zu beträchtlichen Ertragssteigerungen führte.

6.3.3 Die Naxaliten-Bewegung

Während Indira Gandhi in ihren Reden ständig die Gefahr von rechts beschwor, erwuchs im östlichen Indien tatsächlich eine linksextremistische Bewegung, deren Aktionen zeitweise zu bürgerkriegsähnlichen Zuständen führten: die Naxaliten, benannt nach dem Ort Naxalbari im Distrikt Darjeeling, wo es am 23. Mai 1967 zu einem blutigen Zusammenstoß von Plantagenarbeitern und Kleinbauern mit der Polizei gekommen war, bei der ein Inspektor tödlich verletzt wurde; in den nächsten 52 Tagen kamen insgesamt 18 Menschen zu Tode. Schon seit den späten 1940er Jahren hatten die Kommunisten in dieser Gegend versucht, die Landarbeiter und die Kleinpächter gegen die sog. Jotedars, die traditionellen Landbesitzer, zu mobilisieren. Als in den Wahlen vom März 1967 in Westbengalen die CPI (M) gewann und eine linke Koalitionsregierung bildete, fühlten sich die kommunistischen Führer im Distrikt Darjeeling zu „direkten Aktionen" ermutigt. Unter Führung des Anwalts und Intellektuellen Charu Mazumdar wurden etwa 20 000 Bauern mobilisiert, Bauernkomitees gebildet und bewaffnete Truppen aufgestellt. Sie besetzten Land, verbrannten Dokumente der Grundbesitzer, erklärten alle Hypothekenschulden für nichtig und verurteilten einzelne Landbesitzer zum Tode. Die kommunistische Regierung in Kalkutta war nun in einer schwierigen Lage. Sie verurteilte zunächst die Polizeiaktion, verbot aber zugleich weitere Angriffe der Aufständischen. Als Verhandlungen mit den Naxaliten jedoch erfolglos blieben, stellte sich die CPI (M) ab Juli 1967 offen gegen die Revolutionäre und begann eine innerparteiliche Propaganda gegen „left sectarian tendencies". Sie sah die Vorgänge als Gefährdung ihrer Herrschaft in Westbengalen und verhaftete daher die Führer der Bewegung. Die chinesischen Kommunisten dagegen lobten die Naxaliten und übten scharfe Kritik an der CPI (M). Die Naxaliten kämpften weiter mit Attentaten auf Polizisten, Landbesitzer und Geldverleiher.

Als die Landesregierung als Zeichen der Versöhnung die führenden Naxaliten im Jahre 1969 wieder freiließ, verkündeten diese am 22. April die Grün-

Kommunisten
im Untergrund

dung der Communist Party of India (Marxist-Leninist), CPI (M-L), mit Charu Mazumdar als Generalsekretär. Es war von Anfang an eine Untergrundpartei im bewaffneten Kampf, da legale Parteiarbeit automatisch zum Revisionismus führen müsse. Diese dritte kommunistische Partei hatte eine völlig neuartige Führung, bestehend aus jungen Angehörigen der städtischen Mittelklasse, oft Studenten, die von revolutionärem Geist erfüllt waren. Nun ging es um nichts weniger als eine grundlegende Änderung gesellschaftlicher Verhältnisse. Dies führte dazu, dass die Bauern sich von den Zielen der revolutionären Aktivisten abwendeten, woraufhin sich der Schwerpunkt der Naxaliten-Bewegung mehr und mehr in die Stadt Kalkutta verlagerte. Das Fünf-Punkte-Programm ihrer „Kulturrevolution" sah die Zerstörung von Schulen und Bibliotheken, von Statuen, Götterbildern und Nationaldenkmälern sowie von Klubs, Sporthallen und Eisenbahnzügen vor. Kleinere und mittlere Händler und Kapitalisten sowie die Kader der übrigen „revisionistischen" Parteien sollten ermordet und Kinos und das Informationszentrum der USA überfallen werden. Im März 1970 wurden die Zustände so unhaltbar, dass die Regierung in Delhi die Landesregierung von Westbengalen absetzte und President's Rule verhängte, die zwei Jahre dauern sollte. Trotzdem ging der Terror weiter (im Januar 1971 wurde der Vice-Chancellor der Jadavpur-Universität ermordet), bis im Juli 1972 der Führer Charu Mazumdar schließlich festgenommen wurde. Er starb 12 Tage später in der Haft.

Die Naxaliten-Bewegung blieb trotz schwerster Repression im Untergrund bestehen. Ihre Hauptverbreitungsgebiete sind außer Westbengalen Bihar und Andhra Pradesh.

6.3.4 Krieg mit Pakistan wegen Bangladesh

Ostpakistanische
Sezessionsbewegung

Im Jahre 1971 kam es zu einer schweren außenpolitischen Herausforderung: Pakistans Unterdrückung der ostpakistanischen Sezessionsbewegung. Nachdem die Awami League, die stärkste Partei Ostpakistans, in den Wahlen von Dezember 1970 auch die stärkste Partei ganz Pakistans geworden war, verlangte ihr Führer Sheikh Mujib-ur Rahman die Übernahme der Regierung, wogegen sich die westpakistanischen Führer, vor allem Zulfiqar Ali Bhutto, sträubten. Als die Verhandlungen zwischen der pakistanischen Regierung und Sheikh Mujib-ur Rahman am 25. März 1971 scheiterten, bezeichnete der Präsident Pakistans, General Yahya Khan, am 26. März nach seiner Rückkehr aus Ostpakistan Mujib im Radio als Verräter. Er ließ die pakistanische Armee in Ostpakistan einmarschieren und Mujib sowie viele andere führende Bengalen verhaften. Mit diesem Tag begann der Unabhängigkeitskampf der Ostbengalen. Eine geheime Radiostation „Stimme des unabhängigen Bengalens" erklärte im Namen Sheikh Mujib-ur Rahmans die Ostprovinz Pakistans zur „souveränen, unabhängigen Republik Bangladesh". Am 17. April wurde eine Provisorische Regierung gebildet. Das spielte sich angeblich alles in „Mujibnagar", irgendwo innerhalb Ostbengalens ab, tatsächlich aber wohl in Kalkutta. Dort halfen indische Instruktoren, eine Guerilla-Armee, die Mukti Fauj, später Mukti Bahini genannt, aufzustellen und nach Ostbengalen zu schicken.

Wegen der gewaltigen Flüchtlingsströme war der Krieg in Ostbengalen für Indien in erster Linie ein finanzielles und logistisches Problem. Bis Ende November sollen zehn Millionen Flüchtlinge nach Indien gekommen sein. Indien richtete in Westbengalen, Meghalaya, Assam und Tripura Lager für sie ein. Die Situation barg aber natürlich auch die Gefahr der nationalen und internationalen Destabilisierung in sich. Eine indische Intervention in Ostbengalen schien zunächst wegen des Bündnisses Pakistans mit den USA über die SEATO als undenkbar. Indien musste daher auf anderem Wege versuchen, den Krieg einzudämmen oder vielleicht sogar zu beenden. Bis September 1971 sprach sich Indien noch für eine politische Lösung des Konflikts unter Einbeziehung der Awami League unter Mujibur Rahman aus und stellte die Einheit Pakistans nicht in Frage. Erst im Oktober 1971 änderte Delhi seinen Kurs und entschloss sich zur militärischen Intervention. Das war nur nach einer Reihe von Maßnahmen zur diplomatischen Absicherung dieses Schrittes möglich. Schon im Juni reiste Außenminister Swaran Singh nach Moskau, Bonn, Paris, London und Washington, um das Einfrieren der wirtschaftlichen und militärischen Hilfe für Pakistan zu erreichen. Im gleichen Monat unternahm J.P. Narayan eine Reise in 46 Länder der Welt, um für Unterstützung zur Beendigung des Krieges zu werben. Die westlichen Staaten mit Ausnahme der USA stoppten daraufhin ihre Waffenhilfe für Pakistan. Und schließlich schloss Indien am 9. August 1971 einen „Friedens-, Freundschafts- und Zusammenarbeitsvertrag" mit der Sowjetunion. Das bedeutete eine beträchtliche Abweichung vom Kurs der Äquidistanz als Teil der alten Blockfreiheitspolitik. Indien und die Sowjetunion bildeten somit ein Gegengewicht zur Achse Pakistan–China–USA. Im September unternahm Indira Gandhi selbst eine Weltreise, um andere Staaten mit dem Argument um Mithilfe zu bitten, die pakistanischen Truppen in Ostbengalen bedrohten die Sicherheit und Stabilität Indiens. Doch vor allem die USA waren nicht dazu zu bewegen, politischen Druck auf Pakistan auszuüben, im Gegenteil: Außenminister Henry Kissinger ließ die amerikanische Flotte bedrohlich im Golf von Bengalen kreuzen. Ende Oktober zog Pakistan seine Truppen im Westen zusammen, um Indien direkt zu bedrohen. Der offene Krieg brach aus, als am 3. Dezember 1971 pakistanische Flugzeuge indische Flughäfen in Amritsar, Pathankot, Srinagar und Agra angriffen. Indiens Gegenschlag erfolgt noch in derselben Nacht. Am Tag darauf marschierten indische Truppen in Ostbengalen ein. Schon am 6. Dezember erkannte Indien Bangladesh offiziell an. Am 14. Dezember erfolgte der Schlussangriff der indischen Armee auf die Hauptstadt Dakka. Die pakistanische Armee unter General Niazi kapitulierte am 16. Dezember in Dakka, am 17. Dezember an der Westfront.

Erst im Frühjahr 1972 trafen sich Indira Gandhi und Zulfiqar Ali Bhutto, inzwischen Präsident der Islamischen Republik Pakistan, in Simla zu Gesprächen, die schließlich am 2. Juli zum Simla-Abkommen führten. Darin verpflichteten sich Indien und Pakistan auf eine friedliche bilaterale Lösung ihrer Konflikte. Konkret wurde vereinbart, die eigenen Truppen vom Territorium des anderen abzuziehen und Verhandlungen über den Austausch der Kriegsgefangenen und internierten Zivilpersonen einzuleiten. Die Waffenstillstandslinie von 1949 in Kaschmir wurde formell als Line of Control anerkannt.

Militärische Intervention Indiens

6.3.5 Die JP-Bewegung

Die großen Erwartungen, die Indira Gandhi mit ihren drastischen Maßnahmen und mit den großen Versprechungen ihres Wahlkampfes von 1971 geweckt hatte, wurden in den folgenden Jahren nicht erfüllt. Ab 1974 wuchsen die Probleme bedrohlich an: Die Erdölkrise im Jahre 1973 hatte auch für Indien negative Auswirkungen, dazu kamen eine längere Dürreperiode und die immer stärker um sich greifende Korruption. Offenes Aufbegehren begann mit Studentenunruhen in Gujarat und Bihar, außerdem mit Streiks der Gewerkschaften. Die Regierung verlor zunehmend an Autorität. Schließlich führte die Krise zu einer großen Volksbewegung, an deren Spitze sich Jayaprakash („JP") Narayan stellte.

Anfang 1974 war die Erhöhung der Mensapreise an zwei Universitäten in Gujarat der Auslöser für eine gewalttätige Bewegung gegen die Kongress-Landesregierung unter Shri Chimanbhai Patel. Studenten, Lehrer, Professoren, die Geschäftswelt, die Oppositionsparteien und selbst die Bauern in abgelegenen Dörfern forderten auf Versammlungen, Umzügen und Demonstrationen den sofortigen Rücktritt der korrupten Regierung und die Auflösung des Landtages. Bei einem zufälligen Besuch in Gujarat rief J.P. Narayan die Jugend des Landes dazu auf, sich Ungerechtigkeit und Korruption entgegenzustellen. Mitte März sah sich Indira Gandhi gezwungen, in Gujarat President's Rule verhängen zu lassen.

Zur selben Zeit demonstrierte ein breites Bündnis von Oppositionskräften in Bihar gegen Preissteigerungen und Einkommenssteuer. Am 21. Januar 1974 wurde zu einem Generalstreik aufgerufen. Bemerkenswert ist, dass der Aufruf sowohl von den Kommunisten und den Sozialisten als auch vom Jan Sangh unterschrieben war.

Im Mai 1974 organisierte George Fernandes, damals Präsident der Socialist Party und der All India Railwaymen's Federation, einen Eisenbahnerstreik. 1,5 Millionen Arbeiter nahmen daran teil. Daraufhin ließ Indira Gandhi 20 Gewerkschaftsführer, darunter George Fernandes, und Hunderte von kleineren Funktionären verhaften. Als der Streik am 8. Mai dennoch begann, ließ sie 20 000 Streikende hinter Schloss und Riegel setzen und deren Familien teilweise aus den Dienstwohnungen treiben.

Am 5. Juni 1974 hielt J.P. Narayan vor etwa einer Million Zuhörern auf dem zentralen Platz in Patna eine Rede, in der er zur „Totalen Revolution" aufrief: „Friends! This is a revolution, a total revolution!" [2.12.8: CHANDRA 2003, 45] Im Stil Mahatma Gandhis bereitete er seine Zuhörer darauf vor, Opfer zu bringen. Spätestens von diesem Moment an kann man von der „JP-Bewegung" sprechen. Ihr schlossen sich fast alle großen Oppositionsparteien an: Bharatiya Lok Dal (BLD), die beiden kommunistischen Parteien CPI und CPI (M), die Socialist Party (SP) und der Bharatiya Jana Sangh. Narayan forderte die Oppositionsparteien auf, sich zu einer großen Partei zusammen zu schließen, um ein schlagkräftiges Gegengewicht zur Kongress-Partei zu schaffen. Die Ermordung des Eisenbahnministers im Januar 1975 in Bihar und ein Mordversuch am Chief Justice of India verschärften die angespannte Lage

J.P. Narayan

weiter. Im März 1975 konnte Narayan Zehntausende von Regierungsgegnern zu einem Protestmarsch in der Hauptstadt mobilisieren, auf dem er das „Recht des indischen Volkes auf Verteidigung der Demokratie" einforderte. Morarji Desai trat Anfang April in einen unbefristeten Hungerstreik. Im Juni 1975 verlor die Kongress-Partei die Wahlen in Gujarat.

Da platzte am 12. Juni 1975 ein Schuldspruch des Gerichts von Allahabad gegen Indira Gandhi in die ohnehin aufgeheizte Atmosphäre: Indira Gandhi wurde von dem Richter Jagmohan Lal Sinha in zwei Punkten der Korruption im Wahlkampf von 1971 für schuldig befunden. Sie habe damals Angestellte und Eigentum der Regierung in ihrem Wahlkampf eingesetzt. J.P. Narayan kündigte neue Massendemonstrationen an und rief selbst die Armee auf, von der Regierung keine unmoralischen oder verfassungswidrigen Befehle entgegenzunehmen.

Am 24. Juni 75 wurde das Gerichtsurteil gegen Indira Gandhi durch den Supreme Court bestätigt.

6.3.6 „Emergency" – Indien unter dem Notstandsregime

Indira Gandhi soll damals mit dem Entschluss zum Rücktritt gerungen haben, aber dann riss sie doch das Ruder herum und rief den inneren Notstand („Emergency") aus. Zum Anlass erklärte sie J.P. Narayans Aufruf an Armee und Polizei, den sie als Anstiftung zur Meuterei wertete. In der Nacht vom 25. auf 26. Juni, nachdem sie sich die Bestätigung von Präsident Fakruddin Ali Ahmed geholt hatte, löste sie die Aktion „Hari Aum" aus, mit der sie die demokratischen Regeln außer Kraft setzte. Insgesamt sind während der Emergency 6375 oppositionelle Politiker verhaftet worden, 26 Gruppen sowohl linker als auch rechter („communal") Couleur wurden verboten. Die Zahl aller Verhafteten betrug bald über 100 000, bis August 1975 116 000. Über 800 Tageszeitungen und rund 70 Zeitschriften wurden nunmehr zensiert. Auch die Auslandsjournalisten hatten sich der Zensur zu fügen und wurden anderenfalls ausgewiesen – im ersten Jahr immerhin 10 Personen. | Notstandsmaßnahmen

Mit einer Constitutional Amendment Bill wurden die Begriffe Sozialismus und Nationale Integration in die Präambel der Verfassung eingefügt. In einer Erklärung dazu wurde als Ziel der Regierung angegeben, „to bring about a social and economic revolution in the country". Im Zusammenhang mit den neuen Idealen wurde ein Katechismus fundamentaler Pflichten aufgestellt.

Ein konkretes politisches Programm, das nun mit der diktatorischen Macht hätte verwirklicht werden können, stand aber offenbar nicht zur Verfügung. Ohne Generalplan, ohne Blaupause war Indira Gandhi in die Emergency gegangen. Eilig wurde daher ein Zwanzig-Punkte-Programm zur wirtschaftlichen Ankurbelung aufgestellt. Es hieß, die wirtschaftliche und soziale Revolution sei wichtiger als die parlamentarische Demokratie, die ja ein Relikt des britischen Kolonialismus sei. „Freiheit oder Brot" – beides könne man nicht haben. Disziplin wurde gegen „zügellose Freiheit" gesetzt: Die Behörden wurden zum schnelleren Arbeiten, die Züge zur Pünktlichkeit angehalten. In Bussen und Zügen gab es Fahrscheinkontrollen, Steuern wurden rigoros eingetrieben, Waren mit festen Preisen ausgezeichnet.

Sanjay Gandhi Überraschend und undurchsichtig für die Öffentlichkeit war die Rolle, die Sanjay, der jüngere Sohn Indira Gandhis (1946–1980), in der Emergency spielte. Er war bisher nur dadurch bekannt geworden, dass er vergeblich versucht hatte, eine Autofabrik (Marke Maruti) zu errichten, ein höheres Partei- oder Staatsamt hatte er nie inne gehabt. Erst im November 1976 übernahm er die Führung des Youth Congress. Er erwies sich nun als die starke Persönlichkeit des „Küchenkabinetts", auf das sich seine Mutter stützte.

Sanjay verkündete ein eigenes Fünf-Punkte-Programm, wonach die Familienplanung forciert werden, das Analphabetentum bekämpft, mehr Bäume gepflanzt, die Mitgift abgeschafft und das Kastensystem ausgerottet werden sollten. Andererseits äußerte sich Sanjay gegen Verstaatlichungen und distanzierte sich vom Kommunismus. Das stand im Gegensatz zum allgemeinen Linkskurs Indira Gandhis, der doch von der CPI und von Moskau unterstützt wurde. Im April 1976 sagte Indira Gandhi: „We are striving to provide Indian versions of Socialism and Communism." Hier tat sich ein Widerspruch zwischen Mutter und Sohn auf, der vielleicht ein wichtiger Grund für das Scheitern der Emergency gewesen ist.

Auf das Konto Sanjays ging auch die Sterilisierungskampagne. Jedem Distrikt wurde eine bestimmte Quote von zu vollziehenden Sterilisierungen auferlegt, um das Bevölkerungswachstum zu verlangsamen. Regierungsjeeps fuhren über Land und griffen willkürlich Männer auf, die sie zur Sterilisierung in die Kliniken der nächsten Stadt transportierten. Spektakulär war außerdem die von Sanjay geführte „Slum-Clearing"-Kampagne, bei der die Bewohner illegaler Siedlungen in Delhi nach außerhalb der Stadt deportiert und ihre Hütten dem Erdboden gleich gemacht wurden.

Völlig überraschend kündigte Indira Gandhi am 18. Januar 1977 plötzlich Wahlen für den März an. Die Wahlen fanden am 28. März 1977 statt und endeten mit der Niederlage Indira Gandhis. Indien erwachte aus einem Alptraum und feierte die Rückkehr zur Demokratie als Erlösung.

6.4 „Non-Congressism" an der Macht: Die Regierung der Janata Party 1977–1979

Mit der Wahlankündigung wurden alle Oppositionspolitiker frei gelassen und auch die sonstigen Restriktionen aufgehoben. Kurz darauf trat der Unberührbarenführer Jagjivan Ram aus dem Kabinett aus und tat sich mit dem frisch entlassenen Morarji Desai zusammen, der im „Congress for Democracy" alle nicht-kommunistischen Kräfte zusammenzufassen versuchte. Tatsächlich schlossen sich damals sechs Parteien zur Janata Party (= Volkspartei) zusammen: Congress-O, geführt von Morarji Desai, Ergebnis der Spaltung von 1969; Jan Sangh, geführt von Atul Behari Vajpayee; die Sozialistische Partei (SP); Congress for Democracy (CfD), geführt von Jagjivan Ram; der Congress der „Jungtürken", eine weitere Abspaltung der Kongress-Partei, angeführt von

Chandra Shekhar; Bharatiya Lok Dal (BLD), geführt von Choudhary Charan Singh, gegründet 1974. Der BLD war ein Gemisch aus Bauernpartei, früheren Congress-Mitgliedern, Liberalen aus der früheren Swatantra Party und einigen Splittergruppen aus dem sozialistischen Lager.

In den Wahlen vom März 1977 bekam der Congress nur noch 153 Sitze (gegenüber 350 1971), wobei der Verlust der Stimmen nicht so drastisch war: von 43,06 % 1971 auf 37,43 % 1977. Die Janata Party schnellte aus dem Stand auf 45,06 % und 297 Sitze. Beide kommunistischen Parteien verloren sowohl Stimmen als auch Sitze. Indira Gandhi selbst (36,89 %) verlor ihren Wahlkreis an ihren sozialistischen Gegenkandidaten Raj Narain (53,51 %).

Morarji Desai wurde nun Premierminister, A.B. Vajpayee Außenminister. Er war Gründungsmitglied des Jan Sangh gewesen, 1968–1973 Präsident seiner Partei. Ebenfalls aus dem früheren Jan Sangh stammte Lal Krishna Advani, er wurde nun Minister für Information und Rundfunk. Der Bauernführer Choudhary Charan Singh wurde Innenminister und stellvertretender Premierminister, George Fernandes Industrieminister und Jagjivan Ram Verteidigungsminister.

Die Regierung der Janata Party hielt nur bis Ende 1979, schon vorher war sie praktisch an der Unvereinbarkeit ihrer Bestandteile zerbrochen. Den Hindu-Nationalisten aus dem früheren Jan Sangh wurde vorgeworfen, dass sie vom RSS gelenkt würden. Am 2. Juli 1979 trat Charan Singh aus der Janata Party aus, von allen seinen Ämtern zurück und gründete seine eigene Partei Janata-S (= Secular). Ihm folgten weitere Abgeordnete, wodurch die Janata Party am 11. Juli ihre Mehrheit im Parlament verlor. Nach einigem Gerangel um eine neue Regierung zwischen Charan Singh und Jagjivan Ram löste Präsident Reddy schließlich das Parlament auf und schrieb Neuwahlen für Anfang Januar 1980 aus. Die Wahlen vom 3.–6. Januar 1980 brachten Indira Gandhi eine triumphale Rückkehr an die Regierung.

Das Übergewicht des Jan Sangh an der Janata Party war wohl ein Grund für das Scheitern dieser Regierung, daneben spielten sicher auch persönliche Gründe eine Rolle: Jeder der drei „Senioren der Politik" Morarji Desai, Jagjivan Ram und Charan Singh wollte Premierminister werden.

Langfristig war ein Ergebnis der Regierungszeit der Janata Party die Legitimierung des Hindu-Nationalismus. Mit Atal Bihari Vajpayee hatte sich ein führender Politiker des früheren Jan Sangh als tüchtiger Außenminister profiliert. Ausgerechnet ein Hindu-Nationalist hatte die ersten Reisen eines indischen Außenministers nach Pakistan und China seit den Kriegen mit diesen „Erzfeinden" unternommen. Nach der Auflösung der Janata Party kehrten die Hindu-Nationalisten nicht zum alten Jan Sangh zurück, sondern formierten sich am 6. April 1980 neu zur Bharatiya Janata Party (BJP, Indische Volkspartei). Mit dem neuen Namen signalisierte man auch einen Neuanfang in sozialer und programmatischer Hinsicht. Damit begann der rasante Aufstieg der einstigen Außenseiter zur zweiten großen gesamtindischen Partei, zur einzigen nationalen Alternative zur Kongress-Partei. In der Folgezeit traten eine ganze Reihe prominenter Persönlichkeiten aus Politik und sonstigen Bereichen des öffentlichen Lebens zur BJP über.

6.5 Die zweite Regierungszeit Indira Gandhis 1980–1984

Schwieriges Comeback Nach ihrem Comeback zeigte Indira Gandhi nicht mehr die alte Führungsstärke. Im Zuge der Emergency und der Zeit danach war sie von vielen kompetenten Politikern und Mitarbeitern verlassen worden, so dass sie nun einsam und voller Misstrauen war. Als einziger Vertrauter – mit entsprechender Machtfülle – blieb ihr Sohn Sanjay, bis er am 23. Juni 1980 mit seinem Flugzeug tödlich verunglückte.

So geschwächt, sah sich Indira Gandhi enormen regionalen Konflikten gegenüber. Die Unruhen im Nordosten nahmen dramatische Ausmaße an. Die offen separatistische Bewegung der Nagas wurde unter dem 1980 gegründeten National Socialist Council of Nagaland (NSCN) immer militanter. Der christliche Stamm der Nagas fühlt sich weder ethnisch noch religiös zu Indien gehörig, sondern eher zu Burma. In Assam rührte sich eine fremdenfeindliche Bewegung, die sich gegen die massenhafte Einwanderung von Nepalesen und Bengalen wehrte. Schon seit britischen Zeiten hatten Bengalen die höheren Posten in Verwaltung und Geschäftsleben inne, bei der Teilung Indiens bekamen sie Verstärkung durch bengalische Hindu-Flüchtlinge, und seit der Gründung von Bangladesh strömten auch bengalische Muslime herein, so dass schließlich fast die Hälfte der Bewohner „Fremde" waren. Die Assamesen unter der Führung der All-Assam Students Union (AASU) forderten nun die Repatriierung dieser Zuwanderer. Stichjahr sollte 1951 sein, die Zentralregierung wollte schließlich aber erst das Jahr 1971 gelten lassen. Assam war für Indien wirtschaftlich wichtig: von dort kamen 53 % des indischen Tees, 60 % des Sperrholzes, 30 % der Jute und 50 % des landeseigenen Öls.

Zum persönlichen Regiment von Indira Gandhi gehörte, dass sie immer häufiger und willkürlicher in die Belange der Unionsstaaten eingriff. Missliebige Ministerpräsidenten wurden abgesetzt und durch ihr ergebene ersetzt. In Andhra Pradesh führten diese ständigen Interventionen zur Gründung einer Regionalpartei, nämlich der Telugu Desam Party (März 1982). Gründer war der Schauspieler N.T. Rama Rao. Er schaffte es, nach einem fulminanten Wahlkampf, der ganz auf den Stolz und die Selbstachtung der Andhras abgestimmt war, im Januar 1983 zum Ministerpräsidenten von Andhra Pradesh gewählt zu werden. Damit begann ein allgemeiner Prozess der Regionalisierung des indischen Parteiensystems.

Khalistan-Konflikt Die stärkste Herausforderung für die Regierung Indira Gandhis war aber die Khalistan-Bewegung im Panjab. Das alte Sikh-Problem, das während der Teilungszeit ungelöst geblieben war, machte sich wieder bemerkbar und wuchs sich zu einem gefährlichen Separatismus aus. Die Bildung des Unionsstaats (Union State) Panjabi Suba 1966 hatte einen Teil der Sikhs nicht befriedigt. Als die Sikh-Partei Akali Dal im Oktober 1973 in der sog. Anandpur-Sahib-Resolution mehr Autonomie der Unionsstaaten im Rahmen der Indischen Föderation forderte, wurde das im übrigen Indien praktisch nicht beachtet. Laut dieser Resolution sollten der Zentralregierung nur noch die Bereiche Verteidigung, Auswärtige Beziehungen, Währung und Kommunikation bleiben. Außerdem wurden Ansprüche auf von Sikhs bewohnte Gebiete außerhalb der Panjabi Suba erhoben, um damit einen geschlossenen Sikh-Staat zu erreichen.

Seit den frühen 1970er Jahren aber gingen einzelne Auslands-Sikhs noch viel weiter: sie forderten unter dem Namen Khalistan die völlige Loslösung von Indien, d. h. einen eigenen souveränen Staat der Sikhs. Prominentester Protagonist eines solchen „Khalistans" war Dr. Jagjit Singh Chauhan, der schon 1971 wegen seiner Forderung der Bildung eines unabhängigen Khalistans aus dem Akali Dal ausgeschlossen worden war und seitdem in England lebte. Ebenfalls im Ausland tätig war der Khalistan-Unterstützer Ganga Singh Dhillon, ein US-Bürger und Präsident der Sri Nankana Sahib Foundation Washington. Diese Kräfte richteten 1979 im Goldenen Tempel in Amritsar einen Radio-Sender ein und ließen Anfang 1980 die Khalistan-Fahne hissen. Am 16. Juni 1980 wurde eine „Khalistan-Regierung" proklamiert und ans Ausland appelliert, sie anzuerkennen. Eigene Briefmarken, Geldnoten und Pässe wurden ausgegeben.

Dass diese politischen Clownerien seit 1980 plötzlich ernst und gefährlich geworden waren, war einem bis dahin obskuren Sikh-Priester namens Sant Jarnail Singh Bhindranwale zu verdanken. Als Vorsteher des Dam-Dami-Taksal, eines berühmten Sikh-Hospizes, stilisierte er sich zum Erneuerer der Sikh-Religion, reiste über die Dörfer und forderte die Sikh-Jugend auf, zur Tradition der Khalsa zurückzukehren und sich wieder zu bewaffnen. Ausgerechnet ihn benutzten Indira Gandhi und die Kongress-Partei in den Wahlen für ein neues Landesparlament im Frühjahr 1980, um die Sikh-Wählerschaft dem Akali Dal abspenstig zu machen, nachdem dieser zusammen mit dem Jan Sangh seit 1977 den Panjab regiert hatte. Aber Bhindranwale machte sich im Zuge der Auseinandersetzungen zwischen der Sikh-Sekte der Nirankaris und den Orthodoxen strafbar und musste ins Gefängnis. Das machte sich nun der Akali Dal zunutze und versuchte, indem er seine Freilassung forderte, ihn auf seine Seite zu ziehen, um aus seiner Popularität, vor allem bei den jungen Sikhs, Kapital zu schlagen. Aber Bhindranwale ließ sich weder von der Kongress-Partei noch vom Akali Dal vereinnahmen, sondern entwickelte sich zum eigenständigen politisch-geistlichen Führer. Auslands-Khalistanis und Bhindranwale, unterstützt hauptsächlich von der All-India Sikh Students Federation, steigerten sich gegenseitig mit immer radikaleren Methoden bis zum Terror. Seit Dezember 1983 verschanzte sich Bhindranwale im Goldenen Tempel in Amritsar und steuerte von dort Attentate auf der Basis von „Todeslisten" gegen Repräsentanten des Indischen Staates, gegnerische Sikhs, aber auch gegen Panjab-Hindus. Bis zum 2. Juni 1984 wurden etwa 500 Menschen ermordet, über 1200 verwundet. Im März 1984 begann Bhindranwale, den Goldenen Tempel militärisch befestigen zu lassen.

Der Akali Dal wollte sich im Kampf für die Sikhs nicht übertrumpfen lassen und startete daher im März 1984 eine Kampagne für die Streichung bzw. Änderung des § 25 der Indischen Verfassung, in dem die Sikhs (zusammen mit den Jains und den Buddhisten) unter den Begriff Hindus subsumiert werden.

Indira Gandhi beendete das Treiben schließlich mit der „Operation Bluestar". Vom 4. bis 7. Juni 1984 wurde der Goldene Tempel von indischen Truppen gestürmt. Dabei wurden Bhindranwale und Tausende aufständischer Sikhs ge-

S.J.S. Bhindranwale

tötet, aber auch, da auf Seiten der Aufständischen ehemalige Sikh-Offiziere der indischen Armee kämpften, viele Armeeangehörige.

Diese Aktion hatte tödliche Folgen für Indira Gandhi: Sie wurde am 31. Oktober 1984 von ihren eigenen Leibwächtern – Sikhs – erschossen. Diese Mordtat wiederum löste ein dreitägiges Massaker an Tausenden von Sikhs in der Hauptstadt Delhi aus, dessen Drahtzieher nie zur Verantwortung gezogen worden sind.

In diesem katastrophalen Konflikt kamen verschiedene Faktoren zusammen: Ungeschicktes Intrigenspiel Indira Gandhis, der Größenwahn eines fanatischen Sikh-Priesters und einiger eitler Auslandssikhs; aber auch der lang aufgestaute Groll der Sikh-Bevölkerung wegen der Vorgänge von 1947 und, paradoxerweise: der relativ plötzlich ausgebrochene Wohlstand im Panjab als Folge der „Grünen Revolution". Diesen Wohlstand wollten viele Sikhs nicht mit den anderen Indern teilen.

Als Bilanz der gesamten Regierungszeit Indira Gandhis lässt sich feststellen, dass es ihr zwar gelungen ist, die Einheit und Unabhängigkeit Indiens gegen alle Gefahren von außen und innen zu bewahren, dass sie aber die von ihrem Vater mühsam aufgebauten Strukturen und Institutionen der Regierung und der Kongress-Partei durch ihr persönliches Regiment und durch ihr kurzfristiges Taktieren geschwächt hat.

6.6 Die Regierungszeit Rajiv Gandhis 1984–1989

Rajiv, der ältere Sohn von Indira Gandhi (1944–1991), erfuhr vom Tode seiner Mutter auf einer Wahlkampftournee in Bengalen. Schon am nächsten Tag wurde er von Präsident Zail Singh als neuer Premierminister vereidigt. Also war nun ein Nehru in der dritten Generation auf dem höchsten Regierungsposten, obwohl seine Mutter ihn erst seit 1981, als der jüngere Sohn Sanjay durch Flugzeugabsturz umgekommen war, in der Politik aufgebaut hatte, aus der er sich als Flugzeugpilot bis dahin herausgehalten hatte. In den anschließenden Wahlen errang die Kongress-Partei das beste Ergebnis ihrer Geschichte: 48,1 %, 415 Sitze; vermutlich war das dem Mitleidsfaktor für den seiner Mutter beraubten Rajiv geschuldet (die anderen Parteien: CPI 2,7 %, 6 Sitze; CPM 5,7 %, 22 Sitze; BJP 7,4 %, 2 Sitze).

Rajiv übernahm ein schweres Erbe. Er mußte das Panjab-Problem lösen, aber als ebenso brisant erwies sich der Shah-Bano-Fall, da dieser das Verhältnis des indischen Staats und der Mehrheitsgruppe der Hindus zur größten „Minderheit", den Muslimen, betraf.

Panjab Accord   Zur Lösung des Sikh-Problems erreichte Rajiv im September 1985 den „Panjab Accord" mit dem Akali Dal. Die meisten Abmachungen wurden jedoch nicht erfüllt. In den folgenden Wahlen gewann der Akali Dal die Mehrheit der Sitze im Landesparlament, aber im Mai 1987 musste die Zentralregierung President's Rule verhängen, da die Akali-Dal-Regierung nicht in der Lage war, die Terroraktionen und die Massaker an Hindus zu stoppen. 1990 war der letzte

Höhepunkt der Sikh-Unruhen: Zwischen Januar und Mitte Juli wurden mehr als 1250 Menschen getötet.

Beim Shah-Bano-Fall ging es um die Frage, ob der Unterhalt einer geschiedenen Muslimin namens Shah Bano nach der allgemeinen indischen Strafprozessordnung (§ 125) oder nach dem speziellen islamischen Familienrecht (Muslim Personal Law) geregelt werden solle. Der Supreme Court, wo der Fall schließlich landete, entschied gegen das islamische Familienrecht. Daraufhin inszenierten die Muslim-Liga und der Muslim Personal Law Board eine Massenkampagne in ganz Indien, bei denen es in den großen Städten zu Massenversammlungen und in Westbengalen zum Generalstreik kam. Dort wurde auch ein Islam-Gelehrter, der sich für religiöse Reformen eingesetzt hatte, von einem Muslim-Mob zu Tode gesteinigt. Auf Shah Bano wurde von ihren Glaubensgenossen ein derartiger Druck ausgeübt, dass sie sich schließlich vom Spruch des Supreme Courts, der ja zu ihren Gunsten ausgefallen war, öffentlich distanzierte und bei ihrer Religionsgruppe entschuldigte. Der Generalsekretär der Muslim-Liga reichte einen Gesetzesentwurf im Parlament ein, der die indische Strafprozessordnung im Sinne des Muslim-Rechts ergänzen sollte. Die Regierung Rajiv Gandhi einschließlich ihres muslimischen Innenministers hatte sich die ganze Zeit im Sinne der Entscheidung des Supreme Courts ausgesprochen. Aber angesichts der Wahlen in Assam, wo die Muslime etwa 25 % ausmachen, ließ sich Rajiv umstimmen. Im Mai 1986 trat die Vorlage der Muslim-Liga in Gestalt des „Muslim Woman (Protection of Rights on Divorce) Act" in Kraft. Der Shah-Bano-Fall war ein entscheidender Grund für den Aufstieg des Hindu-Nationalismus in den folgenden Jahren.

Rajiv Gandhi blieb neben allem anderen nicht viel Zeit und Energie für sein eigentliches Anliegen: die Förderung der Hochtechnologie in Indien. Rajiv setzte „technology missions" ein, die bis zum Jahre 2000 modernste Wissenschaft und Technik auf bestimmten Problemfeldern einführen sollten. "In jedem Dorf ein Telefon und ein Fernseher" war das spektakulärste Ziel dieses Programms, womit sich Rajiv den Beinamen „computer boy" zuzog.

Außenpolitisch traf Rajiv Gandhi eine Entscheidung, die ihn später das Leben kosten sollte: die indische Intervention auf Sri Lanka. Seit dem Ausbruch des Bürgerkrieges zwischen Singhalesen und Tamilen auf Sri Lanka im Jahre 1982 waren über 100 000 Tamilen von der Insel ins indische Tamilnadu geflohen. Die indische Regierung betrachtete die Geschehnisse mit großem Missfallen und Beunruhigung. Der Bürgerkrieg könnte auf Indien übergreifen, die Tamilen Indiens und Sri Lankas könnten sich zusammentun und einen eigenen Tamilstaat gründen wollen (tatsächlich kam ein Teil der Unterstützung für die aufständischen Tamilen aus Tamilnadu). Außerdem barg der Konflikt stets die Gefahr internationaler Verwicklung, was nicht im Interesse Indiens liegen konnte. Im Juli 1987 einigten sich Rajiv Gandhi und der srilankische Präsident J.R. Jayawardene auf den Indo-Sri Lanka Accord, wonach zunächst 20 000 Mann Indian Peace Keeping Forces (IPKF) nach Sri Lanka übersetzen und die Lage beruhigen sollten. Die radikalen „Liberation Tigers of Tamil Eelam" (LTTE) waren allerdings von vornherein gegen die indischen „Besatzungstruppen", auf singhalesischer Seite sprach sich die maoistische Ja-

Shah-Bano-Fall

Förderung der Hochtechnologie

Intervention auf Sri Lanka

nata Vimukti Peramuna (JVP) ebenfalls dagegen aus. Das Ziel der Schlichtung des Konflikts wurde in zweieinhalb Jahren nicht erreicht, auch nicht, nachdem die Inder ihre Truppenstärke auf 90 000 erhöht hatten. Es kam stattdessen zu einem zermürbenden Kleinkrieg mit den Kämpfern der LTTE. Am 18. September 1989 wurde schließlich auf Betreiben des neuen srilankischen Präsidenten Ranasinghe Premadasa der Abzug der IPKF vereinbart. Die Inder hatten fast 1500 Soldaten verloren, die LTTE etwa 2200 Anhänger. Die Verluste unter der Zivilbevölkerung werden auf 4000 geschätzt. Mit dem tödlichen Attentat auf Rajiv am 22. Mai 1991 während einer Wahlreise in Tamilnadu übten die Tamil-Tiger späte Rache für die indische Friedensmission.

1989 wurde ein Rüstungsgeschäft mit der schwedischen Firma Bofors bekannt, bei dem Rajiv Gandhi persönlich Schmiergelder kassiert und diese in der Schweiz deponiert haben sollte (außerdem gab es einen Bestechungsskandal im Zusammenhang mit U-Boot-Lieferungen von der Howaldswerke-Deutsche Werft HDW in Kiel). Dieser sog. Bofors-Skandal war der dritte Grund – neben Shah-Bano-Fall und missglückter Friedensmission auf Sri Lanka, - der Rajiv **Wahlen 1989** und seiner Kongress-Partei in den Wahlen Ende November 1989 eine verheerende Niederlage brachte: von den 413 Sitzen blieben ihr noch 195. Sieger der Wahl war das Parteienbündnis National Front (NF), innerhalb derer der Janata Dal mit 144 Sitzen die stärkste Fraktion war. Die NF bildete nun die erste Minderheitsregierung in der Geschichte Indiens, geduldet von der BJP, die von 2 auf 88 Sitze empor geschnellt war (11,6 % der Stimmen), und der CPI, die von 6 auf 43 Sitze gekommen war. Neuer Premierminister wurde der bisherige Oppositionsführer Vishwanath Pratap Singh, Außenminister der frühere Vertraute Indira Gandhis, Kumar Gujral. Die Abwahl von Rajiv Gandhi bedeutete das (vorläufige) Ende der Herrschaft der Nehru-Dynastie.

6.7 Neue Konstellationen 1989–1998

Die neun Jahre zwischen der Abwahl Rajiv Gandhis und der Regierungsübernahme durch die Hindu-Nationalisten waren eine Epoche des Übergangs, in der sich grundlegende Wandlungen der indischen Politik und Gesellschaft vollzogen: In der Innenpolitik waren das 1. der politische Durchbruch des Hindu-Nationalismus (bei gleichzeitigem Niedergang der Kongress-Partei) und 2. der Aufstieg der unteren Kasten (Other Backward Classes (OBC) und Dalits), was sich in der Bildung von eigenen Parteien manifestierte: SP und BSP. Für die Parteienlandschaft war auch 3. die Zunahme der Regionalparteien kennzeichnend. Am wichtigsten und folgenreichsten war jedoch 4. die Öffnung der indischen Wirtschaft im Sommer 1991.

In den neun Jahren gab es fünf Premierminister, mit am längsten regierte Narasimha Rao mit der Kongress-Partei, die durch den Mitleidsbonus nach Rajiv Gandhis Ermordung im Mai 1991 für fünf Jahre wieder an die Macht kam. Die übrige Zeit gab es entweder Minderheitenregierungen (V.P. Singh vom 2.12.1989 bis zum 7.11.1990 und Chandra Shekhar von November 1990 bis zum 7.3.1991) oder instabile Mitte-Links-Koalitionen (Gowde 1996 – April 1997 und Gujral April 1997 – März 1998).

6.7.1 Der Aufstieg des Hindu-Nationalismus

Mit dem Durchbruch bei den Wahlen vom November 1989 begann der Aufstieg der Bharatiya Janata Party (BJP) auf Bundes- und Landesebene. 1991 gewann sie 20 % der Stimmen und 120 Sitze in der Lok Sabha. Bei den gleichzeitig stattfindenden Wahlen für das Parlament des Unionsstaates Uttar Pradesh ging sie mit 34 % der Stimmen und 223 Sitzen als Sieger hervor und bildete die Regierung. Schon vorher hatte sie in den Unionsstaaten Himachal Pradesh, Madhya Pradesh und Rajasthan die Regierungsmacht übernommen.

Dem Durchbruch in den Parlamenten war seit den frühen achtziger Jahren ein allgemeiner Stimmungsumschwung zugunsten des Hindu-Nationalismus vorausgegangen. Dafür gab es verschiedene Gründe: Die von der Regierung Indira Gandhis im Namen des Säkularismus betriebene allgemein als anti-religiös, speziell anti-hinduistisch empfundene Politik; der Separatismus der Sikhs, der sich in scharfer Abgrenzung zum Hinduismus profilierte; und vor allem die Zunahme von religiösen Aktivitäten unter den indischen Muslimen, was sich im Entstehen ganzer Muslim-Stadtviertel mit Koran-Schulen und Moscheen manifestierte, finanziert durch die Überweisungen muslimischer Gastarbeiter aus den Golf-Staaten oder direkt durch Spenden von arabischer Seite. Der Massenübertritt von niedrigkastigen Hindus zum Islam in der südindischen Stadt Meenakshipuram rührte an das alte Trauma der Hindus, von den beiden missionierenden Religionen Islam und Christentum bekehrt zu werden. Der Shah-Bano-Fall war eine weitere Bestätigung für das Unbehagen der Hindus, denn er zeigte, dass die Muslime nicht gewillt waren, auf ihren Sonderstatus zu verzichten, sondern im Gegenteil mit aller Macht dafür kämpften.

Der für das indische Staatsverständnis zentrale Begriff Säkularismus wurde nun zur Diskussion gestellt. Was bedeutete er eigentlich? Benutzte ihn die Kongress-Partei etwa nur, um den Hinduismus zu bekämpfen? Aber statt den Begriff zu verwerfen, stellten die Hindu-Nationalisten ihren eigenen „positiven Säkularismus" dem „Pseudosäkularismus" der Kongress-Partei entgegen: In einem Land, in dem die Religion so tief verwurzelt sei wie in Indien, könne und dürfe Säkularismus nicht heißen, sie zu ignorieren, zu verleugnen oder gar zu bekämpfen. Statt „denial of religion" solle Säkularismus die Gleichheit bzw. Gleichwertigkeit der Religionen bedeuten. Zugleich wurde der von Savarkar in den zwanziger Jahren geprägte Begriff Hindutva wieder belebt. Im Gegensatz zum Begriff Hinduismus, der für Religion im engeren Sinne steht, soll „Hindutva" die in Jahrtausenden geprägte Kultur Indiens bezeichnen

Aber die BJP hätte wohl trotz allem nicht den rasanten Aufstieg erlebt, wenn nicht das Nehru'sche Wirtschaftsmodell sich immer deutlicher als gescheitert erwiesen hätte. Die Staatsindustrie und das Lizenzwesen („Licence Raj") für den privaten Sektor hatten zu Verkrustung, Korruption, Bürokratisierung und letztlich zu wirtschaftlicher Stagnation geführt. Die Autarkiepolitik gegenüber dem Ausland („import substitution") war gescheitert, da sie die indische Indus-

„Positiver Säkularismus"

trie nicht stark und effizient hatte werden lassen, im Gegenteil: Der geschützte Markt hatte ihre Entwicklung gehemmt. Es war die BJP, die sich von Anfang an zum Sprachrohr einer Liberalisierung der indischen Wirtschaft machte.

Sangh Parivar

Außer der BJP gab und gibt es noch eine Reihe anderer Organisationen, die den Hindu-Nationalismus propagierten: Neben dem alten RSS vor allem die Vishva Hindu Parishad (VHP „Hindu-Weltrat"), eine kulturpolitische Organisation, die alle Zweige des Hinduismus organisatorisch zusammenbringen will; außerdem gibt es den Bajrang Dal (= Hanuman-Partei), die Jugendorganisation der BJP. Sie alle bilden zusammen den Sangh Parivar = die Sangh-Familie (die oft dazu gerechnete Shiv Sena, eine regionalistische Partei in Maharashtra, gehört nicht dazu).

Es war die Vishva Hindu Parishad, die durch einige spektakuläre Aktionen Aufmerksamkeit erregte: 1983 durch eine landesweite Gangeswasserprozession (Ekatmata-Yagya =Opfer für die Einheit), bei der Gangeswasser an die Anhänger vor Ort verkauft und durch Wasser aus dem jeweiligen lokalen Fluss oder einer anderen Quelle ersetzt wurde. Ein Jahr später kündigte die VHP „Befreiungsaktionen" an, und zwar ging es um die „Befreiung" von Hindu-Tempeln, die unter den Muslim-Herrschern Indiens in Moscheen verwandelt worden

Ayodhya-Kampagne

waren. Als besonders symbolträchtig wurde schließlich die Babur-Moschee in Ayodhya identifiziert, die seit 1528 an der Stelle stand, an der die Hindus Ramas Geburtsort (Ramjanmabhumi) ausmachten und wo ein Hindu-Tempel gestanden hatte. Die Befreiungsaktionen konzentrierten sich auf diesen Ort. Bei der zweiten massenwirksamen Ayodhya-Kampagne der VHP im Herbst 1989 wurden im ganzen Land Ziegelsteine gesammelt, mit denen der Tempel in Ayodhya gebaut werden sollte. Am 10. November 1989 wurde der Grundstein (*silanyas*) für den Rama-Tempel gelegt, und zwar demonstrativ durch einen Unberührbaren.

Ein Jahr später – im Zusammenhang mit den Mandal-Commission-Empfehlungen – griff die BJP das Thema Ayodhya wieder auf, indem der Parteivorsitzende Advani am 25. September 1990 eine Rama-Wagenprozession (Ram Rath Yatra) startete. Bevor der Zug am 30. Oktober Ayodhya erreichte, wurde Advani verhaftet und Ayodhya abgeriegelt. Dennoch gelangten ca. 50 000 Freiwillige in die Stadt, und Teile des Bauwerks wurden zerstört. Die Verhaftung Advanis führte dazu, dass die BJP ihre Unterstützung der Regierung V.P. Singh aufkündigte, so dass diese stürzte. In den Wahlen im Mai 1991 gewann die BJP 116 Sitze. In Uttar Pradesh stellte sie die Regierung.

Den Höhepunkt der Ayodhya-Kampagne bildete die Zerstörung der Babur-Moschee am 6. Dezember 1992. Einige hundert sog. Kar sevaks machten die Moschee innerhalb weniger Stunden mit primitiven Werkzeugen dem Erdboden gleich. Der Vorfall erschütterte ganz Indien – bei den folgenden Zusammenstößen zwischen Hindus und Muslimen kamen etwa 2000 Menschen beider Religionsgruppen ums Leben –, belastete die Beziehungen mit Pakistan schwer und erregte Empörung in der ganzen Welt.

6.7.2 Mandal Commission Report und die „Other Backward Classes"

Der Separatismus der Sikhs, der Streit über die Stellung der Muslime im indischen Staat und der Aufstieg des Hindu-Nationalismus fallen in Indien unter den Begriff Communalism. Aber auch das Kastenwesen, „castism", wurde in den achtziger Jahren politisch virulent. Nachdem schon in den siebziger Jahren die Unberührbaren begonnen hatten, sich unter der Bezeichnung „Dalits" (Sanskrit: zertreten) zu organisieren und ihre Forderungen geltend zu machen (s.u.), wurde plötzlich im Jahre 1989 durch eine Entscheidung des Premierministers V.P. Singh die Stellung der „Other Backward Classes" (OBC) zum Politikum, das die Nation bewegte. In der Verfassung ist allgemein von Backward Classes die Rede, speziell genannt werden die Scheduled Castes (SC) und die Scheduled Tribes (ST), also die Unberührbaren und die Stämme. Unter „Other" Backward Classes versteht man diejenigen Hindu-Kasten (bzw. die ehemaligen, inzwischen zu anderen Religionen konvertierten Kasten), die in der Kastenhierarchie zwischen den Unberührbaren und den Zweimalgeborenen, also den höheren Kasten stehen. In Südindien ist seit dem 19. Jh. der Begriff Non-Brahmans für sie üblich; sie sind weitgehend mit den Schudras identisch. Am 7. August 1989 verkündete Singh, dass die Empfehlungen der Mandal Commission (MC), die schon 1980 der Regierung vorgelegt worden waren, umgesetzt werden sollten.

Die Mandal Commission war zu dem Ergebnis gekommen, dass 52 % der Bevölkerung unter den Begriff OBC fielen und somit durch Reservierung von Ausbildungsplätzen und Regierungsstellen gefördert werden müssten. Da aber dieser Anteil zusammen mit den in der Verfassung schon garantierten 22,5 % für die SC und ST 74,5 % ergeben würde, was die 50 %, die die Verfassung als Obergrenze für Reservierungen vorsah, weit überschritten hätte, schlug die Mandal Commission vor, nur 27 % für die OBC zu reservieren, so dass der Gesamtanteil der Reservierungen 49,5 % ergeben würde. Außer Reservierungen schlug die Mandal Commission spezielle Bildungseinrichtungen in Regionen mit besonders hohem OBC-Anteil vor und forderte langfristig eine umfassende Landreform.

Reservierungen für die OBC

Über die Hintergründe, die V.P. Singh zu diesem politischen Paukenschlag bewogen haben mögen, herrscht bis heute Unklarheit, aber die Folgen sollten sich bald zeigen: An den Universitäten gab es laute Proteste unter den Studenten, die sich damals mehrheitlich aus den höheren Kasten rekrutierten. Ihre Studienmöglichkeiten wurden durch die Blockierung von fast 50 % der Studienplätze noch weiter als bisher schon eingeschränkt. Höhepunkt der Proteste waren öffentliche Selbstverbrennungen: In Nordindien versuchten zwischen dem 19. September und 16. Oktober 160 junge Leute, Selbstmord zu begehen. Doch der Supreme Court bestätigte 1993 den Beschluss der Regierung V.P. Singh. Inzwischen aber war diese längst abgewählt, und es regierte wieder die Kongress-Partei. Von V.P. Singhs Janata Dal spaltete sich im Oktober 1992 ein Teil ab und gründete im Namen der OBCs die Samajwadi Party (SP). Tatsächlich waren die Yadavs die Träger dieser Partei, eine Bauernkaste, die im östlichen UP und Bihar konzentriert ist. Ihr Führer war Mulayam Singh Yadav, und die Partei stand in der Tradition des „Indischen Sozialismus". In den Lok-Sabha-Wahlen von 1996 gewann sie 17 Sitze (72,7 % aller Yadavs wählten die SP), 1998 20 Sitze. Im UP-Parlament bekam sie 1995 110 Sitze und wurde nach der BJP zweitstärkste Partei.

6.7.3 Der Aufstieg der Dalits

Etwa 22 % der indischen Bevölkerung sind Unberührbare. Die meisten Unberührbaren sind landlose Arbeiter oder arme Bauern. Die größte Unberührbaren-Kaste, die Chamars, stellen etwa 10–12 % der Gesamtbevölkerung und damit mehr als die Hälfte der Unberührbaren. Bei den Wahlen hatten die Unberührbaren stets ihre Stimme der Kongress-Partei gegeben (1967 stellten sie 45,2 % aller Stimmen für den Kongress, 1971 47,8 % und 1980 52,8 %). Sie galten als sicherer Stimmenblock (*vote bank*) der Kongress-Partei. Aber 1989 wählten sie zum ersten Mal ihre eigene Partei, die Bahujan Samaj Party (BSP, Bahujan Samaj bedeutet so viel wie Mehrheitsgesellschaft) unter der Führung von Kanshi Ram. Aus dem Stand erzielte diese Partei in den Wahlen zur Lok Sabha Ende 1989 9,9 % der Stimmen, was ihnen zwei Sitze im Parlament einbrachte. In den Wahlen zum Landesparlament in UP bekamen sie 9,4 % und 13 Sitze.

Kanshi Ram Gegründet worden war die BSP 1985 von Kanshi Ram, einem Chamar, dessen Eltern – für Unberührbare ungewöhnlich – etwas Land besaßen und dessen Vater bereits zur Schule gegangen war. Kanshi Ram selbst erreichte einen Universitätsabschluss und kam danach über einen für die Scheduled Classes reservierten Platz in die indische Verwaltung. Schon in den 1970er Jahren hatte er eine Art Dalit-Gewerkschaft gegründet unter dem Namen „All-India Backward and Minority Employees Federation", also für mehr als nur die Unberührbaren. Ihr Motto lautete: „Educate, Organise and Agitate". Die Botschaft der neuen Partei war sehr einfach: die selbstsüchtige Regierung einer 10 %-Minderheit beherrsche die restlichen 90 % der Inder. Auf seinen Propaganda-Touren durch Nordindien zeigte Kanshi Ram hauptsächlich Bilder und Filme über das Leben und die Ideen Ambedkars, seines historischen Vorbilds. Durch den Aufstieg der Dalits erlebte das Gedenken an Ambedkar in den 1980er Jahren eine Renaissance, was sich in unzähligen Statuen und Namensgebungen äußerte. Laut Kanshi Ram befinden sich seine Partei und die Dalits allgemein in einem Kampf gegen die sog. Manuwadis, also die Vertreter des Kastensystems, wie es in dem altindischen Gesetzbuch des Manu kanonisiert worden ist. Schon 1992 wurde die BSP Juniorpartner in einer Koalition mit der Samajwadi Party (SP) in Uttar Pradesh, die allerdings nach zwei Jahren schon wieder auseinander brach, weil es nur begrenzt Gemeinsamkeiten zwischen den beiden Parteien, dagegen viele Reibungspunkte gab. Die Samajwadi Party der Yadavs führte bei der Kandidaten-Aufstellung einen aggressiven Verdrängungskampf auf Kosten der Dalits aus der BSP. Ein Grund bestand darin, dass viele Landbesitzer in UP inzwischen Yadavs waren, die Basis der SP, und unter ihnen musste ein Großteil der Unberührbaren genauso leiden wie unter den vormals hochkastigen Landbesitzern.

1995 wurde Mayawati, Kanshi Rams „Leutnant" und treueste Anhängerin, Ministerpräsidentin von UP – die erste „unberührbare" Ministerpräsidentin in einem indischen Unionsstaat überhaupt. Aus strategischen Gründen wurde ihre Minderheitenregierung von den Hindu-Nationalisten (BJP) gestützt. Mayawati konnte sich zwar nur vier Monate halten, aber in der kurzen Zeit versuchte sie, so viele Vorteile für ihre Kastengenossen herauszuholen wie möglich: durch Platzierung von Beamten in den oberen Reihen der Verwaltung und Regierung und durch schnellere Beförderung von Scheduled-Castes-Beamten. Der Vorwurf, dass Kaste vor Leistung stehe, wurde nun gegen die BSP-Regierung erhoben.

1997 folgte eine zweite Amtszeit für Mayawati, diesmal in Koalition mit der BJP. In UP ist die Kongress-Partei seit 1989 in den Wahlen zum Zentralparlament (Lok Sabha) und auch zum Landesparlament (Vidhan Sabha) praktisch marginalisiert worden (bis 2009). 1984 hatte sie noch 83 von den 85 Sitzen, die UP in der Lok Sabha stellt, gewonnen – bei einem Stimmenanteil von 51 %; 1989 waren es nur noch 15 Sitze (bei 32 % der Stimmen); 1996 schrumpfte der Kongress auf 5 Sitze und 7 % der Wählerstimmen. Während die höheren Kasten zur BJP gegangen waren, liefen die Unberührbaren zur BSP, die OBC zur SP über.

6.7.4 Die Liberalisierung der indischen Wirtschaft

Die Öffnung der indischen Wirtschaft durch Beschluss der neuen Regierung Narasimha Rao am 21. Juni 1991 ist eins der wichtigsten Daten der neueren indischen Geschichte. Es ist wohl nicht übertrieben, von einer indischen Wende zu sprechen. Unmittelbarer Anlass war ein drohender Staatsbankrott, der die Regierung dazu zwang, endlich die längst überfälligen Strukturreformen einzuleiten, die nötig waren, um die Wirtschaft aus der Zwangsjacke von Wirtschaftsplanung und Kontrollen zu befreien.

Schon seit den frühen 1980er Jahren stagnierte sowohl die Industrie- als auch die Agrarproduktion. Die Politik der Importsubstitution, abgesichert durch Handelsbeschränkungen und Schutzzölle, hatte außerdem zu einem beträchtlichen technologischen Rückstand geführt. Auch gegenüber den asiatischen Nachbarn fiel Indien in den 1980er Jahren deutlich zurück.

Der 2. Golfkrieg 1991 führte zu einer dramatischen Verschärfung der Krise: Durch die Evakuierung der indischen Arbeitsmigranten fielen ihre Überweisungen nach Hause weg, die Ölimporte verteuerten sich. Das Defizit im Staatshaushalt stieg auf 8,3 % des Bruttosozialprodukts. Unter dem Eindruck der kurzfristigen Verbindlichkeiten Indiens in Höhe von 70 Mrd. Dollar musste die neue Regierung handeln. Premierminister Narasimha Rao ernannte Manmohan Singh zum Finanzminister. Singh war ein ehemaliger Berater der Weltbank, der wusste, was zu tun war, um die Kreditwürdigkeit bei der Weltbank oder beim IWF wiederzuerlangen. Schon kurze Zeit nach dem Amtsantritt Singhs gewährte die Weltbank weitere Kredite, so dass der Staatsbankrott in letzter Minute abgewendet werden konnte. Mit dem „Statement on Industrial Policy" vom 24. Juli 1991 wurde als erste konkrete Maßnahme

Haushaltskrise

das Lizenzsystem (Industrial Licensing Policy) bis auf wenige Ausnahmen abgeschafft. Weitere Maßnahmen folgten: der Binnenmarkt wurde dereguliert, Standortgenehmigungen waren nicht mehr nötig, der Staatshaushalt wurde ausgeglichen, der Außenhandel liberalisiert. Mit der „Neuen Wirtschaftspolitik" (NEP) sollte die Industrie von unnötiger Bürokratie befreit („Liberalisation"), bisher für den Public Sector reservierte Industrien für private Unternehmer geöffnet („Privatisation") werden. Durch die Ermöglichung von ausländischen Direktinvestitionen (bis zu 51 % Anteil an indischen Betrieben) sollte Indien Anteil an der Weltwirtschaft bekommen („Globalisation"). Dazu gehörte auch die freie Konvertierbarkeit der Rupie.

Die Liberalisierungspolitik war aber nicht ohne Schwierigkeiten durchführbar, denn es gab kein langfristig ausgearbeitetes Konzept. Die indische Bürokratie war unvorbereitet und zum Teil unwillig und unfähig, sich so radikal umzustellen. Es fehlte auch nicht an Kritik: vor allem von Gewerkschaftsseite wurde vor den sozialen Folgen gewarnt. Das Tempo der Reformen war daher in den ersten Jahren nach Ansicht der Wirtschaftsfachleute zu langsam. Die Wirtschaft dagegen reagierte auf die Liberalisierung sehr schnell positiv, die Wachstumsrate stieg in den Jahren 1992/93 bis 1998/99 auf durchschnittlich 6,55 %; die „Asiatische Wirtschaftkrise" der späteren neunziger Jahre ging an Indien fast spurlos vorüber. Der Zufluss ausländischer Direktinvestitionen verdoppelte sich jedes Jahr.

6.8   Die Hindu-Nationalisten an der Macht (1998–2004)

Am 18. März 1998 trat die erste Regierung der Hindu-Nationalisten unter A.B. Vajpayee an. Als bereits nach einem Jahr einer der 18 Koalitionspartner absprang, sah die Kongress-Partei, die inzwischen von Sonia Gandhi, der Witwe Rajiv Gandhis, geführt wurde, ihre Chance, wieder an die Macht zu kommen. Doch bei den Neuwahlen im Herbst wurde die BJP bestätigt, brauchte allerdings diesmal noch mehr Koalitionspartner. Diese National Democratic Alliance (NDA) gewann zusammen 301 Sitze (von insgesamt 543), die BJP alleine kam auf 182 Sitze und hatte 23,7 % aller Stimmen bekommen. Mit dem Wahlergebnis vom Herbst 1999 bestätigte sich, was schon im Frühjahr 1998 eingeleitet worden war: ein Erdrutsch in der indischen Politik. Der Aufstieg der BJP, die ja erst 1980 gegründet worden war, zur stärksten Einzelpartei (was die Mandate betrifft) und schließlich zur Regierungspartei war ein beachtlicher Erfolg, der jedoch sowohl in Indien als auch im Ausland zunächst Alarm und Besorgnis auslöste. Das Ausland sah sich in seiner Sorge bestätigt, als die neue Regierung schon im Mai 1998 einige Atomsprengsätze zünden ließ. In Indien war diese Entwicklung dagegen äußerst populär, und zwar in allen politischen Lagern. Weitere Nahrung bekam das Negativ-Image der BJP-Regierung durch die Drangsalierung und Verfolgung von indischen Christen im Unionsstaat Gujarat und durch den Mord an einem aus Australien stammenden christlichen Missionar und seinen beiden Söhnen in Orissa.

Drei Jahre später, Ende Februar 2002, erschütterten blutige Zusammenstöße zwischen Hindus und Muslimen (Communal Riots) in Gujarat noch einmal Indien und die übrige Welt. Ein Eisenbahnzug mit von Ayodhya zurückkehrenden Hindu-Pilgern wurde auf dem Bahnhof von Godhra, einer kleinen Stadt kurz vor Ahmedabad, von Muslim-Terroristen überfallen, 58 Menschen starben in den Flammen. Das war der Auslöser für massive Ausschreitungen gegen Muslime in Ahmedabad und anderen Städten Gujarats, die etwa vier Wochen andauerten. Die Zahlenangaben über die Todesopfer schwanken zwischen 750 und 2000, rund 100 000 Menschen wurden vertrieben und vorübergehend in Auffanglagern untergebracht. Die öffentliche Diskussion kreiste vor allem um die Frage der Verantwortung des Ministerpräsidenten Narendra Kumar Modi (BJP), dem vorgeworfen wurde, nicht energisch und schnell genug den wütenden Mob gestoppt zu haben (siehe Kap. II.13).

Positiv zeichnete sich die Vajpayee-Regierung durch die energische Fortführung und Intensivierung der wirtschaftlichen Liberalisierung aus. Dagegen spielten die Themen der sog. Hindu-Agenda kaum eine Rolle, also die Einführung eines Common Civil Code, der umfassende Schutz der „Heiligen Kuh", eine *nationale* Bildungspolitik, die Förderung des Hindi und die vollständige Integration Kaschmirs.

Schon seit 1989 wurde Kaschmir dauernd von schweren Unruhen erschüttert, aufständische Gruppen versuchten, durch Terroranschläge entweder den Anschluss an Pakistan oder die politische Selbstständigkeit durchzusetzen, was wiederum eine ständig wachsende Präsenz indischer Truppen nach sich zog. Die indische Regierung beschuldigte Pakistan, hinter den Unruhen zu stehen.

Beziehungen zu Pakistan

Entgegen den Befürchtungen der Kritiker, dass mit dem Regierungsantritt der BJP die Beziehungen zu Pakistan noch schlechter werden würden, versuchte Ministerpräsident Vajpayee ernsthaft, einen Ausgleich mit Pakistan zu finden. Mit seiner spektakulären Busfahrt nach Lahore am 20. Februar 1999 sollte eine Entspannung zwischen Indien und Pakistan symbolisch eingeleitet werden. In der „Erklärung von Lahore" versprachen sich der pakistanische Premierminister Nawaz Sharif und Vajpayee, die Beziehungen zwischen beiden Ländern zu verbessern, insbesondere alle Konflikte einschließlich der Kaschmir-Frage friedlich zu lösen. Tatsächlich fanden in den folgenden Wochen in einem Hotel in New Delhi Geheimgespräche über eine mögliche Lösung des Kaschmir-Konfliktes statt. Doch Anfang Mai 1999 wurden sie abrupt beendet, als um den abgelegenen Ort Kargil im äußersten Norden von Kaschmir von pakistanischer Seite Schießereien begonnen wurden, die sich zu erbitterten und verlustreichen Gefechten zwischen beiden Seiten auswuchsen. In Indien waren die Enttäuschung und die Empörung groß. Man fragte sich, ob im Februar, als Vajpayee in Lahore mit Nawaz Sharif verhandelte, von den Militärs schon die Kargil-Aktion vorbereitet worden war und ob Nawaz Sharif davon gewusst habe, oder ob die Militärs ohne Wissen Nawaz Sharifs gehandelt hätten (heute wissen wir, dass Nawaz Sharif von General Pervez Musharraf hintergangen wurde). Auf Druck der amerikanischen Regierung Clinton zog Nawaz Sharif die pakistanischen Truppen aus Kargil zurück, was wiederum die Ursache für den Militärputsch General Musharrafs im Oktober desselben Jahres war.

Verhältnis zu den USA Angesichts des islamistischen Terrors in der Welt schwenkten die USA zu Indien als ihrem bevorzugten Partner in Südasien über. Indien und die USA wollten nun „50 Jahre Entfremdung" überwinden. Die Blockfreiheit war vergessen, die Sowjetunion aufgelöst, und außerdem hatte Indien seine Märkte geöffnet. Damit war der Weg frei für ein neues Verhältnis zwischen den beiden „größten Demokratien der Welt". Die USA strebten eine „strategische Partnerschaft" mit Indien an. Doch der 11. Septembers 2001 bedeutete auch für Südasien und speziell für Indien eine neue Situation. Die USA machten erneut eine Kehrtwendung: zurück zu ihrem alten Verbündeten Pakistan, der nun als Nachbar Afghanistans von größter strategischer Bedeutung war.

Unter dem Eindruck des 11. September in New York nahm die Welt kaum wahr, dass wenige Monate später in Indien ein ähnlicher Anschlag stattfand. Am 13. Dezember 2001 wurde auf das indische Parlament ein Anschlag verübt, der zwar sein Ziel, ein Blutbad unter der politischen Elite Indiens anzurichten, verfehlte, aber Südasien an den Rand eines Atomkriegs brachte. Die indische Truppenmobilisierung gegen Pakistan war die größte seit dem Bangladesh-Krieg von 1971. Erst auf amerikanischen Druck hin kündigte Musharraf die Verhaftung von 300 islamischen Extremisten und das Verbot radikaler Organisationen an. Trotzdem kam es schon Mitte Mai nach dem Überfall muslimischer Rebellen auf ein Armeelager südlich der indischen Stadt Jammu zu einer zweiten schweren Konfrontation. Die indische Regierung erwog eine Offensive gegen Pakistan auf breiter Front, aber Abgesandte der UN-Sicherheitsratsmitglieder beschworen Vajpayee, nicht den äußersten Schritt zu tun.

In den vorgezogenen Wahlen von Mai 2004 verlor die von der BJP geführte Allianz. Was die BJP und die Kongress-Partei angeht, verloren beide nur geringfügig (22,16 % und 26,69 %). Es waren die Koalitionäre und das Mehrheitswahlrecht, die die Wahl entschieden.

II. Grundprobleme und Tendenzen der Forschung

1. Grundlagen

1.1 Indiens Ort in der Weltgeschichte

Die indische Geschichte gehört nicht zum traditionellen Kanon der Weltge- Indien kein Teil des traditionellen Kanons schichte, wie sie seit dem 19. Jh. in Europa gelehrt worden ist. Hegel setzte den Maßstab mit seinem Diktum, dass die Geschichte Chinas und Indiens Vorgeschichte sei. Nach Hegel ist Geschichte nur das, was unmittelbar zur modernen Welt Europas geführt hat. Dazu gehören zwar Ägypten und die altorientalischen Kulturen als Vorläufer des alten Griechenlands, aber eben nicht Indien und China, und auch nicht die islamische Welt, von Altamerika und Afrika ganz zu schweigen. Bis heute spiegelt die Struktur unserer Historischen Seminare diesen Kanon wider: Alte Geschichte bedeutet Griechenland und Rom, Mittelalter heißt Italien und Europa nördlich der Alpen, die Neuzeit spielt sich hauptsächlich in Mittel- und Nordwesteuropa ab, das sich zur „westlichen Welt" ausweitet, schon Russland hat eine Sonderstellung. Diesem Schema wurde und wird der Vorwurf des „Eurozentrismus" gemacht. Dabei fühlte man schon im späten 19. Jahrhundert, als immer mehr Kulturen außerhalb dieses Schemas entdeckt und erforscht wurden, das Bedürfnis, auch diese in eine Gesamtdarstellung der Menschheitsgeschichte mit einzubeziehen. Aber alle Versuche führten doch immer nur zu einer Addition, einer Aneinanderreihung der verschiedenen „Geschichten", ohne dass man sie sinnvoll in einen historischen Zusammenhang integriert hätte. Der vorläufig letzte – und in diesem Sinne gescheiterte – Versuch einer „neuen Universalgeschichte" war die populäre Propyläen-Weltgeschichte, erschienen zwischen 1960 und 1964. Das seit Generationen benutzte Nachschlagewerk „Der Große Ploetz der Weltgeschichte" folgt weiterhin dem Hegel'schen Kanon. Zwar kann auch er die „außereuropäische" Geschichte nicht mehr ignorieren, aber sie wird in den neueren Auflagen in einem eigenen Teil an den Hauptteil angefügt, steht also weiterhin separat.

Indien wird in den alten „Weltgeschichten" nur bis zum Einbruch des Islams Kontinuität in der indischen Geschichte? als eigenständige Kultur behandelt; seine Geschichte ab dem 13. Jh. findet man als Anhängsel der islamischen Welt, und ab dem 18. Jh. ist es Teil des Britischen Kolonialreichs. Das entspricht der alten Einteilung in Hindu-, Muslim- und Britisch-Indien. In der Fischer-Weltgeschichte, die ganz unprätentiös einzelne Regionalgeschichten aneinanderreiht, reicht der Band über Indien bis ins 18. Jahrhundert. Die Zeit danach wird in dem Band „Die Kolonialreiche" behandelt. Aus diesen Einteilungen bzw. diesem Auseinanderreißen ergibt sich die Frage nach einer Kontinuität indischer Geschichte, die bis heute nicht nur die Historiker, sondern auch die Politiker beschäftigt. Gibt es überhaupt eine durchgehende indische Geschichte, oder sind die Brüche so stark, dass wir es mit jeweils völligen Neuanfängen zu tun haben? Damit hängt auch die Frage zusammen, auf welche Vergangenheit sich das heutige Indien beziehen soll. Während bisher Muslim-Indien nur von den Hindu-Nationalisten als eine Zeit der Fremdherrschaft und damit als Fremdkörper betrachtet wird, sind sich anscheinend alle über die britische Kolonialzeit als Fremdherrschaft einig, obwohl das unabhängige Indien gerade mit dieser Epoche am engsten verbunden ist.

Von den Herausgebern der New Cambridge History of India wird bezweifelt, dass es überhaupt noch eine narrative Gesamtdarstellung der indischen Geschichte geben könne, zu groß seien inzwischen Überspezialisierung, Deutungsvielfalt und das Gegeneinander der verschiedenen Schulen. Statt also aus einer fortlaufenden Erzählung wie bei ihrer Vorgängerin aus den zwanziger Jahren besteht die neue Cambridge History of India (NCHI) aus lauter Monographien über einzelne Themen [Editor's Preface, nach 2.7.4: FÖRSTER, 25].

Seit dem 16. Jh., dem Beginn der Expansion Europas, verdichten sich die weltweiten, „globalen", Zusammenhänge immer schneller und intensiver. Indien bzw. Asien als – neben Amerika – wichtigstes Ziel der europäischen Expansion spielt in der neuen Gattung der Globalgeschichte eine nicht geringere Rolle als Europa. Es ist daher bezeichnend, dass es u. a. ein Indien-Historiker und ein China-Historiker sind, die Globalgeschichten der Neueren Zeit (des „langen" 19. Jh.) vorgelegt haben: C.A. BAYLY [Die Geburt der modernen Welt. Eine Globalgeschichte 1780–1914, Frankfurt/M 2006] und J. OSTERHAMMEL [Die Verwandlung der Welt. Eine Geschichte des 19. Jahrhunderts, München 2009].

1.2 Moderne Geschichte Südasiens als neue akademische Fachrichtung

Neues Interesse an der „Dritten Welt" — In den späten 50er Jahren des 20. Jh. erwachte ein weltweites Interesse an der modernen indischen Geschichte, angefacht durch die Aktualität der sog. Dritten Welt, als deren brennendstes Problem die „Unterentwicklung" erkannt wurde. Die Unterentwicklung als Folge der ausbleibenden Modernisierung bekam durch die Rivalität zwischen dem Westen und dem Ostblock politische Brisanz. Indien war das prominenteste Land der Dritten Welt, und welchen Weg es gehen würde, ob den kapitalistisch/marktwirtschaftlichen oder den kommunistischen, würde – nach damaliger Ansicht – die Entwicklung der gesamten Dritten Welt und damit vielleicht sogar den weiteren Verlauf der Weltpolitik bestimmen. Im Zuge dieses Interesses entstanden in den USA eine ganze Reihe von Professuren und anderen Forschungseinrichtungen, die sich der modernen Geschichte Indiens widmen sollten. Ihr Erkenntnisinteresse lautete: Welche historischen Faktoren haben zur „Rückständigkeit", zum Ausbleiben der Modernisierung, kurz: zur Unterentwicklung geführt? Auch in der alten Bundesrepublik verdankte das Südasien-Institut der Universität Heidelberg diesem Trend seine Entstehung (1962).

Die traditionelle, unter dem Namen „Indologie" bekannte Wissenschaft von Indien konnte dafür keinen Anknüpfungspunkt bieten, da sie damals noch –

getreu dem Gesetz, nach dem sie angetreten – ganz altertumskundliche Sans-
kritphilologie war. Die Indologie geht letztlich auf die von Warren Hastings und   Indologie
Sir William Jones gegründete Asiatic Society of Bengal aus dem Jahre 1784
zurück (siehe Kap. I.3.2.3 u. II.6), bekam aber im frühen 19. Jahrhundert in
den deutschen Ländern einen besonderen Charakter, den sie bis heute nicht
verleugnen kann: Es war die romantische Bewegung, die im antiken Indien
die Wiege der Kultur, im Sanskrit die Mutter aller Sprachen zu sehen wähnte.
Ihre Gegenstände waren daher vor allem Grammatik, Literatur, Religion und
Philosophie. Die Indologie betrachtet Indien von den Ursprüngen her, Ausgangspunkt ist das älteste literarische Zeugnis der Indo-Arier, der Rigveda. Sie
bewegt sich nur im Rahmen der Hindu-Kultur, und ihr Interesse pflegte – bis
vor Kurzem jedenfalls – spätestens mit dem Untergang des letzten Hindu-Groß-
reichs Vijayanagara 1565 zu enden, wie es z. B. C. LASSEN vorgab [Indische
Altertumskunde, 4 Bde. Bonn 1847–61].

Im selben Jahre 1818, als in Deutschland mit der Gründung des Bonner
Lehrstuhls für August Wilhelm Schlegel die Indologie ihren Siegeszug begann,
schlug England einen anderen Weg ein. James Mill verkündete in seiner „The
History of British India" die utilitaristische und evangelikale Auffassung, dass
die altindische Kultur nicht wert sei, studiert zu werden, da die alten Inder
„doch in Wirklichkeit nur einige der ersten Schritte auf dem Wege zur Zivilisation gemacht haben". Für die britischen Indien-Historiker der Kolonialzeit   Kolonialgeschichte
war indische Geschichte weitgehend identisch mit ihrer eigenen Geschichte in
Indien.

Damit waren für über ein Jahrhundert die Weichen für die Indienforschung
gestellt: Während in Deutschland im Laufe des 19. Jh. praktisch an jeder Universität – und das gilt cum grano salis auch für die Nachbarländer auf dem
Kontinent – eine Professur für Indologie gegründet wurde, gab es in Großbritannien davon nur zwei: in Oxford und in Edinburgh (die bezeichnenderweise
meist mit Deutschen besetzt waren).

Im Gegensatz zu diesen Ansätzen des 19. Jh., Indologie und Kolonialgeschichte, sehen die modernen Indien-Historiker die indische Geschichte als
Vorgeschichte des heutigen Indiens. Ihr Interesse geht über Hindu-Indien hinaus, es ist daher eine Geschichte des ganzen „Südasiens", zu dem Muslim-Indien
samt seinen heutigen Staaten Pakistan und Bangladesh und das durch die Kolonialzeit geprägte moderne Indien gehören.

In England bedeutete die Geschichte Indiens nach dem 2. Weltkrieg in
erster Linie Aufarbeitung der Kolonialgeschichte, am ausgeprägtesten in der
sog. Cambridge-Schule von Indien-Historikern (1960er und 1970er Jahre).
Aus gemeinsamen Tagungen von Indien-Historikern des Südasien-Instituts   Europäische
Heidelberg und des Arnold-Bergsträsser-Instituts Freiburg mit englischen   Kooperation
Indien-Historikern in den späten 1960er Jahren gingen die „Europäischen
Konferenzen für Moderne Südasien-Studien" (European Conferences on Modern South Asian Studies) hervor, die seitdem alle zwei Jahre in einer anderen
europäischen Universitätsstadt veranstaltet werden, inzwischen aber alle Diszi-
plinen umfassen, die sich mit Indien beschäftigen (zusammengefasst: moderne
Südasienwissenschaften).

Die Geschichte der wissenschaftlichen Beschäftigung mit Indien ist inzwischen selbst zum Gegenstand des akademischen Interesses geworden, noch gesteigert durch die Diskussion über das Indienbild im Westen im Rahmen der Orientalismus-Diskussion. [2.13.1: SCHÜTTE, 2.13.1: BRÜCKNER/BUTZENBERGER/MALINAR/ZELLER, 2.13.1: McGETCHIN/PARK/ SARDESAI]

Quellen   Für die Darstellung der indischen Geschichte zwischen 1498 und 1757 haben die westlichen Quellen (Missionarsliteratur, Reiseberichte, Geschäftsunterlagen der Ostindienkompanien u. a.) bei Weitem das Übergewicht. Es gibt zwar schriftliche Zeugnisse in einheimischen Sprachen in großer Zahl, aber keine Geschichtsschreibung im Sinne der europäischen bis auf die Griechen zurückgehenden Tradition. Da sind einerseits die Akten der einheimischen Fürsten des 18. und frühen 19. Jh., die erst zum Teil erschlossen sind, andererseits die „literarischen Überreste", aus denen man durch kundige Interpretation historische Informationen ziehen kann. Solche auf Tamil und Telugu verfassten Überreste (Hofdramen, Kavya-Dichtung, Tempelchroniken u. a.) haben die drei Autoren RAO, SHULMAN und SUBRAHMANYAM für die Rekonstruktion der politischen, militärischen und kulturellen Geschichte Südindiens fruchtbar ausgewertet [2.2: RAO/SHULMAN/SUBRAHMANYAM; siehe auch 2.3: KULKE ,106, 172 ff.].

Die Literatur in indischen Sprachen enthält bis weit ins 18. Jh. praktisch keine Nachrichten über die Aktivitäten der Europäer und der christlichen Missionare in Indien, W. HALBFASS spricht von einer „Tradition des Schweigens und der Aussparung" [2.12.11: HALBFASS, 204]. Für ihn ist das eine Folge der im orthodoxen hinduistischen Denken zunehmend ausgebildeten und verfestigten „Indozentrik". Der Mangel an xenologischem Interesse hänge wiederum mit dem Mangel an geschichtlichem Interesse innerhalb der hinduistischen Tradition zusammen [ebd., 220].

2. Schulen der Indien-Geschichtsschreibung

Die britischen Autoren, die während der Kolonialzeit über moderne indische Geschichte schrieben, waren oft Beamte des Kolonialdienstes, die durch ihre tägliche Arbeit zu ihren historischen Studien angeregt wurden. Sie begründeten die erste „Schule" der Geschichtsschreibung über das moderne Indien. Auf die Engländer antworteten die Inder mit ihrer nationalistischen Geschichtsschreibung, die sie als ideologisches Rüstzeug in ihrem Kampf gegen die Kolonialmacht einsetzten. Auf die Themen, Thesen und Vorurteile der beiden antagonistischen Schulen, der „imperialistischen" und der nationalistischen, beziehen sich die verschiedenen Richtungen der Indien-Historiographie bis heute, so dass sie kurz dargestellt werden müssen.

2.1 Die britischen Kolonialhistoriker

Grundthese der Kolonialhistoriker war die Behauptung, die britische Herrschaft sei für Indien ein Segen – im Kontrast zu den vorhergehenden Epochen
der indischen Geschichte. Je finsterer das Altertum und das Mittelalter gezeich-
net wurden, desto strahlender leuchtete die britische Zeit. Zusammenfassend
kann man die folgenden Thesen und Topoi feststellen:

Die ganze indische Geschichte sei eine Kette von Eroberungen, denn Indi-
en könne nur von einem Eroberer befriedet und regiert werden, da die Inder
unfähig seien, sich selbst zu regieren. Die großen Leistungen des indischen Al-
tertums ließen sich nur mit Einflüssen von außen erklären: in erster Linie von
den Griechen, aber auch von den Assyrern, Persern, Babyloniern. Wo immer
es eine Ähnlichkeit zwischen indischen und nichtindischen Ideen gab, wurden
die Inder als die Nehmenden angesehen. So seien ihre Epen von Homer beeinflusst, Drama, Mathematik, Philosophie und Astronomie stammten sicherlich
von den Griechen, selbst der Krishna-Kult sei durch das Christentum inspiriert
[MAJUMDAR in 2.2: PHILIPS, 419].

Indien sei immer despotisch regiert worden („Orientalischer Despotismus"), weil es anders gar nicht regiert werden könne. Die britische Herrschaft
zeichne sich allerdings durch „Benevolent Despotism" aus – mit dieser Regie-
rungsform hätten die Briten den Indern Aufklärung, Frieden und die Einheit
gebracht. Indien sei keine Nation, sei es nie gewesen, sondern ein geographischer Begriff. Da es aus vielen und sehr unterschiedlichen Völkerschaften
bestehe, könne es nur durch eine neutrale Instanz zusammengehalten werden,
die über allen schwebt, und das heißt: durch die Briten. Die Alternative zur
britischen Herrschaft wäre die reaktionäre Herrschaft der Brahmanen. Der
berühmte Verfasser der „Oxford History of India" (1911) Vincent SMITH
prophezeite den unvermeidlichen Rückfall Indiens in politisches Chaos, also
seinen Normalzustand, wenn die wohltätige Hand des Despoten, der es im
eisernen Griff halte, zurückgezogen würde [The Early History of India, 2. Aufl.
Oxford 1908, 109].

Solche Vorurteile und Idiosynkrasien, aber auch die Leistungen der britisch-
kolonialistischen Geschichtsschreibung sind schon bald nach der Unabhängigkeit Indiens in den 50er und 60er Jahren des 20. Jahrhunderts aufgearbeitet
worden. In dem von C.H. PHILIPS herausgegebenen Band von 1961, in dem sowohl britische als auch indische Autoren zu Worte kommen, erfahren wir, dass
es von Anfang an Kritik bzw. Korrekturen an der herrschenden Geschichtsschreibung von britischer Seite selbst gegeben hat. Ein besonders drastisches
Beispiel ist die Neuauflage und Fortführung von James Mills Werk „The History of British India" durch H.H. Wilson von 1848. In ausführlichen Fußnoten
widerspricht Wilson praktisch jedem Satz Mills. Die Tendenz von Mills Werk
nennt Wilson „evil". Mit Sorge stellt er fest, dass als Folge des Werkes „a harsh
and illiberal spirit has of late years prevailed in the conduct and councils of the
rising service in India which owes its origin to impressions imbibed in early
life from the History of Mr. Mill." [zit. in: 2.2: PHILIPS, 226]. Auch Max Mül-

*Indien unfähig, sich
selbst zu regieren?*

ler nannte Mills Werk in seinen berühmten Vorlesungen in Cambridge 1882 „höchst schädlich".

2.2 Die indischen Historiker der nationalistischen Schule

Es kann nicht überraschen, dass die Thesen der britischen Kolonialgeschichtsschreibung von den Indern als Provokation empfunden wurden und als Aufforderung, ihre eigene Geschichte zu studieren, um die Briten zu widerlegen – wobei, was wiederum auch nicht überrascht, die Widerlegung der Vorurteile oft weit übers Ziel hinaus schoss [MAJUMDAR in: 2.2: PHILIPS]. Es ist manchmal schwierig, zwischen seriöser Geschichtsschreibung und Propaganda zu unterscheiden, wenn es sich nicht um einen so klaren Fall von politischer Propaganda handelt wie bei V.D. SAVARKARS Werk "The Indian War of Independence" [2.7.6] (siehe auch Kap. II.8).

Indien schon immer große Nation   Den Topoi der britischen Seite entsprechen eine Reihe von Topoi auf indischer Seite: Die Einheit Indiens sei schon immer dagewesen (Radha Kumud Mookerji, The Fundamental Unity of India, 1914); die indische Nation bestehe seit dem Altertum (ders., Nationalism in Hindu Culture, 1921); die Geschichte Indiens sei seit dem Altertum die Geschichte von Großreichen; auch Inder seien Eroberer gewesen und hätten Reiche gegründet (R.C. Majumdar, Hindu Colonies in the Far East. 2. Aufl. Kalkutta 1963; ders., Ancient Indian Colonization in South East Asia. 3. Aufl. Baroda 1971; R.K. Mookerji, A History of Indian Shipping and Maritime Activity from the Earliest Times, 1912).

Schon seit ältester Zeit hätten die Inder „moderne" Einrichtungen gehabt, z. B. Demokratie, Republiken, Parlamentarismus (K.P. Jayaswal, Hindu Polity, 1924/1943). Die Inder seien tapfer und hätten äußere Feinde abgewehrt, wie die Marathen, Rajputen und Sikhs gezeigt hätten.

Die britische Kolonialherrschaft bedeute Ausbeutung, wirtschaftliche Verarmung, Nichterfüllung demokratischer Versprechen, kurz „Unbritish Rule" [1.6.3.10: NAOROJI].

Hindus und Muslims hätten sich immer gut vertragen [2.10.3: CHAND]. Erst die britische Herrschaft habe die Feindschaft zwischen ihnen angestiftet und schüre sie weiterhin. Die britische Herrschaft sei reine Fremdherrschaft.

Die Geschichte des Indischen Nationalkongress sei ein idealistischer Freiheitskampf [2.10: SITARAMAYYA]. Das Ziel der indischen Geschichte sei die Wiederherstellung der indischen Freiheit.

Die moderne indische Historiographie beginnt mit Romesh Chandra Dutt (1848–1909). Er schaffte den Eintritt in den Indian Civil Service, in dem er bis 1897 diente, und lehrte dann bis 1904 am University College in London Geschichte. Er begann seine literarische Tätigkeit mit historischen Romanen auf Bengali, übersetzte außerdem den Rigveda ins Bengali. 1889 erschien sein dreibändiges Werk „Civilization in Ancient India". Laut Dutt sollte es „an exposition to India and to the world of the national glory" sein. In seiner „Economic History of India" vertritt er die These von der Ausbeutung Indiens durch die britische Kolonialpolitik (ausführlich in Kap. II.5.3).

2.3 Die Cambridge-Schule der Indien-Historiker

Aus der starren Dichotomie Kolonialismus/Imperialismus einerseits und indischer Nationalismus andererseits versuchte in den 60er und 70er Jahren des 20. Jh. eine Gruppe von britischen Historikern um John Gallagher an der Universität Cambridge herauszukommen. Gallagher hatte zusammen mit Ronald Robinson schon 1953 in einem Aufsatz über Afrika herausgearbeitet, dass die Ausbreitung des Kolonialismus zu einem großen Teil durch die Kollaboration von Afrikanern ermöglicht worden sei, da sie darin Vorteile für sich sahen. Mit diesem Ansatz gingen die „Cambridge-Historiker" an die moderne Geschichte Indiens heran. Auch die britische Herrschaft in Indien habe auf der Kollaboration zwischen einheimischen Eliten und Kolonialverwaltung beruht. Erst als die erhofften Früchte ausblieben, wandten sich diese Eliten gegen ihre Herrscher und wurden Nationalisten (siehe auch Kap. III.9.1 über Anil SEAL).

Kollaboration der indischen Eliten

Methodisch folgen diese Historiker ihrem polnisch-britischen Kollegen Sir Louis Namier. Wie dieser in seinen Werken über die britische Innenpolitik in der Mitte des 18. Jahrhunderts die ideologischen Gegensätze zwischen „Tories" und „Whigs" aufgelöst hatte, so versuchten die Cambridge-Historiker den Gegensatz „Britischer Kolonialismus" gegen „Indischen Nationalismus" aufzulösen: also kein Kampf der „Idee" des Nationalismus gegen die „Idee" des Imperialismus, sondern Gerangel um Ämter und politischen Einfluss. Die „Nationale Idee" sei von den Indern nur als ideologische Waffe benutzt worden, habe also rein instrumentellen Charakter gehabt, in Wahrheit sei es um Einzel- oder Gruppeninteressen gegangen.

Namiers Methode war die Kollektive Biographie bzw. Prosopographie, d. h. er zog eine Menge neuen empirischen Materials in Form von biographischen Daten möglichst vieler Personen jener Zeit heran. Entsprechend suchten die Cambridge-Historiker hinter den nationalistischen Proklamationen und Aktionen auf gesamtindischer Ebene die Wurzeln und Netzwerke ihrer Akteure auf Provinz- und Lokalebene [2.9: DOBBIN und 2.10: JOHNSON über Bombay; 2.10: BAYLY über Allahabad; 2.10: BAKER über Südindien; 2.10: WASHBROOK über Madras; 2.10.1: BROWN in zwei Arbeiten über Gandhis Stützen und Zuarbeiter auf lokaler Ebene].

Als Verdienst der Cambridge-Schule muss die enorme Ausweitung des empirischen Materials und seine analytische Durchdringung gewertet werden. Als Kritik lässt sich zusammenfassen, dass durch die einseitige Betonung partikularer Kräfte (Kasten, Regionen, Sprach- und Religionsgruppen) nicht erklärt werden kann, wie eine gesamtindische Nationalbewegung entstand. Indem Ideen als ideologische Verbrämung von Machtinteressen rivalisierender Cliquen abgetan werden, wird ihre offensichtlich mobilisierende Macht über die Menschen verkannt. Die Historiker erliegen häufig der Gefahr, die in den ausgiebig benutzten Polizeiberichten und anderen Regierungsquellen mehr oder weniger offen enthaltenen Vorurteile in ihre Darstellung zu übernehmen.

2.4 Die marxistische Geschichtsschreibung über Indien

Für die marxistischen Historiker ist die Historiographie bekanntlich nicht nur Theorie, sondern sie ist maßgebend für die politische Praxis. Für diejenigen Marxisten, die sich mit der indischen wie überhaupt der außereuropäischen Geschichte beschäftigen, besteht das grundsätzliche Problem in der Frage, ob das Fünf-Stadien-Modell (Urgesellschaft, Sklavenhaltergesellschaft, Feudalismus, Kapitalismus, Sozialismus) oder das Modell der Asiatischen Produktionsweise (APW) anzuwenden sei. Speziell für die Neuere Geschichte Indiens lautet die Frage: In welcher „Grundformation" befand sich Indien zu Beginn der britischen Herrschaft? Im Feudalismus, im beginnenden Kapitalismus oder in der APW? [Zur marxistischen Indien-Geschichtsschreibung s. auch 2.3: Kulke, 135f.]

Fünf-Stadien-Modell oder APW?

Marx und Engels haben sich über die Geschichte Indiens intensiv ausgetauscht, in ihren Schriften erscheint das Thema immer wieder. In seinen im Jahre 1853 für die Zeitung New York Daily Tribune geschriebenen Indien-Artikeln skizziert Marx eine Gesellschaftsstruktur, die er weder als Sklavenhaltergesellschaft noch als Feudalismus identifiziert. Der traditionelle indische Staat sei charakterisiert durch unzählige autarke, voneinander isolierte Dorfgemeinschaften auf der einen Seite und einer Staatsbürokratie auf der anderen, die sich auf drei Aufgaben beschränke: auf die großräumige Bewässerung des klimatisch bedingt trockenen Landes, auf die Finanzen („zur Ausplünderung des eigenen Volkes") und auf die Kriegführung („zur Ausplünderung anderer Völker"). Marx spricht hier von „Orientalischem Despotismus", aber 1859 führt er dafür den Namen „Asiatische Produktionsweise" (APW) ein. Ihr Kennzeichen sei die Stagnation, d. h. es gebe keine internen Widersprüche, aus denen die nächsthöhere Gesellschaftsformation notwendigerweise hervorgehen müsse. Nur von außen könne die Stagnation aufgebrochen werden. Es sei die britische Kolonialherrschaft, die als das „unbewusste Werkzeug der Geschichte" diese „welthistorische Aufgabe" erfülle, indem sie nämlich „die Grundlagen der alten Ordnung" zerstöre und damit Indien für den Kapitalismus, die Voraussetzung des Sozialismus, öffne.

Marx über Indien

Das war immerhin eine historische Rechtfertigung des britischen Kolonialismus, was sich wiederum schwer mit dem späteren Antikolonialismus sowohl der Marxisten als auch der indischen Nationalbewegung vertrug. Aber Lenin bekannte sich bis 1914 immerhin zur APW, und auch noch in den zwanziger Jahren diskutierten die sowjetrussischen Historiker über die Brauchbarkeit dieses Konzepts, vor allem natürlich in Bezug auf die russische Geschichte, bis Anfang der dreißiger Jahre Stalin durch sein Machtwort das Fünf-Stadien-Modell für die Geschichte aller Länder als das allein gültige erklärte [Karl A. Wittfogel, Die Orientalische Despotie, Frankfurt/M. 1977, 456, 502f.].

R. Palme Dutt

R. Palme Dutt (1896–1974), in den dreißiger und vierziger Jahren der führende britisch-indische marxistische Theoretiker und Historiker, bekennt sich in seinem 1942 erschienenen Buch „India Today" noch bis in die dritte Auflage von 1949 überschwänglich zu den Thesen von Karl Marx. Er lobt ihn dafür, dass er es als erster mit wissenschaftlichen Methoden geschafft habe „to lay bare alike the destructive role of British rule in India and its regenerative revolutionising significance for the future. To-day modern historical research is increasingly confirming the main outlines of their approach." [2.10: PALME DUTT, 80]. Aber schon ein Jahr später (1950) machte PALME DUTT einen Schwenk im Sinne Stalins. In der von ihm herausgegebenen Sammlung der Marx'schen Artikel über Indien fehlen wichtige Titel, und in der Einleitung legt er die Ausführungen von Marx über Indien im Sinne des Feudalismus aus [WITTFOGEL, wie zitiert, 466, 508f.].

Aus den beiden Modellen ergeben sich jeweils verschiedene Folgerungen für die indische Geschichtsschreibung – und für die politische Praxis, z. B. über die Entstehung des Kapitalismus in Indien. Wenn es einen Feudalismus in Indien gegeben haben sollte, müsste daraus „dialektisch" ein eigenständiger Kapitalismus hervorgegangen sein, was tatsächlich sowohl von sowjetrussischen als auch indischen Historikern behauptet worden ist, z. B. A.I. CHICHEROV, S.C. JHA und A.I. LEWKOWSKI in W. RUBEN, Bd. II [alle 2.7.2]. Durch die britische Eroberung sei dieser indigene Kapitalismus aber im Keim erstickt worden.

Dagegen sieht Irfan HABIB, einer der führenden marxistischen Historiker Indiens, in seinem Aufsatz von 1971 keine Ansätze eines indigenen Kapitalismus [2.7.2: HABIB]. Zwar erwähnt Habib weder den Begriff APW noch den des Feudalismus, aber sein Befund impliziert die Notwendigkeit einer Kraft von außen, die die Geschichte vorwärts bringen müsste.

Auch die marxistische Einschätzung der indischen Nationalbewegung und speziell des Indischen Nationalkongresses hängt davon ab, an welches von den beiden Modellen man sich hält. Nach dem APW-Modell wird der kollaborative Charakter des INC betont: Notfalls verbünde er sich mit den „Imperialisten" gegen das indische Volk, nämlich die Bauern und Proletarier. Entsprechend erklärt PALME DUTT den INC für eine rein britische Gründung, mit der angesichts einer „bevorstehenden Revolution" die britischen Interessen gewahrt werden sollten [2.10: PALME DUTT, 290]. Als wichtigster Beleg für diese These wird der britische Kolonialbeamte Allen Octavian Hume genannt, der tatsächlich an der Gründung des INC beteiligt war und ihn als „Sicherheitsventil" für die wachsende Unruhe bezeichnet hat.

Mahatma Gandhi wird bis Mitte der fünfziger Jahre als Verräter am indischen Volk dargestellt. Die „Gandhisten", wie der INC verächtlich genannt wird, hätten durch ihr passives Verhalten den Imperialismus unterstützt und den revolutionären Kampf in Indien verhindert [W. RUBEN, Einführung in die Indienkunde, Berlin (Ost) 1954, 344, 354–356].

Wer aber soll in Indien überhaupt Träger des Klassenkampfes sein angesichts der vertikalen Gesellschaftsstruktur in Gestalt der Kasten und der Religionsgruppen? Die Mitglieder einer Kaste bzw. einer Religionsgruppe können verschiedenen „Klassen" angehören, wobei die Kasten- bzw. Religionssolidarität sich in der Regel als stärker erweist als die Klassensolidarität. Die indische Industriearbeiterschaft kann nicht als Proletariat im marxistischen Sinne bezeichnet werden, da sie relativ privilegiert ist (siehe Kap. II.12.2 zur Industrialisierung). Die gesellschaftliche „Antithese" wäre eher in der besitzlosen Landbevölkerung und in den Stämmen zu sehen.

Indisches Proletariat?

Seit Mitte der fünfziger Jahre änderte die Sowjetunion – und damit der gesamte Ostblock außer China – ihre Politik gegenüber Indien: Nun wurde die „kapitalistische" Kongress-Partei als „progressive Kraft" unterstützt. Das Fünf-Stadien-Modell bot die theoretische Rechtfertigung dafür, weil ja der Kapitalismus die Voraussetzung für den Sozialismus sei. Aber diese Politik führte zur Spaltung der kommunistischen Bewegung Indiens. Während die moskautreuen Kommunisten (CPI) sich mit der Kongress-Partei verbündeten, wollte die CPI (M) den Sozialismus ohne die Voraussetzung des Kapitalismus einführen, was theoretisch durch die APW gedeckt werden konnte.

DDR-Historiker   Es mag verwundern, dass sich speziell die Indien-Historiker der DDR nicht mit der Frühgeschichte des indischen Kommunismus befasst haben – außer Horst KRÜGER, der aber durch seinen vorzeitigen Tod nur zwei Bände seines auf vier Bände angelegten Werks „Die internationale Arbeiterbewegung und die indische nationale Befreiungsbewegung" vollenden konnte. Die Darstellung in diesen beiden durch stupenden Materialreichtum beeindruckenden Bänden hört allerdings 1914 auf, also bevor es in Indien überhaupt einen Kommunismus gegeben hat [2.10.3: KRÜGER, Anfänge, 2.10.3: KRÜGER, Indische Nationalisten]. Wie hätte KRÜGER wohl in seinem dritten Band, an dem er noch gearbeitet hat, die Hauptakteure des frühen indischen Kommunismus M.N. Roy und Philip Spratt [1.6.5: SPRATT] dargestellt, die sich später vom Kommunismus lossagten, also „Renegaten" wurden und daher eigentlich verschwiegen werden mussten? Virendranath Chattopadhyaya wurde 1937 Opfer der Stalin'schen Säuberungen [2.10.2.4: BAROOAH]. Dabei wäre es lohnend, wenn gerade deutsche Historiker sich mit dieser Materie beschäftigen würden: denn ein großer Teil des Materials ist auf deutsch verfasst, und Berlin spielt dabei eine wichtige Rolle. Roys Bücher und Aufsätze in deutschen Zeitschriften sind bis heute nicht gesammelt und ediert. Erst seit den späten 1980er Jahren gibt es englische Übersetzungen davon [über Roy: 2.10.2.12: MANJAPRA].

Überhaupt steht insgesamt die wissenschaftliche Aufarbeitung der marxistischen Geschichtsschreibung über Indien noch aus [zur DDR bisher 2.2.1: SCHWERIN, 2.2.1: ROTHERMUND].

2.5 Indien in den Modernisierungstheorien

Was für den Ostblock der Marxismus war, waren für den Westen die Modernisierungstheorien: Analyse und Handlungsanweisung zugleich. Es galt nicht nur, die Probleme der nun zu Staaten gewordenen Kolonien zu analysieren, sondern auch Richtlinien für eine „Entwicklungspolitik" für sie zu entwerfen. Ihre immensen Probleme waren offensichtlich: an erster Stelle mangelnde staatliche Strukturen und Massenarmut, schlagwortartig zusammengefasst in dem

„Unterentwicklung"   Begriff „Unterentwicklung". Es stellte sich die Frage: Was sind die historischen Ursachen der „Unterentwicklung"? Warum hat es in den meisten dieser „alten Gesellschaften und neuen Staaten" [2.2.2: GEERTZ] keine „Modernisierung" gegeben? Die verschiedenen Ergebnisse der akademischen Bemühungen, die zur

Beantwortung dieser Fragen zuerst und vor allem in den USA angestellt wurden, werden mit dem Begriff „Modernisierungstheorien" zusammengefasst.

Angefangen bei Karl W. Deutsch (1953/67) und Daniel Lerner (1958/64), sind alle Modernisierungstheoretiker von der universellen Gültigkeit des westlichen Modells überzeugt. Was sich heute in den Staaten der Dritten Welt vollziehe und weiterhin vollziehen werde (und müsse), könne man an der Geschichte des Westens seit dem 16. Jh. ablesen und eventuell daraus lernen. R. Bendix z. B. schlägt, um die Entwicklung der staatlichen Autorität global zu vergleichen, den Bogen vom mittelalterlichen Westeuropa über Russland, Japan und Deutschland bis zum „Fall Indien" (1964).

Obwohl jeder der beteiligten Modernisierungstheoretiker Spezialist einer bestimmten Region der außereuropäischen Welt war, wollte man Regionalspezialistentum vermeiden und stattdessen durch vergleichende Analyse allgemeine Gesetze der Entwicklung herausfinden und historische Stadien erkennen, die alle Gesellschaften auf dem Wege zu „nation building" und „material development" durchlaufen müssen. Diesem Strukturvergleich widmete sich eine eigene Zeitschrift: „Comparative Studies in Society and History".

Um den jeweiligen Stand der Modernisierung einer Gesellschaft zu bestimmen, werden Dichotomien aufgestellt, Begriffspaare, die Anfangs- und Endpunkte der Modernisierung bezeichnen. Auf der einen Seite des „Kontinuums" steht der Idealtyp der traditionalen Gesellschaft, auf der anderen derjenige der modernen Gesellschaft. Was zwischen „traditional" und „modern" liegt, ist Übergang, Transformation. In den verschiedenen Übergangsgesellschaften mischen sich traditionale und moderne Elemente in unterschiedlicher Stärke und Ausprägung, was in der Regel zu Instabilität führt („Krisen"). Die Wirtschaft z. B. entwickelt sich von der agrarischen Subsistenzweise (traditional) zur industriellen Technik (modern); Politik und Gesellschaft entwickeln sich vom Stamm zu Staat und Nation. Eine weitere Dichotomie ist Religion – Säkularismus. So lassen sich alle möglichen Bereiche unter dem Gesichtspunkt der Dichotomie traditional – modern beschreiben, auch quantitativ, wie es die Wissenschaftler der Almond-Pye-Gruppe getan haben: Kommunikation (z. B. Verbreitung von Zeitungen und Büchern); Bürokratie (z. B. Zahl der Beamten); Bildung (z. B. Grad der Alphabetisierung), Politische Kultur und Politische Parteien (z. B. Zahl der Parteimitglieder bzw. der Wähler).

Gegen eine allzu rigide Anwendung der Dichotomie „Tradition – Moderne" auf Indien erhob sich Einspruch in den Arbeiten des Ehepaars Rudolph/Hoeber-Rudolph [2.2.2]. An den Themen Kaste, Mahatma Gandhi und indisches Rechtswesen zeigen sie, wie sich traditionale Einrichtungen unter dem Einfluss der britischen Herrschaft transformieren und geradezu in Agenten der Modernisierung verwandeln. Entgegen dem Bild von der Kaste als durch religiöse Sanktionierung unveränderlicher Statusgruppe, die jede soziale Mobilität verhindere, zeigen die Rudolphs am Beispiel der südindischen Nadars und einiger anderer Kasten, wie diese in Form von Kastengesellschaften (*caste associations*) zu Vehikeln der sozialen Mobilität, der politischen Teilnahme und des wirtschaftlichen Erfolges geworden sind.

Rajni Kothari spitzt in seinem Sammelband von 1970 diesen Befund zu.

Der Frage der Reformer „Wie können wir das Kastensystem bekämpfen?" setzt er die Feststellung entgegen, Modernisierung müsse in Indien nicht die Eliminierung der Kasten, sondern könne ihre „Politisierung" bedeuten. „The alleged ,casteism in politics' is thus no more and no less than politicisation of caste" [2.2.2: KOTHARI, Caste, 4]. Als KOTHARI das schrieb, agierten Kastenführer noch innerhalb der bestehenden Parteien, vor allem im INC, erst in den 1980er Jahren entstanden neue Parteien auf der Basis von Kasten bzw. Kastengruppen, womit KOTHARIS These also voll bestätigt wurde.

Modernisierungs-
theorien als Form
von Kolonialismus?

Noch bevor sich die Modernisierungstheorien in Indien, vor allem auch unter den Historikern, voll entfalten konnten, kamen sie in den 1970er Jahren, als die USA wegen des Vietnamkrieges stark an Ansehen verloren und der Marxismus sich in Asien und Afrika ausbreitete, immer stärker in die Kritik. Man warf ihnen Amerikazentrismus vor, weil sie davon ausgingen, dass die ganze Welt dem amerikanischen Modell folgen müsse. Modernisierung werde mit Amerikanisierung gleichgesetzt. Rajni KOTHARI war ursprünglich der prominenteste Vertreter der Modernisierungstheorien in Indien gewesen, der Name seines bis heute bestehenden Instituts in Delhi war damals Programm: Centre for the Study of Developing Societies. Aber 1975, als er die Einleitung zu seinem Sammelband „State and Nation Building – A Third World Perspective" [2.2.2: KOTHARI, State] schrieb, hatte er sich zu ihrem schärfsten Kritiker gewandelt. Nun nennt er die starre Übertragung von Konzepten, die von der westlichen Erfahrung abgeleitet seien, auf Nationen wie Indien Ethnozentrismus, ja eine neue Form von Kolonialismus. Die Überbetonung von wirtschaftlichen und technologischen Aspekten gehe auf Kosten der politischen Faktoren. Die Frage der Machtverhältnisse werde übergangen: Abhängigkeit, Kolonialismus und Unterdrückung werden völlig ausgeblendet. In der Tat spielt es für die Modernisierungstheoretiker keine Rolle, *wer* die Modernisierung vorantreibt. Auch sei – so KOTHARI – nicht die wirtschaftliche Entwicklung Voraussetzung für die Staatsbildung, sondern umgekehrt. Statt brav den vorgegebenen Pfaden des Westens zu folgen, seien die gerade unabhängig gewordenen Staaten damit beschäftigt, für ihre eigene „Würde" und „Selbstachtung" zu kämpfen [siehe auch das Werk von 2.10: NANDY].

Das wirft die allgemeine Frage auf, ob Modernisierung unbedingt Verwestlichung bedeuten müsse. S. EISENSTADT hat mit seinem Begriff „multiple modernities" darauf zu antworten versucht [2.2.2: EISENSTADT].

Max Weber und Indien

Die Modernisierungstheorien gehen letztlich auf Max Weber zurück. In der Vorbemerkung zu seinen Religionssoziologischen Aufsätzen steht der berühmte Satz, wonach die Entwicklung, die Europa seit dem 16. Jh. gegangen ist, sowohl historisch einmalig als auch von universeller Geltung sei. Die meisten Modernisierungstheoretiker waren Emigranten aus dem deutschsprachigen Europa, wie z.B. Reinhard Bendix, der sich ausdrücklich auf Max Weber bezieht. Diejenigen Forscher allerdings, die die Texte nicht im Original lesen konnten, mussten sich auf englische Übersetzungen verlassen, die, wie D. KANTOWSKY nachgewiesen hat, voller Fehler sind [2.2.2: KANTOWSKY]. Schon der englische Titel „The Religion of India" erweckt den Eindruck, es handele sich um eine Monographie über Indien, und verdeckt die Tatsache, dass es ein

Teil der „Gesammelten Aufsätze zur Religionssoziologie" ist, der im Zusammenhang des ganzen Werks gesehen werden muss. Max Webers Bemerkung gleich am Anfang, dass der moderne Kapitalismus in Indien nur „als fertiges Artefakt übernommen worden (ist), ohne autochthone Anknüpfungspunkte vorzufinden", hat vor allem in Indien zu dem Missverständnis geführt, Weber wolle zeigen, dass Indien unfähig zu einer modernen Entwicklung sei. Aber A. Buss schreibt mit Recht [2.2.2: Buss, 45], dass Webers Anliegen nicht darin bestand, die Bedingungen für die Industrialisierung und Modernisierung der Dritten Welt zu zeigen, sondern nach den historischen Bedingungen für die Entstehung des modernen Kapitalismus in Europa zu suchen, und dass er erst in einem zweiten Schritt nach den Gründen für ihr Fehlen in den anderen großen Kulturen fragte.

Bekanntlich war nach Max Webers These die „protestantische Ethik", genauer gesagt, die calvinistische, ein wichtiger Faktor für die Entstehung des modernen Kapitalismus in Europa. Im Anschluss daran suchten Modernisierungsforscher, die sich auf Max Weber bezogen, in Indien hauptsächlich nach dem „functional equivalent" zum Calvinismus. Für solche Studien kämen die „Beinahe-Fälle", Ismailis und Nattukottai Chettiars [2.9: Dobbin, 109–155], Vallabhacharis [2.2.2: Lütt], Jaina [2.2.2: Luithle, 359–367] und eventuell Parsis, Sikhs und Swaminarayaniyas, in Frage.

Auf Max Webers Fragestellung geht auch die Forschung zurück, die sich mit dem „Europäischen Sonderweg" befasst. Aber hier wird die Weber'sche Perspektive umgekehrt: Man fragt nicht: Warum sind die anderen Kulturen nicht aus eigenem Antrieb den europäischen Weg gegangen?, sondern: Warum ist Europa vom „Normalfall" der agrarischen Zivilisation abgewichen? [2.4: Jones, 2.4: Frank und zuletzt: Michael Mitterauer, Warum Europa? Mittelalterliche Grundlagen eines Sonderwegs. München 2004]. Das unter Rolf Peter Siefferles Leitung stehende Projekt „Der europäische Sonderweg" [2.4: Sieferle] hat mehrere Einzelstudien vorgelegt, die meistens China betreffen, entsprechende Studien für Indien stehen noch aus.

„Der Europäische Sonderweg"

2.6 Der Postkolonialismus

Nicht zuletzt in Konfrontation gegen die Modernisierungstheorien hat sich seit den 1980er Jahren der sog. Postkolonialismus (*postcolonial studies*) formiert. Es handelt sich um eine Fundamentalkritik an der bisherigen Geschichtsschreibung über den „Orient", ja über alle Kulturen Außereuropas. Es ist der Versuch eines antikolonialistischen Revisionismus, einer intellektuellen bzw. kulturellen Entkolonisierung. Sie sei nötig, da auch nach dem Untergang der Kolonialreiche der Kolonialismus in den Köpfen weiterbestehe. Die bisherige Geschichtsschreibung sei vom „Eurozentrismus" geprägt, der wiederum Teil des europäischen Kolonialismus sei. Es sei höchste Zeit, dass die Geschichte der ehemaligen Kolonien aus der Sicht der Betroffenen geschrieben werde.

Im Postkolonialismus macht sich auch die in den 1980er Jahren erfolgende Hinwendung der Geschichtswissenschaft zur „Kultur" bemerkbar (*cultural turn*): weg vom Studium der politischen, wirtschaftlichen und institutionellen Entwicklungen hin zum Studium kultureller Veränderungen. In Hinblick auf die Kolonien wurde nun die Geschichtlichkeit von Begriffen wie Rasse, Sexualität, Kleidung, Baustil, Stadtplanung u.ä. thematisiert.

2.6.1 Edward Saids „Orientalism" und Indien

Das zentrale Werk des Postkolonialismus ist das Buch „Orientalism" von Edward Said [New York 1978/Frankfurt/M.1981, deutsche Neuübersetzung mit Nachwort von 1994 und Vorwort von 2003 Frankfurt/M. 2009]. Said befasst sich darin zwar in erster Linie mit dem islamischen Orient, aber er beansprucht die Gültigkeit seiner Thesen für den gesamten Orient, also auch Indien, das kursorisch immer wieder vorkommt. Said versteht unter Orientalismus die Gesamtheit der Vorstellungen, die sich Europa seit der griechischen Antike vom Orient gemacht habe. Danach seien Orient und Okzident wesensmäßig („ontologisch") verschieden, was durch antagonistische Begriffspaare gekennzeichnet werde: „Der Orientale ist irrational, verdorben, schuldig, kindlich, ,anders', damit ist der Europäer rational, tugendhaft, reif, ,normal'" [Said 1981, 50]. Für Said ist „Orientalismus" – in Anlehnung an Foucault – ein „Diskurs", der vorgibt, wie der Orient beschrieben, gelehrt und schließlich beherrscht und regiert werden solle, das „Wissen" über ihn werde in „Macht" über ihn, den „anderen", verwandelt.

In Bezug auf Indien nennt Said als Beispiel für das Verhältnis von „Wissen und Macht" das „orientalistische Projekt" der Forschungen von Sir William Jones (Said 1981, 77ff.; siehe Kap. II.6): ihr Zweck sei gewesen, den Orient zu „domestizieren" und ihn dadurch in eine „Provinz europäischen Wissens" zu verwandeln.

Geschichts-
schreibung als
Unterdrückungsmittel

Saids Thesen sind von Indien-Historikern, vor allem in den USA und in Indien, aufgegriffen und weitergeführt worden. Die Sammlung und Systematisierung von Kenntnissen über die Kultur und Geschichte Indiens wird als „construction of colonial knowledge" und „orientalist empiricism" bezeichnet und damit auf reines Herrschaftswissen reduziert. Die Registrierung, Klassifizierung und Beschreibung der indischen Bevölkerung, wie sie systematisch in den Volkszählungsberichten (Census Reports) vorgenommen wurden, werden als „orientalistisches Wissen" zur Aufteilung und Beherrschung der Inder verstanden [Ludden und Appadorai in: 2.2.4: Breckenridge/van der Veer].

Zentrale Begriffe und Kategorien, die bisher als charakteristisch für die indische Gesellschaft und Geschichte gegolten hatten wie die Kaste, die indische Dorfgemeinde, der Hinduismus und das Gottkönigtum, werden von Inden, Dirks, Ludden, van der Veer, Partha Chatterjee u. a. als „Orientalismus" entlarvt und „dekonstruiert" [alle 2.2.4]. Es handele sich bei diesen Begriffen um „Essenzen", die den Indern von den Kolonialherren und den westlichen Indologen zugeschrieben worden seien, womit ihnen zugleich die „human agency" abgesprochen worden sei, also die Fähigkeit, selbst ihre Welt zu beschreiben und auf sie einzuwirken. Auf die Weise seien die Inder zu bloßen Informanten bzw. Instrumenten des Kolonialismus reduziert worden. Ein großer Teil der indischen Vergangenheit sei von westlichen Indologen erfunden worden.

Die Kasten seien eine „Erfindung" der Briten. Indem die frühen Indologen um Sir William Jones sich bei ihren Übersetzungen aus dem Sanskrit auf die Brahmanen verließen, hätten sie deren kastenzentrierte Vorstellungen übernommen und für die gesamte Hindu-Gesellschaft in Vergangenheit und Gegenwart verallgemeinert. Später in den Volkszählungen hätten sie mit der Frage nach der Kastenzugehörigkeit jedem Hindu diese „erfundene" Kategorie geradezu aufgezwungen.

Der Hinduismus als Religion sei ein „construct" der westlichen Indien-Wissenschaft [diese These allerdings schon unabhängig von den Said-Anhängern bei VON STIETENCRON in: 2.9: SONTHEIMER/KULKE, 11 ff., und Hacker [zit. nach 2.9: HALBFASS, 7ff.]. Die Unterscheidung zwischen Hindus und Muslimen durch die Briten habe zum modernen Antagonismus zwischen den beiden Religionsgruppen, zum „Communalism" geführt. P. VAN DER VEER sieht Louis DUMONT, einen der führenden Indien-Wissenschaftler der vorigen Generation, in dieser Tradition. Sein Werk, vor allem sein Schlüsselaufsatz „Nationalism and Communalism" [2.10.4: DUMONT] sei „one of the clearest heirs of the orientalist legacy" [2.2.3: BRECKENRIDGE/VAN DER VEER, 13, 23–44]. Auch die Witwenverbrennung sei Ausfluss des „kolonialen Diskurses" [2.7.5: MANI]. Die Hindu-Gesellschaft sollte damit als rückständig, grausam, barbarisch hingestellt werden. Lata Mani knüpft an einen Aufsatz von Ashish NANDY [2.7.5, 168ff.] an, in dem das scheinbare Anwachsen der Zahl von Witwenverbrennungen in der Zeit nach 1800 auf die sozial und moralisch destabilisierende Wirkung der Kolonialherrschaft zurückgeführt wird [dagegen 2.7.5: DATTA, 200].

In der kolonialistischen Hierarchie von „colonizer" gegen „colonized", von „Occidental" gegen „Oriental", von „civilized" gegen „primitive", von „wissenschaftlich" gegen „abergläubisch" sieht Gyan PRAKASH eine Reduzierung komplexer Differenzen und Interaktionen auf die „binäre Logik der Kolonialmacht". Sie sei aber von der Kolonialmacht selbst ungewollt unterlaufen worden: die Idee des Fortschritts wurde in der kolonialen Praxis verraten (indem sie in Indien nicht umgesetzt wurde), ebenso die universelle Gültigkeit der westlichen Ideale [2.2.4: PRAKASH, 3; 2.2.4: DIRKS].

Die Thesen von Said wurden weltweit rezipiert und lösten eine Flut von Folgeliteratur aus – darunter sowohl über Indien als auch in Indien –, waren aber in der engeren Fachwelt von vornherein stark umstritten [2.2.4: LÜTT u.a.]. Im Annual South Asia Seminar der University of Pennsylvania in Philadelphia, wo die Thesen Saids das ganze akademische Jahr 1988/89 hindurch diskutiert wurden, schieden sich Anhänger und Kritiker in heftiger Kontroverse. Bezeichnend für den 1993 veröffentlichten entsprechenden Sammelband [2.2.4: BRECKENRIDGE/VAN DER VEER] ist, wer von den Teilnehmern *nicht* vertreten ist, an erster Stelle Wilhelm HALBFASS, dessen eigene kritische Stellungnahme zum Thema in Form eines längeren Aufsatzes, „Beyond Orientalism", separat erschien [2.2.4: HALBFASS, 1–25]. Der Aufsatz von HALBFASS gehört zu den fundiertesten Kritiken an Said und seinen Adepten in Bezug auf Indien.

Rezeption

Allgemeine Kritik

Saids Kritiker zielen sowohl auf Methodik und erkenntnistheoretische Grundlagen des Said'schen Werkes als auch auf unzählige faktische Einzelheiten.

Schon die theoretischen Grundlagen sind höchst umstritten [einer der schärfsten Kritiker: 2.2.4: WINDSCHUTTLE; 2.13.3: LAL, vi, spricht von „Travesty" und der „shoddy and absurd epistomological basis of this currently fashionable higher nonsene"].

Speziell gegen Said ist der grundsätzlichste Einwand die inkonsequente Anwendung der von Foucault und anderen Dekonstruktivisten übernommenen „Diskursanalyse" auf seinen Gegenstand. Was Said den westlichen Orientalisten vorwirft, „Konstruktion" und „Essentialisierung" des Orients, mache er selbst in Bezug auf Europa. Bei seiner schwammigen Verwendung des Begriffs Orientalismus unterscheide er weder zwischen den verschiedenen Epochen noch zwischen den so unterschiedlichen Kategorien von Leuten, die sich mit dem Orient befasst haben, nämlich den wissenschaftlichen Orientalisten im engeren Sinne einerseits und den Reisenden, Abenteurern, Dichtern, Kolonialbeamten, Politikern, Missionaren und sonstigen andererseits. Für Indien ist der Begriff Orientalismus im Übrigen schon anderweitig besetzt: er war der im frühen 19. Jh. gängige Begriff für das Anknüpfen an die indische Tradition in der Bildungs- und Kulturpolitik. Die damaligen „Orientalisten" standen gegen die „Anglisten", die, wie Macaulay, einen Neuanfang mit rein englischer Bildung befürworteten.

Die deutsche Orientalistik kommt bei Said kaum vor, und wenn, dann fehlerhaft und missverstanden, dabei war gerade die deutsche Indologie im 19. bis weit ins 20. Jahrhundert hinein führend. Der „deutsche Indiendiskurs war nicht kolonialistisch" [2.2.4: BHATTI, 205], und damit ist Saids These für Indien von vornherein zweifelhaft [ROCHER in: 2.2.4: BRECKENRIDGE/VAN DER VEER, 215ff.]. Sogar Goethes Werk „West-östlicher Diwan" zitiert Said in seinem Sinne, was, wie HALBFASS nachweist, auf Missverständnis und Fehlinterpretation beruht.

Said ignoriert den entscheidenden Bruch in der europäischen Geschichte, die Entstehung der Moderne seit dem 16. Jahrhundert. Vieles, was er als Vorurteil Europas gegenüber dem Orient bezeichnet, ist aus der Konfrontation von modernem Europa und vormodernem Orient zu erklären. Said verkennt, dass in der europäischen Geschichte seit der Renaissance wissenschaftliche Neugier als Tugend, als Ideal gilt, Wissen um des Wissens willen. Der größere Teil des orientalistischen Wissens ist in Europa Frucht der wissenschaftlichen Neugier, was seinen Ge- bzw. Missbrauch durch die Politiker allerdings nicht ausschließt.

Der Gebrauch des Begriffs Essentialismus durch Said ignoriert eine der großen Erkenntnisse der neueren Geistesgeschichte: die Geschichtlichkeit, die Historizität – die Einsicht, dass alles, was existiert, geworden ist. (Ernst Troeltsch nennt den Historismus neben der neuzeitlichen Naturwissenschaft die zweite große Wissenschaftsschöpfung der modernen Welt.) Der Vorwurf des Essentialismus wäre nur sinnvoll gegen die vormoderne Scholastik, sei es im christlichen Mittelalter, sei es in der noch heute üblichen muslimischen Koranexegese, in der die Essenzen eine zentrale Rolle spielen.

Die Kritik am Gebrauch des Begriffs Essentialismus durch Edward Said schließt nicht die Einsicht aus, dass es Instrumentalisierung, ja Missbrauch der Geschichtlichkeit in der Kolonialpolitik gegeben hat. Dipesh CHAKRA-BARTY schreibt etwas zuspitzend: „Die Idee der Geschichtlichkeit ermöglichte im 19. Jh. die europäische Herrschaft über die Welt. Grob gesprochen kann man sagen, dass ab dem frühen 19. Jh. die Ideologie des Fortschritts oder der ‚Entwicklung' sich in Form der europäischen Weltherrschaft manifestierte" [2.2.4: CHAKRABARTY, 7]. In der Tat hielten die britischen Kolonialherren den Forderungen der indischen Nationalbewegung nach mehr Beteiligung an der Politik stets entgegen, Indien bzw. die Inder seien noch nicht weit genug entwickelt. Die Idee der historischen Entwicklung wurde benutzt, um die Autokratie der Kolonialherrschaft zu zementieren und den Indern politische Rechte vorzuenthalten. Hier liegt also eine politische Instrumentalisierung der Historizität vor, aber das ändert nichts an der allgemeinen Geltung der Geschichtlichkeit.

Geradezu absurd und leicht zu widerlegen sind die Thesen über die Kasten, den Communalism und die Witwenverbrennung. Dass alle drei lange vor den Briten existiert haben und nicht erst von ihnen „erfunden" wurden, dafür gibt es genug Belege. Die Begriffsprägung *casta* durch die Portugiesen allein verweist schon auf das frühe 16. Jh., und die Kastenregister (*panji*) in den großen Pilgerzentren gehen bis ins 15. Jh. zurück. Warum die Briten gerade Manus Gesetzbuch zur Basis ihrer Rechtsprechung gemacht haben, wo es doch viele andere Rechtstexte, von den sich häufig widersprechenden Kommentaren ganz abgesehen, gegeben hat, darüber darf man sicher spekulieren. Auch dass die Kategorie Kaste in den Volkszählungsberichten seit 1881 zur Verfestigung des Kastenbewusstseins beigetragen hat, ist erwiesen und zeigt sich an den vielen *caste associations*, die damals gegründet wurden und deren Zweck es war, einen möglichst hohen Rang in der Kastenhierarchie zu behaupten (aber auch, um einen Rahmen für soziale und religiöse Reformen zu bieten). Wieweit es Communalism in vorbritischer Zeit gegeben hat, diskutiert der Aufsatz von C.A. BAYLY [2.10.4]; zur Witwenverbrennung siehe Klaus BRUHN [2.7.5]. Kritik zu Einzelthemen

Angesichts all der genannten Schwächen der Said'schen Thesen erhebt sich die Frage: Wie ist ihr enormer Erfolg zu erklären? Die Antwort dürfte außerhalb der Wissenschaft liegen, im sozialpsychologischen und politischen Bereich. Saids Thesen wurden am begierigsten von „non-Western critics located in the West" aufgenommen. Für sie war das Buch „long awaited" gewesen, seine Ankunft wurde als „messianic" empfunden, und sein Einfluss war revolutionär [2.2.4: L. GANDHI, IX). Leela GANDHI zitiert Partha Chatterjee, der bekennt, dass für ihn die erste Lektüre des Buches „revelatory" gewesen sei [ebd., 65f.]. Bei dem Personenkreis, der die Said'schen Thesen, soweit Indien betroffen ist, so enthusiastisch rezipiert hat, handelt es sich um Angehörige der anglisierten Elite Indiens, die in ihren Convent Schools und Elite-Colleges auch Jahrzehnte nach 1947 kulturell immer noch auf die angelsächsische Welt ausgerichtet werden. Dass einige von ihnen sich durch Saids Thesen ihrer mentalen kolonialistischen Abhängigkeit plötzlich bewusst wurden und dieses Erwachen als Befreiung empfanden, ist psychologisch nachvollziehbar. Gründe für Saids Erfolg

2.6.2 Subaltern Studies: Erforschung der indischen Randgruppen

Bei den Subaltern Studies handelt es sich ebenfalls um ein Projekt eines „non-Western scholar located in the West", nämlich des in Australien lehrenden Inders Ranajit Guha. Unter diesem Titel erschienen zwischen 1982 und 1999 in unregelmäßiger Folge elf Aufsatzbände zur modernen Geschichte Indiens. Theoretisch bezieht sich Guha auf den italienischen Marxisten Antonio Gramsci, von dem der Gebrauch des Begriffs „subaltern" stammt. „Subaltern" ist als Gegenbegriff zu „elitist", „dominant" oder „hegemonic" gedacht. Von Gramsci übernimmt Guha die These, dass die Masse der „subalterns" von den Eliten nicht nur ökonomisch und mit Gewalt, sondern vor allem ideologisch beherrscht werde. Der „Elitismus" sowohl der britisch-kolonialistischen als auch der „bourgeois-nationalistischen" Geschichtsschreibung bestehe auch nach 1947 weiter. Es komme jetzt darauf an, die Randgruppen (*marginal groups*) endlich zu Wort kommen zu lassen. Unter den indischen „subalterns" versteht Guha die Landbevölkerung (*peasants*), die städtischen Unterschichten (*urban poor*), Frauen, Minderheiten, Flüchtlinge, Exilanten, Entrechtete und Enteignete und die Stämme. Bezeichnenderweise fehlen in dieser Aufzählung die niederen Kasten, denn an den Kasten scheitern die marxistischen Kategorien, da sie quer zu den Klassen stehen, gibt es doch sowohl in den unteren Kasten Reiche als auch in den oberen Arme. Unter den dominanten Eliten versteht Guha nicht nur die Kolonialherren und ausländische Privatpersonen wie Geschäftsleute, Plantagenbesitzer und Missionare, sondern auch die einheimischen Eliten der Großgrundbesitzer, der Großbourgeoisie und der einheimischen Mitglieder des ICS.

Über den indischen Nationalismus behauptet Guha, er sei nicht nur einheimische „response" auf britischen „stimulus" – die gängige These sowohl in der britischen als auch in der „bourgeois-nationalistischen" Historiographie –, sondern er sei auch spontan im Volk entstanden. Andererseits sei das Motiv der indischen Nationalisten nicht das Wohl des Volkes gewesen, sondern die Hoffnung auf Profit oder auf Teilhabe an der Macht (womit Guha – wohl unbeabsichtigt – die These der Cambridge-Schule übernimmt).

Unabhängig von diesen etwas groben Thesen Guhas ist aus seinem Projekt in den elf Bänden eine ganze Reihe hochwertiger Aufsätze zur modernen indischen Geschichte hervorgegangen, die international Beachtung gefunden haben. Neben den von Guha geforderten Themen werden dann doch auch die Kasten, der Communalism und Mahatma Gandhi thematisiert. Methodisch erweist sich die Quellenfrage als großes Problem, sind die Quellen doch in ihrer überwältigenden Mehrheit von den Eliten verfasst, während die „Subalterns" weitgehend stumm geblieben sind.

In den späten 1980er Jahren machten sich Edward Saids Orientalismus-Thesen in den Subaltern Studies bemerkbar, was äußerlich auch durch sein Vorwort zu den „Selected Subaltern Studies" von 1988 [2.2.4: Guha/Chakravorty Spivak] markiert wurde. Nun wurden plötzlich „discourse" und „colonial knowledge" wichtiger als „class" und „resistance". Wenn man Said weiter denkt, sind dann nicht auch Ideologien wie der Nationalismus und der Marxismus europäi-

Ranajit Guha

Orientalismus und
Subaltern Studies

sche „Konstrukte", die Indien von außen aufgedrückt wurden? Solche Thesen gingen dem marxistischen Historiker Sumit SARKAR dann doch zu weit, er beklagte das „Verschwinden des Subalternen" aus den Subaltern Studies und sah sich schließlich 1994 gezwungen, die Subaltern Studies Group zu verlassen, da er in solchen Thesen die Gefahr der „Romantisierung" des Eigenen sah und damit die Gefahr von „Indigenismus", indem der Westen undifferenziert für alle Übel verantwortlich gemacht werde, während einheimische Institutionen und Praktiken, mögen sie noch so oppressiv sein, freigesprochen würden, wenn sie nur unbefleckt von „fremden" Formen des Herrschaftswissens seien [2.2.4: SARKAR, 239–255. Antwort darauf von CHAKRABARTY in: 2.2.4: CHAKRABARTY, 256ff.]. Schon übernahmen Historiker auf hindu-nationalistischer Seite die von SARKAR als Gefahr beschworenen Thesen.

Die Subaltern Studies reihen sich in den internationalen Trend der historischen Randgruppenforschung ein.

In den Subaltern Studies sind die Frauen eine Randgruppe unter vielen. Gender Studies
In den „Gender Studies" stehen sie im Mittelpunkt des Interesses. Suttee, die „Age of Consent Bill" und die Rolle der Frauen in der Nationalbewegung sind spezielle Themen der auf Indien bezogenen Gender Studies. Schon vor ihrem Aufkommen und unabhängig davon war das männliche „Gender" Thema der Geschichtsschreibung. Der Kult der Maskulinität spielte sowohl bei den britischen Kolonialherren als auch in der indischen Nationalbewegung eine Rolle. Die Briten teilten die Inder für die Rekrutierung ihrer Soldaten in maskuline (*martial races*) und in feminine Rassen ein. Andererseits gehörte zum Erziehungsprogramm der indischen Nationalisten „physische Erziehung" der Jungen, um die für den Kampf als notwendig angesehene Männlichkeit zu züchten. Z. B. sollte die Hindu Mela, ein zwischen 1867 und 1880 jährlich von Anhängern des Brahmo Samaj organisiertes Fest, nach den Vorstellungen der Veranstalter nicht nur der „promotion of national feeling" dienen, es enthielt mit organisierten Ringkämpfen und Vorführungen von Krafttraining und anderen Sportarten auch die erste direkte Umsetzung des physischen Aspektes der Maskulinisierung. [CHOWDHURY, The Frail Hero and Virile History, 21–25, zit. nach Harald FISCHER-TINÉ 2.9, 14].

Der Zusammenhang von Gender, Sexualität und Rasse bzw. Rassismus im kolonialen Indien ist schon 1980 von K. BALLHATCHET [2.8] thematisiert worden.

3. Der Estado da India

3.1 Forschungsstand, Desiderata

Die Erforschung des „Estado da India", also des portugiesischen Reiches in Indien und im übrigen Asien, hat in den letzten Jahren, nicht zuletzt auch angeregt durch das Jubiläumsjahr 1998, einen neuen Aufschwung erhalten. Vorläufiger Höhepunkt dieses neu erwachten Interesses war die Ausstellung „Novos Mundos – Neue Welten: Portugal und das Zeitalter der Entdeckungen" im Deutschen Historischen Museum in Berlin vom Oktober 2007 bis Februar 2008, deren aufwändiger Katalog Beiträge der führenden Fachleute auf diesem Gebiet versammelt.

Zur gründlichen Bearbeitung dieses Themas braucht der Historiker allerdings breite Sprachkenntnisse. Bisher ist die umfangreiche portugiesischsprachige Literatur zum Thema fast nur von portugiesischen Historikern herangezogen worden, da in vielen Fällen Übersetzungen ins Deutsche, Englische oder Französische fehlen. Trotz der stupenden Materialsammlungen der beiden deutschen Jesuiten Georg Schurhammer und J. Wicki sind die in den diversen Archiven schlummernden Dokumente bei weitem noch nicht für die wissenschaftliche Arbeit ausgeschöpft worden. Immerhin ist im indischen Unionsstaat Goa inzwischen eine neue Generation von Historikern herangewachsen, die sowohl die portugiesischen Quellen als auch die angelsächsische und indo-englische Geschichtsschreibung verwerten können (Xavier Centre of Historical Research (XCHR) mit den Historikern Teotonio R. de Souza (Direktor), Charles Borges, Celsa Pinto, um nur einige zu nennen).

1998 beklagte Sanjay SUBRAHMANYAM noch, dass zum Estado da India bisher hauptsächlich Informationen gesammelt worden seien – ohne eine angemessene Problemstellung [2.5.1: SUBRAHMANYAM, Introduction]. Im 500. Jahr der Fahrt Vasco da Gamas sei es an der Zeit, statt der alten Klischees neue Themen und Sichtweisen zu formulieren und in die Archive von Portugal, Mozambique, Goa und Macao zu gehen, die bisher weitgehend unausgeschöpft geblieben seien. Inzwischen hat SUBRAHMANYAM zur Füllung dieser Lücken selbst ein beachtliches Werk vorgelegt.

Weltgeschichtliche Bedeutung — Der Estado da India ist zentral für das Verständnis der Ursprünge der Europäischen Expansion. In Indien wurde das Erscheinen der Europäer vor dem 18. Jh. nur marginal wahrgenommen, in den einheimischen Quellen werden sie kaum erwähnt – den machtbewussten Moghuln wäre es nicht im Traum als möglich erschienen, dass einst Europäer ("Farangis") ihre Herrschaft übernehmen würden. Dagegen wurde in Europa Vasco da Gamas Landung in Indien im Jahre 1498 sofort als ein Ereignis von weltgeschichtlicher Bedeutung erkannt. Ein lang ersehntes Ziel war endlich erreicht. Auch Kolumbus hatte ja eigentlich Indien gesucht, und als er 1492 Amerika "entdeckte", glaubte er – und das bis zum Endes seines Lebens –, dass es Indien (bzw. China) sei. Die weltpolitische Dimension der beiden Entdeckungen wird schon markiert durch den 1494 abgeschlossenen Vertrag von Tordesillas, durch den sich die beiden rivalisierenden iberischen Seemächte Spanien und Portugal die außereuropäische Welt im Voraus aufteilten. Kaum hatte der portugiesische König Manuel I. von Vasco da Gamas Landung in Indien erfahren, erweiterte er in einem Brief an Kaiser Maximilian seinen Titel "König von Portugal und der Algarve" um den Zusatz "Herr von Guinea und der Eroberung des Seewegs und Handels in Äthiopien, Arabien, Persien und Indien". Die weltgeschichtliche Bedeutung der beiden Jahre 1492 und 1498 blieb in Europa dauernd im Bewusstsein: Im 16. Jahrhundert beschrieb der spanische Chronist Francisco Lopez de Gomara in seiner "Allgemeinen Geschichte der beiden Indien", gewidmet Karl V., die Entdeckung der

Ozeanrouten nach West- und Ostindien durch die iberischen Seefahrer als „Das größte Ereignis seit der Erschaffung der Welt, abgesehen von der Fleischwerdung und dem Tode dessen, der sie erschuf" [2.5.1: BOXER]. Zweihundert Jahre später wiederholte Adam Smith in seinem Werk „The Wealth of Nations" (1776) diese Einschätzung, allerdings ohne die Nennung Gottes. Als „Pfadfinder Europas" sind die Portugiesen bezeichnet worden: Sie begannen „die Expansion Europas", die schließlich zu dessen Vorherrschaft in der Welt geführt hat. Am Ende dieser Epoche nannte der indische Historiker K.M. PANIKKAR in seinem Buch diese Zeitspanne „Die Vasco-da-Gama-Epoche der asiatischen Geschichte" [2.3].

3.2 Wurzeln und Triebkräfte der europäischen Expansion

Was waren die Triebkräfte, die die Portugiesen als erste Europäer auf die Suche nach Indien führten? Am Anfang steht der Mythos Indien, der im Kern auf die griechische Antike zurückgeht: Indien als Fabel- und Wunderland, als Land der Weisheit und des unermesslichen Reichtums. Der Ruhm von Alexanders Indienzug hielt sich im „Alexanderroman" über die Antike hinaus bis ins Mittelalter. Seit dem 12. Jahrhundert gab es das Gerücht vom Priesterkönig Johannes. Es ging zurück auf ein Schreiben an Kaiser Manuel I. von Byzanz, in dem der unbekannte Autor sich als Herrscher über ein in Asien liegendes christliches Reich, in dem Milch und Honig fließen, vorstellte und die europäischen Christen zum Kampf gegen den gemeinsamen Feind Islam aufforderte [2.4: KNEFELKAMP]. Der anti-islamische Impetus wurde verstärkt, als mit der Eroberung Konstantinopels 1453 durch die Osmanen der Handelsweg mit Indien über Land versperrt bzw. behindert wurde. Auf der iberischen Halbinsel war der Kampf gegen den Islam ohnehin ein Dauermotiv. Die „Reconquista" gegen die „Mauren" dürfte die tiefere Ursache für die Eroberungsdynamik der Spanier und Portugiesen in der Frühphase der Expansion Europas gewesen sein. Als Vasco da Gama am 20. Mai 1498 in Kalikut landete, empfingen seinen Abgesandten „zwei Mauren von Tunis …, die kastilianisch und genuesisch sprechen konnten, und der erste Gruß, den sie ihm zuriefen, war: ‚Hol dich der Teufel! Wer hat dich hierher gebracht?'" Die Portugiesen antworteten: „Wir kommen Christen und Gewürze suchen." [1.1: BITTERLI, 80]. Man beachte: Das religiöse Motiv steht an erster Stelle, erst dann folgt das Handelsmotiv. In der neueren Literatur ist die Tendenz zu beobachten, das Handelsinteresse an die erste Stelle zu setzen. Für die Portugiesen lässt sich das leicht widerlegen, aber auch die Holländer und Engländer hatten keineswegs nur den Handel im Sinn. Sendungsbewusstsein, sei es christlich geprägt oder im Namen der Zivilisation, des „Fortschritts", trieb auch die Engländer an. Bis ins 19. Jahrhundert war der Besitz Indiens immer auch mit der Idee der Weltherrschaft verbunden.

Die Komplexität der Motive lässt sich an der Person Heinrichs des Seefahrers festmachen. Über seine Schlüsselrolle bei den Unternehmungen Portugals ist man sich seit den portugiesischen Gelehrten des 16. Jahrhunderts bis zu den modernen Erforschern der Europäischen Expansion wie Immanuel Wal-

Mythos Indien

Die Rolle Heinrichs des Seefahrers

lerstein, Wolfgang REINHARD [2.4] und David S. Landes einig. (Landes hält Heinrich für die drittwichtigste Persönlichkeit der Weltgeschichte, nach Jesus Christus und Kolumbus). Was trieb den Prinzen („Infanten") dazu, seine Schiffe immer weiter entlang der Küste Westafrikas mit Ziel Indien vorrücken zu lassen?

Schon der zeitgenössische Hofchronist Gomes Eanes de Zurara hat sich im dritten Kapitel seiner „Chronik der bemerkenswerten Taten …" Gedanken darüber gemacht, was die Motive für Heinrichs Politik gewesen sein mögen [1.2: PÖGL/KROBOTH]. Zunächst nennt er die folgenden fünf Gründe: Tatendurst und Neugier auf die unbekannten Länder an der Westküste Afrikas; den Wunsch, mit bisher unbekannten christlichen Völkern Handelsverkehr herzustellen; die Macht der Ungläubigen zu erkunden; nach christlichen Fürsten zu suchen, die ihn gegen jene Feinde des Glaubens unterstützen würden; und schließlich „der große Wunsch, den Heiligen Glauben an unseren Herrn Jesus Christus zu mehren und ihm alle Seelen, die sich retten wollten, zuzuführen". Aber dann heißt es, „für wichtiger als diese fünf Gründe halte ich den sechsten, der mir die Wurzel zu sein scheint, aus der alle übrigen entspringen, und damit meine ich den Stand der Gestirne." Dieser zeige an, „daß dieser Herr sich um große und schwierige Eroberungen bemühen würde und besonders darum, Dinge zu suchen, die anderen Menschen verborgen und geheim waren".

Auf diesem letzten Grund baut nur P. RUSSELL [2.5.2] seine Argumentation auf, die anderen Autoren gewichten in verschiedener Weise den einen oder anderen oder mehrere der ersten fünf Gründe. Es überwiegt die Einschätzung Heinrichs als eines humanistisch geprägten, den Wissenschaften und der Forschung ergebenen Renaissancemenschen, aber RUSSELL und J. URE [2.5.2] sehen in ihm auch den mittelalterlichen, christlichen Ritter, keusch, asketisch und sehr religiös. Oder war es nur persönlicher Ehrgeiz und Heinrichs aussichtslose Position in der Thronfolge, die ihn antrieben? Der englische Geograph Samuel Purchas sah 1625 in Heinrich nicht zuletzt den Sohn einer englischen Mutter.

Für andere Autoren ist die „Verlockung des Goldes" der entscheidende Stimulus der Entdeckungen des 15. Jahrhunderts [z. B. 2.5.2: FERNANDEZ-ARMESTO]. Zurara bietet auch für dieses Argument Unterstützung, indem er bemerkt, „von diesem Jahr an (1448, dem Ende seiner Chronik) handelte es sich bei den Unternehmungen in jenen Gegenden mehr um Handelsinteressen und Tauschgeschäfte als um Mutproben und Waffentaten".

Für den Vorrang der wissenschaftlichen Neugier als Motiv wird seit dem 19. Jahrhundert die Existenz einer von Heinrich betriebenen Seefahrerschule oder Marineakademie in Sagres behauptet. Das Fehlen von Quellenbelegen dafür wird mit der Geheimhaltungspolitik Portugals erklärt [2.5.2: LOETSCHER, 21ff.]. Wie dem auch sei, der wissenschaftliche Antrieb drückte sich bei Heinrich in der systematischen Suche nach neuen Gebieten aus, wobei er den mittelalterlichen Aberglauben, jenseits des Kaps Bojador an der afrikanischen Westküste stürze man in einen Abgrund, überwand und neue Seekarten und geeignetere Schiffstypen entwickeln ließ.

Heinrichs wissenschaftliche Interessen lassen sich in den Paradigmenwechsel von der mittelalterlichen „sapientia" zur neuzeitlichen „curiosdas" einordnen, der in jüngeren Werken beschrieben wird [z. B. 2.4: Daston und 2.4: Stagl]. Die wissenschaftliche „curiositas" überwand die christlichen Schranken des Mittelalters, für das die „curiositas" ja noch als Sünde, als Ablenkung von der „sapientia" gegolten hatte. Die wissenschaftliche Neugier wurde angefacht durch die Wiederentdeckung der Antike, speziell deren geographischer Kenntnisse, was wiederum ausgelöst worden war durch die Ankunft oströmischer bzw. byzantinischer Gelehrter, die nach der Eroberung Konstantinopels 1453 durch die Osmanen nach Westeuropa flohen, hauptsächlich nach Italien, von wo einige nach Portugal eingeladen wurden.

Vor allem das wissenschaftliche Motiv zeichnet Heinrich und die ihm nachfolgenden Portugiesen als „modern" aus. Damit wird auch die Frage nach der Epochengrenze, und die Frage: Wann beginnt in Indien die Moderne bzw. die Neuzeit? aufgeworfen, worüber in letzter Zeit wieder diskutiert worden ist [siehe auch 2.3: Kulke, 104]. Wenn wir die Portugiesen als Träger der Moderne einschätzen, beginnt die Neuzeit für Indien mit dem Jahr 1498. In den einheimischen Reichen dauerte jedoch das Mittelalter fort. Wenn man allerdings den Besitz von Feuerwaffen als Kriterium für die Neuzeit ansieht [2.4: Rothermund], dann wäre auch das Moghul-Reich Neuzeit. Dem lässt sich entgegenhalten, dass die Artillerie der Moghuln von Ausländern aus dem Osmanischen Reich („Rumis") hergestellt und bedient wurde, also ein fertiges Importgut war. Außerdem hatte die Einführung der Feuerwaffen im Moghulreich keinerlei wissenschaftliche oder technologische Folgen.

1498 als Epochengrenze auch für Indien

Das gilt auch für Südindien, genauer das Gebiet der „Nayakas", also der Nachfolgestaaten des Vijayanagara-Reichs. Rao, Shulman, Subrahmanyam zeigen, dass es dort schon seit dem 16. Jh. Feuerwaffen – Kanonen, Hakenbüchsen (Arkebusen), Luntenschloss (Muskete) und später das Steinschlossgewehr – gegeben habe. Aber auch in Südindien wurden die Feuerwaffen von portugiesischen Söldnern bedient („we find the Parasika (Portuguese) mercenaries, equipped with firearms (agniyantra)", „their eyes rolling from drinking liquor") [2.2: Rao/Shulman/Subrahmanyam, 220–224).

3.3 Deutsche in portugiesischen Diensten

An der portugiesischen Expansion waren neben Italienern und Flamen vor allem auch Deutsche beteiligt. Es waren Nürnberger und Augsburger Handelshäuser, allen voran die Welser und die Fugger, die die enormen Finanzmittel, die für die Überseeunternehmungen nötig waren, zur Verfügung stellten. Auch die Edelmetalle, die für den Warenaustausch in Afrika und Asien unentbehrlich waren, kamen zunächst aus Deutschland – bis dann die südamerikanischen Vorkommen erschlossen wurden. Schon seit dem späten 15. Jahrhundert ist die Anwesenheit deutscher Kaufleute und Handwerker in Lissabon nachweisbar. 1503 räumte Manuel I. mit einem Vertrag auf 15 Jahre den in Lissabon residierenden deutschen Kaufleuten zahlreiche Freiheiten und Sonderrechte ein, die nicht nur den Handel begünstigten, sondern auch ihre Rechtslage verbesserten [2.5.3: Pohle, 156]. Schon seit der zweiten Indienfahrt Vasco da Gamas 1502/3

Finanzierung der Indienfahrer

waren Deutsche direkt an den Fahrten nach Indien beteiligt, an der Reise des Francisco de Almeida von 1505/6 sogar als selbstständige Kaufleute, die mit drei eigenen Schiffen mitsegelten. An dieser Fahrt nahm auch Balthasar Springer teil, dessen Reisebericht „Die Meerfahrt" neu herausgegeben worden ist [1.2.1: ERHARD/REMMINGER]. Als die Portugiesen den Pfefferhandel für sich monopolisierten, wandten sich die Deutschen anderen Produkten zu, hauptsächlich dem Edelsteinhandel.

Erforschung der deutschen Handelskontakte

Durch die auch durch einen Fernsehfilm dokumentierte Forschungsexpedition von Wolfgang Knabe ist der deutsche Anteil an der portugiesischen Expansion in jüngerer Zeit einem breiteren Publikum wieder ins Gedächtnis gerufen worden. Mit einem eigens dafür konstruierten Forschungsschiff fuhr Knabe 1992 die von den deutschen Händlern an der indischen Westküste genutzten Handelsrouten ab und erkundete ihre Niederlassungen („... die ersten Teutschen, die India suchen", Bayerischer Rundfunk 1993). Die Expedition war der Höhepunkt eines von der DFG unterstützten Forschungsprojekts der „Augsburger Forschungsgruppe zur Erforschung des Augsburger Ostindien-Handels im 16. Jahrhundert e.V.". Als indischer Partner konnte die Historische Fakultät der Universität Pondicherry unter der Leitung des für die Handelsbeziehungen zwischen Indien und Europa renommierten Historikers K.S. MATHEW gewonnen werden. Einige Kapitel von KNABES aufwändigem und für ein breiteres Publikum bestimmtem Forschungsbericht [2.5.3: KNABE] stammen von MATHEW. Leider verzichtet KNABE in seinem Werk auf Quellenangaben, so dass es wissenschaftlich nur begrenzt nutzbar ist. Maßgeblich inspiriert hatte das Knabe'sche Unternehmen der Altmeister der Wirtschaftsgeschichte der Europäischen Expansion Hermann Kellenbenz, dessen zahlreiche Aufsätze zum Thema leider noch nicht gesammelt worden sind. Seine Arbeiten und das Jubiläumsjahr von 1498 haben wohl auch die Vielzahl von neueren Arbeiten zum Thema angeregt. Akribisch und quellenkritisch geht POHLE in seiner ursprünglich als Dissertation vorgelegten Studie über Deutschland und die überseeische Expansion Portugals im 15. und 16. Jahrhundert vor [2.5.3: POHLE]. Zum selben Thema erschien fast zeitgleich die Studie von Pius MALEKANDATHIL [2.5.3], der zur Tradition der jesuitischen Historikerschule in Goa gehört, aus der auch MATHEW stammt. MALEKANDATHILS Werk kann als die von KNABE vermisste „bis heute nicht erfolgte Gesamtdarstellung und Würdigung der Beteiligung deutscher Handelsgesellschaften an der Erschließung des indischen Wirtschaftsraumes im 16. Jahrhundert" [2.5.3: KNABE, 135] angesehen werden. Auch MALEKANDATHIL betont, dass die Geschichte der Europäischen Expansion unvollständig bliebe ohne Erwähnung der Rolle der Deutschen in den Unternehmungen der Portugiesen. Der deutsch-portugiesische Wissenstransfer lieferte einerseits neuestes Wissen auf dem Gebiet der Geographie und Astronomie für die Portugiesen, andererseits förderte er den humanistischen „Wissensdurst" der deutschen Gelehrten im Reich [2.5.3: POHLE 14ff.]. Für das Thema Technologietransfer ist die Tatsache interessant, dass um 1525 etwa 50 deutsche Kanoniere (*bombardieros*) für die Portugiesen in Indien Dienst taten [2.5.3: KNABE, 55ff. und 92; 2.5.3: MALEKANDATHIL, 31ff.].

3.4 Christliche Mission und Inquisition

Als Papst Johannes Paul II. 1994 Indien besuchte, wurde er von zornigen Hindu-Demonstranten empfangen, die ihm die Religionspolitik der Portugiesen, vor allem natürlich die Inquisition, vorhielten. Der Vorwurf ist nicht neu, schon im 17. Jahrhundert war die portugiesische Inquisition in Indien Teil der „Schwarzen Legende", mit der England und Holland Propaganda gegen die iberischen Mächte betrieben. Auch in der goanesischen Unabhängigkeitsbewegung gegen Portugal wurde das Thema polemisch behandelt. Im Jahr des Papstbesuchs kamen gleich mehrere kritische Werke heraus [DE SOUZA, BORGES, eher polemisch PRIOLKAR; um wissenschaftlichen Ausgleich bemüht DE MENDONCA, alle 2.5.4]. Das Werk des Franzosen DELLON, eine zentrale Quelle aus dem Jahre 1687, ist 1997 zusammen mit einer ausführlichen Abhandlung zu DELLON und zur Inquisition neu ediert worden [1.2.1]. Das große Inquisitionsarchiv in Goa ist 1812 angeblich verbrannt, doch müssten in Lissabon und vor allem im Vatikan weitere Quellen vorhanden sein. Das ganze Ausmaß der Inquisition in Indien und die Zahl der Opfer sind noch nicht geklärt.

Wollten die Portugiesen überhaupt ganz Indien oder gar ganz Asien bekehren? Immerhin haben sie in Südamerika ein solches „grand conversion project" [G. ZUPANOV in: 2.5.1: SUBRAHMANYAM, 135] verfolgt. Stephan NEILL dagegen behauptet, dass es nie einen ausgearbeiteten Plan zur Bekehrung Asiens gegeben habe [2.5.4: NEILL, 189f.].

Im Zusammenhang mit dieser Frage ist die Kontroverse über die Jesuiten am Hofe Akbars relevant: Wie glaubwürdig ist die in ihren Briefen immer wieder vertretene Behauptung, dass Kaiser Akbar kurz vor dem Übertritt zum Christentum gestanden habe? Immerhin wird ihre Behauptung von dem islamischen Gelehrten des 16. Jh. Badauni gestützt, der behauptet, Akbar sei vom Islam abgefallen [1.2.1: DU JARRIC; 2.5.4: ROY CHOUDHURY, 103–128].

4. Die nordeuropäischen Ostindien-Kompanien

Wie gelang es den beiden Ostindien-Kompanien Hollands und Englands, Portugal auszuschalten und praktisch den gesamten Warenaustausch zwischen Asien und Europa auf ihre Schiffe umzulenken? Das Ende der portugiesischen Selbständigkeit durch den Anschluss an Spanien und dessen Kriege mit England und Holland einschließlich der Kaperfahrten der englischen Piraten spielten sicher eine Rolle. Langfristig wichtiger war jedoch die strukturelle Überlegenheit der Kompanien. Der dänische Historiker Niels Steensgaard erklärt die wachsende Stärke der ersten Kompanien damit, dass es sich dabei um moderne Organisationsformen handelte, die rationeller wirtschaften konnten – im Gegensatz zu dem umherziehenden Kleinhändler, dem „pedlar" der Asiaten oder den „redistributiven" Unternehmungen nach Art des Mameluckenreichs oder des portugiesischen „Estado da India". „Ohne Zweifel bieten die Kompanien ein Beispiel für eine institutionelle Innovation, ... die es ermöglicht, wirtschaftliche Güter durch einen sparsameren Gebrauch knapper Ressourcen zu beschaffen" [2.6.1: Leue, 17; 2.6.1: Steensgaard; 2.6.1: Blussé/Gaastra, 108ff.]. Steensgaard spricht sogar von einer „Revolution im Handel". Durch straffere Führung und bessere Organisation gelang es den Holländern, die Verluste ihrer Asienfahrten gegenüber den Portugiesen auf die Hälfte, wenn nicht sogar auf ein Drittel zu reduzieren [2.4: Reinhard, Bd. 1, 126]. Ihre finanzielle Stärke bestand in der Entwicklung von Aktiengesellschaften. Durch diese weltgeschichtlich wichtige Innovation war das Kapital losgelöst von der Person und der Nationalität. Außerdem vergrößerten die Holländer durch vermehrtes Angebot den Markt für die Produkte aus Asien. Durch Preisvergleich und ein ausgebautes Informations- und Kommunikationsnetz ließen sich ihre Preise niedriger halten als die der Portugiesen.

„Revolution im Handel"

4.1 Indienhandel anderer europäischer Staaten

Die Ostindienkompanien der Holländer und Engländer stehen wegen ihrer langfristigen Folgen im Mittelpunkt des historischen Interesses, aber sie waren keineswegs die einzigen Europäer, die den offensichtlich lukrativen Handel mit Indien suchten. An erster Stelle ist Dänemark zu nennen, das im 17. Jahrhundert eine durchaus mit England oder den Niederlanden vergleichbare europäische Großmacht war. Seit 1616 gab es eine „Ostindisk Kompagni", die in wechselnder Gestalt und mit kurzen Unterbrechungen bis 1848 Handel mit Indien bzw. Asien trieb. Die niederländische VOC spielte dabei als Vorbild und sowohl finanziell als auch personell eine starke Rolle. Neben dem Handel mit den üblichen Produkten im Verkehr zwischen Europa und Indien betrieben die Dänen hauptsächlich Waffenhandel mit einheimischen Herrschern, vor allem an der Malabarküste [2.6.5: Krieger].

Dänemark

Historisch wichtig ist die dänische Faktorei Tranquebar (Tarangabadi) an der Südostküste Indiens, weil von ihr aus ab 1706 eine protestantische Mission unter den Tamilen betrieben wurde, zunächst gegen den Widerstand der Kompanie-Angestellten, die ihre Handelsinteressen bedroht sahen, doch konnte sich der dänische König mit seinem Selbstbewusstsein als protestantischer Herrscher durchsetzen. Da sich keine dänischen Missionare fanden, wandte man sich an August Hermann Francke in Halle, auf dessen Betreiben hin 1705 die beiden pietistischen Missionare Bartholomäus Ziegenbalg (1682–1719) und Heinrich Plütschau (1677–1752) nach Tranquebar geschickt wurden, wo sie 1706 landeten. Bemerkenswert ist, dass es den Halle'schen Missionaren nicht nur um die Propagierung des Christentums ging, sondern auch um die wechselseitige Vermittlung von Kenntnissen und Vorstellungen über die jeweils andere Welt, also Indien und Europa. Die Halle'schen Missionsberichte aus Tranquebar waren bis in die achtziger Jahre des 18. Jahrhunderts die wichtigste Informationsquelle für indische Religion und Kultur in Europa [2.12.11: Liebau].

Die Dänen erfüllten noch eine andere wichtige Funktion: Sie transferierten angloindisches Kapital nach Europa, was über Wechsel lief, die in London oder Kopenhagen eingelöst werden konnten. Auf diese Weise transferierten

Angestellte der englischen Ostindienkompanie ihre im Privathandel erworbenen Vermögen in die Heimat. Vor allem nach der Schlacht bei Plassey 1757 florierte dieses Geschäft [2.6.1: FURBER].

Auffällig ist das Fehlen von Deutschen und Italienern im europäischen Wettlauf nach Indien nach dem 16. Jahrhundert. Dabei hat es durchaus deutsche Versuche gegeben, die allerdings alle gescheitert sind. Der Herzog von Holstein-Gottorp wollte in den 1640er Jahren auf dem Wege über die Ostsee, Russland und Persien Kontakte zu Indien herstellen, vergeblich. Die Versuche Brandenburgs nach dem Dreißigjährigen Krieg und Preußens unter Friedrich dem Großen hundert Jahre später sind aus finanziellen und politischen Gründen gescheitert. Als 1714 die spanischen Niederlande (das heutige Belgien) an Habsburg gefallen waren, wandten sich bald flämische Kaufleute an den Kaiser in Wien mit der Bitte, in Ostende eine Handelskompanie für Ostindien gründen zu dürfen, was 1722 mit einem Kaiserlichen Privileg genehmigt wurde. Die Ostende-Kompanie konnte tatsächlich einige Faktoreien an der Gangesmündung errichten: sie importierte von dort Gewürze, Seide und Baumwollstoffe sowie chinesischen Tee und Porzellan. Die Kompanie erweckte jedoch rasch das Missfallen der Engländer, und da Kaiser Karl VI. auch deren Zustimmung zur Pragmatischen Sanktion brauchte, um seiner Tochter Maria Theresia die Thronfolge zu sichern, opferte er die Gesellschaft: 1731 wurde sie aufgelöst. Die Erforschung der deutschen Indien-Unternehmungen müsste im Lichte der neuen Fragestellungen wieder aufgenommen werden.

Deutsche Bemühungen

4.2 Ziele Englands: Gab es einen imperialistischen Plan?

Kontrovers ist seit Langem die Frage, ob die britische Eroberung Bengalens, und später ganz Indiens, nach einem langfristigen Plan erfolgte. Von britischen Historikern der Imperialistischen Schule wurde der Zufallscharakter der Eroberung betont: „Wir haben Indien erobert, ohne zu wissen was wir taten" [John Robert Seeley, Die Ausbreitung Englands, 1928 (Original 1883), 128]; die Eroberung sei niemals ihre Absicht gewesen [1.3.1: MUIR, 36].

Tatsächlich hielten sich die Engländer zunächst an den Ratschlag von Sir Thomas Roe, den er schon 1616 der Ostindien-Kompanie gegeben hatte, nämlich im Interesse ungestörten Handels jede kriegerische Politik mit dem Ziel des Landerwerbs zu vermeiden. Daran hat sich die Ostindien-Kompanie lange gehalten, bis im späten 17. Jahrhundert die Querelen mit den indischen Fürsten, in deren Bereich die Faktoreien lagen, immer stärker wurden. Meistens ging es um Zölle und sonstige Abgaben. In den Jahren 1686–1890 wagte die EIC wegen solcher Querelen sogar einen Angriff auf das Moghulreich, aber das Ergebnis war ein Fiasko. Der Moghulkaiser Aurangzeb hätte damals die EIC ganz aus seinem Reich vertreiben können, wenn er nicht selbst am Überseehandel interessiert gewesen wäre. Treibende Kraft hinter dem Wagnis der EIC, das Moghulreich anzugreifen, war Sir Josua Child, Gouverneur von Fort William (Kalkutta) von 1681 bis 1699. Seine Politik war, nach holländischem Vorbild an den Küsten Indiens befestigte Plätze zu errichten, die in der Lage

Eroberung zur Sicherung der Handelsinteressen

wären, jede Art Angriff abzuwehren. Nach diesem Plan sollte Bombay das englische Gegenstück zum holländischen Batavia werden. Auch Madras sollte so
ausgebaut werden. Diese beiden Orte lagen außerhalb des Moghulreiches. In einem Brief an seine Kollegen in Madras vom Dezember 1687 formulierte Child
als Ziel der Kompanie „the foundation of a large, well-grounded, sure English
dominion in India for all time to come" [2.3: DODWELL, 101f.; 2.7.1: HAMIL-
TON, 42ff.; dagegen 2.4: REINHARD, Bd. 1, 141, der darin noch keinen Plan zu
umfangreichen Territorialeroberungen sieht]. Der Rückschlag gegenüber dem
Moghulreich stoppte diese weitreichenden Pläne zunächst. Wie in Teil I gezeigt,
waren es dann die Auseinandersetzungen mit den Franzosen seit den vierziger
Jahren des 18. Jh., die zur Verwirklichung von Childs Vision führen sollten.

Dahinter standen sicher nicht nur pragmatische Gründe. Man darf nicht vergessen, dass ein Programm der imperialen Expansion Englands schon bei Pu-
blizisten und Dichtern des 16. und 17. Jahrhunderts zu finden ist [2.6.3: BRIE].

Englisches
Sendungsbewusstsein Von dem Theologen und Geographen Richard Hakluyt (ca. 1552–1616) bis zu
John Milton, Sekretär Cromwells, gibt es Äußerungen, die England als auser-
wähltes Volk, als zweites Israel bezeichnen, dem die reichen und unbekannten
Länder von der Vorsehung zugedacht seien. Als Hauptgegner sah man zunächst
vor allem die katholischen Mächte an. Sowohl englisches Sendungsbewusstsein
als auch praktische Zwänge waren es denn auch, die Clives Handeln vor und
nach Plassey bestimmten. Er war sich seiner Sache so sicher, dass er William
Pitt d. Ä., damals Premierminister, schon in einem Brief vom 7. Januar 1759
drängte, die Krone solle die Herrschaft in Bengalen übernehmen. [1.3.1: MUIR,
36, 61]. Pitt lehnte damals noch ab, was er mit der möglichen Eifersucht der anderen europäischen Mächte begründete. Für Warren Hastings wiederum spielte
der gleichzeitige Verlust der amerikanischen Kolonien eine Rolle für sein Handeln in Indien.

Die Anklagepunkte gegen Hastings betrafen vorwiegend seine Politik gegenüber den indischen Mächten. Seit dem Regulating Act von 1773 war Hastings
als Generalgouverneur für alle englischen Besitzungen in Indien verantwortlich, also auch für Bombay und Madras. Es waren die Kompanie-Angestellten
in den südindischen „Presidencies" Bombay und Madras, die sich in die Angelegenheiten indischer Mächte einmischten, so dass Hastings als Generalgou-
Kriegerische
Auseinandersetzungen verneur in Kriege mit ihnen verwickelt wurde. Das kostete Geld und gefährdete
den Handel. Für das Indien-Gesetz von 1784 (Pitt's India Act) wurde daraus
der Schluss gezogen, der EIC weitere Expansionskriege ausdrücklich zu verbieten (§ 34). Doch selbst während in London Warren Hastings seine Kriege
mit indischen Mächten vorgeworfen wurden, war die EIC in Indien schon wieder in Kriege verwickelt (3. Mysore-Krieg 1790–1792), d. h. es stellt sich erneut
die Frage nach den Gründen bzw. Antriebskräften für die Expansion trotz des
Verbotes. War es etwa gerade das Verbot, Kriege zu führen, das die indischen
Mächte als Schwäche missverstanden und das sie ermunterte anzugreifen, sei es
die EIC direkt, sei es ihre indischen Verbündeten, und so die EIC zwang, dann
doch loszumarschieren, oft zu spät und daher mit höheren Verlusten [2.7.4:
ALLEN, 27]? Der Entschluss dafür musste oft spontan, unter Zeitdruck gefällt
werden, denn auf die Erlaubnis aus London zu warten, was damals ein gan-

zes Jahr gedauert hätte, wäre tödlich gewesen und musste daher dem „man on the spot", also den EIC-Angestellten in Indien, überlassen werden [2.7.4: FÖRS-TER]. Oder war es das Machtvakuum, das durch die ständigen Kriege, mit denen sich die indischen Mächte gegenseitig schwächten, oder durch die strukturelle Schwäche der Inder entstand, die unfähig waren, ihre Bewaffnung und ihre Verwaltung rechtzeitig und gründlich genug zu modernisieren? Diese Schwäche hätte dann wie ein Sog gewirkt, der die stärkste Macht geradezu anzog.

Die englischen Zeitgenossen selbst glaubten, unter dem Druck der „Französischen Gefahr", später unter dem der „Russischen Gefahr" handeln zu müssen. Das gilt jedenfalls eindeutig für die Epoche der Revolutionskriege, vor allem für die Zeit Napoleons (1789–1813). Unter GG Wellesley ist der stärkste Expansionsschub der englischen Herrschaft in Indien zu verzeichnen. Trotz Bedenken der Direktoren in London hatte er dabei die Rückendeckung der Regierung. Aber auch als es nach 1813 die „Französische Gefahr" nicht mehr gab, ging die Expansion weiter. Nun könnte man argumentieren: weil es sie nicht mehr gab, hatten die Engländer in Indien freie Hand, und die Ausdehnung ihrer Herrschaft war wie ein Ab- bzw. ein Aufräumen. In rasanter Folge wurde ein Herrscher nach dem anderen besiegt und ein Gebiet nach dem anderen annektiert. Mit einer Ausnahme: Afghanistan. Der Feldzug gegen den Emir von Kabul 1838–1842 scheiterte und wurde zur größten militärischen Katastrophe der britischen Kolonialgeschichte. Dennoch ging auch danach die Ausdehnung munter weiter, vor allem unter Dalhousies „Doctrine of Lapse" (siehe Kap. II.8), bis es 1857 zu einer internen Katastrophe kam: zur „Mutiny", dem Indischen Aufstand.

5. Das 18. Jahrhundert in Indien

5.1 Niedergang, Krise? Der Begriff „Orientalischer Despotismus"

Für die Epoche des Übergangs vom untergehenden Moghulreich zur Gründung der britischen Kolonialherrschaft hat sich der Begriff „Das 18. Jahrhundert" eingebürgert, wobei man über Anfang und Ende dieser Epoche streiten kann. Das „kurze" 18. Jh. würde 1707 mit dem Tode Aurangzebs beginnen und 1772 mit der Verlegung der Hauptstadt Bengalens nach Kalkutta enden, das „lange" könnte man schon in der Spätzeit Aurangzebs (Umzug auf den Dekkan 1681) beginnen und 1803 (britischer Einmarsch in Delhi) oder gar 1818 mit dem Untergang des Marathenreichs enden lassen.

Die indischen Nationalisten haben diese Epoche als Zeit des Niedergangs und der politischen Zersplitterung abgetan. Noch 1976 nennt J.N. SARKAR das 18. Jh. „difficult, complicated and uninteresting"; es sei in jeder Hinsicht ein Zeitalter der Dekadenz [2.7.3: SARKAR, v]. Dass es eine Zeit der „Great Anarchy" sei, dem stimmte auch die imperialistische Geschichtsschreibung der Briten zu. Aber während in ihrer Sicht die großen „Empire-builders" Clive, Hastings und die anderen Indien daraus befreit hätten, war sie für die indi-

Charakter des 18. Jahrhunderts

schen Nationalisten die Ursache der kolonialen Knechtschaft [„Black century",
2.3: STEIN, 390] . Geistig sei das 18. Jh. eine Zeit der Stagnation gewesen, für
Rabindranath Tagore lag Indien damals in einem „death-like sleep" [2.9.1: BO-
SE, 13]. Dem hat Hermann GOETZ schon 1938 widersprochen, indem er zeigte,
dass die indische Kultur auch im 18. Jh. durchaus fruchtbar war, nur eben in
ihren traditionellen Bahnen [2.7.2: GOETZ; MALIK und PREISENDANZ in: 2.3:
PREISENDANZ/ROTHERMUND].

In jüngerer Zeit hat man begonnen, das indische 18. Jahrhundert mit fri-
schem Blick zu betrachten. War die Kolonialherrschaft wirklich ein Bruch mit
allem Vorherigen, also eine „Revolution", wie schon die Zeitgenossen sagten,
oder hat sich die EIC nicht vielmehr evolutionär in die bestehenden indischen
Strukturen eingepasst? [2.7.1: BAYLY, 37; 2.7.2: WASHBROOK]. Diese Autoren
sehen das 18. Jh. sogar als „a time of economic vigor, even development", und
widersprechen der These vom 18. Jh. als Epoche von Chaos und wirtschaftlichem Niedergang. Laut BAYLY hätten sich die Wachstumszonen nur verlagert,
z. B. vom östlichen Indien zur Region Bombay [siehe auch 2.7.2: STEIN, 389f.].

Für ein tieferes Verständnis des 18. Jh. wäre die Erforschung der Regionalrei-
che unabdingbar, wofür man die auf Persisch und in indischen Regionalspra-
chen, vor allem Marathi, verfassten Akten studieren müsste. Wie reagierten sie
auf die drohende Eroberung durch die Briten? Wie weit gingen ihre Moderni-
sierungsbemühungen und ihre Widerstandsanstrengungen? Mit diesen Fragen
macht der Sammelband von Irfan HABIB über Mysore unter Tipu Sultan einen
Anfang [2.7.4: HABIB, State].

„Orientalischer   Für die Briten waren die einheimischen Reiche charakterisiert durch den
Despotismus"   Begriff „Orientalischer (bzw. Asiatischer) Despotismus", der ihnen u. a. als
Rechtfertigung für die Eroberung diente. Der Begriff geht auf Aristoteles zurück, der damit das Perserreich kennzeichnete. In der frühen Neuzeit taucht
der Begriff in den europäischen Reiseberichten über Indien und die anderen
orientalischen Reiche wieder auf. Auch für den gebildetsten und informier-
testen Reisenden der vorbritischen Zeit, den französischen Arzt François
BERNIER, ist der „Orientalische Despotismus" der Schlüsselbegriff zum Verständnis Indiens. Von ihm übernahmen ihn die französischen Philosophen
(voran Montesquieu), dann britische Autoren des 18. Jh. [1.3.2: DOW], und
später vor allem Marx und Engels in ihrer Korrespondenz über Indien, aus der
Marx' Indien-Aufsätze von 1853 erwuchsen.

Der Begriff Orientalischer Despotismus beschreibt eine Staatsform, in der
ein absoluter Herrscher ohne jegliche verfassungsmäßige Beschränkung und
Kontrolle regiert; ihm allein gehört alles Land, das er an loyale Gefolgsleute vergibt, die ihm dafür zu Tributzahlungen verpflichtet sind, aber jederzeit
mit Absetzung rechnen müssen. Doch, so BERNIER, ohne privates Eigentum an
Land und ohne Erbrecht versinke ein Land in „Tyrannei, Untergang und Elend"
[1.2.2: BERNIER, 232].

Gegen BERNIERS Text ist eingewandt worden, dass es sich dabei in Wirklichkeit nicht um eine Beschreibung des Moghulreiches, sondern des damaligen
Frankreichs handele und dass damit der französische König vor der Abschaffung des Eigentums und vor der Schwächung des Adels gewarnt werden sollte

[zuletzt 2.13.1: Tambiah]. Gegen diesen Einwand spricht aber allein schon die Tatsache, dass Berniers Informationen der Vorbereitung zur Gründung einer französischen Ostindien-Kompanie dienen sollten, was eine empirisch zuverlässige und realistische Schilderung notwendig machte.

Für die Anhänger Edward Saids ist der Begriff „Orientalischer Despotismus", wie zu erwarten, ein ideales Beispiel für den „orientalistischen Diskurs", an dem man europäisches Überlegenheitsgefühl, ja sogar Rassismus [2.13.1: Stuurman] gegenüber den großen Reichen des Orients nachweisen könne. Diese Unterstellung hat Joan-Pau Rubiés in einem ausführlichen Artikel [2.13.1: Rubiés] zurückgewiesen. Es wäre falsch, den „Orientalischen Despotismus" als „europäische Phantasie, die auf der unkritischen Anwendung einer Kategorie des Aristoteles beruhe" und „die die Europäer blind für die Realität gemacht" hätte, abzutun. Sowohl aus praktischen als auch aus intellektuellen Gründen seien sie um ein echtes Verständnis des Orients bemüht gewesen. Aus dem engen Zusammenspiel von direkter empirischer Beobachtung und philosophischen Ideen habe sich die Brauchbarkeit von Begriffen wie dem des Orientalischen Despotismus ergeben. Das schließe nicht aus, dass dabei die gleichzeitige Diskussion über die Beschränkung der königlichen Macht in Europa auch eine Rolle gespielt habe.

Der Topos vom „Orientalischen Despotismus" spielte noch bis weit ins 19. Jahrhundert in der „imperialistischen Mythologie" [2.13.2: Stokes, 22] eine Rolle [vergl auch 2.4: Osterhammel, Kap. X]. Sowohl das „Black Hole" als auch die „Mutiny" dienten als Beleg dafür [über Zweifel am Black Hole siehe 2.7.3: Barber, 2.7.3: MacFarlane, 2.7.3: Gupta, 156ff.]. Tipu Sultan galt als der „Orientalische Despot" schlechthin [2.2: Teltscher, 229–258]. Auch GG Cornwallis bediente sich dieses Begriffs, als er eine moderne Bürokratie in Indien einführte, um damit die „willkürliche und persönliche Macht des Herrschers" auszurotten [2.7.5: Stokes, 4].

5.2 Wirtschaftliche Lage Indiens am Vorabend der britischen Eroberung

Bei Bernier und anderen Reisenden der vorbritischen Zeit findet man Bemerkungen über den „Reichtum Indiens". Nicht nur die Fruchtbarkeit des Bodens mache Indien zu einem reichen Land (wobei vor allem Bengalen gemeint ist), sondern auch seine hoch entwickelten Handwerksprodukte, vor allem die Textilien aus Seide und Baumwolle. Da diese Produkte in alle Welt exportiert würden, fließe als Bezahlung dafür so viel Gold und Silber ins Land, dass man von Indien als einem „Schlund" sprechen könne, in dem das Gold der Welt verschwinde. Solche Bemerkungen dienen als Beleg für die These, dass Indien vor der Ankunft der Briten ein reiches Land gewesen sei. Erst die Kolonialherrschaft habe zu Stagnation, ja Niedergang geführt. **Reiches Indien?**

Nun besagt der Zustrom von Gold und Silber noch nichts über ihre Verwendung und ob dieser „Reichtum" irgendwelche Konsequenzen für die technische Entwicklung und den Lebensstandard der Menschen gehabt hätte. Tatsächlich findet man bei BERNIER auch die Feststellung, dass die ländliche Bevölkerung von der Hand in den Mund lebte. Irfan HABIB hat in seinem Klassiker von 1963 [2.7.2: HABIB, Agrarian System] die Äußerungen von Moghul-Autoren und europäischen Reisenden über die Lebensbedingungen der breiten Masse des Volkes zusammengestellt. Er zitiert François Pelsaert, der die allgemeine Lage als gekennzeichnet durch „stark want and bitter woe" beschreibt [ebd., 90]. Minderwertige Reissorten, Hülsenfrüchte und etwas Gemüse waren die üblichen Nahrungsmittel tagaus und tagein das ganze Leben lang; kein Fleisch, nur in den Küstenregionen Fisch; Chilis, ohne die heute kein indisches Mahl denkbar wäre, gab es damals nicht, allenfalls etwas Kümmel, Koriander und Ingwer. Zucker (*gur*) dagegen war genügend vorhanden, Salz war kostbar und teuer. Als Kleidung wurde getragen, was gerade mal die Blöße bedeckte. Als Wohnung dienten strohgedeckte Hütten aus Lehm oder Bambus. Keine Möbel außer zwei Liegen (*cots*), einige irdene Töpfe für Wasser und zum Kochen. Laut Linschoten fand sich in Kanara ein Kupfergefäß pro Haushalt. Wenn es überhaupt Erspartes gab, wurde es in Schmuck für die Frauen verwandelt. Bei den ärmeren Schichten bestand dieser aus Kupfer, Glas oder Muschelschalen, manchmal sogar nur aus Nelkenköpfen. Im Übrigen ging das Ersparte (oder das geliehene Geld) in Feste: Hochzeiten, Trauerfeiern, Tempel- und Pilgerfeste.

Die Frage, auf welchem ökonomischen und technischen Stand Indien vor der britischen Kolonialherrschaft gewesen sei, wurde im Zusammenhang der Diskussion über Unterentwicklung in den 60er Jahren des 20. Jh. wieder gestellt und ist bis heute Gegenstand einer intensiven Kontroverse. Auslöser der Debatte war 1963 ein Aufsatz von Morris D. MORRIS im Journal of Economic History. Zunächst stellt MORRIS fest, dass wir noch sehr wenig über die wahre wirtschaftliche und technische Entwicklung Indiens wissen. Für das vorkoloniale Indien vermutet er aber, dass es in der Landwirtschaft eine sehr niedrige Produktivitätsrate gehabt habe und dass sich seine technische, ökonomische und administrative Leistungsfähigkeit auf dem Stand befand, der dem Europas 500 Jahre früher entsprach. Handwerkliche Geschicklichkeit dürfe nicht mit der Existenz hoch entwickelter Werkzeuge und Arbeitsmethoden verwechselt werden. Der starke internationale Handel mit indischen Textilien habe mehr Bedeutung für Europa als für Indien selbst gehabt. MORRIS' Schlussfolgerung lautet: Die Briten haben kein Land übernommen, das „reif" für eine Industrielle Revolution gewesen sei.

Auf die Thesen von MORRIS reagierten ausführlich Toru MATSUI, Bipin CHANDRA und Tapan RAYCHAUDHURI. Abschließend ging Morris D. MORRIS noch einmal mit einem 70 Seiten langen Aufsatz auf seine Kritiker ein [alles zusammengefasst in 2.13.3: MORRIS/MATSUI/CHANDRA/RAYCHAUDHURI]. MATSUIS vorsichtige Argumentation könnte man als Zustimmung zu MORRIS deuten. Er erinnert an die unproduktive Verwendung der Gold- und Silberschätze durch Hortung, Schmuckherstellung, Verwendung in Tempeln und Palästen. Bipin CHANDRA wirft MORRIS vor, dass er lediglich die Argumente der alten imperialistischen Schule wiederhole, und versucht, ihn im Einzelnen zu widerlegen. RAYCHAUDHURI meint, dass Indien unter den vormodernen Ökonomien wahrscheinlich zu den fortgeschrittensten (*most advanced*) gehörte.

Der Aufforderung Morris', die wirtschaftliche Entwicklung Indiens gründlich neu zu erforschen, wurde bisher am solidesten in der Cambridge Economic History of India in zwei Bänden von 1982/83 Folge geleistet, an der sowohl Morris D. Morris als auch Tapan Raychaudhuri prominent mitgearbeitet haben [2.13.3: Kumar].

5.3 „Plünderung Bengalens" und die Ausbeutungsthese

Eine besondere Rolle in diesem Zusammenhang spielt die sog. Plünderung Bengalens („Plunder of Bengal", bei N.K. Sinha auch „Plassey Plunder" genannt [2.7.3: Sinha]), die ein fester Begriff geworden ist. Während in der „imperialistischen" Historiographie nur von einer vorübergehenden anarchischen Zwischenphase nach der Schlacht von Plassey 1757 die Rede ist, die bald durch geordnete Verhältnisse überwunden worden sei, wurden und werden von Vertretern des antiimperialistischen Lagers, hauptsächlich von indischen Historikern während der Nationalbewegung weitreichende Behauptungen über das Ausmaß und die Folgen der „Plünderung Bengalens" aufgestellt [z. B. 1.6.3.10: Naoroji, 2.13.3: Dutt, 1.6.3.11: Nehru, Toward Freedom]. Nichts weniger wird behauptet, als dass die Plünderung Bengalens der Beginn des wirtschaftlichen Niedergangs Indiens während der Kolonialzeit gewesen sei und dass andererseits sowohl die Industrielle Revolution als auch die Weltmachtstellung Englands mit dem Geld aus Bengalen ermöglicht worden seien.

Neben den schon genannten individuellen Vermögen, die unmittelbar nach „Plassey" von Kompanie-Angestellten zusammengerafft wurden (siehe Kap. I.3.2), begann mit der Übertragung der Diwani ab 1765 eine kontinuierliche Extraktion von Staatsvermögen aus Bengalen nach England: Die eingenommenen Steuern wurden nämlich zum großen Teil für das sog. Investment, also den Kauf der Waren, verwandt, die nach England ausgeführt wurden. England brauchte nun keine Edelmetalle mehr aufzuwenden, um bengalische Waren zu kaufen, d. h. der Export wurde durch keine entsprechende Gegenleistung vergolten. Das Steueraufkommen fehlte dem Land, die einheimische Regierung konnte ihre Aufgaben nicht mehr erfüllen. Handwerker, Künstler und andere Abhängige konnten nicht mehr unterhalten werden. Die Folge war die Schrumpfung der alten Herrschaftszentren (*de-urbanization*). Die Schrumpfung von Städten wie Murshidabad und Lakhnau ist zahlenmäßig belegt, allerdings wuchsen zur gleichen Zeit die von den Briten gegründeten bzw. zu ihren Zentren gemachten Städte wie z. B. Kalkutta, Bombay, Madras und Kanpur.

Ab etwa 1800 begannen die Garne und Stoffe aus den neuen Industriezentren Englands, vor allem Lancashires, die indischen Textilien auf dem Weltmarkt zu verdrängen, und ab 1813, als die EIC ihr Handelsmonopol verlor, überschwemmte Lancashire auch den indischen Markt mit seinen billigen

„Investment"

Fabriktextilien. Nun kehrten sich die Handelsströme um: Aus England kamen die fertigen Textilien nach Indien, und Indien lieferte nur noch Rohstoffe nach England – Baumwolle, Indigo und Jute. Das bedeutete den Niedergang des indischen Textilhandwerks, zusammengefasst mit dem Begriff „de-industrialization". Dieser Begriff ist allerdings missverständlich, indem er suggeriert, dass es in Indien schon eine Industrie im modernen Sinne gegeben hätte; tatsächlich bedeutet das englische Wort „industry" auch Handwerk, d. h. „de-industrialization" bedeutet in diesem Zusammenhang den Niedergang des Handwerks.

Zu den pflanzlichen Rohstoffen für den Export kam im zweiten Viertel des 19. Jh. das Opium hinzu, das aber nicht nach England, sondern nach China exportiert wurde (erzwungen durch die „Opiumkriege"). Von dem Erlös wurde dort Tee für den englischen und europäischen Markt gekauft, bis dann Tee auch in Indien und Ceylon angebaut wurde.

Industrielle Revolution mit indischem Geld?

Die zweite im Zusammenhang mit der „Plünderung Bengalens" vorgebrachte These bezieht sich auf die Verwendung des Plünderungsgutes in England. Wenn K.M. MUNSHI schreibt, „... and with the aid of this loot, Britain vanquished Napoleon and built her political supremacy in the world" [2.7.3: MUNSHI, 6], kann man das der antikolonialistischen Rhetorik zugute halten. Aber immerhin schreibt ein moderner Autor wie Ralph Davis, dass „Indiens Reichtum die Fonds finanzierte, mit denen zunächst vorübergehend in der Friedensperiode zwischen 1763 und 1774 und schließlich endgültig nach 1783 die staatlichen Schuldbriefe von den Niederländern und anderen zurückgekauft wurden, so dass die Briten fast völlig frei von Auslandschulden waren, als es 1793 zum großen Krieg mit den Franzosen kam" [Ralph DAVIS, The Industrial Revolution and British Overseas Trade, Leicester 1979, 55f., zit. nach 2.13.3: DAVIS, 443].

Auch marxistischen Verfechtern des Fünf-Stadien-Modells kommt die These gelegen: „Die Ausplünderung der indischen Handwerker war eine der Quellen der ursprünglichen Akkumulation des Kapitals in England" [A.I. LEWKOWSKI in: 2.7.2: RUBEN, Bd. 2, 237]. Die These kam in den 70er Jahren des vorigen Jh. zu neuer Geltung, als die Dependenztheorie im Schwange war, die besagt, dass der Wohlstand der „Ersten Welt" auf der Ausbeutung der „Dritten Welt" basiere (z. B. bei Immanuel Wallerstein).

Sogar in den deutschen Schulunterricht gelangte die „Plünderung Bengalens". In der Zeitschrift „Geschichte in Wissenschaft und Unterricht" (GWU) vom Januar 1981 erschien ein Aufsatz von Hans-Heinrich NOLTE mit dem Titel „Wie Europa reich und die Dritte Welt arm wurde" [2.7.3]. Das Vermögen aus Bengalen sei Teil des „Zwangsbeitrags der Dritten Welt" zur Entstehung des industriellen Kapitalismus gewesen. Indirekt sei auch die Industrialisierung Deutschlands damit finanziert worden. H.-H. NOLTES Thesen widerspricht Wolfram FISCHER im selben GWU-Heft mit seinem Aufsatz: „Wie Europa reich wurde und die Dritte Welt arm blieb" [2.7.3]. Doch lebt die These bis heute in den Werken von so populären Historikern wie David Landes und Eric Hobsbawm weiter. Schon Karl Marx vertritt sie im „Kapital", aber die indischen Nationalisten beriefen sich immer wieder auf den zum Umkreis des amerikanischen Präsidenten Theodore Roosevelt gehörenden Historiker

Brooks ADAMS mit seiner Weltgeschichte von 1895: „The Law of Civilization and Decay" [2.7.3].

Fundierte Auseinandersetzungen mit dieser These gibt es bisher noch kaum. F. CROUZET schreibt in seiner Studie über Kapitalbildung während der Industriellen Revolution beiläufig, dass weder das Kapital, das aus Bengalen kam, noch überhaupt Kapital in dieser frühen Phase der Industriellen Revolution entscheidend gewesen sei [2.7.3: CROUZET, 172f.]. Während N.K. SINHA in seinem klassischen Werk schreibt: „It is impossible to ascertain how much wealth was extracted" [2.7.3: SINHA, Bd. I, 222], hat Peter MARSHALL versucht, die tatsächlichen Summen zu errechnen: Danach wurden zwischen 1757 und 1784 etwa 15 Millionen Pfund Sterling von Bengalen nach England transferiert, also durchschnittlich 500 000 pro Jahr. Englands Volkseinkommen betrug allein im Jahre 1770 140 Millionen Pfund. Verglichen mit dieser Summe können 500 000 Pfund nicht die behaupteten schwerwiegenden Auswirkungen gehabt haben [2.7.3: MARSHALL, East Indian Fortunes, 256; siehe auch 2.13.3: DAVIS, 299, 443].

6. Die Entdeckung des alten Indiens und die Folgen

Die Entdeckung der altindischen Sanskrit-Literatur durch Warren Hastings, Sir William Jones und seinen Kreis von interessierten Kompanie-Angestellten war damals ein kulturpolitisches Ereignis ersten Ranges und hatte weitreichende Folgen sowohl in Indien als auch in Europa. Noch bevor in den 90er Jahren des 18. Jh. die Rechtstexte, die der Anlass der Suche waren, in englischer Übersetzung erschienen, allen voran 1794 Manus Gesetzbuch [2.7.3: ROCHER; 2.2: TELTSCHER, 157–191], wurde 1784 als erstes Sanskrit-Werk die Bhagavadgita in der Übersetzung von Charles Wilkins veröffentlicht. 1787 folgte die Märchensammlung Hitopadesha, 1789 das Drama Schakuntala von Kalidasa in der Übersetzung von Sir William Jones und 1792 seine Übersetzung der Gita Govinda.

Übersetzungen der Sanskrit-Literatur

Diese Texte und die anderen Nachrichten über das indische Altertum (verbreitet in der Zeitschrift „Asiatick Researches") erregten das gebildete Europa, eine regelrechte Indomanie brach aus, besonders lebhaft im deutschsprachigen Raum. Hier hatte Herder mit seinem Buch „Ideen zur Philosophie der Geschichte der Menschheit" von 1784 den Boden für die Indien-Begeisterung vorbereitet. Er schildert darin – noch auf der Basis älterer Reiseberichte – die Hindus als ein Volk mit herausragenden Geistesgaben und vollendeter körperlicher Schönheit, das in Harmonie mit der Natur lebe. Das Sanskrit-Drama Schakuntala, das schon zwei Jahre nach der englischen Version in der deutschen Übersetzung von Georg Forster erschien, wurde als Bestätigung der Herder'schen Darstellung verstanden und löste bei Goethe und den anderen Geistesgrößen der damaligen Zeit wahre Begeisterungsstürme aus. 1808 legte Friedrich Schlegel mit seiner Schrift „Über die Sprache und Weisheit der alten Indier" den ersten wissenschaftlichen Versuch vor, die altindische

Kultur zu bewerten und einzuordnen. Sein Bruder August Wilhelm Schlegel wurde 1818 Professor für Sanskrit in Bonn und begründete somit die Indologie als akademische Disziplin in Deutschland. (1814 war die erste französische Sanskrit-Professur in Paris für Sylvestre de Sacy gegründet worden, 1833 folgte in Oxford die erste in England für H.H. Wilson.)

Sanskrit und die europäischen Sprachen

Ein wichtiges Ergebnis der Forschungen von Sir William Jones war die Entdeckung der Verwandtschaft von Sanskrit mit den meisten europäischen Sprachen und mit Persisch (wissenschaftlich untermauert von Franz Bopp 1824). Zunächst hatte Jones nach Übereinstimmungen mit der alten Bibel gesucht (z. B. Brahma und Abraham), da bis dahin alles aus der Bibel abgeleitet worden war, aber bald wurde klar, dass es sich um eine von der Bibel völlig unabhängige Sprache und Kultur handelte. Die Verwandtschaft so vieler Sprachen löste die Suche nach der gemeinsamen Ursprache aus. Da Jones, Friedrich Schlegel und andere zunächst glaubten, dass Sanskrit die älteste dieser Sprachen sei und die ihm verwandten Sprachen sich von Indien aus ausgebreitet hätten, wurden sowohl die angenommene Ursprache als auch die davon abgeleiteten Sprachen „arisch" genannt, nach der Selbstbezeichnung der alten Inder als „Arya". Von dem französischen Gelehrten und Indienreisenden Anquetil Duperron war der Begriff „arien" ins Französische eingeführt worden, in der Übersetzung von Johann Friedrich Kleuker taucht der Begriff „Arier" 1776 zum ersten Mal im Deutschen auf. Später setzte sich als Bezeichnung für die Sprachenfamilie „indogermanisch" bzw. „indoeuropäisch" durch, die Bezeichnung „arisch" wurde in der Sprachwissenschaft auf den östlichsten Zweig dieser Sprachenfamilie beschränkt, also das Altpersische (Awesta) und auf das Sanskrit. Indologie und Indogermanische Sprachwissenschaft blieben bis ins 20. Jh. hinein eng verbunden.

Arischer Mythos

In der Populärwissenschaft allerdings führte der Begriff „Arier" und „arisch" zu weitreichenden, um nicht zu sagen ausschweifenden Spekulationen geschichtsphilosophischer Art. Seit der zweiten Hälfte des 19. Jh. war „Der arische Mythos" ein heiß debattiertes Thema in Europa, vor allem in Frankreich und in Deutschland, bis er im Nationalsozialismus politisch wurde [SIEFERLE, LÜTT in: 2.13.1: Zeitschrift für Kulturaustausch]. Es war die Verbindung von Sprachwissenschaft mit der damals aufkommenden Rassenkunde, die dem Arischen Mythos seine politische Brisanz verlieh.

Die Aufarbeitung dieser Geschichte wurde nach dem 2. Weltkrieg von Raymond SCHWAB [2.13.1] eröffnet. Er belegt im Einzelnen die lebhafte Rezeption der literarischen Schätze des alten Indiens, aber auch Persiens, durch die Intellektuellen Frankreichs, Deutschlands und Russlands. Arthur Schopenhauer, Edgar Quinet u. a. erhofften sich von diesen Entdeckungen eine „Orientalische Renaissance" für Europa, auch „Zweite Renaissance" oder „Indische Renaissance" genannt [ebd., 11], entsprechend der von Italien ausgehenden ersten Renaissance des 15. und 16. Jh.

Schon bei Schwab finden wir die Themen, die in den letzten etwa 25 Jahren in Einzelstudien vertieft worden sind: die Vermengung von indogermanischer Sprachwissenschaft mit den rassenpolitischen Strömungen der Zeit [RÖMER, RABAULT-FEUERHAHN, MARCHAND, alle 2.13.1]; die Polarisierung von „Ariern" und „Semiten" [L. POLIAKOV, Der Arische Mythos, Wien 1971] und die Rolle des alten Indiens für die Entwicklung des deutschen Nationalismus [DALMIA in: 2.13.1: Zeitschrift für Kulturaustausch, 2.13.1: TZOREF-ASHKENAZI]. VAN DER VEER versteigt sich zu der provokanten These, dass auch der Hindu-Nationalismus (und damit die Zerstörung der Babur-Moschee 1992!) auf die „deutsche Indologie" zurückzuführen sei [Kritik daran von GRÜNENDAHL, zit. bei 2.13.2: BRUHN, 130]

Edward Said stützt sich in seiner Darstellung der deutschen Indologie auf SCHWAB und leider auch auf POLIAKOV, dessen Werk eine Sammlung von aus dem Zusammenhang gerissenen Zitaten ist, also wissenschaftlich wertlos. Kein Wunder, dass Said u. a. zu dem irrigen Urteil kommt, dass Friedrich Schlegel ein Rassist gewesen sei [solide Antworten auf die Thesen von Said und Co. in dem Sammelband 2.13.1: MCGETCHIN/PARK/SARDESAI].

7. „Zeitalter der Reform" und „Bengalische Renaissance" – Beginn der Modernisierung Indiens?

Traditionell gelten die ersten Jahrzehnte des 19. Jahrhunderts als der Beginn der Modernisierung Indiens, einerseits ausgelöst durch die utilitaristisch und evangelikal inspirierte Reform-Politik der britisch-indischen Regierung, andererseits durch die von der intellektuellen Elite Kalkuttas getragene „Bengalische Renaissance".

Seit sich in den 70er Jahren des 20. Jh. Enttäuschung darüber ausbreitete, dass die Erwartungen der Nehru-Ära auf eine schnelle Modernisierung nicht erfüllt wurden, wird die kritische Frage gestellt: Hat es die viel beschworenen Anfänge der Modernisierung im frühen 19. Jh. überhaupt gegeben? Wie wirksam waren denn die utilitaristischen und evangelikalen Ideen tatsächlich, wie sie Eric STOKES in seinem Klassiker von 1959 dargestellt hat [2.7.5], angesichts der indischen Realität? Gegen STOKES' Ideengeschichte wurde nämlich eingewandt, dass ideologische Einstellungen und formale Regierungsverlautbarungen noch nichts über die tatsächliche Praxis der britischen Herrschaft aussagen. FRYKENBERG z. B. hat in seiner Studie über den Guntur District in der ersten Hälfte des 19. Jh. gezeigt, dass der britische Distriktbeamte ein „prisoner, if not a puppet" der lokalen Kräfte gewesen sei. Nach diesem Befund sei den Engländern gar nichts anderes übrig geblieben, als sich in die indische Sozialstruktur wie eine weitere endogame Kaste mit allen Beschränkungen, die damit verbunden sind, einzufügen [2.7.5: FRYKENBERG; STOKES' Antwort an seine Kritiker von 1971 in 2.13.2: STOKES, 19–45].

Marxisten und Nicht-Marxisten sind sich darin einig, dass ohne Umwälzung der wirtschaftlichen und sozialen Verhältnisse sowohl die britische Reformpolitik als auch die „Bengalische Renaissance" begrenzt und „exotisch" bleiben mussten. Die ökonomische Basis blieb vormodern, es war nur eine "ideological fermentation on the upper layer of society, under the impact of imported

Zeitalter der Reform

ideas" [2.9: KOPF, Brahmo Samaj, 9f.; siehe auch 2.9: Renascent Bengal, 18; DE in: 2.7.5: PHILIPS/WAINWRIGHT].

Chancen zur wirtschaftlichen Modernisierung?

Blair KLING fragte in seiner Studie von 1976 über den Unternehmer Dwarkanath Tagore, ob es in Bengalen in den dreißiger und vierziger Jahren des 19. Jh. die Chance eines wirtschaftlichen Durchbruchs („Take-Off") gegeben habe. Sein Befund lautet: Nein, denn die Bengalen investierten ihre im Handel erwirtschafteten Vermögen nicht in Industrieanlagen, sondern in Landbesitz. Indien blieb Rohstoffkolonie, und zwar für Indigo, Opium, Rohbaumwolle, Jute, Reis und Weizen [2.7.5: KLING]. Die Marxisten zählen Leute wie Dwarkanath Tagore zur Klasse der „Kompradorenbourgeoisie", deren Kennzeichen es sei, dass sie den englischen Handel stabilisieren half, ohne zur Entwicklung des eigenen Landes beizutragen. Moderne „Brückenköpfe" einerseits und stagnierendes Hinterland andererseits bildeten demnach eine „dual economy". Mit Begriffen wie „abortive modernization", „failed capitalism" und „historic failure" sowohl auf Seiten der Kolonialregierung als auch der nationalen Bourgeoisie wird versucht, die Art der Modernisierung, die durch die Ära der Reform wie auch der Bengalischen Renaissance ausgelöst wurde, zu beschreiben. [2.12.1: KHILNANI; 2.9: JOSHI].

Dennoch lässt sich eine Modernisierung auf bestimmten Gebieten nicht leugnen, dafür steht die Schaffung eines integrierten öffentlichen Dienstes seit GG Cornwallis 1786–1793 (früher als im britischen Mutterland); eine weitgehende Rechtskodifikation seit 1833; Ausbau der niederen Gerichtsbarkeit mit beamteten Richtern und eine Verfassungsgesetzgebung [2.11.3: CONRAD, 34].

Die abschätzigen Aussagen der Utilitarier und der Evangelikalen über die indische Kultur und Gesellschaft werden heutzutage eher als Bemühung um Legitimierung der britischen Kolonialherrschaft im Rahmen der „Civilizing Mission" gesehen [2.7.5: FISCHER-TINÉ/MANN]. Die Anhänger Edward Saids gehen noch weiter und stellen selbst „soziale Übel", deren Ausrottung die Briten sich zugute hielten, wie Suttee, Kindstötungen und Thuggee, als „orientalistische Konstrukte" in Frage.

„Bengalische Renaissance"

Die Hoffnungen der Romantiker, dass die Entdeckung der altindischen Kultur für Europa eine „Orientalische" bzw. „Indische Renaissance" bringen würde, haben sich nicht erfüllt, stattdessen gab es eine Indische Renaissance in Indien. Die Indienbegeisterung Europas wirkte auf Indien zurück und löste dort eine Neuentdeckung der eigenen Tradition und eine kritische Neubewertung aus. Es begann in Bengalen mit dem öffentlichen Wirken Rammohan Roys und erfasste im Laufe des 19. Jh. ganz Indien, so dass aus der „Bengalischen Renaissance" eine „Indische Renaissance" geworden ist, wie in Europa im 15. und 16. Jh. die italienische Renaissance eine europäische wurde.

Wurzeln

Indische Historiker vermitteln gerne den Eindruck, dass die Bengalische Renaissance ein spontanes „Erwachen" war, endogen, aus sich heraus [z. B. 2.9: BOSE], und in neuerer Zeit tendieren auch Vertreter des Postkolonialismus zu dieser Position. Dem stehen aber die Äußerungen der bengalischen Zeitgenossen entgegen. Ihnen war sehr wohl klar, dass die Bengalische Renaissance ohne die britische Eroberung gar nicht denkbar gewesen wäre [2.9: KOPF, British Orientalism, 145, 2.9: JOSHI, passim]. Die soziale Trägerschicht der Bengalischen

Renaissance war die in britischen Diensten oder im Handel mit den Briten reich gewordene neue Oberschicht, die nach dem Permanent Settlement ihr Vermögen in Landgüter investiert hatte. Sie lebten in Kalkutta als „absentee landlords", ihre Pachteinkünfte erlaubten ihnen, sich englische Bildung anzueignen. Sie waren eindeutig pro-britisch, nicht nur, weil sie ihre materielle Stellung der britischen Herrschaft verdankten, sondern auch, weil sie die neue Rechtssicherheit schätzten, und nicht zuletzt, weil sie von den neuen Ideen aus Europa fasziniert waren. Bei der Einweihung der Bengal British India Society 1843 sagte ein gewisser Ram Gopal Ghosh, er wünsche nichts mehr als die Dauerhaftigkeit der britischen Herrschaft in diesem Land [2.9: Renascent Bengal, 28].

Auch Rammohan Roy gehörte zu dieser Schicht. Im Selbstverständnis des modernen Indiens ist er der erste Reformer, der den Hinduismus „gereinigt" habe, und zwar von den im Laufe der Jahrhunderte eingedrungenen „Übeln", er habe somit den ursprünglichen Hinduismus wiederhergestellt. Er beruft sich zwar auf den Philosophen Shankaracharya (9. Jh. n.Chr.), der allgemein als oberste Autorität des Hinduismus angesehen wird, aber bei näherem Hinsehen weicht Roy in entscheidenden Punkten stark von ihm ab [das Folgende nach 2.9: KILLINGLEY 1982, 1991]. Während es bei Shankaracharya eine höhere und eine niedere Wahrheit gibt, ignoriert Roy diese Unterscheidung einfach. Brahman, die unpersönliche Weltseele im Vedanta, deutet er als persönlichen Gott. Aus dem Monismus Shankaracharyas macht Roy einen dualistischen Monotheismus: hier Seele, hier Gott. Ritual und *puja* werden überhaupt nicht erwähnt, stattdessen ist von einem „rational worship to a God of nature" die Rede. Im traditionellen Hinduismus ist Erlösung nur durch außerweltliche Askese möglich, bei Roy kann sie jeder erlangen. Das Veda-Studium solle nicht nur den Männern der drei oberen Kasten erlaubt sein, sonder allen Menschen. Während in den alten Rechtstexten ein ethischer Relativismus herrscht, solle laut R.M. Roy moralisches Handeln ganz allgemein Teil der Gottesverehrung sein. Als Erkenntnismittel wird allein Vernunft genannt (nicht auch *sruti*, Offenbarung).

Schon Schopenhauer entging nicht, dass Rammohan Roys Uminterpretation des Vedanta sehr gewagt war. In einer Randglosse zu einer von R.M.Roy 1832 veröffentlichten Übersetzung wichtiger Passagen des *veda* stellt Schopenhauer verblüfft und geradezu empört fest, „our miserable Apostate has corrupted the text" [Randglosse zum XVII. Kapitel der Neuen Paralipomena, § 524: Litteratur der Veden, A. Schopenhauer's handschriftlicher Nachlaß, hrsg. von Eduard Grisebach, Vierter Band, Leipzig 1896, 489f.]. Dem Vorwurf, dass Rammohan Roys Vedanta nichts weiter sei als europäische Aufklärung und Protestantismus in einheimischem Gewande, hält Tapan RAYCHAUDHURI entgegen, dass Rammohan seine Kenntnis des Veda von Benares-Pandits und sein Wissen über den Islam von Maulanas in Patna erworben habe, nicht von britischen Gelehrten [2.13.1: RAYCHAUDHURI, xi].

Ob Rammohan Roy den „wahren" Hinduismus wiederhergestellt oder etwas Neues geschaffen habe, das mit dem weit überwiegend ausgeübten, traditionellen Hinduismus (fast) nichts zu tun habe, wird auch in Bezug auf den ganzen sog. Neo-Hinduismus gefragt, der sich im Gefolge Roys durch das Wirken der

Charakter des Neo-Hinduismus

späteren Reformer herausgebildet hat. Die Reformer gehen in der Regel von westlichen Begriffen aus, suchen eine Entsprechung in der eigenen Tradition, interpretieren sie um und reklamieren sie dann als Ureigenes. W. HALBFASS exemplifiziert das ausführlich an den beiden Begriffen Religion – *dharma* – und Philosophie – *darshana* [2.13.1: HALBFASS, Kap. XV und XVII]. Dharma bedeutet traditionell eher Weltgesetz, Weltordnung, aber im heutigen Indien wird es meist als Religion übersetzt, doch nicht eine bestimmte Religion ist gemeint, sondern Religion schlechthin. Die Umdeutungen können mal willkürlich, mal subtil sein, in den überzeugenderen Fällen sind die Neuerungen ein im Hinduismus ursprünglich angelegtes Potential, das durch die Begegnung mit dem Westen erst aktiviert wird, der Westen dient sozusagen als Katalysator [grundlegend: HACKERS Schriften zum Neo-Hinduismus in 2.9, 2.13.1: HALBFASS, Kap. XII und XIII; 2.9: SONTHEIMER/KULKE].

Heute blicken wir auf ein Ideengebäude, das von außen als Reform- oder Neo-Hinduismus, von den Anhängern jedoch als der eigentliche Hinduismus betrachtet wird. Er ist hauptsächlich das Werk der Reformer Rammohan Roy, Dayananda Saraswati, Bankim Chandra Chatterji, Vivekananda, Sri Aurobindo, Mahatma Gandhi, Radhakrishnan. Bei aller Verschiedenheit der Reformansätze und trotz unterschiedlicher Inhalte sind für ihn kennzeichnend: Monotheismus, Betonung sozial-ethischen Engagements und universalistische Gültigkeit.

Um die Unterscheidung zwischen unreflektiertem Festhalten an der Tradition und reflektiver Neuaneignung der Tradition herauszustellen, sind verschiedene Begriffe vorgeschlagen worden. Schon Karl Mannheim hat zwischen Traditionalismus (unreflektiert) und Konservativismus (reflektiert) unterschieden, ROTHERMUND nennt die selektive Neuinterpretation Solidaritäts-Traditionalismus [2.2: ROTHERMUND, Traditionalismus]. Der neohinduistische Standpunkt artikuliert sich bei V. DALMIA in den Begriffen „Neuformulierung" bzw. „Konsolidierung" des Hinduismus [2.9: DALMIA]. Am missverständlichsten und daher ungeeignetsten ist sicherlich der seit Eric Hobsbawms und Terence Rangers Buch über „The Invention of Tradition" (1983) in Mode gekommen Begriff „Erfundene Tradition", von dem Begriff „Konstrukt" bzw. „Konstruktion" ganz abgesehen. Das Gemeinte wird aber auch durch den Begriff Nationalismus gedeckt, der ja bekanntlich die jeweils eigene Vergangenheit selektiv neu bewertet und aufwertet. Tatsächlich war der Neo-Hinduismus die ideologische Voraussetzung für den indischen Nationalismus (s. Kap. II.9).

Mit Rammohan Roy war Bengalen das erste Land außerhalb Europas, das sich kritisch und schöpferisch mit den Ideen aus dem modernen Europa auseinandergesetzt hat, wenn man von Russland unter Peter dem Großen absieht. Das war für den Hinduismus revolutionär, denn traditionell hatte er bis dahin niemals die Außenwelt als Alternative oder Herausforderung ernst genommen, geschweige denn gesucht, sondern immer nur ignoriert. „Indien hat den Westen dadurch entdeckt, dass es von ihm entdeckt und erschlossen wurde" [2.13.1: HALBFASS, 191]. Damit hängt auch zusammen, dass der Name Hinduismus von außen stammt. Da die Hindus bis dahin die Außenwelt ignoriert hatten, brauchten sie auch keine Bezeichnung für das Eigene.

Von der die Reform-Bewegungen ablehnenden Seite wurde als Bezeichnung für den traditionellen Hinduismus der Begriff „sanatana dharma" (wörtlich: ewiges Weltgesetz) eingeführt. Aber auch seine Sprecher waren keine unreflektierten Traditionalisten. Schon Radhakanta Deb, der konservative Gegenspieler Rammohan Roys, setzte sich mit den westlichen Einflüssen auseinander. Er korrespondierte mit westlichen Indologen wie H.H. Wilson, E. Burnouf und Max Müller [2.13.1: HALBFASS, 292]. Auch die Sanatanadharmis bedienten sich moderner Kommunikationsmittel, und seit Anfang des 20. Jh. begannen sie, sich zu organisieren und die Shankaracharyas als eine Art kirchlicher Autorität zu etablieren, was bis dahin dem Hinduismus fremd gewesen war. [Randnotiz: Sanatana Dharma]

Anlässlich Rammohan Roys zweihundertsten Geburtstages 1972 fragte R.C. Majumdar kritisch, ob angesichts der 2000 alljährlich neu aufgestellten Durga-Puja-Altäre in Kalkutta überhaupt gesagt werden könne, Rammohan Roy habe irgendeinen Eindruck auf 99,9 % der Hindu-Gesellschaft sowohl im 19. als auch im 20. Jahrhundert gemacht [in: 2.9: CROMWELL CRAWFORD, xii]. Tatsächlich ist der Neo-Hinduismus in seiner reinen Gestalt bis heute eine Angelegenheit der kleinen anglisierten Oberschicht geblieben, aber einige seiner Gedanken sind auch vom traditionellen Hinduismus aufgesogen worden, so dass inzwischen die Grenzen zwischen beiden fließend geworden sind. Mahatma Gandhi z. B. bestand trotz seiner Neuerungen darauf, ein Sanatana-Dharma-Hindu zu sein. [Randnotiz: Wirksamkeit, Relevanz der Bengalischen Renaissance und des Neo-Hinduismus]

8. Der Indische Aufstand – Meuterei oder Unabhängigkeitskrieg?

Der Indische Aufstand spielt im „nationalen Gedächtnis" des heutigen Indiens wieder eine größere Rolle, wie man an den unzähligen Romanen, vor allem in einheimischen Sprachen, und an populären Filmen erkennen kann. Dabei wird der Indische Aufstand mehr und mehr als erster nationaler Befreiungskampf gegen die Kolonialherrschaft dargestellt. Das widerspricht dem Urteil der meisten Historiker, auch der indischen, die ein differenzierteres Bild zeichnen. Es gibt inzwischen über 1000 Buchtitel zum Thema, und trotzdem werden immer wieder neue Quellen gefunden und originelle Darstellungen geschrieben [zuletzt 2.7.6: DALRYMPLE]. Die in den National Archives in Delhi lagernden „Mutiny Papers" (hauptsächlich auf Persisch und Urdu) sind noch keineswegs ausgeschöpft. Eine ernsthafte wissenschaftliche Beschäftigung begann relativ spät, erst 100 Jahre nach dem Ereignis, also vor über 50 Jahren, als das unabhängige Indien offiziell an dieses Ereignis erinnern wollte. Bis dahin waren praktisch nur Werke aus britischer Sicht erschienen, die nie anders als von der Mutiny, der Meuterei sprachen. Eine Ausnahme bildet das Werk „The Indian War of Independence 1857", das 1909 anonym in Holland erschien, weil die britische Regierung es schon vorher in England und Indien verboten hatte (1940 in Berlin auf Deutsch „Indien im Aufruhr"). Erst 1947 konnte das Werk in Indien unter dem Namen seines Autors erscheinen: V.D. SAVARKAR, der bekannte Führer der Hindu Mahasabha [2.7.6: SAVARKAR]. SAVARKAR behauptet, dass die beiden Prinzipien Swadharma und Swaraj (in der deutschen Übersetzung von 1940: „heimische Sitte und nationale Freiheit") die wahren Gründe und Triebkräfte des Aufstandes gewesen seien und dass er geplant und einheitlich geführt worden sei, nämlich von Nana Sahib, dem Neffen des letzten Peshwa der Marathen, und von Ali Naqi Khan, dem Wesir von Oudh – der laut Surendra Nath SEN „in Wirklichkeit ein Verräter" war [2.7.6, ix].

R.C. MAJUMDAR   An zwei Standardwerken kommt man auch heute nicht vorbei, obwohl sie
und S.N. SEN   schon ein halbes Jahrhundert alt sind, denjenigen von R.C. MAJUMDAR und Surendra Nath SEN [2.7.6]. 1952 betraute die indische Regierung den damals renommiertesten Historiker Indiens R.C. MAJUMDAR mit der Aufgabe, zum 100. Jahrestag 1957 eine autoritative Darstellung des Indischen Aufstandes vorzulegen. Aber während MAJUMDAR an dem Projekt arbeitete, musste er ständig Eingriffe von Seiten der indischen Regierung erleben. Nach ihrer Vorstellung sollte die Studie die Ereignisse von 1857 als nationalen Unabhängigkeitskampf darstellen. MAJUMDAR wollte sich aber bei seiner Forschung nicht zu einem von vornherein festgelegten Ergebnis drängen lassen. Nach knapp drei Jahren gab er daher den Auftrag zurück und entschloss sich, das Projekt unabhängig weiterzuführen. Er brachte damit die Regierung in Verlegenheit, denn sie musste nun einen Ersatzmann finden, der bereit war, in der kurzen Zeit bis zum 30. Juni 1956 sein Manuskript vorzulegen, damit die gewünschte Darstellung pünktlich zum Jahre 1957 veröffentlicht werden könne. Sie fand den Ersatzmann in dem Historiker Surendra Nath SEN. Er schaffte es tatsächlich, ein Manuskript von über 450 Seiten pünktlich abzuliefern. Im Mai 1957 konnte die „Publication Division des Ministry of Information & Broadcasting" das Werk der Öffentlichkeit präsentieren. In seinem Vorwort betont SEN, dass er bei seiner Arbeit völlig unabhängig vom Einfluss der Regierung gewesen sei und dass er peinlichst auf Unabhängigkeit und Unparteilichkeit bestanden habe. Die Tatsache, dass die Regierung das Projekt finanziert habe, bedeute nicht, dass er ihre Ansichten übernommen hätte: „It is not an authorised version in any sense". Tatsächlich liegen MAJUMDAR und SEN im Ergebnis gar nicht so weit auseinander. Für beide war der Aufstand kein „nationaler" Befreiungskampf. Aus MAJUMDARs Titel kann man schon erschließen, was seine Erklärung ist: „The Sepoy Mutiny and the Revolt of 1857". Der Auslöser war zweifellos eine Meuterei, aber was folgte, war eine Vielzahl von Einzelaufständen, die jeweils sehr verschiedene Motive und Ziele hatten. Der Titel von SENs Buch zeigt, dass er sich auf keine allgemeine Charakterisierung festlegen wollte: „Eighteen Fifty-Seven". Neutraler, unverbindlicher geht es nicht. Wie MAJUMDAR kann SEN keinen vorgefassten Plan und kein einheitliches Ziel erkennen. Was als Krieg um die Religion begann, endete als „war of independence", denn ohne Zweifel wollten die Rebellen die fremde Regierung loswerden und die alte Ordnung wieder herstellen. Aber es war kein nationaler Befreiungskampf im modernen Sinne, weil es noch keine Vorstellung von einer indischen Nation gab. Das war erst das Ziel des Indischen Nationalkongresses, der 1885, also 28 Jahre später, gegründet wurde.

Die Einschätzung des Aufstandes hängt auch davon ab, was man als seine Ursachen der Revolte tieferen Ursachen ansieht. Waren es die Sozialreformen seit dem Suttee-Verbot von 1829? Der Caste Disabilities Removal Act von 1850 sicherte christlichen Konvertiten das Erbrecht [VISWANATHAN in: 2.2.4: PRAKASH, 183ff.]. Ein Jahr vor Ausbruch des Aufstands war ein Gesetz erlassen worden, das den Witwen die Wiederverheiratung erlaubte. War es Dalhousies Annexionspolitik („Doctrine of Lapse")? Die Rani von Jhansi hatte dadurch ihr Fürstentum verloren. War es die Steuerveranlagung in Oudh, durch die die Taluqdars als Steuereinnehmer ausgeschaltet worden waren? Denn sie waren wichtige Träger des Aufstandes. War es die Einführung des Englischen als Unterrichtssprache 1838, wodurch die alte Geistlichkeit ihre Bedeutung verlor? In Delhi bedienten Maulvis, islamische Gelehrte, die Kanonen der Aufständischen. Oder waren es technische Neuerungen wie die Eisenbahnen, die von vielen Einheimischen als „Teufelszeug" angesehen wurden? [M.N. DAS, Western Innovations and the Rising of 1857, in: Bengal Past & Present 76 (1957)]. Der Schlachtruf „Din, Din!" (Religion, Religion!) kennzeichnet das stark religiöse Motiv der Aufständischen und könnte gegen das aggressive Auftreten der christlichen Missionare gerichtet gewesen sein. Schließlich könnte der General Service Enlistment Act von 1856 eine Rolle gespielt haben, wonach alle Rekruten der Bengal Army auch in Übersee dienen mussten, was die Verletzung der Kastengesetze bedeutet hätte.

Alle diese Gründe waren rückwärtsgewandt und machen den Aufstand zu einem restaurativen Unternehmen, auf das sich die späteren Nationalisten des INC nicht berufen wollten.

Ein besonderes Kapitel sind die Gräuel und Grausamkeiten, die auf beiden Seiten begangen worden sind. Das Massaker von Cawnpore hat in der öffentli- Gräuel auf beiden Seiten chen Wahrnehmung zumindest in britischer Zeit alles andere überdeckt, aber tatsächlich waren dem nicht minder grausame Taten auf Seiten der Briten vorausgegangen. In der Gegend von Benares wurde schon im Mai 1857 bei den kleinsten Anzeichen von Rebellion rigoros durchgegriffen: selbst Verdächtige und aufsässige Jugendliche wurden hingerichtet. Britische Privatpersonen meldeten sich freiwillig als „hangmen" [2.3: DODWELL, 182]. Es gab fliegende Exekutionskommandos. Gefangene wurden nicht gemacht. Das Massaker von Cawnpore wurde ganz alttestamentarisch „im Geiste Josuas" gerächt.

Aber vor allem die Rache- und Strafaktionen („Retributions") nach Niederschlagen des Aufstandes waren von ungeheurer Grausamkeit geprägt. Ganze Dörfer wurden von den Briten niedergebrannt und die männliche Bevölkerung in Massen hingerichtet. Meuterer und Deserteure wurden vor den Augen der angetretenen Soldaten gehängt oder „blown from guns", wie auf dem berühmten Gemälde des russischen Malers Wassili Wereschtschagin dargestellt, das allerdings erst nach dessen Indienreise im Jahre 1874 entstanden ist.

In Delhi saß eine britische Kommission über die Bürger der Stadt zu Gericht und ließ hunderte hinrichten, bis John Lawrence dem Treiben ein Ende machte. Der alte Moghulkaiser Shah Bahadur Zaffar II. wurde im Frühjahr 1858 wegen „Rebellion und Komplizenschaft bei Morden" zu lebenslanger Haft verurteilt und ins Exil nach Burma verbannt, alle seine Söhne waren schon bei der Eroberung Delhis erschossen worden.

Der Indien-Korrespondent der Londoner Times W.H. Russell beschrieb den Indischen Aufstand als „a war of religion, a war of race, and a war of revenge, of hope, of some national promptings to shake off the yoke of a stranger, and to re-establish the full power of native chiefs, and the full sway of native religions" [1.3.3: RUSSELL, 29].

9. Wurzeln und Charakter der indischen Nationalbewegung

9.1 Trägerschaft

„Middle class"

Die Träger der indischen Nationalbewegung gehörten einer neuen sozialen Schicht an, die in Indien als „middle class" bezeichnet wird. Zwischen wem war sie die Mitte? Zwischen der aristokratischen Oberschicht und der großen Masse des Volkes oder zwischen englischer Herrscherschicht und indischem Volk? Jedenfalls waren ihre Kennzeichen englische Bildung und moderne Berufe: höhere Beamte, Anwälte und Richter, Lehrer und Professoren, westlich ausgebildete Ärzte, Journalisten [breitere Definition dagegen bei 2.13.2: MISRA, 12f.]. Die meisten führenden Politiker der Nationalbewegung hatten sogar in England studiert, z. B. Gandhi, Jinnah, Aurobindo Ghosh, J. Nehru, S.Ch. Bose; Ausnahmen sind Tilak, Gokhale und Malaviya. Verallgemeinernd kann man sagen: Verwestlichung war Voraussetzung des indischen Nationalismus.

Andere Begriffe für die neue Klasse erweisen sich als problematisch bzw. unbrauchbar. Den Begriff „Mittelklasse" gibt es im Deutschen nicht, und „Mittelschicht" ist etwas anderes. Der marxistische Begriff Bourgeoisie passt nicht, da es sich im indischen Falle eben *nicht* um die „Besitzer der Produktivkräfte" handelt. Im Begriff Bürgertum schwingt zu sehr die historische Bedeutung von freiem Stadtbewohner mit, als dass er auf die indische „middle class" zutreffen würde. Bei „Bildungsbürgertum" muss man bedenken, dass es sich bei der Bildung in diesem Falle ausschließlich um englische Bildung handelte. Andererseits war die „middle class" mehr als „Intelligenzia" im russischen Sinne, da in Indien die sozialen und wirtschaftlichen Aufstiegsmöglichkeiten durchaus real waren.

Die britischen Kritiker des indischen Nationalismus zogen aus dem Charakter seiner Trägerschaft den Schluss, dass es sich bei ihr um eine „unrepräsentative" Gruppe und eine „mikroskopische Minderheit" der indischen Bevölkerung handele. Ihr einziges Ziel sei, Posten im Regierungsdienst zu ergattern, und wenn das nicht gelang, würden sie Nationalisten. Die indischen Nationalisten seien also nichts als „discontented job hunters".

Als Beleg für diese These musste schon während der Kolonialzeit immer wieder das Beispiel Surendranath Banerjeas herhalten. Er war einer der ersten Inder, die die Prüfung zum ICS bestanden und in seine Reihen aufgenommen wurden. Aber nach einigen Jahren wurde er fristlos entlassen, weil er den Fehler eines Untergebenen nicht rechtzeitig korrigiert hatte. Sein Einspruch in London wurde abgewiesen, sein Versuch, die juristische Laufbahn in London einzuschlagen, wurde ebenfalls von britischer Seite vereitelt. Daraufhin ging er in die Politik.

Eine ähnliche Argumentation erscheint später wieder in der Cambridge-Schule der Indien-Historiker. Zunächst, behauptet z. B. Anil SEAL [2.10], waren die englisch gebildeten Inder Kollaborateure, nach seiner Definition alle diejenigen, deren Verhalten und Handlungen mit den Zwecken der Briten übereinstimmten. Die Frage lautet nun, wie aus den Kollaborateuren in den 80er Jahren des 19. Jh. Nationalisten wurden. SEAL beantwortet diese Frage, indem er sagt, die Kollaboration dieser Inder sei von vornherein nur ein „conditional bargain", also ein Geschäft auf Gegenseitigkeit gewesen. Solange die Aspirationen der regionalen Kasten- oder Religionsgruppen durch ihre Zusammenarbeit mit den Briten erfüllt wurden, hätten sie kollaboriert. Sobald sie jedoch keine Vorteile mehr darin sahen, kündigten sie ihre Kollaboration auf. SEAL zeigt bei seiner Untersuchung der „politischen Arithmetik der Provinzen", also deren Sozial- und Kastenstruktur, am Beispiel von drei Gruppen von Kollaborateuren, wie ihre Erwartungen seit den 1870er Jahren enttäuscht wurden. ^{A. SEAL}

Wie allerdings aus den enttäuschten Ambitionen von Provinzpolitikern eine gesamtindische Nationalbewegung werden konnte, vermag SEAL mit seinem Ansatz nicht zu erklären, sondern muss schließlich zu einem „deus ex machina" greifen: Dazu dient ihm die Theosophische Gesellschaft, die die Inder auf nationaler Ebene zusammengeführt habe.

Für die Marxisten waren und blieben die Mitglieder des Indischen Nationalkongresses Kollaborateure. PALME DUTT und andere sahen im INC eine Gründung der Briten, die die Inder einlullen sollte [2.10: PALME DUTT]. Als Beleg für die „Ventilfunktion" des INC diente ihnen vor allem der britische ICS-Beamte Allen Octavian Hume (1829–1912). Tatsächlich hat sich Hume für die Gründung des INC eingesetzt. Für die ersten Sitzungen war er selbst an der Auswahl der Delegierten beteiligt. Aber ihn als Agenten der Regierung abzustempeln, geht fehl. Hume interessierte sich für die Kultur des Landes und sympathisierte mit seinen Bewohnern. Nach dem Indischen Aufstand, der für ihn ein traumatisches Erlebnis war, glaubte er, dass die Engländer das Vertrauen der indischen Bevölkerung verloren hätten. Wenn die Regierung gegen das Leiden und die Unzufriedenheit der Inder nichts täte, würde es früher oder später zu einer furchtbaren Katastrophe kommen. 1879 wurde Hume aus der Zentralregierung, wo er als Zuständiger für die Landwirtschaft die schrecklichen Hungersnöte erlebt hatte, von Vizekönig Lytton in die Provinz zurück versetzt. Nach seinem Ausscheiden aus dem Dienst 1882 engagierte er sich eine Zeitlang in der Theosophischen Gesellschaft. Auf deren Jahresversammlung 1884 wurde beschlossen, eine gesamtindische Organisation ins Leben zu rufen. Es war Hume, der dafür den Plan formulierte [2.10: McLANE, 44]. ^{Marxistische Sicht}

Gut 100 Jahre nach Gründung des INC erschien Partha CHATTERJEES Werk „Nationalist Thought and the Colonial World. A Derivative Discourse?", in dem zum ersten Mal der indische Nationalismus, Indiens Staatsräson schließlich, im

Sinne Edward Saids als aus dem Westen importierte Ideologie problematisiert wurde [2.2.4: CHATTERJEE]. CHATTERJEE knüpfte dabei an die Diskussion über die Bengalische Renaissance an, die schon in den 1970er Jahren unter den marxistischen Historikern Kalkuttas geführt worden war.

9.2 Nationskonzept, Communalism

Wie ist Nationalismus in einem so heterogenen Land wie Indien möglich? Was bindet alle Inder zusammen? Für den INC war es das gemeinsame Territorium, Britisch-Indien. Der INC vertrat also von vornherein ein territoriales Nationskonzept. Die Mehrheit der Muslime konnte dafür allerdings nicht gewonnen werden, da sie fürchteten, in einem so verfassten zukünftigen Nationalstaat immer in der Minderheit zu sein (Sir Syed Ahmad Khan), und da die Idee der Nation dem Islam ohnehin fremd sei. Politische Bestrebungen auf der Grundlage einer der großen Religionsgruppen (*communities*) wurden jedoch vom INC als Communalism bekämpft. Als Communalism gilt eine Bewegung oder Politik, die im Namen und für die Interessen einer bestimmten *community* geführt wird. Laut INC steht „nationalism" für das Gesamtinteresse, „communalism" hingegen für Sonderinteressen und Separatismus [2.10.4: DUMONT; 2.10.4: LÜTT]. Mit dem Kampfbegriff Communalism wehrte der INC die rivalisierenden Kulturnationalismen der Muslime, Hindus und Sikhs ab und versuchte sie begrifflich zu ächten. An dieser Sprachregelung halten die meisten indischen Historiker bis heute fest. Da also der Begriff Communalism ein auf Süd- und Südostasien beschränkter politischer Kampfbegriff ist, ist er für die wissenschaftliche Diskussion unbrauchbar. In Wirklichkeit handelt es sich dabei um einen Nationalismus auf religiös/kultureller Grundlage. Es stand also Territorialnationalismus gegen Kulturnationalismus.

Nach der Gründung der Muslim-Liga 1906, die schließlich zur Teilung Indiens geführt hat, wurden vermehrt Fragen nach den Ursachen bzw. nach den „Schuldigen" des Communalism gestellt, denn er wurde als „antinationales Übel", als Gefahr für die Einheit der Nationalbewegung gesehen. Hatten die Briten ihn geschaffen, um die Nationalbewegung zu spalten, nach dem Motto „divide et impera"? Die Muslim-Abordnung, die Ende 1906 den Vizekönig besuchte, schien als „Command Performance" (wie auf Bestellung) diesen Vorwurf zu bestätigen. Dass der Communalism eine Schöpfung der Briten sei, ist seitdem ein Topos der indischen und der postkolonialistischen Geschichtsschreibung. Begonnen habe es nämlich bereits mit der Einführung getrennter „personal laws" unter Warren Hastings [2.13.6: FISCH]. Dagegen weist C.A. BAYLY Communalism schon in vorbritischer Zeit nach, avant la lettre [2.10.4: BAYLY].

Statt religiös oder kulturell erklärten J. Nehru und andere im INC den Communalism seit den dreißiger Jahren des 20. Jh. sozio-ökonomisch, indem sie auf die Gründer der Muslim-Liga verwiesen, die tatsächlich überwiegend der alten feudalistischen Klasse angehörten [1.6.3.11: GUPTA] Aber diese Begründung greift schon ab 1911 nicht mehr, als die neu entstandene muslimische „middle

(Marginalie:) Territorialnationalismus gegen Kulturnationalismus

class" die Führung der Muslim-Liga übernahm. Ökonomisch lassen sich keine prinzipiellen Gegensätze zwischen Hindus und Muslimen feststellen. Im Panjab sind die Bauern und Großgrundbesitzer sowohl Muslime als auch Hindus als auch Sikhs. In Uttar Pradesh sind die Großgrundbesitzer sowohl Muslime als auch Hindus, allenfalls in Ostbengalen und in Malabar stehen sich Muslim-Pächter und Hindu-Großgrundbesitzer gegenüber.

9.3 Mahatma Gandhi

Die inzwischen unübersehbar gewordene Literatur über Mahatma Gandhi spiegelt nicht nur seine zentrale Rolle in der indischen Nationalbewegung, sondern auch seine universelle Bedeutung als „Apostel der Gewaltlosigkeit" wider. Der Strom der Veröffentlichungen hört nicht auf, und dennoch ist in der Forschung sein Leben und Handeln keineswegs ausgeschöpft. Lange Zeit wurde Gandhi einseitig und etwas sentimental als ein in die Politik verirrter Heiliger dargestellt. Dazu hat allerdings Gandhi selbst beigetragen, etwa durch die Bemerkung in der Einleitung seiner Autobiographie, sein Handeln sei letztlich religiös motiviert. Das darf aber nicht darüber hinweg täuschen, dass Gandhi ein äußerst geschickter und – zumindest phasenweise – auch erfolgreicher Politiker gewesen ist. D. ROTHERMUNDS Gandhi-Biographie, die den pragmatischen Politiker herausstellt, liefert da die nötige Klarstellung [2.10.1].

Ein anderes Klischee ist Gandhi als „der Hindu", „der Orientale", „der Exot", der außerhalb seines Wirkungskreises undenkbar wäre. So berechtigt und nötig es ist, Gandhi aus seinem Umfeld heraus zu verstehen [bemerkenswert: S. AMIN in: 2.2.4: Subaltern Studies 3], darf doch nicht übersehen werden, dass Gandhi auch stark von westlichen Ideen und Erfahrungen geprägt worden ist. Der Verfassungsrechtler D. CONRAD zeigt in seinem 2006 posthum erschienenen Hauptwerk [2.10.1: Gandhi und der Begriff des Politischen], dass Gandhi in einer Synthese aus westlichen und indischen Elementen einen originellen und relevanten Beitrag zur allgemeinen politischen Theorie geliefert hat, indem er die staatliche Gewalt als einziges Mittel des „politischen Ernstfalls" (Max Weber, Carl Schmitt) in Frage stellt. Zu diesem Ergebnis kommt CONRAD nach gründlicher und akribischer Untersuchung von Gandhis einzelnen Aktionen und dessen sie begleitenden Reflexionen, während Gandhi selbst seine Gedanken ja nie systematisch dargestellt, sondern sein Leben als seine Botschaft bezeichnet hat.

Damit wäre auch die Frage beantwortet, ob Gandhis Methode auf andere Länder und Situationen übertragbar wäre [Beispiele bei 2.12.7: NUSSBAUM, xi; 2.10.2: EBERLING, 108ff.].

Für Gandhis Zeit in Südafrika stützen sich die meisten Biographien ausschließlich auf seine eigene Darstellung in der Autobiographie, was irreführend sein kann, da es sich um eine moralisierende Stilisierung handelt. Inzwischen sind mehrere Einzelstudien auf der Basis anderer Quellen erschienen [ALI, BRITTON, REDDY/GANDHI, SWAN, alle 2.10.1], aber es fehlt immer noch die zusammenfassende Gesamtdarstellung.

Gandhi hat stets größten Wert darauf gelegt, dass seine Gewaltlosigkeit nicht verwechselt werden darf mit Passivität, Schwäche, Feigheit. Für einen unreflektierten Pazifismus, der das Waffentragen bedingungslos ablehnt, lässt sich Gandhi nicht in Anspruch nehmen.

Mit seiner kleinen Schrift „Hind Swaraj" von 1909, in der Gandhi die moderne westliche Zivilisation mit ihrem „Maschinenwesen" kompromisslos verdammt, stand er quer zur modernistischen Zielsetzung der Kongress-Partei. Vor allem J. Nehru hat diese Seite Gandhis immer unmissverständlich abgelehnt, sie spielte in Nehrus Indien auch keine Rolle. Erst seit den 1970er Jahren, als klar wurde, dass Nehrus Wirtschaftspolitik nicht die erhofften Früchte brachte, hat es immer wieder Versuche gegeben, „Hind Swaraj" auf seine Relevanz für heute zu untersuchen, zuletzt wieder anlässlich des Jubiläumsjahrs des Erscheinens 2009 [u. a. DASGUPTA, SAMES, MISRA, alle 2.10.1]. In diesem Zusammenhang stehen auch die Studien zu Gandhis Berater in wirtschaftlichen Fragen J.C. Kumarappa [B. ZACHARIAH in: 2.8: FISCHER-TINÉ/MANN; 2.10.1: LINDLEY].

Ob wir je die Hintergründe von Mahatma Gandhis Ermordung erfahren? Da es schon am 20. Januar 1948 einen Mordversuch gegeben hatte und einer der Verschwörer gefasst worden war, ohne dass die Verschwörung aufgedeckt worden wäre, haben sich bis heute Gerüchte gehalten, dass vielleicht höchste Kreise diese Versäumnisse bewusst veranlasst haben könnten, um Gandhi loszuwerden, da seine Vorstellungen vom zukünftigen Indien nicht mit den ihren übereinstimmten. Aber selbst eine in den späten sechziger Jahren eingesetzte Kommission unter Vorsitz des Richters am Obersten Gerichtshof J.L. Kapur konnte nichts dergleichen nachweisen [1.7: KAPUR, 2.11.3: COLLINS/LAPIERRE].

10. Die Dekolonisation Indiens

10.1 Übertragung der Macht oder erkämpfte Freiheit?

Als der britische Premier Clement Attlee am 20. Februar 1947 die Unabhängigkeit Indiens ankündigte, nannte er sie die Erfüllung von Englands Mission in Indien [2.11.3: ROBERTS, 78; 2.11.1: LÜTT, Ende, 207, Anm. 3], womit er an die bis auf Macaulay zurückgehende liberale Trusteeship-Doktrin anknüpfte. In dieser Tradition stand auch die zwischen 1970 und 1983 erschienene zwölfbändige Aktenpublikation der britischen Regierung, die unter dem programmatischen Titel „The Transfer of Power" den Weg zur indischen Unabhängigkeit dokumentieren sollte [1.4.1: MANSERGH]. Der erste Band begann mit dem 1. Januar 1942, also kurz bevor Sir Stafford Cripps den indischen Politikern das Angebot der englischen Regierung für die Unabhängigkeit nach dem Kriege unterbreitete.

Englische und indische Aktenpublikationen

Die These von der „Übertragung der Macht" verletzte das Selbstverständnis des neuen Indiens, wonach die nationale Freiheit durch eigene Anstrengungen und opferreiche Kämpfe errungen worden sei. Als Antwort auf das britische Projekt initiierte Indira Gandhi 1973 eine eigene indische Aktenpublikation, die den Titel „Towards Freedom" tragen sollte [1.6.1: Towards Freedom]. Die Inder beanstandeten am britischen Projekt nicht nur die Grundthese, sondern auch, dass die abgedruckten Dokumente nur die große Politik betrafen. Das indische Gegenprojekt sollte zeigen, dass die Freiheit auch von unten, vom Volk, erkämpft worden war. Daher sollten alle möglichen Stimmen von außerhalb der Regierung, darunter auch solche in einheimischen Sprachen (ins Englische übersetzt), herangezogen werden. Auch begann nach indischer Ansicht die heiße Phase der Entkolonisierung nicht erst 1942, sondern schon 1937, als der Indische Nationalkongress aus den Provinzwahlen siegreich hervorging.

Das Projekt wurde eine schwere Geburt, weil es zum Zankapfel der beiden ideologischen Lager innerhalb des Indian Council of Historical Research (ICHR) geriet: das der Kongress-Partei nahe stehende, meist aus marxistischen Historikern bestehende auf der einen Seite und das konservative und der hindu-nationalistischen BJP nahe stehende auf der anderen. Der Hauptherausgeber wechselte mehrfach. 1985 erschien endlich der erste Band, herausgegeben von dem zum konservativen Lager gehörenden P.N. Chopra, der aber, nachdem er den zweiten Band zum Druck eingereicht hatte, von dem neuen Direktor des ICHR, dem Marxisten Irfan Habib, entlassen wurde. Irfan Habib versammelte nun ein Team von „fellow leftists" um sich, die das Projekt fortführen sollten. Im Jahre 2000, unter der BJP-Regierung, wurden dann die schon beim Verlag eingereichten beiden Typoskripte K.N. Panikkars und Sumit Sarkars zurückgerufen, angeblich weil ihre Dokumentenauswahl die Hindu Mahasabha und den RSS in einem ungünstigen Licht erscheinen ließ und, wie der Direktor des ICHR B.R. Grover der Presse sagte, weil Mahatma Gandhi zu einer bloßen Fußnote reduziert und dagegen die kommunistische Partei über Gebühr herausgestellt würde, während sie doch eine „Verräterrolle im Freiheitskampf" gespielt habe. Nach der Abwahl der BJP-Regierung 2004 wurden die beiden Bände freigegeben. Erst 2008 und 2009 sind weitere Bände erschienen, der Band für 1947 fehlt noch immer.

Die britische Labour-Regierung stellte ihren Beschluss zur indischen Unabhängigkeit zwar in die Tradition der Trusteeship-Doktrin, was aber letztlich entscheidend für die Entkolonisierung Indiens gewesen ist, lässt sich erst nach Abwägung möglichst aller Faktoren endgültig feststellen. Zu diesen gehört nicht zuletzt die Politik der USA während des Krieges. Den Amerikanern ging es nicht nur um die Mobilisierung der indischen Ressourcen für den Krieg, sondern ganz allgemein lag die Existenz von abgeschotteten Kolonialreichen nicht in ihrem Handelsinteresse. Auch nach der Cripps-Mission übten sowohl die Regierung als auch die öffentliche Meinung in Amerika beträchtlichen Druck auf die britische Regierung aus, den Indern entgegenzukommen. „Attlee frankly admits in his autobiography that Britain could not continue to hold on to India because of American pressure against Empire" [2.11.3: SARILA, 189].

Druck der USA

10.2 Subhas Chandra Bose

Zu den bis heute umstrittenen Faktoren, die zur Unabhängigkeit geführt hätten, gehört das Wirken von Subhas Chandra Bose auf Seiten der Achsenmächte. Wieweit haben im Frühjahr 1946 die durch das Bekanntwerden der Aktivitäten Boses ausgelösten Meutereien in der britisch-indischen Marine und in der Air Force und die damit verbundenen Unruhen im Volk die Entscheidung der Regierung Attlee für die Unabhängigkeit beschleunigt? Narendra Singh SARILA, ehemaliger indischer Diplomat, hat neuerdings freigegebene Dokumente eingesehen und Zeitzeugen befragt und kommt zum Schluss: „Fears about the loyalty of this Army, perhaps more than any other factor, shook the foundations of the Raj" [2.11.3: SARILA, 174].

Im Gegensatz zum indischen Volk, in dem der Mythos Bose bis heute sehr lebendig ist, taten sich die Regierungen des unabhängigen Indiens lange Zeit schwer mit dem Erbe Subhas Chandra Boses. Dass er kein „Faschist" gewesen ist, dürfte inzwischen nachgewiesen und weitgehend akzeptiert worden sein, aber sein „Pakt mit dem Teufel" (Titel eines Fernsehfilms von Tilman Remme, 2008) wird ihm in bestimmten Kreisen im Westen weiterhin übel genommen. Dabei war sein Aufenthalt im nationalsozialistischen Deutschland weitgehend ein Fehlschlag. Es gelang ihm nicht, Hitler zu einer „Indien-Erklärung" zu bewegen, obwohl doch solch eine Erklärung von ungeheurer propagandistischer Wirkung nicht nur in Indien, sondern in der ganzen kolonialen Welt gewesen wäre. Hitlers Motive für seine Weigerung sind bis heute nicht eindeutig geklärt [2.11.2: HAUNER, 2.10.2.3: KUHLMANN, 2.11.3: VOIGT].

Von Zweifeln und Gerüchten ist bis heute der Tod Boses im August 1945 umgeben. Ist er wirklich beim Flugzeugabsturz auf Formosa (Taiwan) umgekommen? Die indische Regierung sah sich auf Grund des öffentlichen Drucks bisher dreimal gezwungen, Untersuchungskommissionen zur Aufklärung dieser Frage einzusetzen. Zuletzt legte die Ein-Mann-Kommission des ehemaligen Richters am Supreme Court M.K. Mukherjee im Mai 2006 ihren Bericht dem Parlament vor. Sie kam zu dem Ergebnis, dass es an jenem 18. August 1945 gar keinen Flugzeugabsturz auf Formosa gegeben habe und dass die Asche in seinem Schrein in Japan nicht die seinige sei [Artikel in Wikipedia: http://en.wikipedia.org/wiki/Mukherjee_Commission, 11.4.2011].

11. Die Teilung Indiens

11.1 Verantwortlichkeiten

Die friedliche Übergabe der Macht in Indien ist der britischen Regierung lange Zeit als große politische Leistung angerechnet worden (V.P. MENON: „This was indeed Britain's finest hour" [2.11.3: MENON, 1]). Angesichts der immensen Opfer der Teilung des Landes kann davon allerdings nicht die Rede sein. Obwohl schon C.H. PHILIPS 1967 von einem „disaster" gesprochen hatte [2.11.3:

PHILIPS 1967], hat sich die kritische Sicht erst seit Mitte der 1990er Jahre durchgesetzt, einerseits durch Andrew ROBERTS' Buch „Eminent Churchillians" von 1994, das eine bittere Abrechnung mit der Politik Mountbattens enthält [2.11.3: ROBERTS], andererseits seit dem Jubiläumsjahr 1997, als in Indien endlich mit dem Tabu gebrochen wurde, das bis dahin das Thema Teilung umgeben hatte. Roberts macht die Hast in der Politik Mountbattens verantwortlich für den Tod von Hunderttausenden und die Vertreibung von Millionen von Menschen.

Die Sicht der Opfer („Human History of Partition") steht denn auch im Mittelpunkt des neuen Interesses an der Teilung [u. a. 2.11.3: KHAN]. Es waren literarische Verarbeitungen, die den Bann, der auf dem Thema lag, zuerst brachen. Die Fernsehfilmserie „Tamas", die auf dem gleichnamigen Roman von Bhisham Sahni beruht [2.11.3; deutsch von M. Gatzlaff], löste Anfang 1988 die erste breite Erinnerungswelle in der Öffentlichkeit aus. Schon damals tauchte der Begriff „Communal Holocaust" für die Gräuel der Teilung auf. In verschiedenen Oral-History-Projekten wird vor allem das Schicksal der Frauen thematisiert: „The woman's body is the enemy's territory" [2.11.3: BUTALIA]. Erst heute ist einer größeren Öffentlichkeit ins Bewusstsein gekommen, dass es sich bei der Teilung Indiens um eine der großen Menschheitskatastrophen des 20. Jahrhunderts handelt. — Opfer der Teilung

Aber wie kam es überhaupt zur Teilung? Die drei Hauptakteure, England, das Indien der Kongress-Partei und Pakistan, haben jeweils ihre eigene Sicht: In der indischen ist die Teilung Ergebnis der britischen Politik des „Divide et Impera", die spätestens mit den Getrennten Wählerschaften von 1909 begonnen habe, wenn sie nicht schon auf die Beibehaltung des „Personal Law" unter Warren Hastings zurückgeht (worauf nun gerne auch die Postkolonialisten hinweisen). Von Churchill ist der Ausspruch überliefert, dass die Kluft zwischen Hindus und Muslimen „ein Bollwerk der britischen Herrschaft in Indien" darstelle [2.11.2: VOIGT, 49].

In Pakistan herrscht die Ansicht, die Teilung sei Folge des Unverständnisses der Kongress-Partei für die Belange der indischen Muslime. Die Regierungspraxis in den vom INC regierten Provinzen zwischen 1937 und 1939 habe endgültig gezeigt, dass ein von der Kongress-Partei regiertes Indien den Minderheiten keinen Schutz bieten würde.

Von britischer Seite wird eine bewusste Teilungspolitik bestritten, wobei man auf die Bemühungen der Cabinet Mission hinweisen kann [2.11.3: PHILIPS 1967, 9]. Das „communale Problem" sei eben unlösbar gewesen. Vizekönig Mountbatten stand der Kongress-Partei, besonders Nehru nahe, wie ROBERTS nachweist, aber auch er sah schließlich in der Teilung die einzige Lösung, wobei er die Schuld der intransigenten Haltung Jinnahs zuschob [u. a. 2.11.3: COLLINS/LAPIERRE, 2.11.3: WOLPERT]. Das Bild Jinnahs als „Schurke im Spiel" hat sich außer in Pakistan weitgehend durchgesetzt (nicht zuletzt durch den Film „Gandhi" von Richard Attenborough von 1982). — Rolle Jinnahs

Dem widerspricht die sog. „revisionistische Schule" [2.11.3: ROY]. Sie besagt, dass Jinnah die Pakistan-Forderung nur als Druckmittel benutzt habe, um seinen Gegenspielern möglichst viele Konzessionen abzuringen. In diesem riskanten Pokerspiel konnte er dann jedoch die religiösen Kräfte, die er gerufen hatte, nicht mehr aufhalten. Dass er tatsächlich nicht etwa einen Muslim-Staat oder gar einen islamischen Staat gewollt hat, wurde deutlich in seiner Rede vor der Pakistanischen „Constituent Assembly" am 11. August 1947, in der er praktisch ein säkularistisches Pakistan entwarf [2.11.3: Conrad; 2.10.2.8: Jalal].

Der Pirpur-Bericht von 1938 zeigt, dass Religion im engeren Sinne nur *ein* Kriterium des Konflikts war, genauso wichtig waren Sprache, Hymnen, Fahnen, Geschichte. Schon Lohia hat in seinem Buch „Guilty Men of India's Partition" auf diese Faktoren hingewiesen. „Die stärkste Sprengkraft verursachen Symbole und Abstraktionen, religiöse und historische Faktoren müssen ernst genommen werden" [2.11.3: Lohia, 5].

Rolle Nehrus Der damalige Präsident der Kongress-Partei Maulana Abul Kalam Azad schreibt, Nehrus Pressekonferenz vom 10. Juli 1946 habe die letzte Chance, die Einheit zu bewahren, vereitelt [2.11.3: Azad, 164]. Was könnte Nehru bewogen haben, den „Cabinet Mission Plan" scheitern zu lassen? Ein dezentralisiertes Indien passte nicht in seine Vorstellungen von einer rapide und staatlich zu lenkenden Industrialisierung und Modernisierung Indiens. Nur eine starke Zentralregierung, die im Cabinet Mission Plan nicht vorgesehen war, könnte diese Aufgabe erfüllen. Dass Nehru von diesem Motiv bestimmt war, wird auch dadurch erhärtet, dass bei der Abstimmung der sozialistische Flügel der Kongress-Partei den Cabinet Mission Plan vehement ablehnte.

Strategische Interessen Englands? Die These, dass England die Teilung Indiens aus geostrategischen Gründen betrieben habe, ist nicht neu, aber sie ist neuerdings von dem ehemaligen indischen Diplomaten Narendra Singh Sarila neu aufgegriffen worden und auf Grund der eigenen Erfahrungen als Adjutant Mountbattens sowie neu zugänglichen Aktenmaterials gestützt und zugespitzt worden [2.11.3: Sarila]. Sarila unterstellt der britischen Regierung, dass sie unter dem Druck der Militärs einen pro-britischen Muslim-Staat im Nordwesten Indiens anstrebte, weil sie sich darin einen zuverlässigen Verbündeten gegen den zu erwartenden sowjetischen Drang nach Süden erhoffte. Das stünde ganz in der Tradition des „Great Game". Sarila spricht geradezu von einem Bündnis zwischen der britischen Regierung, vertreten durch die Vizekönige Linlithgow und Wavell, und Jinnah bzw. der Muslim-Liga. Ermöglicht bzw. begünstigt wurde das allerdings durch verhängnisvolle Fehlentscheidungen der Kongress-Führung, nämlich durch den Rücktritt der Kongress-Regierungen in den Provinzen im Herbst 1939 und die Ablehnung des Cripps-Angebots, beides Selbstausschaltungen aus dem politischen Mitwirkungsprozess, und auch durch den August-Aufstand, der von vornherein aussichtslos gewesen sei und die Briten noch mehr in die Arme Jinnahs getrieben habe. Nach dem Krieg hätten sowohl Attlee als auch Mountbatten diese Strategie verfolgt. Die Cabinet Mission sei für Attlee nur eine Nebelwand („smoke screen") gewesen, mit der die Verantwortung den Indern zugeschoben werden sollte, und Mountbattens eigentliche Aufgabe sei gewesen, der Kongress-Partei die Zustimmung zur Teilung abzuringen (was ihm im April 1947 gelang), Indien im Commonwealth zu halten und Jinnah mit der verkleinerten Version Pakistans („truncated and moth-eaten", wie er es nannte) zu versöhnen.

11.2 Das Kaschmir-Problem

Die Unruhen im Kaschmir-Tal seit 1989 haben auch den Streit über die Ereignisse, die 1947/8 zur Teilung Kaschmirs geführt haben, wiederbelebt, wobei sich zwei völlig verschiedene Versionen der Geschichte gegenüberstehen [für die pakistanische Seite hauptsächlich LAMB; für die indische Seite JHA, DAS-GUPTA, siehe auch BLINKENBERG, alle 2.12.4].

In der pakistanischen Version wird die Rechtmäßigkeit der Entscheidung des Maharajas von Kaschmir, sich Indien anzuschließen, in Frage gestellt, da sie durch Zwang und Betrug zustande gekommen sei. LAMB lässt sogar die Vermutung durchblicken, dass der Maharaja möglicherweise überhaupt nicht unterschrieben habe. Eine wichtige Rolle in der pakistanischen Argumentation spielt die sog. Revolte in Poonch. Anfang Oktober 1947 hätten Truppen des Maharajas Dörfer in dem Randbezirk Poonch angegriffen und dort Massaker angerichtet, weil die muslimischen Bewohner den Anschluss an Pakistan gefordert hätten. Der Einmarsch der paschtunischen Freischärler ab dem 21./22. Oktober sei die Reaktion darauf gewesen, um ihren „Stammesbrüdern" zu helfen. *Pakistanische Version*

Überhaupt sei der Beitritt zu Indien von der englischen und der indischen Regierung von langer Hand vorbereitet worden, vor allem mit Hilfe Mountbattens, wie an der Zuweisung von drei Gemeinden des Gurdaspur-Distrikts im Panjab an Indien zu erkennen sei. Der Gurdaspur-Distrikt hatte eigentlich eine Muslim-Mehrheit, aber die drei Gemeinden (*tehsils*) bildeten die einzige Landverbindung von Indien nach Kaschmir und machten somit den Beitritt erst möglich. Indische Truppen seien schon lange vor dem offiziellen Beitritt nach Kaschmir verlegt worden.

Darauf antwortet P.S. JHA, dass die Unruhen in Poonch durch pakistanische Agitatoren ausgelöst worden seien. Durch eine Wirtschaftsblockade habe die pakistanische Regierung den Maharaja unter Druck gesetzt, um ihn zum Beitritt zu Pakistan zu pressen. Schließlich habe der Maharaja, nicht zuletzt das Schicksal der Hindus in den NWFP und im übrigen Pakistan vor Augen, schon im September den Entschluss gefasst, sich Indien anzuschließen, aber die Bedingung Nehrus, zuerst Sheikh Abdullah, den mit der indischen Kongress-Partei verbündeten Führer der Jammu & Kashmir National Conference, aus dem Gefängnis zu entlassen und in seine Regierung aufzunehmen, habe ihn von der förmlichen Erklärung abgehalten, bis sich die Freischärler schließlich bedrohlich der Hauptstadt näherten [2.12.4: JHA]. *Indische Version*

SARILA dagegen zeigt, dass die Briten es im Rahmen ihres geostrategischen „grand design" auch in Kaschmir von vornehrein auf eine Teilung abgesehen hatten. Obwohl die indischen Truppen in der Lage gewesen wären, ganz Kaschmir zurückzuerobern, ja sogar Pakistan zu besiegen, hätten Mountbatten und hohe britische Militärs Nehru davon überzeugt, dass der Kampf militärisch für Indien nicht zu gewinnen sei und dass es daher das beste sei, sich mit der Teilung abzufinden [2.11.3: SARILA, 392 ff.]. *„Grand Design" der Briten*

Im Übrigen sind die Berichte Mountbattens, die er nach dem 15. August 1947 nach London schrieb, für die Öffentlichkeit noch nicht zugänglich, so dass wichtige Informationen über die britische Politik in Bezug auf Kaschmir immer noch fehlen [ebd., 168, 344].

12. Bilanz der Kolonialherrschaft

Die alte, schon in Zeiten des Unabhängigkeitskampfes geführte Kontroverse über die materiellen und sonstigen Auswirkungen des britischen Kolonialismus auf Indien wird seit den 60er Jahren des 20. Jh. in der Wissenschaft fortgesetzt: Fortschritt („Segen“) oder „Verarmung durch Ausbeutung“, das ist weiterhin die Frage. Damals standen sich indische Nationalisten und britische Imperialisten kompromisslos gegenüber, heute wird die kritische Position hauptsächlich von Marxisten und Hindu-Nationalisten vertreten, während es die Liberalen unter den Wirtschaftshistorikern sind, die in der Kolonialherrschaft eher einen Aufwärtstrend zu erkennen meinen. Zwei Werke aus jüngster Zeit vertreten jeweils noch einmal zugespitzt die beiden antagonistischen Positionen: Für den Amerikaner Mike DAVIS [2.13.3] ist die Bilanz der Kolonialherrschaft in Indien verheerend, während der Inder Deepak LAL [2.13.3] die Kolonialherrschaft gemäßigter beurteilt und für die wirtschaftliche Stagnation ganz andere Ursachen benennt.

12.1 Die kritische Position

Von den Kritikern werden dem Kolonialismus die folgenden Auswirkungen angelastet:
1. Allgemeine Ausbeutung („Drain of wealth“);
2. De-Industrialisierung und Deurbanisierung (siehe Kap. II.5);
3. Zunahme der Hungersnöte;
4. Sinken der Produktion und des Pro-Kopf-Einkommens;
5. Steigen der Sterblichkeitsrate und Sinken der Lebenserwartung;
6. Stagnierende, wenn nicht sogar fallende Alphabetisierung.
Für Mike DAVIS, der dabei Forschungsarbeiten der letzten 40 Jahre zitiert, steht fest: „Es gab zwischen 1757 und 1947 keinerlei Anstieg des indischen Pro-Kopf-Einkommens“; „wahrscheinlich sank das Einkommen in der zweiten Hälfte des 19. Jh. sogar um mehr als 50 %“; „es fehlte jegliche ökonomische Entwicklung im üblichen Sinne des Wortes“; „die Lebenserwartung fiel zwischen 1872 und 1921 um schwindelerregende 20 %“ [2.13.3: DAVIS, 315 und passim. Hier und im Folgenden wird nach der deutschen Ausgabe zitiert].

Die Hungersnöte   Ausgangspunkt von Mike DAVIS' Argumentation sind die Hungersnöte des späten 19. Jh., deren Menschenverluste er als „Holocaust“ bezeichnet (in der deutschen Übersetzung mit „Massenvernichtung“ wiedergegeben). Die sich in erschreckender Weise häufenden indischen Hungersnöte waren schon für die zeitgenössische Weltöffentlichkeit ein bewegendes Thema. C. WALFORT zählte 1878 31 schwerwiegende Hungersnöte in 120 Jahren britischer Herrschaft,

Tabelle 1: Anteil einzelner Regionen am „World Manufacturing Output"

	Indien	China	Industrieländer
1750	24,5 %	32,8 %	27,0 %
1913	1,4 %	3,6 %	89,0 %
1953	1,7 %	5,0 %	93,5 %

Nach: 2.13.3: Davis

nur 17 in den beiden vorangegangenen Jahrtausenden [zitiert in: 2.13.3: DAVIS, 291]. Im späten 19. Jh. waren es die Jahre 1876, 1891 und 1899–1902, in denen besonders schwere Hungersnöte Indien heimsuchten. Mike DAVIS zitiert Harper's Weekly von 1900: „Die Hungersnot 1877 tötete um die 10 Millionen Menschen; die Hungersnot 1897 an die 16 Millionen; während die aktuelle vermutlich mit 20 Millionen alle Rekorde brechen wird" [ebd., 419 Anm. 72]. Aus den von einander abweichenden Zahlen verschiedener Autoren kommt DAVIS zu der Aussage, dass zwischen 1876 und 1902 12,2 bis 29,3 Millionen Menschen in den Hungersnöten starben [ebd., 16, 179]. Ein Landbewohner in der Provinz Madras hatte während der Hungersnot von 1877 1627 Kalorien pro Tag zur Verfügung, weniger als, wie DAVIS zeigt, 1944 ein Buchenwald-Häftling mit seinen 1750 Kalorien. Der Grundbedarf für einen Erwachsenen im Indien von 1985 wird mit 2400 Kalorien veranschlagt [ebd., 48].

Mike DAVIS verweist auf die zahlreichen Spezialstudien der letzten Zeit über die Rolle der Hungerkatastrophen als „Motor der historischen Transformation" [z. B. 2.13.3: ARNOLD]. Die Hungersnöte hätten nicht nur Auswirkungen auf die Sozialstruktur gehabt, sondern es wird auch ein Zusammenhang mit den damaligen Aufständen unter der Landbevölkerung hergestellt [nach 2.13.3: DAVIS, 63, 71, 200, 211], ja sogar mit der Auswanderung der indischen Kontraktarbeiter [ebd., 120]. **Folgen der Hungersnöte**

Eine Ursache der Hungersnöte sieht M. DAVIS in der Umweltzerstörung, die wiederum Ergebnis des kolonialistischen Raubbaus gewesen sei [ebd., 330; zur Umweltgeschichte siehe auch 2.13.5: MANN, weitere Titel bei 2.13.3: DAVIS, 449]. „Zum Ende der Kolonialzeit galten mindestens 38 % des Bodens im Dekhan als ‚besonders stark erodiert'" [2.13.3: DAVIS, 332]. Auch der durch Raubbau verursachte Holzmangel sei eine der Ursachen für die Hungersnöte gewesen [ebd., 330; zur Forstwirtschaft siehe 2.13.5: MANN]. Die Privatisierung von Brunnen und Bewässerung hätten zu einer ungleichen Wasserverteilung geführt. DAVIS zitiert verschiedene Ansichten über die Wirkungen des Kanalbaus, z. B. Ian Stone und Elizabeth Whitcombe [nach 2.13.3: DAVIS, 336], die die stolzen Angaben der Kolonialregierung korrigieren. „In den landwirtschaftlichen Trockenzonen von Madras … wurden zwischen 1870 und 1900 fast keine neuen Brunnen mehr gebaut" [ebd., 340]. **Umweltzerstörung**

Die kritische Schule sieht den Hauptgrund für das Desaster in der Doktrin des Freihandels und der Politik des Laissez-faire. In ihrem Namen wurde Indien mit aller Gewalt in den Weltmarkt gedrängt. Durch harte Steuerbelastung wurden die Bauern gezwungen, Nutzfrüchte (*cash crops*) für den Export anzubauen, **Doktrin des Freihandels als tiefere Ursache** was auf Kosten der eigenen Nahrungsmittelsicherheit ging. Während der Mangel an Nahrungsmitteln in Indien zu Hungersnöten führte, wurde zur selben Zeit Getreide nach England ausgeführt, weil es für die britischen Exporteure dort höhere Preise erzielte. Das Ausmaß des *cash-crop*-Anbaus zeigt sich z. B. daran, dass 1867 allein Berar mehr Baumwolle nach Manchester exportierte als das gesamte Ägypten [ebd., 317].

Die indischen Bauern bekamen für ihre Nutzfrüchte relativ niedrige Preise, andererseits wurden selbst bei Missernten die Steuern – im Gegensatz zur vorbritischen Zeit – rigoros eingetrieben, weshalb sich die Bauern bei Geldverleihern verschulden mussten [ebd., 325, 327]. Es war also nicht die „unternehmerische Freiheit", von der die Anhänger der Freihandelslehre träumten, die die Umstellung auf den Anbau von *cash crops* vorangetrieben hat, sondern die pure Existenznot, verursacht durch hohe Steuerabgaben und chronische Verschuldung.

Besonders berüchtigt sind in diesem Zusammenhang die Vizekönige Lytton, Elgin (im Amt 1849–1898) und Curzon, in deren Regierungszeit inmitten entsetzlicher Hungersnöte „das Adam-Smithsche Dogma und kaltblütiges imperiales Eigeninteresse" den Export riesiger Getreidemengen nach England ermöglichten. Zwischen 1877 und 1878 exportierten die Getreidehändler lieber die Rekordmenge von 6,4 Millionen Zentnern Weizen nach Europa, anstatt den Hunger in Indien zu lindern [ebd., 21, 41, Zahlen nach 2.13.3: Bhatia].

Zu den Nutzfrüchten gehörte auch das Opium, das im zweiten Viertel des 19. Jh. eine zunehmende Rolle spielte. In den berüchtigten Opiumkriegen wurde das aus Indien stammende Opium China aufgezwungen. Mit dem Erlös wurde chinesischer Tee für den britischen Markt gekauft

So war die „Kommerzialisierung der indischen Landwirtschaft" ein „künstlicher und erzwungener Prozeß", der zur Spezialisierung ohne echtes Wachstum geführt habe [2.13.3: Davis, 326]. Die Laissez-faire-Politik brachte statt des kapitalistischen Bauern den „Leibeigenen" der Geldverleiher hervor. In den 70er Jahren des 19. Jh. gab es mindestens 500 000 Geldverleiher in Britisch Indien [ebd., 328].

Davis zitiert mehrere Autoren, die in den Hungersnöten nicht Naturkatastrophen, sondern vermeidbare politische Tragödien sehen, Folgen des Versagens spezifischer ökonomischer und sozialer Systeme. Es handele sich nicht um Zyklen der Rückständigkeit, sondern um typisch moderne Strukturen des formell-informellen Imperialismus. „Sie starben im goldenen Zeitalter des liberalen Kapitalismus; viele wurden durch die dogmatische Anwendung der heiligen Prinzipien von Smith, Bentham, und Mill regelrecht ermordet" [ebd., 29].

„Englands Profit"   Dem „Ruin Indiens" entsprach in dieser Sicht „Englands Profit". Denn Indien wurde zum ungeschützten Absatzmarkt für englische Waren gemacht, für die Baumwolltextilien aus Lancashire, die Jutesäcke aus Dundee oder den Stahl aus Sheffield. Innerhalb von nur einem Vierteljahrhundert war Indien auf der Rangliste der Länder, die am meisten britische Erzeugnisse importierten, vom dritten auf den ersten Platz aufgestiegen [ebd., 299f.].

Die indischen Zölle wurden in London und nicht in Indien, in englischem und nicht in indischem Interesse festgelegt. Auf Druck Lancashires setzte 1879 Vizekönig Lord Lytton durch, dass die ohnehin schon niedrigen Importzölle auf britische Baumwollstoffe gänzlich aufgehoben wurden, angeblich im Interesse der „native population", die so mit billigerem Tuch versorgt würde. Die daraufhin einsetzende Agitation in der einheimischen Presse führte 1894 immerhin dazu, dass auf alle eingeführten Textilien eine Abgabe von 5 % erhoben wurde, aber zur gleichen Zeit wurden die indischen Textilien mit einer „Ausgleichssteuer" (*countervailing excise*) belastet.

Der durch die hohen *cash-crop*-Exporte erzielte Zahlungsbilanzüberschuss kam nur England zugute und deckte zum einen die sog. Home Charges, zum anderen die Kosten für die weitere Expansion in Asien. Der Kolonialhaushalt, der sich überwiegend aus Grundsteuern finanzierte, sah weniger als zwei Prozent der Ausgaben für die Förderung der Landwirtschaft und Bildung und lediglich 4 % für „Public Works" (Öffentliche Bauprojekte) vor, während das Militär und die Polizei ein ganzes Drittel des Budgets vereinnahmten. DAVIS geht nicht so weit, den erzwungenen Vermögenstransfer aus Indien als notwendige Voraussetzung für den Aufstieg Englands zur Weltherrschaft anzusehen, aber immerhin für seinen verzögerten Niedergang.

Dieses Bild von den Auswirkungen der britischen Kolonialherrschaft auf Indien ist heutzutage geradezu kanonisch geworden, nicht nur bei Marxisten und indischen Nationalisten, sondern weltweit. Seine Ursprünge gehen nicht nur auf Dadabhai NAOROJI, R.Ch. DUTT und andere Inder zurück, sondern es wurde auch damals schon von einzelnen Briten bekräftigt, z. B. William Wedderburn, Sir Henry Cotton, John Bright, W.S. Blunt, Henry M. Hyndman („The Bankruptcy of India, London 1886"), Florence Nightingale, und vor allem William Digby mit seinem berühmten Werk „Prosperous British India: A Revelation from Official Records", London 1901. Von Digby stammt die Aussage: „Sollten Historiker in fünfzig Jahren die Rolle des Britischen Empire untersuchen, wird der unnötige Tod von Millionen von Indern als epochale und berüchtigtste Hinterlassenschaft gelten" [nach 2.13.3: DAVIS, 118].

Tradition der kritischen Schule

Unter den westlichen Historikern übernahm in den 1960er Jahren das Ehepaar D. u. A. THORNER [2.13.3] diese Thesen. Im heutigen Indien vertreten sie vor allem die marxistisch orientierten Historiker, am prominentesten unter ihnen Irfan HABIB, Bipan CHANDRA und A.M. BAGCHI. Die Universalhistoriker David S. Landes und Eric Hobsbawm haben sie weltweit popularisiert. Mike DAVIS bezeichnet sich selbst als marxistischen Historiker, seine Hauptforschungsgebiete sind Stadtsoziologie und Klimaforschung.

Gegenargumente, Kritik an der Kritik

Ihren Kritikern hielten schon damals die Kolonialherren entgegen, dass die britische Herrschaft Indien stetigen „moralischen und materiellen Fortschritt" bringe. Dabei wurde mit Stolz auf die enormen Infrastrukturmaßnahmen hingewiesen, die sog. Public Works: ein umfassendes Straßennetz, das auch die ehemals unpassierbaren Flüsse überbrücke, das ausgedehnte Eisenbahnschienennetz, die Telegraphenverbindungen. All diese Leistungen hätten den Wohlstand der Menschen in Indien ins Unermessliche gesteigert: "... the most magnificent canals and works of irrigation existing in the world have been constructed for the protection of the people against famine ..." [1.4.2: STRACHEY, 14].

Tatsächlich konnten durch die Eisenbahnen Lebensmittel aus Überschussgebieten in Hungergebiete geschafft werden. Die völlige Vernichtung allen Lebens in einer ganzen Region konnte so zwar verhindert werden, aber nur wer das nötige Geld dazu hatte, konnte nun Getreide kaufen. Aus regionalen Hungersnöten, wie früher, wurden soziale Hungersnöte [2.13.3.: DAVIS, 442 und passim, dort auch Hinweis auf Karl POLANYI, The Great Transformation 1944. Deutsch Frankfurt/M. 1995].

1880 wurde eine Famine Commission unter der Leitung von Sir Richard Strachey eingesetzt, auf deren Anregung hin Armenhäuser eingerichtet und Arbeitsprogramme („work for food") organisiert wurden [2.13.3: DAVIS, 152 ff.]. In der Tat hat es nach 1902 keine solch katastrophalen Hungersnöte mehr in Indien gegeben, außer der von 1943–44 in Bengalen, die aber durch die speziellen Kriegsumstände ausgelöst wurde [siehe Kap. I.5.7, dazu 2.13.3: GREENOUGH], allerdings blieb die Ernährungslage prekär bis in die frühen 60er Jahre des 20. Jh.

Auch die Verschuldung der Bauern versuchten die Briten zu stoppen, indem sie Gesetze gegen die Macht der Geldverleiher erließen, z. B. den Deccan Act von 1875 und im Panjab 1900 den Punjab Land Alienation Act.

Widersprüche bei Mike Davis

Bei Mike DAVIS steht zwar Indien im Mittelpunkt seiner Argumentation, aber er bezieht auch andere Regionen der Welt mit ein: Russland, China, Südamerika und andere. Er schreibt selbst, dass es überall in der zweiten Hälfte des 19. Jh. verheerende Hungersnöte gegeben habe. 1876–1879 fiel der Monsun nicht nur in Indien, sondern in großen Teilen Asiens aus [ebd., 11]. Dürre und Hungersnöte epischen Ausmaßes gab es außer in Indien auch in Ägypten, China, auf Java und auf den Philippinen, in Neukaledonien, Korea, Brasilien, dem südlichen Afrika und dem Maghreb, also im gesamten tropischen Monsungürtel, sowie im Norden Chinas und Afrikas. Auch die Hungersnot von 1889–1891 traf zugleich Indien, Korea, Brasilien und Russland, am schlimmsten aber Äthiopien und Sudan. In der chinesischen Provinz Shaanxi starben schätzungsweise 30 % der Bevölkerung [ebd., 183].

Einerseits betont DAVIS immer wieder, dass die Hungersnöte in Indien keine Naturkatastrophen, sondern „vermeidbare politische Katastrophen" gewesen seien, andererseits erklärt er die damaligen Hungersnöte weltweit mit dem El Ninho, also globalen Klimaströmungen. Hier liegt offensichtlich ein Widerspruch in seiner Argumentation vor.

12.2 Die liberale Position

Gegen die „kanonische Tradition" der Kritiker der Kolonialherrschaft in Indien haben es diejenigen schwer, die diese Sicht in Frage stellen. Es ist daher bemerkenswert, dass in der angesehenen sowohl von westlichen als auch von indischen Wissenschaftlern verfassten Cambridge Economic History of India [2.13.3: KUMAR] die üblichen Ausbeutungs-Topoi der Kritiker praktisch keine

Rolle spielen, was von Irfan HABIB beißend und bitter kritisiert wird [2.13.3: HABIB, worauf die Herausgeberin der CEHI Dharma KUMAR wiederum antwortet mit einer Warnung vor den „Gefahren des Manichäismus", 2.13.3: KUMAR, 383–386]. Außer Dharma Kumar haben zu diesem Band u. a.beigetragen: Morris D. MORRIS, A. MADDISON und A. HESTON, die man als die Hauptvertreter der „liberalen" Richtung bezeichnen kann.

Über die Tatsache der wirtschaftlichen Stagnation, wenn nicht sogar eines gewissen Rückgangs bis ins 20. Jh. hinein, sind sich fast alle Historiker einig, aber statt in der kolonialistischen Ausbeutung wird der Grund entweder in der hinduistischen Sozialstruktur gesehen, sprich im Kastenwesen, oder im Mangel an Unternehmertum oder schließlich in der Jenseitsgerichtetheit des Hinduismus. Eine originelle Erklärung für Indiens wirtschaftliche Entwicklung legt Deepak LAL vor [2.13.3: LAL].

Deepak LAL, wie Mike DAVIS Professor in Kalifornien, sieht die indische Wirtschaft unter der britischen Kolonialherrschaft im Rahmen einer langfristigen Entwicklung, die schon im Altertum begann und letztlich erst mit der Wende von 1991 beendet wurde, denn die Stagnation dauerte ja auch nach 1947 – trotz aller Anstrengungen des unabhängigen Indiens – mehr oder weniger an. Es handele sich um eine bestimmte sozio-ökonomische Struktur, die sich schon im 6. und 5. Jh. vor Christus in der mittleren Gangesebene gebildet habe und deren Kennzeichen, statt von Stagnation zu sprechen, lieber als Stabilität zu bezeichnen wäre. Deepak LAL nennt diese Struktur das „Hindu Equilibrium" und meint damit das Gleichgewicht, das die Gesellschaft zwischen den ökologischen und politischen Umweltbedingungen einerseits und den Bedürfnissen und Erwartungen ihrer Bewohner andererseits gefunden habe [ebd., 7].

Deepak Lals „Hindu Equilibrium"

Die beiden Pfeiler dieses Gleichgewichts sieht er im Kastensystem und in der Dorfgemeinschaft. Sie waren die Antworten bzw. die Lösungen für die spezifischen Probleme, denen sich die arischen Einwanderer in der nordindischen Gangesebene ausgesetzt sahen, nämlich 1. permanente politische Instabilität und 2. Mangel an Arbeitskräften für die Bebauung des schwierigen Marschbodens.

Während die Dorfgemeinde einerseits den ständig wechselnden Herrschern die Grundsteuer lieferte und andererseits – unabhängig von den Veränderungen im staatlichen Überbau – das Überleben ihrer Bewohner sicherte, hatte das Kastensystem die Funktion, die Arbeitskräfte (in Gestalt der Sudras) an den Boden zu binden. Seit altersher war Indien eher ein Land des Arbeitskräftemangels, ein Zustand, der bis in die zwanziger Jahre des 20. Jh. andauerte. Es ist unwahrscheinlich, dass das Kastensystem so lange überlebt hätte, wenn es wirtschaftlich dysfunktional gewesen wäre. Außer der Bindung der Arbeitskräfte an den Boden sorgte das Kastensystem für ein stabiles Equilibrium im Verhältnis von Bevölkerungsdichte und vorhandenem Land. Denn angesichts der Verfügbarkeit von freiem Land bestand immer die Möglichkeit, dass ein Teil der Arbeitskräfte, wenn sie sich bedrückt fühlten, auswich und neue Siedlungen gründete. Andere Möglichkeiten, die Arbeitskräfte zu halten, wie Sklaverei oder Leibeigenschaft, würden einen Zentralstaat voraussetzen, eine Bürokratie, die diese Einrichtungen erzwingen würde. Das Kastensystem

Sinn des Kastensystems

dagegen bedeutete ein dezentralisiertes Kontrollsystem, das keine übergreifenden gesamtstaatlichen Strukturen voraussetzte, und es garantierte, dass jeder Versuch, neue Siedlungen außerhalb seines Geltungsbereichs zu begründen, durch die Arbeitsteilung und ihre Erzwingung durch Exkommunikation praktisch unmöglich gemacht wurde. Die erbliche berufliche Spezialisierung einer Kaste machte sie abhängig von den anderen, so dass sie, wenn sie ihr Dorf verlassen wollte, um sich irgendwo selbstständig zu machen, feststellen würde, dass sie nicht die nötigen komplementären Fachkenntnisse der anderen Kasten zur Verfügung haben würde, um eine neue Siedlung zu beginnen. Es ist unwahrscheinlich, dass eine Gruppe sich das komplementäre Wissen selbst aneignen würde. Sie brauchte dafür die Hilfe der anderen Kasten. Aber die Gefahr der Exkommunikation wäre höher als der Gewinn. Nachdem sich dieses System einmal etabliert hatte, wurde es von den Brahmanen, den Sinnstiftern, ideologisch gerechtfertigt, was sicher auch zu seiner Dauerhaftigkeit beigetragen hat. „Cultural Stability and Economic Stagnation" war entsprechend der Titel einer früheren Version von Deepak LALs Buch.

Dieses System zu ändern, bestand bis in jüngste Zeit wenig Anlass, denn es war erfolgreich, indem es der Bevölkerung ein zwar bescheidenes, aber ausreichendes Einkommen garantierte (von Zeiten abgesehen, in denen die vier Reiter der Apokalypse Hunger, Krankheit, Pest und Krieg herrschten). Nach heutigen Maßstäben war dieser Lebensstandard zwar niedrig, aber, das meint Deepak LAL, jahrtausendelang nicht niedriger als in anderen Teilen der Welt – bis zum 16. Jh. sogar höher als in Europa. Weder das Moghulreich noch die britische Kolonialherrschaft noch das unabhängige Indien unter der Nehru-Dynastie seien in der Lage gewesen, dieses System wesentlich zu ändern, denn die Masse der Hindus (=Inder) hätten (bis vor Kurzem) wenig Anlass gesehen, ein System zu ändern, das sich in Jahrtausenden bewährt hatte. Erst fundamentale Veränderungen im Umfeld hätten das Equilibrium zerstört. Es war also nicht Ausbeutung, sondern die Unfähigkeit der Briten, das Hindu Equilibrium zu zerstören, was als ihre negative Hinterlassenschaft anzusehen wäre.

Folgedisziplinen   Ausgehend von dem Streit über die Auswirkungen der britischen Herrschaft haben sich in den letzten Jahrzehnten Teildisziplinen etabliert, die sich mit der Bevölkerungsentwicklung (Demographie), dem Lebensstandard, der Umwelt und den Krankheiten beschäftigen, und zwar sowohl diachron für die ganze indische Geschichte als auch international vergleichend.

Demographie   Anhand der von verschiedenen Autoren für verschiedene Epochen genannten (geschätzten) Bevölkerungszahlen kommt Deepak LAL auf die über 2000 Jahre (von 320 v.Chr. bis 1600 n.Chr.) relativ stabil gebliebene Durchschnittszahl von 100 bis 125 Millionen Einwohnern für Indien [2.13.3: LAL, 39]. Diese Zahl nennt LAL die „equilibrium population", d. h. diejenige Menge von Menschen im Verhältnis zum Land, die das sozio-ökonomische System beim damaligen Stand der Anbautechnik tragen konnte. Julian L. SIMON (1977) vermutet für dieselbe Zeitspanne eine praktisch unveränderte Bevölkerungszahl von etwa 100 Millionen, danach habe zwar ein Wachstum begonnen, das aber viel langsamer als in Europa zur gleichen Zeit gewesen sei [zitiert nach 2.13.3: LAL, 86 Anm. 11].

Tabelle 2: Zensusdaten für Indien

Jahr	Einwohner in Millionen
1881	250,2
1891	279,6
1901	283,9
1911	303,0
1921	305,7
1931	338,2
1941	389,0

Quelle: 2.13.3: KUMAR, 488

Eine gesamtindische Volkszählung („Census") führten die Briten zum ersten Mal 1881 durch und danach regelmäßig alle 10 Jahre. Im Jahr des ersten Zensus betrug die Bevölkerungszahl 250 Millionen. Alle Zahlen für die Zeit davor beruhen auf Rückprojektionen oder sonstigen Spekulationen (die Zahlen der verschiedenen Autoren für die Zeit zwischen 1600 und 1881 bei Leela und Pravin VISARIA [in: 2.13.3: KUMAR, 463 ff.]).

Zwischen 1881 und 1921 wuchs also die Bevölkerung durchschnittlich um 0,5 % pro Jahr, und das trotz der enormen Verluste durch die Hungersnöte. Wenn man ein solches Wachstum auch für die Jahrzehnte vor 1881 ansetzen würde, käme man für 1801 auf eine Bevölkerung von 167,6 Millionen.

Von 1921 an wuchs die Bevölkerung stetig mit wachsender Geschwindigkeit. Ursache dafür dürfte die dramatische Senkung der Sterblichkeitsrate gewesen sein, welche wiederum die Folge von verbesserter Wasserversorgung, Impfungen, Bekämpfung der Erreger von Pest, Cholera, Malaria, Typhus, Kala-Azar und anderen epidemischen Krankheiten war. Die Sterblichkeitsrate fiel von 49 per 1000 1921 auf 27 per 1000 1951. [2.13.3: LAL, Tabelle 6.1, 145]. Die Kindersterblichkeit (vor Vollendung des 1. Lebensjahres) sank von 210 pro 1000 im Jahre 1901 auf 146 im Jahre 1951, also um 33 %. Die Lebenserwartung betrug 1881 bei Männern 23,67 Jahre, bei Frauen 25,58 Jahre, bis 1951 hatte sie sich bei Männern auf 37,45 Jahre, bei Frauen auf 36,20 Jahre erhöht [vergl. Tabelle bei 2.13.3: HABIB, 373].

Erst das rasante Bevölkerungswachstum seit der Volkszählung von 1921 brachte laut Deepak LAL das Hindu Equilibrium zum Einsturz, allerdings machten sich die Folgen erst im unabhängigen Indien bemerkbar.

Deepak LAL hält es nicht für eine „wilde Vermutung", dass der Lebensstandard der indischen Bevölkerung zwischen 320 v.Chr. und 1595 etwa gleich geblieben ist und dass er sich auch danach bis ca. 1960 nicht wesentlich geändert habe [2.13.3: LAL, 41].

HESTON [in: 2.13.3: KUMAR] zeigt, dass das Pro-Kopf-Einkommen seit 1868/69 zwar geringfügig, aber stetig stieg, von Rs. 120 (zu 1946/7 Preisen) auf Rs. 171 1930, also pro Jahr durchschnittlich 0,60 %. Aber da seit 1921 die Bevölkerungszahl explodierte (1,22 % pro Jahr), sank es wieder auf Rs. 166 im Jahre 1945. Verglichen mit den westlichen Industriestaaten und Japan, aber

Lebensstandard: Nationaleinkommen und Pro-Kopf-Einkommen

auch im Vergleich mit vielen tropischen Produzenten wie Burma, Thailand, Ceylon und Malaysia war das eine extrem bescheidene Rate, auch viel weniger als die jährliche Rate von 1,5 % im unabhängigen Indien zwischen 1950/51 und 1977/78 [2.13.3: LAL, 148].

Mit der These vom Hindu Equilibrium verträgt sich nicht, dass die britische Agrarpolitik, wie von der kritischen Schule behauptet, die Ursache für die bis heute andauernde ländliche Armut in Indien sei. Im Gegenteil, in dem Bemühen der Briten, in den wirtschaftlichen Beziehungen „custom" durch „contract" (Sitte und Herkommen durch Vertrag) zu ersetzen, sieht Deepak LAL den ersten notwendigen Schritt zu einer modernen Marktwirtschaft. Allerdings sei es den Briten nicht gelungen, die Gesellschaftsstrukturen auf dem Land wirklich zu ändern, d. h. die durch das Kastensystem bedingten Zwänge und Kontrollmechanismen aufzulösen. Die vertikale Struktur der Kasten und das damit verbundene Patron-Klienten-Verhältnis blieben intakt [ebd., 245, 250].

Industrialisierung   Am Ende der Kolonialherrschaft (1945) trug die moderne Industrie nur 9 % zum Nationaleinkommen bei [ebd., 149]. Dennoch sieht Deepak LAL wenig Belege für die These von der „deindustrialization" Indiens nach der Einführung des Freihandels 1813. Wie schädlich hohe Schutzzölle für die Entwicklung der Industrie sein können, habe gerade das unabhängige Indien gezeigt. Die verfrühte Einführung von Arbeitsschutzgesetzen hätten der Industrie viel mehr geschadet als Laissez-Faire und Freihandel. Es erscheint paradox, dass ausgerechnet eine Kolonialregierung die in ihrer Zeit fortschrittlichsten Arbeitsschutzgesetze auch in ihrer Kolonie Indien einführte (1881 der erste „Factories Act"). Aber dahinter stand nicht nur Fürsorge, sondern vor allem auch die protektionistischen Bestrebungen Lancashires, das so billige Konkurrenz aus Indien verhindern wollte. BHATTACHARYA nennt das Gesetz (und ähnliche in der Folgezeit) das Ergebnis der Agitation von „ignorant English philanthropists and grasping English manufacturers" [zit. nach 2.13.3: LAL, 235].

Für die sehr zögerliche Entwicklung einer modernen Industrie während der Kolonialherrschaft macht Deepak LAL im Übrigen das Fehlen des dafür nötigen sozialen und kulturellen Umfelds verantwortlich.

12.3 Resümee

In seiner Rede in Oxford anlässlich der Entgegennahme der Ehrendoktorwürde hat Premierminister Manmohan Singh die positiven Hinterlassenschaften der britischen Kolonialherrschaft aufgezählt: Rechtsstaatlichkeit, Verfassungsstaat, freie Presse, moderne Verwaltung, moderne Universitäten und Forschungsstätten und unabhängige Gerichtsbarkeit, aber Singh sagte auch, dass für die indische Nationalbewegung bei aller Anerkennung des „Good Government" das Motto Vorrang hatte: „Self-Government is better than Good Government" (ursprünglich Gladstone zugeschrieben).

Gemäß dem liberalen Zeitgeist des 19. Jh. war das Ziel der Kolonialregierung nicht die wirtschaftliche Entwicklung des Landes, sondern die Wahrung von

Ruhe und Ordnung. Daher hat es eine aktive Politik der Modernisierung nicht gegeben.

Eine traurige Bilanz bietet die Bildungspolitik. 1901 konnten erst 5,4 % der Bevölkerung lesen und schreiben (Männer 9,8 %, Frauen 0,7 %), auch 50 Jahre später war noch nicht viel erreicht worden, nämlich 16,7 % (Männer 25,6 %, Frauen 7,9 %). Die Forderungen des INC nach Einführung der allgemeinen Schulpflicht (von Gokhale 1913 im Imperial Legislative Council gestellt, wiederholt im Nehru Report von 1928) wurde von der Kolonialregierung strikt abgelehnt. Elitenbildung im Medium Englisch hatte eindeutig Vorrang. Eine Folge davon ist bis heute die Spaltung der Gesellschaft in eine kleine Schicht von Englisch-Sprechern und die große Masse, die nur „Bhasha" spricht (Hindi für „Sprache").

Hat sich der Besitz Indiens für England gelohnt? In Bezug auf Indien gilt, was Peter Wende in seiner Geschichte des Britischen Weltreichs über das ganze Empire schreibt: Eine klare Rechnung ist nicht möglich, die Fachhistoriker kommen zu sehr unterschiedlichen Schlussfolgerungen. Den Gewinnen, die einzelne Firmen und ganze Branchen aus dem Handel mit Indien gezogen haben, stehen die enormen militärischen und personellen Kosten, die zur Sicherung und Verwaltung der Kolonie nötig waren, gegenüber, obwohl ein großer Teil von der Kolonie selbst aufgebracht wurde. Aber vielen Engländern bot der Kolonialdienst in Indien wie überhaupt in den Kolonien eine Karriere, die sie zu Hause nicht gehabt hätten (Edward Said: „The orient was a career"). Er war somit ein Ventil für sozialen Druck im Heimatland, was das Ausbleiben einer Revolution in England in den letzen Jahrhunderten erklären könnte. Auf der anderen Seite hat das Vertrauen auf sichere Märkte in den Kolonien wahrscheinlich die wirtschaftliche Sklerose Großbritanniens seit dem späten 19. Jh. begünstigt und den notwendigen Strukturwandel zumindest verzögert (Gerald Braunberger in seiner Besprechung des Buches von Peter Wende in der FAZ vom 19.5.2008).

Rolle Indiens für England

13. Historiographische Probleme des unabhängigen Indiens

Die wissenschaftliche Erschließung der Geschichte des unabhängigen Indiens steht erst am Anfang. Zwar gilt auch in Indien für die offiziellen Regierungsakten die Dreißigjahrregel, aber etliche Ausnahmen beeinträchtigen die Forschung. Der im Besitz der Nehru-Familie befindliche Nachlass Jawaharlal Nehrus ab 1947 ist nach wie vor verschlossen.

13.1 Die Emergency – schwerste Krise des unabhängigen Indiens

Das Notstandsregime von Juli 1975 bis Anfang 1977 ist unter dem Namen „Emergency" als schwerste Krise in die Geschichte des unabhängigen Indiens eingegangen. Diese „Jahre der Dunkelheit" möchte die Kongress-Partei allerdings vergessen machen. Der Bericht der Shah Commission [1.7: Ministry of Information], die von der Janata-Regierung eingesetzt worden war, um die Exzesse und Verantwortlichkeiten während der „Emergency" aufzudecken, wurde auf Geheiß Indira Gandhis nach ihrem Comeback 1980 aus dem Verkehr gezogen [2.12.2.1: FRANK, 529]. Damit steht für eine gründliche Aufarbeitung die wichtigste Quelle in Indien nicht zur Verfügung (zum Glück aber in ausländischen Bibliotheken).

Über die politische Einschätzung der „Emergency" gehen die Meinungen weit auseinander. Während D. ROTHERMUND [in: 2.12.11: ROTHERMUND] den nationalen Notstand auf einen persönlichen Notstand Indira Gandhis reduziert, spricht D. CONRAD von einem „Staatsstreich" [in: 2.12.11: ROTHERMUND, 419], E. Hauboldt von einer Entwicklungsdiktatur (FAZ vom 26.6.2000). Die sowjetische Zeitung Literaturnaja Gaseta schrieb triumphierend: „Indiens Herrscherin hat das wilde Bacchanal rechter Kräfte, einen wahren Hexensabbat der Reaktionäre, nachgerade bewunderungswürdig gestoppt" (zitiert in: Der Spiegel 14.7.1975). Auch gemäßigtere Verteidiger Indira Gandhis rechtfertigten die Emergency mit den angeblich anarchischen und chaotischen Zuständen, die ihr gar keine andere Wahl gelassen hätten.

Die moskautreuen Kommunisten (CPI) hatten schon vorher J.P. Narayan einen Faschisten genannt. Tatsächlich wurde er als einer der ersten verhaftet. Der Hauptstoß galt aber den „communalists", sprich den Politikern des Jan Sangh, die von den indischen Kommunisten seit je als Faschisten bezeichnet worden waren. Der Jan Sangh und alle „communalistischen Kräfte" sollten nun ein für allemal „ausgerottet" werden. Den Vorwurf des „Faschismus" gegen ihre Gegner drehte der prominente Publizist Arun SHOURIE allerdings später gegen Indira Gandhi selbst, indem er die indischen Ereignisse mit denen in Deutschland nach 1933 in Parallele setzte [2.12.8: SHOURIE].

Die Rolle
Sanjay Gandhis

Der Beifall von linker Seite und die Unterstützung durch die CPI und die Sowjetunion lassen die „Emergency" zunächst als ein linkes Projekt erscheinen; dem widersprechen allerdings die antikommunistischen Äußerungen und Handlungen von Indira Gandhis Sohn Sanjay. Sanjay Gandhis Rolle gehört zu den rätselhaftesten Aspekten der ganzen „Emergency". In Anlehnung an eine Formulierung aus der Weimarer Republik in Bezug auf Reichspräsident Hindenburgs Sohn könnte man ihn „den in der indischen Verfassung nicht vorgesehenen Sohn der Premierministerin" nennen. Schon den Entschluss zum Notstand soll Indira auf massiven Druck Sanjays gefasst haben [am ausführlichsten bisher 2.12.2.1: FRANK]. Er hätte vom Rücktritt bzw. dem Sturz seiner Mutter tatsächlich etwas zu fürchten gehabt, nämlich die Aufdeckung seiner undurchsichtigen Machenschaften bei der Verfolgung seines Maruti-Auto-Projekts. Mit seinen Vertrauten (*coterie*) führte er eine Art Parallelregierung. Für

zwei der berüchtigtsten Exzesse der „Emergency" war Sanjay direkt verantwortlich: die Zwangssterilisierungen und das „Slum Clearing". Die vermuteten
Zahlen der Sterilisierungen schwanken zwischen sechs und acht Millionen.

Unbekannt bleiben weiterhin die Gründe, warum Indira Gandhi plötzlich
im Januar 1977 Wahlen ankündigte und damit die „Emergency" beendete. War
es Selbstsicherheit und die Gewissheit, dass sie die Wahlen gewinnen würde,
oder hatte sie doch Bedenken wegen des Verhaltens ihres Sohnes?

Diktatur und Zwangsmaßnahmen wurden von der Regierung und ihren Anhängern damals schon mit einer positiven Bilanz gerechtfertigt: Gegen Hams-
terer, Schmuggler und Schwarzhändler werde endlich vorgegangen, ein Teil
des Schwarzgeldes werde aus dem Verkehr gezogen, die Steuerdisziplin erhö-
he sich, Auslandsinder investierten in ihrem Heimatland, in den Fabriken und
Universitäten kehre wieder Ruhe ein. Aber schon 1976 wehrte sich in einer Zwi-
schenbilanz der Schriftsteller Nirmal Verma gegen die „unheilvolle Ansicht",
für den Westen sei Freiheit eine Notwendigkeit, für Asien hingegen ein Luxus.
Das sei, schrieb er in der Zeitschrift „Seminar" (prompt verboten), höchst si-
nister und laufe auf die Annahme hinaus, Menschen in armen Gesellschaften
seien weniger menschlich; man füttere und kleide sie unter der Bedingung, dass
sie aufhörten, nach ihrem kritischen Bewusstsein zu handeln.

Aber selbst wenn man die Ziele und Mittel der „Emergency" akzeptieren
würde, bliebe festzustellen, dass es trotz der Ankündigungen und der Machtfülle, mit der diese Ankündigungen hätten umgesetzt werden können, keine
wirkliche Umwälzung der Verhältnisse gegeben hat. Die Starken wurden noch
stärker und die Machthaber noch mächtiger [2.12.8: ADAM]. Es fehlte die große
Vision. In Erinnerung bleiben die Willkür und die Exzesse der Regierung.

(Randnotiz: Rechtfertigung der Maßnahmen)

13.2 Der Hindu-Nationalismus – Fundamentalismus, Faschismus?

Der Aufstieg des Hindu-Nationalismus seit den frühen 1980er Jahren kam für
alle überraschend und war in Indien von Ängsten und Polemiken begleitet, aber
auch außerhalb ist eine sachliche und emotionsfreie Debatte sehr schwierig.
Die meisten indischen Historiker sind bei der Beurteilung des Hindu-Nationalismus weiterhin in ihrem alten Konzept des Communalism befangen und
erklären den religiösen bzw. kulturellen Gegensatz zwischen Hindus und Muslimen als einen sozialen, der von „Demagogen" religiös verbrämt werde [2.10:
CHANDRA u. a.]. Erst seit den späten 1990er Jahren tauchen in Indien auch
Buchtitel auf, die den Begriff Hindu-Nationalismus gebrauchen [z. B. 2.12.6:
GHOSH]. Der ebenfalls polemisch gebrauchte Begriff „revivalism" soll sugge-
rieren, dass es sich bei seinen Vertretern um Reaktionäre handelt, die nur das
Alte wiederbeleben wollen.

Die Marxisten und der linke Flügel der Kongress-Partei sprechen seit den
1930er und 1940er Jahren von Faschismus, vor allem in Hinblick auf den RSS
(siehe Kap. I.5.3). Anlass dazu ist wohl dessen straffe Hierarchie und eine Art
Führerprinzip (Hindi: *ek calak-anuvartitva*) mit starker Betonung des para-

militärischen Sports. Aber Belege für offene Bekenntnisse zu Faschismus bzw. Nationalsozialismus oder für engere Kontakte oder gar Zusammenarbeit mit diesen sind nicht nachzuweisen [2.12.6: CASOLARI passim; auch 2.12.6: DELFS, 71]. Es ist vielmehr Christophe JAFFRELOT zuzustimmen, der zu dem Schluss kommt, dass RSS und Hindu Mahasabha neben dem europäischen Faschismus zu dem allgemeinen Phänomen anti-liberaler Bewegungen der 1930er und 1940er Jahre gehörten, aber selbst ein spezifisch indisches Phänomen seien, „which is not simply a reproduction of European fascism" [2.12.6: JAFFRELOT, 51].

Bei der heutigen Diskussion über den Hindu-Nationalismus wird von seinen Gegnern gerne übersehen, dass sich zumindest die BJP inzwischen weit von den Positionen der 1930er und 1940er Jahre entfernt hat. Auch äußerlich wurde das mit zwei Neugründungen 1951 (Jan Sangh) und 1980 (BJP) markiert. Jede Neugründung bedeutete Öffnung und Erweiterung sowohl des Programms als auch der anzusprechenden Wählerschichten. Auch zentrale Begriffe des unabhängigen Indiens wie Sozialismus, Säkularismus und Demokratie hat sich die BJP zu eigen gemacht, allerdings in einer bewusst anderen Bedeutung als die Kongress-Partei: ihr Verständnis von Sozialismus bezieht sie aus dem Erbe der JP-Bewegung (siehe Kap. I.6.3.5); dem Säkularismus der Kongress-Partei (*denial of religion*) setzt sie ihren „positiven Säkularismus" im Sinne von Gleichwertigkeit der Religionen (*sarva-dharma-sambhava*) entgegen, und ihr Demokratieverständnis geht auf ihren Kampf gegen die „Emergency" zurück.

Die Gujarat Riots 2002   Die „Gujarat Riots" vom Februar/März 2002 gaben dem Faschismus-Vorwurf noch einmal neue Nahrung, nicht nur in Politik und Wissenschaft, sondern auch in Film und Literatur mit Filmtiteln wie „Final Solution" des Regisseurs Suresh Sharma, auf der Berlinale 2004 gezeigt, oder dem Roman „Fireproof" von Raj Kamal Jha, deutsch: „Die durchs Feuer gehen", 2006.

Anknüpfend an das indische Buch „Fascism in India" [2.12.6: KRISHNA] hat die amerikanische Altphilologin, Philosophin, Frauenrechtlerin und rührige Publizistin Martha Nussbaum gerade eine umfangreiche Studie zu diesem Thema vorgelegt [2.12.7: NUSSBAUM]. Für Nussbaum handelt es sich bei den Vorkommnissen um einen Genozid (Titel des 1. Kap.), sie sieht darin nichts weniger als eine „ernsthafte Bedrohung der Zukunft der Demokratie in der Welt" [ebd., 1]. Der Begriff Faschismus durchzieht das ganze Buch. "... in the Gujarat progrom of 2002, we find the use of European fascist ideologies by Hindu extremists to justify the murder of innocent Muslim citizens" [ebd., ix]. "The RSS is possibly the most successful fascist movement in any contemporary democracy" [ebd., 155]. Auf eine wissenschaftliche Diskussion über den schillernden Begriff Faschismus lässt die Autorin sich nicht ein, er ist für sie so etwas wie „a romantic European conception of nationalism, based on ideas of blood, soil, purity, and the Volksgeist (sic)" [ebd., 5].

Die mediale Erregung über die Ereignisse in Gujarat war so groß, dass sowohl indische als auch internationale Organisationen sich bemüßigt fühlten, Untersuchungskommissionen einzusetzen. Die regierende BJP-Regierung in Delhi selbst beauftragte die National Human Rights Commission (NHRC) mit der Untersuchung der Ereignisse. Ihr Bericht wurde allerdings bis heute nicht veröffentlicht. Nach der Abwahl der BJP-Regierung 2004 setzte die von der Kongress-Partei dominierte Nachfolgeregierung eine neue Kommission ein, die ihren Bericht im Januar 2005 vorlegte. Auch die amerikanische Menschenrechtsorganisation Human Rights Watch sowie Amnesty International erarbeiteten Untersuchungsberichte [1.7: Communalism Combat; Crime against Humanity; National Human Rights Commission]. Den umfangsreichsten Bericht erstellte das von dem Redakteur der Zeitschrift „Communalism Combat" Teesta Setalvad organisierte Concerned Citizens' Tribunal. Er ist 303 Seiten stark und wurde unter dem Titel „Crime against Humanity" im November 2002 veröffentlicht. Er basiert auf 2 094 Zeugenaussagen, die die achtköpfige Arbeitsgruppe von Juristen, Sozialwissenschaftlern und Historikern im Laufe der Recherchen sammelte [1.7].

Von fast allen wurde die BJP-Regierung von Gujarat unter Ministerpräsident Narendra für das Ausmaß und die Dauer der Massaker verantwortlich gemacht, da sie bzw. er nicht rechtzeitig und energisch genug die Polizei gegen den Mob eingesetzt habe. Ja, es wurde sogar der Vorwurf erhoben, dass Modi und andere Regierungsstellen die Gewalt aktiv geschürt hätten und dass die Polizei Anweisung gehabt habe, nicht gegen die Gewalt einzuschreiten [2.12.7: NUSSBAUM, 3, 21, 45].

Für Modi dagegen war das Ganze eine Verkettung von Aktion und Reaktion [ebd., 26], im Interview mit der Zeitschrift „India Today" sagte er: "The size of the mobs on Thursday was something unprecedented. The police must have been overwhelmed at some places because of this but still it did its best" (India Today 18.3.2002, 18). Bei den nächsten Landtagswahlen gewann Modi zwar haushoch, aber in den USA setzten Auslandsinder und ihre amerikanischen Helfer durch, dass ihm ein Visum für den Besuch einer Veranstaltung in Florida verweigert wurde (März 2005).

Der prominente Journalist Prem Shankar Jha machte für den Ausbruch der Unruhen weder ein Versagen der Regierung noch eine mangelhafte Koordination der Armee- und Polizeieinheiten verantwortlich, sondern die Verstärkung des Ereignisses durch das Fernsehen als Multiplikator („A Sober Diary", in der Zeitschrift „Outlook" vom 22.4.2002).

Kaum beachtet werden in der Diskussion einige Tatsachen, die nicht in die stereotypen Erklärungen passen: Gujarat ist einer der wirtschaftlich blühendsten Unionsstaaten, was gegen die These spricht, die Gewalt entspringe wirtschaftlicher Not; überproportional beteiligt an den Exzessen waren Stammesangehörige (Tribals) und Dalits, was gegen die These von den oberen Kasten als Haupttätern spricht. Die Ausschreitungen fielen in eine Zeit höchster Spannung: am 19. Dezember hatten Muslim-Terroristen versucht, das indische Parlament in die Luft zu sprengen, in den Tagen und Wochen danach drohte ein Atomkrieg zwischen Indien und Pakistan. Blutige Zusammenstöße zwischen Muslimen und Hindus sind endemisch in Indien, und es gibt dafür einen festen Begriff: „Communal Riots" (von H. ELSENHANS als „zwischengemeinschaftliche Violenz" übersetzt [ELSENHANS in: 2.12.6: SKODA/VOLL, 171]). Gujarat ist seit jeher eine Hochburg solcher „communal riots": In dem einen Jahr 1969, zur Zeit unangefochtener Kongress-Herrschaft, gab es bei solchen *riots* etwa 512 Tote, 461 Verletzte [2.12.7: ENGINEER, 215. Für den Zeitraum 1950 bis 2002 nennt ENGINEER 13 952 „incidents" mit 14 686 Toten und 68 182 Verletzten, ebd. 224]

Fundamentalismus? Mit dem Aufkommen des islamischen Fundamentalismus seit den 1980er Jahren kam in Analogie dazu auch der Begriff Hindu-Fundamentalismus in Mode. Gegen diesen Begriff spricht, dass es im Hinduismus kein doktrinäres Fundament gibt. Für ihn ist ja gerade charakteristisch, dass er in doktrinärer Hinsicht völlig offen ist. Die Hindu-Nationalisten streben auch nicht die Rückkehr zu einer Ursprungsepoche an (wie die islamischen Fundamentalisten sich an der Zeit der ersten Kalifen orientieren), sondern sie behaupten ja gerade, dass der Hinduismus mit der modernen wissenschaftlichen Welt vereinbar, ja identisch sei. Die BJP ist keineswegs antimodernistisch oder wissenschaftsfeindlich.

Die Bezeichnungen Faschismus und Fundamentalismus für den Hindu-Nationalismus sind als Kampfbegriffe der innenpolitischen Rivalen zu verstehen und gehen an dem Phänomen offensichtlich vorbei. Die Bezeichnung Hindu-Nationalismus hat sich mit Recht weitgehend durchgesetzt.

„Hindutva" V.D. SAVARKARS Begriffsprägung „Hindutva" war ursprünglich seine Reaktion auf die Diskussion, die im Zuge der Volkszählung von 1911 über die Bedeutung der Begriffe Hindu und Hinduismus entbrannt war. Angesichts der Schwierigkeit, wenn nicht gar Unmöglichkeit, den Hinduismus zu definieren und einen gemeinsamen Nenner für all die verschiedenen Richtungen und „Sekten" im Hinduismus zu finden, hatten einige Kommentatoren (darunter der britische Zensus-Kommissar E.A. Gait) geschlossen, dass es Hindus bzw. den Hinduismus eigentlich gar nicht gebe. SAVARKAR antwortet darauf, dass die Einheit der Hindus nicht in religiösen Dogmen gesucht werden dürfe, sondern dass sie in der Gemeinsamkeit von Land, Rasse und Kultur bestehe. Das „Land" reiche vom Indus bis zu den Küsten des Ozeans und enthalte die heiligen Stätten der Hindus; mit „race" gibt SAVARKAR den Sanskrit-Begriff „jati" wieder, der bekanntlich zunächst die Kaste als endogame Einheit bedeutet, heute aber auch das Hindi-Wort für Nation ist; an dritter Stelle nennt SAVARKAR die historisch gewachsene „civilisation". Eben dafür prägt SAVARKAR den Begriff „Hindutva" (im Gegensatz zu Religion im engeren Sinne, die als persönliche Glaubensrichtung zu verstehen ist) [1.6.3.13: SAVARKAR, Hindutva].

SAVARKARS Konzept ist ein Beispiel für den integralen Nationalismus, bei dem nach innen möglichst alle Schranken beseitigt, nach außen dagegen klare Grenzen gezogen werden. Bemerkenswert für den indischen Zusammenhang ist, dass in diesem Modell die Kasten keinen Platz mehr haben. Tatsächlich hat SAVARKAR demonstrativ versucht, die Kastenschranken niederzureißen, indem er beispielhaft einen Tempel in Nasik errichten ließ, in dem Unberührbare neben Brahmanen ihren Gottesdienst verrichten können.

H. ELSENHANS sieht die BJP als ein Beispiel für die „Neuen kulturell identitären politischen Bewegungen", die er auch in anderen Ländern der Dritten Welt erkennt. Sie seien offen für weltwirtschaftliche Kooperation und förderten auf nationaler Ebene den Markt. Durch den Niedergang der Kongress-Partei ergab sich für die BJP die Chance, „ein ideologisches Konzept anbieten zu können, das wirtschaftliche Besserstellung für die breite Masse mit nationaler Solidarität und relativ einfacher Welterklärung zusammenbringen konnte". Eine Ablehnung der westlichen Kultur ist damit nicht verbunden: „Man trägt nicht nur Dhoti, sondern auch Jeans" [ELSENHANS in: 2.12.6: SKODA/VOLL, 168]. Man könne den Aufstieg der BJP nur verstehen, wenn man auf ihre konkreten wirtschaftspolitischen und sozialen Programme schaut. Tatsächlich spielte während der Regierungszeit der BJP (1998–2004) die eigentliche „Hindu Agenda" kaum eine Rolle.

In demselben Sammelband stellt der ehemalige DDR-Diplomat Jürgen MÄNNICKE fest, dass die BJP ein breites Spektrum politischer und sozialer Kräfte umfasse, die zum Teil sogar gegensätzlich agieren, wobei aber die innerparteiliche Demokratie gewahrt werde [MÄNNICKE in: 2.12.6: SKODA/VOLL, 76].

13.3 Das unabhängige Indien – Erfolg oder Misserfolg der Modernisierung?

Die wirtschaftliche Öffnung Indiens durch Beschluss vom 24. Juli 1991 hat wie keine andere Maßnahme seit 1947 Indien verändert. Die Entwicklungen der letzten 20 Jahre unterscheiden sich so sehr von der Zeit davor, dass es nicht übertrieben ist, in dem Jahr 1991 eine Epochengrenze zu sehen. Die Epoche davor (1947–1991) erscheint heute vor allem durch wirtschaftliche Stagnation gekennzeichnet. Die Wachstumsrate ging bis Anfang der 1980er Jahre selten über 3,5 % hinaus (spöttisch als „Hindu Rate of Growth" bezeichnet) – für ein Entwicklungsland und, gemessen an den Erwartungen der 1950er Jahre, dürftig und enttäuschend. Schon seit den frühen sechziger Jahren zeigte die wirtschaftliche Entwicklung zunehmend Erlahmungserscheinungen. Die Produktionsziele, die der zweite Fünfjahresplan vorgab, wurden nicht erreicht, andererseits waren Kapazitäten nicht ausgelastet. Die Arbeitslosigkeit wuchs, die Armut wurde nicht weniger. Nahrungsmittel waren knapp. Der Optimismus, der am Anfang der Wirtschaftsplanung gestanden hatte, war verflogen [2.12.1: BRASS, 248ff.; 2.12.8: DHAR, 96ff.].

Trotz der frühen Zeichen von Fehlentwicklung wurde die Nehru'sche Wirtschaftspolitik auch von seinen Nachfolgern, Indira Gandhi und Rajiv Gandhi, fortgesetzt. Zu stark war die ideologische Festlegung auf Sozialismus und Planwirtschaft in der indischen Führungsschicht verankert. Sozialismus galt als Gegenentwurf zum Kolonialismus, Planwirtschaft hatte sich scheinbar bewährt, indem sie die Sowjetunion, ein mit Indien vergleichbar großes Agrarland, in kurzer Zeit zu einer Industrienation gemacht hatte, was zu Nachahmung ermunterte. In den 1980er Jahren war der Tiefpunkt erreicht: Pessimismus und Krisenstimmung breitete sich aus, aber erst der drohende Staatsbankrott von 1991 konnte den Bann der ideologischen Fixierung brechen.

Sozialismus und Planwirtschaft

Immerhin war Anfang der 1980er Jahre die Selbstversorgung mit Lebensmitteln erreicht, nachdem vorher jährlich Hunderttausende von Tonnen Getreide von den USA geliefert worden waren. Aber die anderen Wirtschaftsindikatoren wurden immer schlechter: Das Haushaltsdefizit wuchs von 5,4 % 1980/81 auf

8,4 % kurz vor den Reformen von 1991. 1980 mussten 10 % des Staatshaushalts für Zinsen aufgebracht werden, kurz vor den Reformen waren es 36,4 %. Der Schwarzgeldmarkt wird für diese Zeit auf 20 bis 40 % des BIP geschätzt. 1991 hatte Indien 81 Milliarden US$ Auslandsschulden, die Inflation betrug bis Ende der 1980er Jahre durchschnittlich 4–5 % pro Jahr, kurz vor der Wende 1991 war sie auf fast 14 % gestiegen (1992: 11,78 %).

Reformen von 1991 Die Reformen von 1991 haben das indische Unternehmertum „entfesselt" und außerdem das weltweite Interesse von Investoren geweckt. Statt der „Hindu rate of growth" von höchstens 3,5 % sind nun Wachstumsraten zwischen 6 und 9 % zu verzeichnen. Die Produktivität hat sich in weniger als 20 Jahren verdreifacht. Bis 2005 sind vom Ausland 37 Milliarden US$ in Indien investiert worden. Allein in der IT-Branche gab es Wachstumsraten von über 50 %, sie macht 4,5 % des gesamten BIP aus. Dabei sank die Inflationsrate zwischen 1992 und 2009 auf durchschnittlich 6,56 %.

Angesichts der Erfolgszahlen der letzten 20 Jahre erhebt sich die Frage: Müssen wir die Zeit zwischen 1947 und 1991 als verlorene Jahre für Indien ansehen, weil die Wirtschaftspolitik Nehrus und seiner Nachfolger ein Irrweg war und sie die indische Entwicklung behindert und aufgehalten hat? Könnte Indien weiter sein, wenn 1947 eine freie Marktwirtschaft eingeführt worden wäre?

Auch in anderer Hinsicht als der wirtschaftlichen wird die einst so glanzvolle Ära Nehru heute kritisch gesehen. Nicht nur war durch den China-Krieg schon 1962 die Politik der Blockfreiheit gescheitert, in den 1980er Jahren machte sich auch Enttäuschung über den innenpolitischen Hauptpfeiler Säkularismus breit, was zum Aufstieg des Hindu-Nationalismus führte. Auch den islamischen Fundamentalismus hat die Politik des Säkularismus nicht aufhalten können. Andererseits wird mit Stolz auf einen eher symbolischen Erfolg des Säkularismus hingewiesen: dass es möglich sei, dass mit A.P.J. Abdul Kalam (2002–2007, seitdem eine Hindu-Frau: Pratibha Patil) ein Muslim Präsident der Republik werden konnte, ein Sikh Premierminister: Manmohan Singh (seit 2004), ein Dalit oberster Richter, und eine Christin aus Italien die mächtige Frau hinter der Regierung: Sonia Gandhi.

Was bleibt, ist das Verdienst Nehrus – kein geringes –, demokratische Institutionen aufgebaut zu haben, die bis heute gehalten haben (abgesehen von dem kurzen Einbruch der „Emergency"). Wenn man das gesamte einst britische Südasien betrachtet, fällt auf, dass die demokratischen Institutionen nur in Indien überlebt haben. Nur in Indien gibt es eine stabile Demokratie, nicht aber in Pakistan, Bangladesh, Burma und Sri Lanka (Ceylon). Als multiethnischer, vielsprachiger, multireligiöser und auch sonst sehr heterogener Großstaat mit 28 Unionsstaaten hat Indien seine Einheit wahren können – im Gegensatz zu ähnlichen Gebilden wie die Sowjetunion und Jugoslawien. Nur Kaschmir und der Nordosten bleiben nach wie vor Problemzonen.

III. Quellen und Literatur

1. Quellen

1.1 Zeitlich übergreifende Quellensammlungen

T. DE BARY (Hrsg.), Sources of Indian Tradition. Muslim India and Pakistan included (= Records of Civilization, Sources and Studies, Bd. 56). New York 1958. Zweite Aufl. in zwei Bänden: Bd. 1: From the Beginning to 1800, überarb. u. hrsg. von A.T. EMBREE; Bd. 2: Modern India and Pakistan, überarb. u. hrsg. v. S. HAY, New York 1988.

U. BITTERLI (Hrsg.), Die Entdeckung und Eroberung der Welt – Dokumente und Berichte. Bd. 2. München 1981.

M. GOTTLOB (Hrsg.), Historical Thinking in South Asia. a Handbook of Sources from Colonial Times to the Present. New Delhi u. a. 2003.

E. SCHMITT, Die Anfänge der europäischen Expansion (= Historisches Seminar/Neue Folge 2), Idstein 1991, S. 75–189.

E. SCHMITT (Hrsg.), Dokumente zur Geschichte der europäischen Expansion. Bd. 1: Die mittelalterlichen Ursprünge der europäischen Expansion. München 1986. Bd. 2: Die großen Entdeckungen. München 1984. Bd. 4: Wirtschaft und Handel der Kolonialreiche. München 1988. Bd. 7: Seeleute und Leben an Bord im Ersten Kolonialzeitalter (15.–18. Jh.). München 2008.

1.2 Europäische Quellen für den Zeitraum 1498–1757

1.2.1 Die Portugiesen und Indien

CH. DELLON, L'inquisition de Goa. La relation de Charles Dellon (1687). Étude, édition et notes de CH. AMIEL et A. LIMA. Paris 1997.

A. ERHARD/E. RAMMINGER (Hrsg.), Die Meerfahrt. Balthasar Springers Reise zur Pfefferküste. (Mit einem Faksimile des Buches von 1508.) Innsbruck 1998.

P. DU JARRIC, Akbar and the Jesuits. An Account of the Jesuit Missions to the Court of Akbar by Father Pierre du Jarric, S.J. Übers., Einführung u. Notizen von C. H. PAYNE. London 1926. Nachdruck New Delhi/Madras 1996.

M. KRÁSA/J. POLISENSKY/P. RATKOS (Hrsg.), The Voyages of Discovery in the Bratislava Manuscript Lyc. 1515/8 (= Codex Bratislavensis). Prag 1986.

A. MONSERRATE, The Commentary of Father Antonio Monserrate S.J. on his Journey to the Court of Akbar. London 1922. Nachdruck New Delhi/Madras 1992.

H. NUSSER, Frühe deutsche Entdecker. Asien in Berichten unbekannter deutscher Augenzeugen 1502–1506. München 1980.

G. Pögl/R. Kroboth (Hrsg.), Heinrich der Seefahrer oder Die Suche nach Indien. Eine Dokumentation mit Alvise da Ca da Mostos erstem Bericht über Westafrika und den Chroniken Zuraras und Barros' über den Infanten. Stuttgart/Wien 1989.

Ch. von Rohr, Neue Quellen zur zweiten Indienfahrt Vasco da Gamas. Leipzig 1939 (= Quellen und Forschung zur Geschichte der Geographie und Völkerkunde, Bd. 3).

G. Schurhammer, Die zeitgenössischen Quellen zur Geschichte Portugiesisch-Asiens und seiner Nachbarländer zur Zeit des Hl. Franz Xaver 1538–1552. Leipzig 1932. Nachdruck Rom 1962 (= Bibliotheca Instituti Historici S.I., Bd. 20).

A. Velho, Vasco da Gama, die Entdeckung des Seewegs nach Indien. Ein Augenzeugenbericht 1497–1499. Hrsg. von G. Giertz, Stuttgart/Wien/Bern 1990.

J. Wicki (Hrsg.), Documenta Indica. Vol. I–XVIII (= Monumenta Historica Societatis Jesu). Rom 1948–1988.

1.2.2 Europäische Berichte über Indien

J. Andersen/V. Iversen, Orientalische Reise-Beschreibungen – in der Bearbeitung von Adam Olearius 1669. Hrsg. von D. Lohmeier (= Deutsche Neudrucke: Reihe Barock, Bd. 27). Tübingen 1980.

F. Bernier, Travels in the Mogul Empire AD 1656–1668. Hrsg. und aus dem Französischen übers. von A. Constable. London 1891. Nachdruck New Delhi 1972.

F. Carletti, Reise um die Welt. Erlebnisse eines Florentiner Kaufmanns mit 21 zeitgenössischen Abbildungen. Tübingen 1966.

J.E. Gründler/B. Ziegenbalg, Die Malabarische Korrespondenz. Tamilische Briefe an deutsche Missionare. Eine Auswahl. Eingel. u. erl. v. K. Liebau (= Fremde Kulturen in Alten Berichten, Bd. 5). Sigmaringen 1998.

R. Hakluyt, The Principal Navigations, Voiages and Discoveries of the English Nation ... 2. Aufl. 1598–1600. Nachdrucke Edinburgh 1884–1889 und Glasgow 1903–1905.

J. De Laet, The Empire of the Great Mogol. Übers. v. J.S. Hoyland, Anm. v. S.N. Banerjee. Bombay 1928. Nachdruck New Delhi 1974.

J.H. van Linschoten, Observations of the East Indies, in: J. Talboys Wheeler (Hrsg.), Early Travels in India (16th & 17th Centuries), Kalkutta 1864, S. 161–228. Nachdruck Delhi 1974.

J.A. von Mandelslo, Journal und Observation (1637–1640). Hrsg. v. M. Refslund-Kleemann, Kopenhagen 1942.

N. Manucci, Storia do Mogor or Mogul India 1653–1708, übers. u. hrsg. v. W. Irvine. 4 Bde. London 1907. Nachdruck Kalkutta 1965.

F. Martin, India in the 17th Century (Social, Economic and Political). Memoirs of Francois Martin 1670–1694. Übers. u. Kommentar L. Varadarajan. New Delhi 1983.

D. Navarrete, Travels and Controversies of Friar Domingo Navarrete 1618–1686. Hrsg. v. J. S. Cummings. London 1962.

W. Norris, The Norris Embassy to Aurangzeb (1699–1702). Calcutta 1959.

J. Ovington, A Voyage to Surat in the Year 1689. Hrsg. v. H.G. Rawlinson. London 1929.

F. Pelsaert, Jahangir´s India. The Remonstratie of Francisco Pelsaert. Hrsg. v. W.H. Moreland u. P. Geyl. Cambridge 1925.

T. Pires, The Suma Oriental of Tome Pires. An Account of the East from the Red Sea to Japan. Hrsg. v. A. Cortesao. London 1944. Nachdrucke Wiesbaden 1967, New Delhi/Madras 1990.

Th. Roe, The Embassy of Sir Thomas Roe to the Court of the Great Moghul. London 1899. Hrsg. v. W. Foster. New Delhi 1990.

S. Sen (Hrsg.), Indian Travels of Thevenot and Careri. Being the Third Part of the Travels of M. de Thevenot into the Levant and the Third Part of a Voyage Round the World by Dr. John Francis Gemelli Careri (= Indian Records Series). New Delhi 1949.

J.B. Tavernier, Reisen zu den Reichtümern Indiens. Abenteuerliche Jahre beim Großmogul 1641–1667 (= Alte abenteuerliche Reiseberichte). Hrsg. v. S. Lausch u. F. Wiesinger. Stuttgart 1984.

H. Terpstra (Hrsg.), Itinerario, Voyage ofte Schipvaert van Jan Huyghen van Linschoten naer Oost ofte Portugaels Indien 1579–1592. 3 Bde. (= Werken van de Linschoten-Vereeniging Nr. 57, 58, 60). 's-Gravenhage 1955–1957.

P. Della Valle, Reisebeschreibungen in Persien und Indien – nach der ersten deutschen Ausgabe von 1674 zus.gest. u. bearb. v. F. Kemp mit Goethes Essay über Pietro della Valle aus dem West-östlichen Divan. Berlin 1987.

1.3 Die Englische Ostindien-Kompanie 1600–1858

1.3.1 Quellensammlungen

K.N. Chaudhuri (Hrsg.), The Economic Development of India under the East India Company, 1814–1858. A Selection of Contemporary Writings. Cambridge 1971.

M.J. Franklin (Hrsg.), Representing India. Indian Culture and Imperial Control in Eighteenth-Century British Orientalist Discourse. 9 Bde. London u. a. 2000.

S.C. Hill, Bengal in 1756–1757. A Selection of Public and Private Papers Dealing with the Affairs of the British in Bengal during the Reign of Siraj-ud-daula. London 1905. 3 Bde. (= Indian Records Series). Nachdruck New York 1968.

J. Long, Selections from Unpublished Records of Government. For the Years 1748 to 1767 Inclusive. Hrsg. v. M. Saha. Kalkutta 1973.

P.J. Marshall (Hrsg.), The British Discovery of Hinduism in the Eighteenth Century. Cambridge 1970.

P.J. MARSHALL (Hrsg.), Problems of Empire. Britain and India 1757–1813. London/New York 1968.

R. MUIR (Hrsg.), The Making of British India 1756–1858. Described in a Series of Dispatches, Treaties, Statutes, and other Documents, Selected and Edited with Introductions and Notes. Manchester 1915. Nachdruck Karachi 1969.

Parliamentary Papers on East India Affairs. Nachdruck Shannon 1969. Bd. 3: Fifth Report from the Select Committee on the Affairs of the East India Company.

P.J.N. TUCK (Hrsg.), The East India Company 1600–1858, 6 Bde., London 1968ff.

L. ZASTOUPIL/M. MOIR (Hrsg.), The Great Indian Education Debate. Documents Relating to the Orientalist-Anglicist Controversy, 1781–1843. Richmond 1999.

1.3.2 Einzelwerke des 18. Jahrhunderts

Asiatick Researches, Zeitschrift seit 1788. Bde. 1 u. 2 nachgedruckt in 1.3.1: FRANKLIN, Bd. 7 u. 8.

W. BOLTS, Considerations on India Affairs. Vol. 1. London 1772. Vol 2, Part 2 (1) 1775. Vol 2, Part 2 (2) Appendix 1775. Nachdruck in: 1.3.1: P. TUCK, Bd. 3. Deutsche Übers.: Gegenwärtiger Zustand von Bengalen. Historisch, politisch und statistisch (aus dem Französischen). Band1/2. Leipzig 1780.

G. CANNON/R. SURREY (Hrsg.), The Collected Works of Sir William Jones (einschließlich John Shores Memoirs of the Life, Writings and Correspondence of Sir William Jones). 13 Bde. New York 1993 (erw. Nachdruck der Ausgabe London 1807).

W. CAREY, An Enquiry into the Obligations of Christians, to Use Means for the Conversion of the Heathens. Nachdruck der Originalausgabe von 1792. Didcot 1991.

A. DOW, I. A Dissertation on the Origin and Nature of Despotism in Hindostan. II. An Enquiry into the State of Bengal; With a Plan for restoring that Kingdom to its former Prosperity and Splendor, in: DERS., The History of Hindostan, Bd. III: From the Death of Akbar to the Settlement of the Empire under Aurunzebe. Translated from Persian. London 1770. Nachdruck New Delhi 1973, S. vii–cliv.

CH. GRANT, Observations on the State of Society among the Asiatic Subjects of Great Britain, particularly with Respect to Morals, and on the Means of Improving it. Written chiefly in the Year 1792, in: Parliamentary Papers, 1812–13, X, Paper 282, S. 1–112; Parliamentary Papers, 1831–32, VIII, Paper 734, General Appendix, Number 1, S. 3–92.

J.Z. HOLWELL, Interesting Historical Events to the Provinces of Bengal and the Empire of Indostan. London 1767. Nachdruck in: 1.3.1: FRANKLIN, Bd. 1. Deutsche Übers.: Holwells merkwürdige historische Nachrichten von Hindostan und Bengalen, übers. v. J. F. KLEUKER. Leipzig 1778.

W. Jones, Institutes of Hindu Law. Nachdruck in 1.3.1: Franklin, Bd. 9.

C. de Modave, Voyage en Inde du Comte de Modave 1773–1776. Texte établi et annoté par J. Deloche. Paris 1971.

R. Orme, A History of the Military Transactions of the British Nation in Indostan from the Year MDCCXLV. 3 Bde. 4. Aufl. London 1778. Nachdruck New Delhi 1985.

R. Orme, Historical Fragments of the Mogul Empire. London 1805. Nachdruck Delhi 1974.

G.Th. Raynal („Abbé Raynal"), Die Geschichte beider Indien, hrsg. v. H.M. Enzensberger, ausgew. v. H.-J. Lüsebrink. Nördlingen 1988 (franz. Original 1780).

M.Ch. Sprengel, Hyder Ali und Tippo Saheb oder historisch-geographische Übersicht des Mysorischen Reichs. Weimar 1801.

H. Vansittart, A Narrative of the Transactions in Bengal 1760–1764. 3 Bde. London 1766. Nachdruck hrsg. v. A.Ch. Banerjee u. B.K. Ghosh, Kalkutta 1976.

H. Verelst, A View of the Rise, Progress and Present State of the English Government in Bengal Including a Reply to the Misrepresentations of Mr. Bolts and other Writers. London 1772. Nachdruck in 1.3.1: Tuck, Bd. 3.

W. Watts, Memoirs of Revolutions in Bengal. London 1760. Nachdruck Kalkutta 1988.

1.3.3 Britische Expansion und Reformpolitik (1793–1858)

R.G. Burton, The First and Second Sikh Wars. An Official British Army History. Westholme 2008 (ursprünglich 1911).

R. Heber, Narrative of a Journey through the Upper Provinces of India, from Calcutta to Bombay, 1824–25 (with Notes upon Ceylon). 3 Bde. 3. Aufl. London 1828.

H.M.L. Lawrence, Adventures of an Officer in the Service of Runjeet Singh. 2 Bde. London 1845. Nachdruck in einem Band mit einem Vorwort v. Kh. Singh, Karachi u. a. 1975.

Ch.T. Metcalfe (Übers.), Two Narratives of the Mutiny in Delhi, Westminster 1898.

J. Mill, The History of British India. 5. Aufl., annotiert u. erg. v. H. Hayman Wilson. 6 Bde. London 1858 (1. Aufl. 1817). Nachdruck New York 1968.

W.H. Russell, My Indian Mutiny Diary. Hrsg. v. M. Edwardes. London 1957. Nachdruck New York 1970. Deutsche Auszüge in: W.H. Russell, Meine sieben Kriege. Frankfurt/M. 2000, S. 149–199.

P. M. Taylor, Confession of a Thug. 1839. Nachdruck Oxford 1998 (= Oxford World's Classics).

Two Views of British India. The private Correspondence of Mr. Dundas and Lord Wellesley. 1798–1801, hrsg. v. E. Ingram. Barford 1969.

M. Wilks, Historical Sketches of the South of India. 3 Bde. London 1810–1817. Nachdruck der 2. Aufl. v. 1831 in 4 Bden. Delhi 1980.

1.4 Indien als britische Kronkolonie („British Raj") 1858–1947

1.4.1 Quellensammlungen

C.U. Aitchison (Hrsg.), A Collection of Treaties, Engagements, and Sanads relating to India and Neighbouring Countries. Revised and Continued up to 1929. Kalkutta 1931. Nachdruck Delhi 1983.

M. Gwyer, Speeches and Documents on the Indian Constitution. 1921–47. Bd. 1–2. Bombay 1957.

The Indian Annual Register. Being an Annual Chronicle, a Digest of Public Affairs of India in Matters Political, Educational, Economic etc. Hrsg. v. H.N. Mitra, Bde. 1 (1919)–31 (1947). Delhi. Nachdruck 1988/90.

N. Mansergh (Hrsg.), Constitutional Relations between Britain and India. The Transfer of Power 1942–47. 12 Bde. London 1970–1983.

C.H. Philips (Hrsg.), The Evolution of India and Pakistan 1858 to 1947. Select Documents (= Select Documents on the History of India and Pakistan, Vol. iv). London 1962.

1.4.2 Einzelquellen

P.C. Bamford, Histories of the Non-Co-operation and Khilafat Movements. Delhi 1925. Nachdruck Delhi 1974.

P.N. Chopra (Hrsg.), Quit India Movement. British Secret Report. New Delhi 1976. (= Wickenden's Report).

Condition of India. Being the Report of the Delegation sent to India by The India League, in 1932. Vorwort v. B. Russell. London o.J. (1932).

Evidence (= Hunter Commission Report). 5 Bde. Hrsg. v. India Disorders Enquiry Committee. London 1920. Vol. 6: Minutes of Evidence. 1975.

Report. Hrsg. v. Sedition Committee 1918. Kalkutta 1918.

Lord Roberts of Kandahar, Einundvierzig Jahre in Indien. Vom Subaltern-Offizier bis zum Ober-Befehlshaber. 2 Bde. Berlin 1904.

J. Strachey, India – its Administration & Progress. London 1903.

Terrorism in India 1917–1936. Compiled in the Intelligence Bureau, Home Department, Government of India. Simla 1937. Nachdruck Delhi 1974.

1.5 Die Anfänge des modernen Indiens: Religiöse und soziale Reform

A. Besant, An Autobiography. 7. Aufl. Madras u. a. 1987.

A. BESANT, Collected Writings, 1874–1878. 2. Aufl. Wheaton 1977.

DAYANANDA SARASWATI, Autobiography of Swami Dayananda Saraswati. Hrsg. v. K.C. YADAV. New Delhi 1976.

DAYANANDA SARASWATI, The Light of Truth. 2. Aufl. New Delhi 1984. Deutsch: Licht der Wahrheit. Leipzig 1930

H. S. OLCOTT, Old Diary Leaves. The History of the Theosophical Society. Madras 1900.

L. RAI, The Arya Samaj. An Account of its Origin, Doctrines, and Activities, with a Biographical Sketch of the Founder. London/Bombay u. a. 1915.

L. RAI, Autobiographical Writings. Hrsg. v. V.C. JOSHI. Delhi/Jullundur 1965.

R.M ROY, The Correspondence of Raja Rammohun Roy. Hrsg. v. D.K. BISWAS, Kalkutta o.J.

R.M ROY, The English Works of Raja Rammohun Roy. 6 Bde. Hrsg. v. K. NAG/ D. BURMAN. Kalkutta 1945–51. Mehrere Nachdrucke.

R.M. ROY, The Essential Writings of Raja Rammohan Roy. Hrsg. v. B.C. ROBERTSON. Delhi 1999.

A.P. SEN (Hrsg.), The Indispensable Vivekananda. An Anthology for Our Times. Delhi 2006.

VIVEKANANDA, The Complete Works of Swami Vivekananda. 8 Bde. Hrsg. v. MUMUKSHANANDA, Kalkutta 1994/95.

VIVEKANANDA, Swami Vivekananda's Addresses at the World's Parliament of Religions, Chicago, 1893 (A Collection of three Lectures). Kalkutta 1993.

VIVEKANANDA, Lectures from Colombo to Almora. 9. Aufl. Kalkutta 1975.

1.6 Die indische Nationalbewegung 1885–1947

1.6.1 Übergreifende Quellen

All Parties Conference 1928. Report of the Committee Appointed by the Conference to Determine the Principles of the Constitution of India. Allahabad 1928 (= Nehru Report).

S.R. BAKSHI (Hrsg.), The Making of India and Pakistan. Select Documents. 6 Bde. New Delhi 1997.

F. DALLMAYR/G.N. DEVY (Hrsg.), Between Tradition and Modernity. India's Search for Identity. A Twentieth Century Anthology. London 1998.

R. JEFFREY (Hrsg.), India. Rebellion to Republic. Selected Writings 1857–1990. New Delhi 1990.

B.G. KUNTE (Hrsg.), Source Material for a History of the Freedom Movement in India. 3 Bde. Bombay 1957–1973.

D. ROTHERMUND (Hrsg.), Der Freiheitskampf Indiens. Stuttgart 1967.

Towards Freedom. Documents on the Movement for Independence in India, Delhi 1985–2009. Bisher erschienen die Bände für die Jahre 1937, 1938, 1939 (Teile 1 u. 2), 1940 (Teil 1), 1943/44 (Teile 1–3), 1945, 1946 (Teile 1 u. 2).

M. Zaidi (Hrsg.), Encyclopedia of the Indian National Congress. 10 Bde. New Delhi 1976–1980.

1.6.2 Mohandas Karamchand Gandhi, „Mahatma"

N.K. Bose (Hrsg.), Selections From Gandhi. Ahmedabad 1948.

J. Brown (Hrsg.), Mahatma Gandhi. The Essential Writings (= Oxford World's Classics). Oxford 2008.

The Collected Works of Mahatma Gandhi (CWMG), hrsg. v. Publications Division of the Government of India. 90 Bde. Delhi 1958–1984. Ergänzungsbde. 91–97, Registerbde. 98–100. Neuausgabe in 100 Bänden.

M.K Gandhi, An Autobiography. The Story of my Experiments with Truth, übers. v. M. Desai. London 1949. Deutsch: M.K. Gandhi. Eine Autobiographie oder Die Geschichte meiner Experimente mit der Wahrheit. Gladenbach 1977 u.ö. DDR-Ausgabe, überarb. v. B. Schorr, Berlin (Ost) 1982. Gekürzt: Mahatma Gandhi – Mein Leben, hrsg. v. C.F. Andrews mit einem Nachwort v. C. Ullerich. Frankfurt/M. 1983.

M.K Gandhi, Hind Swaraj or Indian Home Rule. Geschrieben 1909, Ausgabe Ahmedabad 1938, viele Nachdrucke, Neuausgabe v. A. Parel. Deutsch: Wege und Mittel. Übers. u. bearb. v. S. Marla. Baden-Baden/Zürich 1996.

M.K. Gandhi, Jung Indien. Aufsätze aus den Jahren 1919 bis 1922. Ausgew. v. R. u. M. Rolland. Erlenbach-Zürich/München/Leipzig 1924.

M.K.Gandhi, Non-Violence in Peace and War. 2 Bde. Ahmedabad 1942/ 1949.

M.K. Gandhi, Satyagraha in South Africa. Übers. v. V.G. Desai. Ahmedabad 1928 u.ö.

Raghavan Iyer (Hrsg.), The Moral and Political Writings of Mahatma Gandhi, 2 Bde. Oxford 1986/87.

V.B. Kher (Hrsg.), Gandhi. Economic and Industrial Life and Relations. 3 Bde. 2. Aufl. Ahmedabad 1959.

V.B. Kher (Hrsg.), Political and National Life and Affairs. 3 Bde. Ahmedabad 1967/68.

F. Meer (Hrsg.), The South African Gandhi. An Abstract of the Speeches and Writings of M.K. Gandhi, 1893–1914 Durban 1996.

The Selected Works of Mahatma Gandhi. 6 Bde. Hrsg. v. Sh. Narayan. Ahmedabad 1968.

1.6.3 Andere Politiker

1.6.3.1 B.R. Ambedkar

B.R. Ambedkar, Writings and Speeches. Zus.gest. v. V. Moon. 17 Bde. Bombay 1982–2007.

B.R. Ambedkar, Essential Writings. Hrsg. v. V. Rodrigues. 2. Aufl. New Delhi 2003.

1.6.3.2 S. Bannerjea

S. Bannerjea, A Nation in Making. Oxford 1926. Nachdruck Kalkutta 1963.

1.6.3.3 S.Ch. Bose

S.Ch. Bose, Netaji Collected Works. 12 Bde. Hrsg. v. S.K. Bose/S. Bose. Kalkutta 1981–2006.

S.K. Bose/S. Bose (Hrsg.), The Essential Writings of Netaji Subhas Chandra Bose. Kalkutta u. a. 1997.

T. R. Sareen (Hrsg.), Subhas Chandra Bose in Germany. Select Documents 1941–44. New Delhi 1991.

M. R. Vyas, Passage through a turbulent Era. Historical Reminiscences of the Fateful Years 1937–1947. Bombay 1982.

1.6.3.4 S. Aurobindo Ghosh

S. Aurobindo Ghosh, The Complete Works of Sri Aurobindo. 34 Bde. Pondicherry 1997–2001.

M. Das (Hrsg.), Sri Aurobindo in the first Decade of the twentieth Century. 2. Aufl. Pondicherry 2003.

P. Heehs (Hrsg.), Aurobindo. Nationalism, Religion, and beyond. Writings on Politics, Society, and Culture. Delhi 2005.

1.6.3.5 G.K. Gokhale

D. G. Karve/D. V. Ambekar (Hrsg.), Speeches and Writings of Gopal Krishna Gokhale, Poona 1962.

1.6.3.6 Z. Hussain

Z. Hussain, Quest for Truth. New Delhi 1999.

1.6.3.7 M. Iqbal

M. Iqbal, Botschaft des Ostens. Ausgewählte Werke. Hrsg. v. A. Schimmel. Tübingen/Basel 1977.

1.6.3.8 M.A. Jinnah

Q.I. Azam (Hrsg.), M.A. Jinnah. Speeches in the Legislative Assembly of India 1924–1930. Lahore 1980.

The Collected Works of Quaid-e-Azam Mohammad Ali Jinnah. 3 Bde. Karachi 1984–1986.

M.A. Jinnah, Rare Speeches, 1910–1918. Karachi 1973.

1.6.3.9 S.A. Khan

S.A. KHAN, The Cause of the Indian Revolt. Benares 1873. Nachdruck Oxford 2000.

S.A. KHAN, Correspondence. Hrsg. v. A.A. SIDDIQI/S. MUHAMMAD. 2 Bde. Aligarh 1990.

S.A. KHAN, The Present State of Indian Politics. Speeches and Letters. Lahore 1982.

H. MALIK, Political Profile of Sir Sayyid Ahmad Khan. A Documentary Record. Islamabad 1982.

S.A.D. QURAISHI (Hrsg.), Correspondence of Sir Syed Ahmad Khan and his Contemporaries. Lahore 1998.

1.6.3.10 D. Naoroji

D. NAOROJI, Poverty and un-British Rule in India. London 1901. Nachdruck New Delhi 1988.

A. M. ZAIDI (Hrsg.), The Grand Little Man of India. Dadabhai Naoroji. Speeches & Writings (= The Indian National Congress Veterans). 2 Bde. New Delhi 1985.

1.6.3.11 J. Nehru

N.L. GUPTA (Hrsg.), Nehru on Communalism. Delhi 1965.

J. NEHRU, A Bunch of Old Letters. Bombay 1958. Deutsch: Ein Bündel alter Briefe. Darmstadt 1961.

J. NEHRU, The Discovery of India. Kalkutta 1946. Deutsch: Entdeckung Indiens, Berlin (Ost) 1959.

J. NEHRU, Glimpses of World History. 2 Bde. Allahabad 1934–1935. Deutsch: Weltgeschichtliche Betrachtungen. Briefe an Indira. Düsseldorf 1958.

J. NEHRU, Selected Works of Jawaharlal Nehru. Hrsg. v. S .GOPAL. 20 Bde. New Delhi 1985–1998.

J. NEHRU, Toward Freedom. The Autobiography of Jawaharlal Nehru by Jawaharlal Nehru, London 1936, erw. Ausg. New York 1941 u. London 1942. Erste indische Ausgabe unter dem Titel An Autobiography. Bombay 1962. Deutsch: Indiens Weg zur Freiheit. Berlin (Ost) 1957.

1.6.3.12 M.N. Roy

M.N. ROY, Indien. Hamburg 1922.

M. N. ROY, Memoirs. Delhi 1984.

M.N. ROY, Selected Works. Hrsg. v. S. RAY. Bde. I–III, Delhi 1987–1990.

1.6.3.13 V.D. Savarkar

V.D. SAVARKAR, Echoes from Andaman. Bombay 1984.

V D. SAVARKAR, Hindu Rashtra Darshan. A Collection of the Presidential Speeches Delivered from the Hindu Mahasabha Platform. Bombay 1949.

V.D. SAVARKAR, Hindutva. Who is a Hindu? Bombay 1923 u.ö.

V.D. SAVARKAR, The Indian War of Independence 1857. Bombay 1947.

V.D. SAVARKAR, My Transportation for Life. Bombay 1984.

1.6.3.14 B.G. Tilak

Bal Gangadhar Tilak – His Writings and Speeches. Madras 1918.

R. KUMAR (Hrsg.), Selected Documents of Lokamanya Bal Gangadhar Tilak (1880–1920). New Delhi o.J.

M. D. VIDWANS (Hrsg.), Letters of Lokamanya Tilak. Poona 1966.

1.6.4 Die Muslim-Bewegung

A. AHMAD/G.E. VON GRUNEBAUM (Hrsg.), Muslim Self-Statement in India and Pakistan 1857–1968. Wiesbaden 1970.

I. A. MALIK, Muslim League Session (1940) & the Lahore Resolution (Documents) (= Historical Studies (Pakistan) Series, Bd. 6). Islamabad 1990.

S.S. PIRZADA (Hrsg.), Foundations of Pakistan. All-India Muslim League Documents 1906–1947. Bd. I: 1906–1924. Bd. II: 1924–1947. Karachi 1970.

Report of the Inquiry Committee Appointed by the Council of the All-India Muslim League to Inquire into Muslim Grievances in Congress Provinces. Lucknow 1938 (= Pirpur Report).

L.A. SHERWANI (Hrsg.), Pakistan Resolution to Pakistan 1940–47. A Selection of Documents presenting the Case for Pakistan. Karachi 1969.

1.6.5 Anfänge des indischen Kommunismus

G. ADHIKARI (Hrsg.), Documents of the History of the Communist Party of India. 8 Bde. New Delhi 1971–1977.

M. AHMAD, The Communist Party of India and its Formation Abroad. Kalkutta 1962.

P. ROY u. a. (Hrsg.), Indo-Russian Relations 1917–1947. Select Documents from the Archives of the Russian Federation, Teil I: 1917–1928, Teil II: 1929–1947. Kalkutta 2000.

S. ROY (Hrsg.), Communism in India. Unpublished Documents. Band 1: 1925–1934. Nachdruck Kalkutta 1980. Band 2: 1935–1945. Kalkutta 1976.

PH. SPRATT, Blowing up India. Reminiscences and Reflections of a Former Comintern Emissary. Kalkutta 1955.

1.6.6 Unabhängigkeit und Teilung

P. Mountbatten, India Remembered. A Personal Account of the Mountbattens during the Transfer of Power. London 2007.

R. Schnabel, Tiger und Schakal. Deutsche Indienpolitik 1941–1943. Ein Dokumentarbericht. Wien 1968.

P. Talbot, An American Witness to India's Partition. Delhi 2007.

1.7 Indien nach 1947

A. Appadorai (Hrsg.), Select Documents on India's Foreign Policy and Relations 1947–1972. Bd. 1. New Delhi 1982.

Communalism Combat, Zeitschrift. Hrsg. v J. Anand u. T. Setalvad, Themenheft „Genocide: Gujarat 2002", Mumbay March–April 2002, No. 77–78.

Constituent Assembly Debates 1946–1950. 12 Bde. Delhi 1946–1950.

Crime against Humanity – An Inquiry into the Carnage in Gujarat. Hrsg. v. Concerned Citizens Tribunal. Bombay 2002.

A.A. Engineer (Hrsg.), The Shah Bano Controversy. Delhi 1987.

I. Gandhi, Selected Speeches and Writings of Indira Gandhi, Bde. I–IV. New Delhi 1971–1986.

J.L. Kapur, Report of Commission of Inquiry in to (sic) Conspiracy to murder Mahatma Gandhi. New Delhi 1970 (= Kapur Report).

R. Lohia, Collected Works of Lohia. Hrsg. v. M. Kapoor. 10 Bde. Delhi 2010.

Ministry of Information and Broadcasting, Shah Commission of Inquiry. Interim Report I, II, Third and Final Report. New Delhi 1978.

J. Narayan, Prison Diary 1975. 4. Aufl. Bombay 1977.

J. Narayan, Essential Writings (1929–1979). A Centenary Volume (1902–2002). Hrsg. v. B. Prasad, New Delhi 2002.

J. Narayan, Towards Total Revolution. Hrsg. v. Brahmanand. 4 Bde. Bombay 1978.

National Human Rights Commission (Hrsg.), Orders Proceedings of the Commission. New Delhi 2002.

B.N. Tandon, PMO [= Prime Minister's Office] Diary – I. Prelude to the Emergency. Delhi 2003.

2. Darstellungen

2.1 Hilfsmittel

2.1.1 Bibliographien

Association of Asian Studies (Hrsg.), Bibliography of Asian Studies. 1956–1971 als Beilage zum Journal of Asian Studies, 1971–1991 als Jahresbände, fortgesetzt als Internet-Ausgabe im Abonnement: BAS Online, umfasst auch den Inhalt der gedruckten Bände.

A. CARTER, Mahatma Gandhi. A Selected Bibliography. Westport/London 1995.

I.D. DERBYSHIRE, India (= World Bibliographical Series, Bd. 26). Oxford 1995.

G. DHARAMPAL, Frühe deutsche Indien-Berichte (1477–1750). Eine Bibliographie, in: Zeitschrift der Deutschen Morgenländischen Gesellschaft 124/2, 1984, S. 23–67.

H. KULKE/H.J. LEUE/J. LÜTT/D. ROTHERMUND, Indische Geschichte vom Altertum bis zur Gegenwart (= Historische Zeitschrift, Sonderheft 10). München 1982.

J. LADENDORF, The Revolt in India 1857–58. An Annotated Bibliography of English Language Materials. Zug 1966.

S. MALIK/M. ADAS, Bibliographical Essay on 1857. o.O. o.J.

A.M. PANDIRI, A Comprehensive, Annotated Bibliography on Mahatma Gandhi. Bd. 1: Biographies, Works by Gandhi und Bibliographical Sources (= Bibliographies and Indexes in World History, Bd. 42). Westport/London 1995.

M. SCHLICHER/T. FRASCH, Die Portugiesen in Asien, in: Periplus 1998, S. 98–102.

2.1.2 Historische Atlanten, Wörterbücher und Lexika

S. MANSINGH, Historical Dictionary of India. New Delhi 1998.

P. MEHRA, A Dictionary of Modern India, New Delhi 1985.

K.J. SCHMIDT, An Atlas and Survey of South Asian History. New York/London 1995.

J.E. SCHWARTZBERG (Hrsg.), A Historical Atlas of South Asia. Chicago/London 1972, ²1992.

S.P. SEN (Hrsg.), Dictionary of National Biography, 4 Bde. Kalkutta 1974. Ergänzungsbände.

S. WASTI, Biographical Dictionary of South Asia. Lahore 1980.

H. YULE/A.C. BURNELL (Hrsg.), Hobson-Jobson. A Glossary of Colloquial Anglo-Indian Words and Phrases. London 1886. Neuausgabe London 1968 u.ö.

2.2 Historiographie

D. Ali (Hrsg.), Invoking the Past. The Uses of History in South Asia (= SOAS Studies on South Asia, Understandings and Perspectives Series). New Delhi 1999.

M. Aslam Syed, Muslim Response to the West. Muslim Historiography in India 1857–1914. Islamabad 1988.

P. Chatterjee, Claims on the Past. The Genealogy of Modern Historiography in Bengal, in: Subaltern Studies VIII, 1992, S. 1–49.

B.S. Cohn, An Anthropologist among the Historians and other Essays. Delhi 1990.

M. Gottlob, Historisches Denken im modernen Südasien (1786 bis heute) (=Geschichtsdenken der Kulturen – Eine kommentierte Dokumentation. Südasien – Von den Anfängen bis zur Gegenwart, Bd. 3). Frankfurt/M. 2002.

R. Guha, An Indian Historiography of India. A Nineteenth Century Agenda and its Implications. Kalkutta 1988.

J.B. Harrison, Five Portuguese Historians, in: C.H. Philips (Hrsg.), S. 155–169.

H. Kaelble/D. Rothermund (Hrsg.), Nichtwestliche Geschichtswissenschaften seit 1945 (=COMPARATIV, Leipziger Beiträge zur Universalgeschichte und vergleichenden Gesellschaftsforschung, Jahrgang 11, H. 4). Leipzig 2001.

C.H. Philips (Hrsg.), Historians of India, Pakistan and Ceylon (= Historical Writing on the Peoples of Asia). London 1961.

V.N. Rao/D. Shulman/S. Subrahmanyam, Textures of Time. Writing History in South India 1600–1800. New York 2003.

D. Rothermund, Der Traditionalismus als Forschungsgegenstand für Historiker und Orientalisten, in: Saeculum 40 (1989), S. 142–148.

D. Rothermund, Nationale und regionale Geschichtsschreibung in Indien, in: Periplus. Jahrbuch für außereuropäische Geschichte 3 (1993), S.76–83.

K. Teltscher, India Inscribed. European and British Writing on India 1600–1800. Delhi 1995.

2.2.1 Marxistische Geschichtsschreibung über Indien

D. Rothermund, Indiens Arbeiterklasse als Forschungsgegenstand in der DDR, in: Wissenschaft und Wiedervereinigung. Asien- und Afrikawissenschaften im Umbruch. Hrsg. v. W.-H Krauth u. R. Wolz. Berlin 1998.

K. Schwerin, Die Südasienwissenschaften in der DDR – eine Bilanz, in: Wissenschaft und Wiedervereinigung. Asien- und Afrikawissenschaften im Umbruch, hrsg. v. W.-H Krauth u. R. Wolz. Berlin 1998.

2.2.2 Indien in den „Modernisierungstheorien"

R. BENDIX, Public Authority in a Developing Political Community. The Case of India, in: DERS. Nation-Building & Citizenship. Studies of our Changing Social Order. New York 1964, New Delhi 1969.

A. BUSS, Max Weber's Contribution to Questions of Development in Modern India, in: DERS., Max Weber and Asia. Contributions to the Sociology of Development. München/Köln/London 1985, S. 45–65.

K.W. DEUTSCH, Nationalism and Social Communication. An Inquiry into the Foundations of Nationality. 2. Aufl. Cambridge (Mass.) 1966.

CH. DOBBIN, Asian Entrepreneurial Minorities. Conjoint Communities in the Making of the World-Economy, 1570–1940 (= Nordic Institute of Asian Studies Monograph Series, Bd. 71). Richmond 1996.

R. EMERSON, From Empire to Nation. The Rise to Self-Assertion of Asian and African Peoples. Cambridge (Mass.) 1960. Nachdruck Kalkutta 1970.

S.N. EISENSTADT/S. ROKKAN (Hrsg.), Building States and Nations. 2 Bde. London 1973.

C. GEERTZ (Hrsg.), Old Societies & New States. The Quest for Modernity in Asia and Africa. New York/London 1963. Indische Ausg. 1971.

D. KANTOWSKY, Recent Research on Max Weber's Studies of Hinduism. München/Köln/London 1986.

R. KOTHARI, Caste in Indian Politics. New Delhi u. a. 1970.

R. KOTHARI (Hrsg.), State and Nation Building. Bombay u. a. 1976.

D. LERNER, The Passing of Traditional Society. New York 1966.

J. LÜTT, Max Weber and the Vallabhacharis, in: International Sociology, Bd. 2, Nr. 3, September 1987, S. 277–287.

A. LUITHLE, Von Asketen und Kaufleuten. Reinheit, Reichtum und soziale Organisation bei den Shvetambara-Jaina im westlichen Indien, in: N. MANON LEHMANN/A. LUITHLE, Selbstopfer und Entsagung im Westen Indiens. Ethnologische Studien zum sati-Ritual und zu den Shvetambara Jaina. Hamburg 2003 (= HERODOT, Wissenschaftliche Schriften zur Ethnologie und Anthropologie, Bd. 6), S. 277–449.

L.I. RUDOLPH/S. HOEBER RUDOLPH, The Modernity of Tradition. Political Development in India. Chicago/London 1967.

M.N. SRINIVAS (Hrsg.), Dimensions of Social Change in India. Bombay u. a.1977.

2.2.3 Die Cambridge-Schule der Indien-Historiker

H. SPODEK, Pluralist Politics in British India. The Cambridge Cluster of Historians of Modern India, in: The American Historical Review, Bd. 84, 1979, S. 688–707.

2.2.4 Postkolonialismus

P. Anagol, The Emergence of Feminism in India, 1850–1920. Aldershot 2006.

A. Bhatti, August Wilhelm Schlegels Indienrezeption und der Kolonialismus, in: Konflikt, Grenze, Dialog. Festschrift für Horst Turk. Hrsg. v. J. Lehmann u. a., Frankfurt/M. 1997, S. 185–206.

R. Bhatnagar/R. Dube, Female Infanticide in India. A Feminist Cultural History. Albany 2005.

C.A. Breckenridge/P. van der Veer (Hrsg.), Orientalism and the Postcolonial Predicament. Perspectives on South Asia. Philadelphia 1993.

D. Chakrabarty, Provincializing Europe. Postcolonial Thought and Historical Difference. Princeton 2000.

P. Chatterjee, The Nation and its Fragments. Colonial and Post-Colonial Histories. Princeton 1993.

P. Chatterjee, Nationalist Thought and the Colonial World. A Derivative Discourse? London 1986.

V. Chaturvedi (Hrsg.), Mapping Subaltern Studies and the Postcolonial. London/New York 2000.

B.S. Cohn, Colonialism and its Forms of Knowledge. The British in India. Princeton 1996.

F. Dallmayr, Beyond Orientalism. Essays on Cross-Cultural Encounter. New York/Albany 1996.

V. Dalmia, Orienting India. European Knowledge Formation in the Eighteenth and Nineteenth Centuries. Delhi 2003.

N.B. Dirks, Castes of Mind. Colonialism and the Making of Modern India. Princeton 2001.

S. Dube (Hrsg.), Postcolonial Passages. Contemporary History-Writing on India, Delhi 2004.

H. Fischer-Tinée, Low and Licentious Europeans. Race, Class and „White Subalternity" in Colonial India. New Delhi 2009.

L. Gandhi, Postcolonial Theory. A Critical Introduction. New Delhi 1998, 5. Nachdruck 2004.

R. Guha/G. Chakravorty Sivak (Hrsg.), Selected Subaltern Studies. New York/Oxford 1988.

W. Halbfass, Research and Reflection. Responses to my Respondents. I. Beyond Orientalism? Reflections on a Current Theme, in: E. Franco/K. Preisendanz (Hrsg.), Beyond Orientalism. The Work of Wilhelm Halbfass and its Impact on Indian and Cross-Cultural Studies (= Poznan Studies in the Philosophy of the Sciences and the Humanities, Vol. 59). Amsterdam/Atlanta 1997, S. 1–25.

P. Heidrich, Subaltern Studies – eine neue Richtung in der Indien-Historiographie, in: asien, afrika, lateinamerika. 16,2 (1988), S. 251–263.

R. INDEN, Imagining India. Oxford 1990.

M. JAVED, Ungoverned Imaginings. James Mill's "The History of British India" and Orientalism. Oxford 1992.

A. LOOMBA, Colonialism/Postcolonialism (= The New Critical Idiom). London/New York 1998.

D. LUDDEN (Hrsg.), Reading Subaltern Studies. Critical History, Contested Meaning and the Globalizations of South Asia. London 2002.

J. LÜTT u.a., Die Orientalismus-Debatte im Vergleich. Verlauf, Kritik, Schwerpunkte im indischen und arabischen Kontext, in: H. KAELBLE/J. SCHRIEWER (Hrsg.), Gesellschaften im Vergleich. Forschungen aus Sozial- und Geschichtswissenschaften. Frankfurt/M./Berlin 1998, S. 511–567.

M. MACMILLAN, Women of the Raj. The Mothers, Wives & Daughters of the British Empire in India. New York 2005.

J. MALIK, Koloniale Dialoge und die Kritik am Orientalismus, in: D. ROTHERMUND (Hrsg.), Aneignung und Selbstbehauptung. Antworten auf die europäische Expansion. München 1999, S. 161–181.

G. PRAKASH (Hrsg.), After Colonialism. Imperial Histories and Postcolonial Displacements. Princeton 1995.

D. ROTHERMUND, Geschichte von unten. „Subaltern Studies" in Indien, in: G. KAHLE (Hrsg.), Jahrbuch für Geschichte Lateinamerikas, Bd. 35. Köln 1998. S. 301–318.

S. SARKAR, Orientalism Revisited. Saidian Frameworks in the Writing of Modern Indian History, in: CHATURVEDI (Hrsg.), Mapping, S. 239–255.

H. SCHWARZ, Writing Cultural History in Colonial and Postcolonial India. Philadelphia 1997.

M. SINHA, Colonial Masculinity. The „Manly Englishman" and the „Effeminate Bengali" in the Late Ninteenth Century. Manchester 1995.

South Asia, Bd. 24 (2001). Themenheft „Sexual Sites, Seminal Attitudes. Sexualities, Masculinities and Culture in South Asia".

Subaltern Studies, Writings on South Asian History and Society, Bd. 1–6 hrsg. v. R. GUHA, Delhi 1982–1989, Vols.7–11 wechselnde Hrsg., 1993–1999.

K. WINDSCHUTTLE, The Killing of History. How Literary Critics and Social Theorists are Murdering our Past. New York 1996.

2.3 Epochenübergreifende Gesamtdarstellungen

S. BOSE/A. JALAL, Modern South Asia. History, Culture, Political Economy. London 1998.

K. BRITTLEBANK (Hrsg.), Tall Tales and True. India, Historiography and British Imperial Imaginings. Clayton 2008.

J. BROWN, Modern India. The Origins of an Asian Democracy. Oxford 1985.

H. H. Dodwell (Hrsg.), The Cambridge History of India. Bd. V: British India 1497–1858. Dritter Nachdruck Delhi 1968.

Fischer Weltgeschichte. Bd. 17: Indien (von der Induskultur bis zum Beginn der englischen Herrschaft), Frankfurt/M.1967; Bd. 29: Die Kolonialreiche seit dem 18. Jahrhundert, Frankfurt/M. 1965; Bd. 33: Das moderne Asien, Frankfurt/M. 1969.

I. Habib, Essays in Indian History. Towards a Marxist Perception. New Delhi 2001.

O. von Hinüber, Indiens Weg in die Moderne. Geschichte und Kultur im 19. und 20. Jahrhundert (= Indologica Halensis. Geisteskultur Indiens. Texte und Studien, Bd. 6). Aachen 2005.

H. Kulke, Geschichte Indiens bis 1750 (= Oldenbourg Grundriss der Geschichte, Bd. 34). München 2005.

H. Kulke/D. Rothermund, Geschichte Indiens. Von der Induskultur bis heute. 2., aktual. Aufl. d. Sonderausgabe München 2010.

A. S. Lall, The Emergence of Modern India. New York 1981.

V. D. Mahajan, India since 1526. New Delhi 1996.

R. C. Majumdar (Hrsg.), History and Culture of the Indian People. Bd. 8: The Maratha Supremacy. Bombay 1977; Bd. 9(1): British Paramountcy and the Indian Renaissance. Bombay 1970; Bd. 10/11: Struggle for Freedom. Bombay 1969.

M. Mann, Geschichte Indiens. Vom 18. bis zum 21. Jahrhundert. Paderborn u. a. 2005.

C. Markovits (Hrsg.), Histoire de l'Inde moderne 1480–1950. Paris 1994. Englisch: A History of Modern India 1480–1950 (= Anthem South Asian Studies). London 2002.

B.D. Metcalf & T.R. Metcalf, A Concise History of Modern India (= Cambridge Concise Histories). 2. Aufl. Cambridge 2006.

M. Misra, Vishnu's Crowded Temple. India since the Great Rebellion. New Haven 2007.

K.M. Panikkar, Asia and Western Dominance. A Survey of the Vasco Da Gama Epoch of Asian History 1498–1945. London 1953 u.ö. Deutsch: Asien und die Herrschaft des Westens. Zürich 1955.

K. Preisendanz/D. Rothermund (Hrsg.), Südasien in der „Neuzeit". Geschichte und Gesellschaft, 1500–2000 (= Edition Weltregionen, Band 5). Wien 2003.

P. Robb, A History of India. London 2002.

D. Rothermund, Geschichte Indiens. Vom Mittelalter bis zur Gegenwart (= Beck Wissen). München 2002.

P. Spear (Hrsg.), The Oxford History of India. 3. Aufl. Oxford 1958 u.ö.

P. Spear, A History of India. 2 Bde. Harmondsworth 1965. Deutsch: Zürich 1966.

B. Stein, A History of India. Oxford 1998.

R. Vohra, The Making of India. A Historical Survey. 2. Aufl. London 2001.

J. Walsh, A Brief History of India. 2. Aufl. New York 2006.

S. Wolpert, A New History of India. 8. Aufl. New York 2008.

2.4 Indien und die Expansion Europas

Th. Beck (Hrsg.), Barrieren und Zugänge – Die Geschichte der europäischen Expansion. Festschrift für Eberhard Schmitt zum 65. Geburtstag. Wiesbaden 2004.

H. Bley, The History of European Expansion. A Review on German-Language Writing since World War II, in: P.C. Emmer/H.L. Wesseling (Hrsg), S. 143–146.

L. Daston, Die kognitiven Leidenschaften. Staunen und Neugier im Europa der frühen Neuzeit, in: Dies., Wunder, Beweise und Tatsachen. Zur Geschichte der Rationalität. Frankfurt/M. 2001, S. 77–97.

P.C. Emmer/H.L. Wesseling (Hrsg.), Reappraisals in Overseas History. Essays on Post-War Historiography about European Expansion (= Comparative Studies in Overseas History, Bd. 2). Leiden 1979.

P. Feldbauer/J.-P. Lehners, Portugal als Vorreiter der europäischen Expansion, in: Beiträge zur Historischen Sozialkunde 2 (1992), S.49–54.

A.G. Frank, ReOrient. Global Economy in the Asian Age. Berkeley u. a. 1998.

H. Gründer, Eine Geschichte der europäischen Expansion. Von Entdeckern und Eroberern zum Kolonialismus. 2. Aufl. Stuttgart 2003.

G. Hamann, Der Eintritt der südlichen Hemisphäre in die europäische Geschichte. Die Erschließung des Afrikaweges nach Asien vom Zeitalter Heinrichs des Seefahrers bis zu Vasco da Gama. Wien 1968.

J.C. Heestermann, Was there an Indian Reaction? Western Expansion in Indian Perspective, in: H.L. Wesseling (Hrsg.), S. 31–57.

E.L. Jones, The European Miracle. Environments, Economies and Geopolitics in the History of Europe and Asia. 2. Aufl. Cambridge 1987. Deutsch: Das Wunder Europa. Umwelt, Wirtschaft und Geopolitik in der Geschichte Europas und Asiens. Tübingen 1991.

H. Kellenbenz, Wirtschaftsgeschichtliche Aspekte der überseeischen Expansion Portugals, in: Scripta Mercaturae, Bd. 2 (1970), S. 1–39.

I. A. Khan, Origin and Development of Gunpowder Technology in India A.D. 1250–1500, in: The Indian Historical Review, July 1977, Bd. IV, Nr. 1, S. 20–29.

B.B. Kling/M.N. Pearson (Hrsg.), The Age of Partnership. Europeans in Asia before Dominion. Honolulu 1979.

U. Knefelkamp, Die Suche nach dem Reich des Priesterkönigs Johannes. Dargestellt anhand von Reiseberichten und anderen ethnographischen Quellen des 12. und 17. Jahrhunderts. Emsdetten 1986.

D. F. Lach/E. J. van Kley, Asia in the Making of Europe. 3 Bde. Chicago 1993/94.

J. Osterhammel, Die Entzauberung Asiens. Europa und die asiatischen Reiche im 18. Jahrhundert. München 1998.

W. Reinhard, Geschichte der Europäischen Expansion. 4 Bde. Stuttgart 1983–1990.

D. Rothermund, Das „Schießpulverreich" der Großmoguln und die europäischen Seemächte, in: F. Edelmayer u. a. (Hrsg.), Globalgeschichte 1450–1620. Anfänge und Perspektiven (= Edition Weltregionen 4). Wien 2002, S. 249–260.

E. Schmitt, Die Anfänge der europäischen Expansion (= Historisches Seminar, Bd. 2). Idstein 1991.

R.P. Sieferle, Why did Industrialization Start in Europe (and not in China)?, in: Ders./H. Breuninger (Hrsg.), Agriculture, Population and Economic Development in China and Europe (= Der europäische Sonderweg, Bd. 10). Stuttgart 2003, S. 7–89.

J. Stagl, Eine Geschichte der Neugier. Die Kunst des Reisens 1550–1800. Wien 2002.

H.L. Wesseling (Hrsg.), Expansion and Reaction. Essays on European Expansion and Reaction in Asia and Africa (= Comparative Studies in Overseas History, Bd. 1). Leiden 1978.

J.E. Wills, Was there a Vasco da Gama Epoch? Recent Historiography, in: A. Disney/E. Booth (Hrsg.), Vasco da Gama and the Linking of Europe and Asia. New Delhi/Oxford/New York 2000, S. 350–360.

2.5 Der „Estado da India" der Portugiesen

2.5.1 Allgemein

J. Aubin, Le Latin et l'Astrolabe. Recherche sur le Portugal de la Renaissance, son expansion en Asie et les relations internationales. 2 Bde. Lissabon 2000.

G. Bouchon, Albuquerque. Le Lion des mers d'Asie. Paris 1992.

C.R. Boxer, The Portuguese Seaborne Empire. 1415–1825. New York 1969.

F.C. Danvers, The Portuguese in India. Being a History of the Rise and Decline of their Eastern Empire. 2 Bde. London 1894. Nachdruck New Delhi 1992.

B.W. Diffie/G.D. Winius, Foundations of the Portuguese Empire 1415–1580 (= Europe and the World in the Age of Expansion, Bd. 1). Minneapolis 1977.

T.F. Earle/J. Villiers (Hrsg.), Albuquerque. Caesar of the East. Warminster 1990.

P. Feldbauer, Estado da India. Die Portugiesen in Asien 1498–1620 (= Expansion, Interaktion, Akkulturation. Historische Skizzen zur Europäisierung Europas und der Welt, Bd. 3). Wien 2003.

S. JEYASEELA STEPHEN, Portuguese in the Tamil Coast – Historical Explorations in Commerce and Culture (1507–1749). Pondicherry 1998.

M. KRAUS/H. OTTOMEYER (Hrsg.), Novos Mundos – Neue Welten. Portugal und das Zeitalter der Entdeckungen. Katalog der Ausstellung des Deutschen Historischen Museums Berlin. Dresden 2007.

V. MAGALHAES-GODINHO, L'Economie de l'Empire portugais aux XVe et XVIe siècles. Paris 1969.

K.S. MATHEW, Portuguese Trade with India and the Theory of Royal Monopoly in the Sixteenth Century, in: S. CHANDRA (Hrsg.), Essays in Medieval Indian Economic History. New Delhi 1987, S. 276–283.

K.S. MATHEW, Portuguese Trade with India in the 16th Century. New Delhi 1983.

K.S. MATHEW (Hrsg.), Mariners, Merchants and Oceans. Studies in Maritime History. New Delhi 1995.

M.N. PEARSON, Merchants and Rulers in Gujarat. The Response to the Portuguese in the Sixteenth Century. Berkeley 1976.

M.N. PEARSON, The Portuguese in India (= NCHI, Bd. 1.1). Cambridge 1987.

Periplus – Jahrbuch für Außereuropäische Geschichte. Themenheft „Die Portugiesen in Asien", hrsg. v. D. ROTHERMUND, Münster 1998.

R. PTAK (Hrsg.), Portugals Wirken in Übersee. Atlantik, Afrika, Asien. Heidelberg 1985.

R.P. RAO, Portuguese Rule in Goa 1510–1961. Bombay u. a. 1963.

S. SUBRAHMANYAM, The Portuguese Empire in Asia 1500–1700. London 1993.

S. SUBRAHMANYAM (Hrsg.), Sinners and Saints. The Successors of Vasco da Gama. New Delhi 1998.

G.D. WINIUS (Hrsg.), Studies on Portuguese Asia. 1495–1689. Aldershot 2001.

2.5.2 Die Suche nach dem Weg nach Indien

G. BOUCHON, Vasco da Gama. Paris 1998.

F. FERNANDEZ-ARMESTO, Before Columbus. Exploration and Colonisation from the Mediterranean to the Atlantic. Basingstoke 1987.

H. LOETSCHER, Heinrich der Seefahrer, in: Exempla historica. Epochen der Weltgeschichte in Biographien. Bd. 24: Humanismus, Renaissance und Reformation, Kolonisatoren, Kaufleute, Erfinder. Frankfurt/M. 1983, S. 9–23.

P. RUSSELL, Prince Henry „The Navigator". A Life. New Haven/London 2000.

S. SUBRAHMANYAM, The Career and Legend of Vasco da Gama. Cambridge 1997.

J. URE, Heinrich der Seefahrer. Der Aufbruch ins Zeitalter der Entdeckungen. Wiesbaden 1979.

M.VERGÉ-FRANCESCHI, Henri le Navigateur. Un découvreur au XVe siècle. Paris 1994.

2.5.3 Deutsche im Gefolge der Portugiesen

G. FOUQUET, Vom Meer zum Land – Indien 1502 aus der Sicht eines deutschen Reisenden, in: S. CONERMANN/J. KUSBER (Hrsg.), Asien und Afrika. Beiträge des Zentrums für Asiatische und Afrikanische Studien (ZAAS) der Christian-Albrechts-Universität zu Kiel, Bd. 10. Schenefeld 2003, S. 71–94 (= Festschrift Hermann Kulke).

C. VON IMHOFF, Nürnbergs Indienpioniere. Reiseberichte von der ersten oberdeutschen Handelsfahrt nach Indien 1505/6, in: Pirkheimer-Jahrbuch 1986. Bd. 2: Reiseberichte der Frühen Neuzeit. Wirtschafts- und kulturhistorische Quellen. München 1987, S.11–44.

I. ITSCHERENSKA, Deutsche Reiseberichte über Indien im 16. und 18. Jahrhundert. Bemerkungen zu ihren Aussagen in Bezug auf das ökonomische und soziale Leben in Indien, in: H. KRÜGER (Hrsg.), Neue Indienkunde. New Indology. Berlin (Ost) 1971, S. 91–108 (= Festschrift Walter Ruben zum 70. Geburtstag).

W. KNABE, Auf den Spuren der ersten deutschen Kaufleute in Indien. Forschungsexpedition mit der Mercator entlang der Westküste und zu den Aminen mit Beiträgen von H.J. de Albuquerque, Dr. Michael Gorgas und Prof. Dr. K.S. Mathew (= Schriften des Zentralinstituts für deutsche Auswanderungsforschung im VDA. Reihe II Feldforschung, Bd.1). Anhausen 1993.

P. MALEKANDATHIL, The Germans, the Portuguese and India (= Periplus Parerga, Bd. 6). Münster 1999.

K.S. MATHEW, Indo-Portuguese Trade and the Fuggers of Germany. Sixteenth Century. New Delhi 1997.

J. POHLE, Deutschland und die überseeische Expansion Portugals im 15. und 16. Jahrhundert (= Historia profana et ecclesiastica, Bd. 2). Münster u. a. 2000.

2.5.4 Die katholische Mission in Indien

C.J. BORGES, The Economics of the Goa Jesuits. 1542–1759. An Explanation of their Rise and Fall. New Delhi 1994.

D. DE MENDONCA, Conversions and Citizenry. Goa under Portugal 1510–1610 (= Xavier Centre of Historical Research Studies Series, Bd. 11). New Delhi 2002.

S. NEILL, Franz Xaver, in: Exempla Historica, Bd. 24 (wie 2.5.2: LOETSCHER), S. 183–196.

A.K. PRIOLKAR, The Goa Inquisition. Being a Quatercentenary Commemoration Study of the Inquisition in India. 2. Aufl. Delhi 1996.

M.S. RENICK, Akbar's First Embassy to Goa. Its Diplomatic and Religious Aspects, in: Indica 7 (1970), S. 32–47.

M.L. ROY CHOUDHURY, The Din-i-Ilahi or The Religion of Akbar. 3. Aufl. New Delhi 1985.

G. SCHURHAMMER, Franz Xaver und seine Zeit. 5 Bde. Freiburg i.B. 1963.

T.R. DE SOUZA (Hrsg.), Discoveries, Missionary Expansion and Asian Cultures. New Delhi 1994.

2.6 Die europäischen Ostindien-Kompanien (ca. 1600–1757)

2.6.1 Allgemein

S. ARASARATNAM, Merchants, Companies and Commerce on the Coromandel Coast. 1650–1740. Delhi 1986.

L. BLUSSÉ/F.S. GAASTRA (Hrsg.), Companies and Trade. Essays on Overseas Trading Companies during the Ancien Regime (= Comparative Studies in Overseas History, Bd. 3). Leiden 1981.

T.A. BRADY, The Rise of Merchant Empires. 1400–1700, in: J.D. TRACY (Hrsg.), The Political Economy of Merchant Empires. State Power and World Trade. 1350–1750. Cambridge 1990, S. 117–160.

J.R. BRUIJN/F.S. GAASTRA (Hrsg.), Ships, Sailors and Spices. East India Companies and their Shipping in the 16th, 17th and 18th Centuries. Amsterdam 1993.

A. DAS GUPTA, Indian Merchants and the Decline of Surat. 1700–1750 (= Beiträge zur Südasien-Forschung, Bd. 40). Wiesbaden 1979.

A. DAS GUPTA, Merchants of Maritime India. 1500–1800. Aldershot 1994.

H. FURBER, Rival Empires of Trade in the Orient. 1600–1800 (= Europe and the World in the Age of Expansion, Bd. 2). Minneapolis 1976.

H. FURBER/M.N. PEARSON (Hrsg.), India and the Indian Ocean. 1500–1800. Bombay 1987.

H.J. LEUE, Die europäischen Asien-Kompanien. 1600–1800. Einige Anmerkungen zum Stand der Forschung, in: Geschichte, Politik und ihre Didaktik. Beiträge und Nachrichten für die Unterrichtspraxis, 15/1/2 (1987), S.12–28.

J.C. VAN LEUR, Indonesian Trade and Society. Den Haag 1955.

M. MOLLAT (Hrsg.), Sociétés et Compagnies de commerce en Orient et dans l'océan Indien. Paris 1970.

O. PRAKASH, European Commercial Enterprises in Pre-Colonial India (= NCHI, Bd. 2). Cambridge 1998.

R. PTAK/D. ROTHERMUND (Hrsg.), Emporia, Commodities and Entrepreneurs in Asian Maritime Trade. 1400–1750. Stuttgart 1991.

N. STEENSGAARD, The Asian Trade Revolution of the Seventeenth Century. The East India Companies and the Decline of the Caravan Trade. Chicago/London 1973.

2.6.2 Holland

C.R. BOXER, The Dutch Seaborne Empire 1600–1800. London 1965.

W.P. COOLHAAS, Das niederländische Kolonialreich (=Historia Mundi, Bd. 8). Bern 1959.

W.P. Coolhaas, A Critical Survey of Studies on Dutch Colonial History. Den Haag 1980.

F.S. Gaastra, Die Vereinigte Ostindische Compagnie der Niederlande. Ein Abriß ihrer Geschichte, in: E. Schmitt u. a., Kaufleute als Kolonialherren. Die Handelswelt der Niederländer vom Kap der Guten Hoffnung bis Nagasaki 1600–1800 (= Schriften der Universitätsbibliothek Bamberg, Bd. 6). Bamberg 1988, S. 1–89.

K. Glamann, Dutch-Asiatic Trade. 1620–1740. Kopenhagen/Den Haag 1958.

J.I. Israel, Dutch Primacy in World Trade. 1585–1740. Oxford 1989.

O. Prakash, Precious Metals and Commerce. The Dutch East India Company in the Indian Ocean Trade. Aldershot 1994.

T.K. Raychaudhuri, Jan Company in Coromandel 1605–1690. A Study in the Interrelations of European Commerce and Traditional Economics. s'Gravenhage 1962.

G.D. Winius/M.P.M. Vink, The Merchant-Warrior Pacified. The VOC (The Dutch East India Company) and its Changing Political Economy in India. Delhi 1994.

2.6.3 England

S. Aiolfi, Calicos und gedrucktes Zeug. Die Entwicklung der englischen Tuchveredelung und der Tuchhandel der East India Company (1650–1750) (= Beiträge zur Kolonial- und Überseegeschichte, Bd. 40). Wiesbaden 1987.

H.V. Bowen (Hrsg.), The Worlds of the East India Company. Woodbridge 2002.

F. Brie, Imperialistische Strömungen in der Englischen Literatur. Halle/Saale 1928.

K.N. Chaudhuri, The English East India Company. The Study of a Joint Stock Company. London 1965.

K.N. Chaudhuri, The Trading World of Asia and the East India Company 1600–1760. Cambridge 1978.

H. Furber, John Company at Work. A Study of European Expansion in India in the Late Eighteenth Century. London 1951.

B. Gardner, The East India Company. London 1971.

J. Keay, The Honourable Company. A History of the English East India Company. London 1991.

P. Lawson, The East India Company. A History. London/New York 1987.

R. Mukherjee, The Rise and Fall of the EIC. New York 1974.

M. Schorowsky, Die Engländer in Indien 1600–1773. Bochum 1978.

2.6.4 Frankreich

G.J. Ames, Colbert, Mercantilism and the French Quest for Asian Trade. DeKalb 1996.

P. Haudrère, La Compagnie française des Indes au XVIIIᵉ siècle 1719–1795. 4 Bde. Paris 1989.

P. Kaeppelin, Les origines de l'Inde française. La Compagnie des Indes Orientales et François Martin. Paris 1908. Nachdruck New York 1967.

C. Manning, Fortunes à Faire. The French in Asian Trade 1719–48. Aldershot 1996.

S.P. Sen, The French in India. 1763–1816. 2. Aufl. New Delhi 1971.

2.6.5 Andere Länder

S. Diller, Die Dänen in Indien, Südostasien und China. 1620–1845. Wiesbaden 1999.

S. Diller, Tranquebar – die Stadt in der Brandung. Dänischer Handelsstützpunkt, Kronkolonie und europäischer Freihandelsplatz (1620–1845). Bamberg 1993.

A.W. Essen, Wilhelm Bolts und die schwedischen Kolonisierungspläne in Asien, in: Bijdragen voor Vaterlandsche Geschiedenis en Oudheidkunde, Reeks 7, deel 6 (1934–35), S. 83–101.

O. Feldbaek, India Trade under the Danish Flag 1772–1808. Kopenhagen 1969.

D. Jeyaraj, Inkulturation in Tranquebar. Der Beitrag der frühen dänisch-halleschen Mission zum Werden einer indisch-einheimischen Kirche (1706–1730). Erlangen 1998.

M. Krieger, Kaufleute, Seeräuber und Diplomaten. Der dänische Handel auf dem Indischen Ozean 1620–1868. Köln 1998.

H. Krüger, Plans for the Foundation of an East India Company in Brandenburg Prussia in the Second Half of the Seventeenth Century, in: Ders. (Hrsg.), Kunwar Mohammad Ashraf. An Indian Scholar and Revolutionary. Berlin (Ost) 1966, S. 123–146.

J. Parmentier, De Holle Compagnie, Smokkel en Legale Handel onder Zuidernederlandse Vlag in Bengalen. Hilversum 1992.

P.E. Schramm, Deutschland und Übersee. Braunschweig 1950.

2.7 Die Herrschaft der East India Company (1757–1858)

2.7.1 Überblicksdarstellungen

R. von Albertini, Europäische Kolonialherrschaft. 1880–1940. Zürich 1976.

C.A. Bayly, Rulers, Townsmen, and Bazaars: North Indian Society in the Age of British Expansion, 1770–1870. Cambridge 1983.

C.A. Bayly, Indian Society and the Making of the British Empire (= NCHI, Bd. 2.1). Cambridge 1988.

A. Bhattacharjee, A History of Modern India. 1757–1947. New Delhi 1979.

H.V. Bowen, The Business of Empire. The East India Company and Imperial Britain 1756–1833. Cambridge 2006.

C.J. Hamilton, The Trade Relations between England and India (1600–1896). 1919. Nachdruck Delhi 1975.

L. James, Raj – The Making and Unmaking of British India. London 1997.

P. Moon, The British Conquest and Dominion of India. London 1989.

R. Moore, Imperial India, 1858–1914, in: A. Porter (Hrsg.), The Oxford History of the British Empire: The Nineteenth Century, Oxford 1999, Kap. 19.

K. de Schweinitz, The Rise and Fall of British India. Imperialism as Inequality. London 1983.

2.7.2 Indien am Vorabend der britischen Eroberung

S. Alavi (Hrsg.), The Eighteenth Century in India (= Oxford in India Readings). New Delhi 2002.

S. Chaudhuri, From Prosperity to Decline. Eighteenth-Century Bengal. New Delhi 1995.

A.I. Chicherov, India. Economic Development in the 16th–18th Centuries. Outline History of Crafts and Trade. Moskau 1965, 1971; New Delhi 1996.

K.K. Datta, Survey of India's Social Life and Economic Condition in the Eighteenth Century 1707–1813. New Delhi 1978.

H. Goetz, The Crisis of Indian Civilisation in the Eighteenth and Early Nineteenth Centuries. Kalkutta 1938.

I. Habib, The Agrarian System of Mughal India 1556–1707. 2. Aufl. New Delhi 1999.

I. Habib, Potentialities of Capitalistic Development in the Economy of Mughal India, in: The Journal of Economic History, March 1969, Nr. 1.

S.C. Jha, Studies in the Development of Capitalism in India. Kalkuktta 1963.

A.I. Levkovski, Capitalism in India. Basic Trends in its Development. Bombay 1966.

A.I. Lewkowski, Über die niederen Formen kapitalistischen Unternehmertums in der indischen Industrie (gezeigt am Beispiel der Handweberei), in: 2.7.2: Ruben, Bd. I, S. 236–256.

J. Malik, Reform in Südasien – das 18. Jahrhundert, in: 2.3: Preisendanz/Rothermund (Hrsg.), S. 72–89.

P.J. Marshall (Hrsg.), The Eighteenth Century in Indian History. Evolution or Revolution? New Delhi 2003.

S. Owen, India on the Eve of the British Conquest. An Analytical History of India 1627–1761. Kalkutta 1954.

F. Perlin, Proto-Industrialization and Pre-Colonial South Asia, in: Past and Present 98 (1983).

W. Ruben (Hrsg.), Die ökonomische und soziale Entwicklung Indiens. Sowjetische Beiträge zur indischen Geschichte. 2 Bde. Berlin (Ost) 1959.

J.N. Sarkar, A Study of Eighteenth Century India. Kalkutta 1976.

B. Stein, State Formation and Economy Reconsidered, in: MAS 19,3 (1985), S. 387–413.

D. Washbrook, Law, State and Agrarian Society in Colonial South India, in: MAS 15 (1981), S. 649–721.

2.7.3 Die Englische Ostindien-Kompanie als Territorialherr

B. Adams, The Law of Civilization and Decay. New York 1903.

N. Barber, The Black Hole of Calcutta. London 1965.

G.H. Cannon/K.R. Brine (Hrsg.), Objects of Enquiry. The Life, Contributions and Influences of Sir William Jones 1746–1794. New York 1995.

K. Chatterjee, Merchants, Politics and Society in Early Modern India. Bihar 1733–1820. Leiden 1996.

N. Chowdhury-Zilly, The Vagrant Peasant. Agrarian Distress and Desertion in Bengal 1770–1830 (= BSF, Bd. 71). Wiesbaden 1982.

F. Crouzet, Die Kapitalbildung in Großbritannien während der Industriellen Revolution, in: Industrielle Revolution – Wirtschaftliche Aspekte (= Neue Wissenschaftliche Bibliothek, Geschichte), hrsg. v. R. Braun u. a., Köln/Berlin 1972, S. 165–215.

N. Dirks, The Scandal of Empire. India and the Creation of Imperial Britain. Cambridge (Mass.) 2006.

W.K. Firminger, Historical Introduction to the Bengal Portion of "The Fifth Report". Kalkutta 1917. Nachdrucke Kalkutta 1961/62, Delhi 1977.

W. Fischer, Wie Europa reich wurde und die Dritte Welt arm blieb. Ein Kommentar zu Hans-Heinrich Nolte, in: GWU, H. 1/1981, S. 37–46.

R. Guha, A Rule of Property for Bengal. An Essay on the Idea of Permanent Settlement (= Le Monde d'Outre-Mer Passé et Présent, Première Série, Études, Bd. 19). Paris/Den Haag 1963.

B.K.Gupta, Sirajuddaullah and the East India Company 1756–1757. Background to the Foundation of British Power in India. Leiden 1966.

S.N. Gupta, The British. The Magnificent Exploiters of India. New Delhi 1979.

H. Hossain, The Company Weavers of Bengal. The East India Company and the Organization of Textile Production in Bengal 1750–1813. Delhi 1988.

O.P. Kejariwal, The Asiatic Society of Bengal and the Discovery of India's Past. Delhi 1988.

M. Khan, The Transition in Bengal 1756–1775. A Study of Saiyid Muhammad Reza Khan (= Cambridge South Asian Studies, Bd. 7). Cambridge 1969.

I. MacFarlane, The Black Hole. Or the Makings of a Legend. London 1975.

M. MANN, Bengalen im Umbruch. Die Herausbildung des britischen Kolonialstaats 1754–1793 (= Beiträge zur Kolonial- und Überseegeschichte, Bd. 78). Stuttgart 2000.

P.J. MARSHALL, Bengal. The British Bridgehead. Eastern India 1740–1828 (= NCHI, 2.2). Cambridge 1987.

P.J. MARSHALL, East Indian Fortunes. The British in Bengal in the Eighteenth Century. Oxford 1976.

P.J. MARSHALL, The Impeachment of Warren Hastings. Oxford 1965.

P.J. MARSHALL, India. The Launching of the Hastings Impeachment 1786–1788. The Writings and Speeches of Edmund Burke. Oxford 1991.

S.N. MUKHERJEE, Sir William Jones. A Study in Eighteenth-Century British Attitudes to India. Cambridge 1968.

K.M. MUNSHI, The Ruin That Britain Wrought. Bombay 1946.

H.-H. NOLTE, Wie Europa reich und die Dritte Welt arm wurde, in: GWU, Heft 1/1981, S. 24–36.

C.H. PHILIPS, The East India Company 1784–1834. Manchester/Bombay 1961 (Nachdruck bei 1.3.1: TUCK).

R. ROCHER, British Orientalism in the Eighteenth Century. The Dialectics of Knowledge and Government, in: C.A. BRECKENRIDGE/P. VAN DER VEER (Hrsg.), Orientalism and the Postcolonial Predicament. Perspectives on South Asia. Philadelphia 1993, S. 225–249.

N.K. SINHA, The Economic History of Bengal, Bd. I und II: From Plassey to the Permanent Settlement, Kalkutta 1965 (3. Aufl.) und 1962; Bd. III: 1793–1848, Kalkutta 1970.

P. SPEAR, The Nabobs. A Study of the Social Life of the English in 18th Century India. London 1932.

L. SUTHERLAND, The East India Company in Eighteenth-Century Politics. Oxford 1952.

H. VAN DER WAERDEN, Warren Hastings und der Raja von Benares. Ein Beitrag zur Erklärung des Hastings-Prozesses. Zürich 1964.

F.G. WHELAN, Edmund Burke and India. Political Morality and Empire. Pittsburgh 1996.

2.7.4 Die indischen Mächte und die territoriale Ausdehnung der EIC

C. ALLEN, Soldier Sahibs. The Men who Made the North-West Frontier. London 2000.

R.B. BARNETT, North India between Empires. Awadh, the Mughals, and the British, 1720–1801. Berkeley 1980.

K. BRITTLEBANK, Tipu Sultan's Search for Legitimacy. Islam and Kingship in a Hindu Domain. Delhi 1997.

R.G. COOPER, The Anglo-Maratha Campaigns and the Contest for India. The Struggle for Control of the South Asian Military Economy. Cambridge 2003.

K.K. Datta, The Consolidation of British Rule in India (1818–1858). New Delhi 1985.

M.H. Fisher (Hrsg.), The Politics of the British Annexation of India. 1757–1858. Delhi 1996.

M.H. Fisher, Indirect Rule in India. Residents and the Residency System 1764–1858. Delhi u. a. 1999.

S. Förster, Die mächtigen Diener der East India Company. Ursachen und Hintergründe der britischen Expansionspolitik in Südasien. 1793–1819. Stuttgart 1992.

M. Frenz, Vom Herrscher zum Untertan. Spannungsverhältnis zwischen lokaler Herrschaftsstruktur und der Kolonialverwaltung in Malabar zu Beginn der britischen Herrschaft (1790–1805) (= Beiträge zur Südasienforschung, Bd. 188). Stuttgart 2000.

S. Gordon, The Marathas 1600–1818 (= NCHI, Bd. 2.4). Cambridge 1993.

S. Gordon, Marathas, Marauders and State Formation in Eighteenth-Century India. Oxford 1998.

J.S. Grewal, The Sikhs of the Punjab (= NCHI, Bd. 2.3). Cambridge 1990.

I. Habib (Hrsg.), Confronting Colonialism. Resistance and Modernization under Haidar Ali and Tipu Sultan. New Delhi 1999.

I. Habib (Hrsg.), State and Diplomacy under Tipu Sultan. Documents and Essays. New Delhi 2001.

G.S. Misra, British Foreign Policy and Indian Affairs 1793–1813, New York 1964.

S.N. Sen, Anglo-Maratha Relations during the Administration of Warren Hastings. 1772–1785. Bd.1. London 1995 (ursprünglich 1961).

S.N. Sen, Anglo-Maratha Relations. 1785–1796. Bd. 2. London 1995 (ursprünglich 1974).

2.7.5 Britische Reformpolitik 1793–1858

G. Bruce, The Stranglers. The Cult of Thuggee and its Overthrow in British India. New York 1968.

K. Bruhn, The Predicament of Women in Ancient India. Berlin 2009.

V.N. Datta, Sati. Widow Burning in India. New Delhi 1988.

A.T. Embree, Charles Grant and British Rule in India. London 1962.

J. Fisch, Tödliche Rituale. Die indische Witwenverbrennung und andere Formen der Totenfolge. Frankfurt/M. 1998.

H. Fischer-Tiné/M. Mann (Hrsg.), Colonialism as Civilizing Mission. Cultural Ideology in British India, London 2004.

R. Frykenberg, Guntur District 1788–1848. Oxford 1965.

N. Gardner Cassels, Religion and Pilgrim Tax under the Company Raj. Delhi 1987.

H. Gupta, A Critical Study of the Thugs and their Activities, in: Journal of Indian History, 37/2 (1959), S. 169–177.

J.S. Hawley (Hrsg.), Sati, the Blessing and the Curse. The Burning of Wives in India. Delhi 1994.

B. Kling, Partner in Empire. Dwarkanath Tagore and the Age of Enterprise in Eastern India. Berkeley 1976.

L. Mani, Contentious Traditions. The Debate on Sati in Colonial India. Berkeley 1998.

A. Nandy, Sati. A Nineteenth Century Tale of Women, Violence and Protest, in: 2.10: Joshi, S. 168–194.

S. Narasimhan, Sati. A Study of Widow Burning in India. New Delhi 1990.

S. Nigam, Disciplining and Policing the "Criminals by Birth". Part 1: The Making of a Colonial Stereotype. The Criminal Tribes and Castes of North India, in: The Indian Economic and Social History Review 27/2 (1990), S. 131–164; Part 2: The Development of a Disciplinary System, in: eBd. 27/3 (1990), S. 257–287.

G.A. Oddie, Popular Religion, Elites and Reform. Hook-Swinging and its Prohibition in Colonial India 1800–1894. New Delhi 1995.

C.H. Philips/M.D. Wainwright (Hrsg.), Indian Society and the Beginnings of Modernisation c.1830–1850. London 1976.

B. Roy, Socioeconomic Impact of Sati in Bengal and the Role of Raja Rammohun Roy. Kalkutta 1987.

P. Roy, Discovering India, Imagining Thuggee, in: The Yale Journal of Criticism 9/1 (1996), S. 121–145.

J.L. Sleeman, Thug, or a Million Murders. London 1920 u.ö.

E. Stokes, The English Utilitarians and India. Oxford 1959 u.ö.

F. Tuker, The Yellow Scarf. An Account of Thuggee and its Suppression. 2. Aufl. London 1977.

C. Witz, Religionspolitik in Britisch-Indien 1793–1813. Christliches Sendungsbewußtsein und Achtung hinduistischer Tradition im Widerstreit (= Beiträge zur Südasienforschung, Bd. 98). Stuttgart 1985.

M. van Woerkens, Le Voyageur Étranglé. L'Inde des Thugs, le Colonialism et l'Imaginaire. Paris 1995.

2.7.6 Der Indische Aufstand („The Mutiny") 1857–1858

C. Ball, The History of the Indian Mutiny, 2 Bde. London 1858/59. Nachdruck New Delhi 1981.

U. Beisinger, Die Ursprünge des Aufstandes von 1857 in Oudh. Dissertation Frankfurt/M. 1960.

S. Chandra, The Loyalty of Educated Indians to the British Rule (1858–1885), in: Journal of Indian History, Bd. 44, Teil II, Nr. 131, S. 417–428.

S.B. CHAUDHURI, English Historical Writings on the Indian Mutiny 1857–1859. Kalkutta 1979.

W. DALRYMPLE, The Last Mughal. The Fall of a Dynasty, Delhi 1857. New Delhi 2006.

D. DOMIN, India in 1857–1858. A Study of the Role of the Sikhs in the People's Uprising. Berlin (Ost) 1977.

A. ERLL, Prämediation – Remediation. Repräsentationen des indischen Aufstands in imperialen und post-kolonialen Medienkulturen (von 1857 bis zur Gegenwart) (= Studien zur Englischen Literatur- und Kulturwissenschaft, Bd. 23). Trier 2007.

J. KAYE, History of the Sepoy War in India. 3 Bde. London 1876–1888.

R.C. MAJUMDAR, The Sepoy Mutiny and the Revolt of 1857. Kalkutta 1957. 2. Aufl. 1963.

S. MALIK, 1857 – War of Independence or a Clash of Civilizations? British Public Reactions. Delhi 2008.

R. MUKHERJEE, Awadh in Revolt 1857–1858. A Study of Popular Resistance. Oxford 1984.

V. NÜNNING, „Daß Jeder seine Pflicht thue". Die Bedeutung der Indian Mutiny für das britische nationale Selbstverständnis, in: Archiv für Kulturgeschichte, 78/2 (1996), S. 363–391.

V.D. SAVARKAR, The Indian War of Independence 1857. London 1909. Nachdruck Bombay 1947. Deutsch: Indien im Aufruhr. Berlin 1940.

S. SEN, The Historiography of the Indian Revolt of 1857. Kalkutta 1992.

S.N. SEN, Eighteen Fifty-Seven. With a Foreword by Maulana Abul Kalam Azad. Delhi 1957.

E. STOKES, The Peasant Armed. The Indian Revolt of 1857. Oxford 1986.

2.8 Indien als britische Kronkolonie (1858–1917)

K. BALLHATCHET, Race, Sex and Class under the Raj. Imperial Attitudes and Policies and their Critics. New Delhi 1980.

P.C. BRAUN, Die Verteidigung Indiens 1800–1907. Köln/Graz 1968.

B.S. COHN, Representing Authority in Victorian India, in: E. HOBSBAWM/T. RANGER (Hrsg.), The Invention of Tradition. London 1983, S. 165–209.

C.E. DE WITT/C. ELLINWOOK/S.D. PRADHAN (Hrsg.), India and World War I. New York/New Delhi 1978.

C. DEWEY, Anglo-Indian Attitudes. The Mind of the Indian Civil Service. London 1993.

D. GILMOUR, The Ruling Caste. Imperial Lives in the Victorian Raj. London 2005.

S. GOPAL, British Policy in India 1858–1905. Cambridge 1965.

F.G. Hutchins, The Illusion of Permanence. British Imperialism in India. Princeton 1967.

E. Ingram, The Beginning of the Great Game in Asia 1828–1834. Oxford 1979.

H. Jaeckel, Die Nordwestgrenze in der Verteidigung Indiens 1900–1908 und der Weg Englands zum russisch-britischen Abkommen von 1907 (= Beiträge zur Kolonial- und Überseegeschichte, Bd. 3). Köln/Opladen 1968.

J. Lütt, Zwischen Ausbeutung und Good Government. Zum Charakter der britischen Herrschaft in Indien, in: J. Elvert/M. Salewski (Hrsg.), Staatenbildung in Übersee. Die Staatenwelt Lateinamerikas und Asiens (= Historische Mitteilungen, im Auftrage der Ranke-Gesellschaft, Beiheft 2). Stuttgart 1992, S. 111–125.

T.R. Metcalf, Forging the Raj. Essays on British India in the Heyday of Empire. Delhi 2005.

T.R. Metcalf, Ideologies of the Raj (= NCHI, Bd. 3.4). Cambridge 1995.

C.P. Mills, A Strange War. Burma, India & Afghanistan. London 1988.

S. Sen, Decline of Intimacy in Early British India, in: South Asia, Special Number, 26 (2001), S. 25–45.

B. Spangenberg, British Bureaucracy in India. New Delhi 1977.

M. Sarkisyanz, Russisch-indische Beziehungen im neunzehnten Jahrhundert, in: Jahrbuch des Südasien-Insituts der Universität Heidelberg. Bd. 2. Wiesbaden 1967/68, S.3–12.

W. Simon, Die Britische Militärpolitik in Indien und ihre Auswirkungen auf den britisch-indischen Finanzhaushalt 1878–1910 (= BSAF, Bd. 5). Wiesbaden 1974.

P. Woodruff, The Men who Ruled India. Bd. 2: The Guardians. London 1954.

2.9 Die Anfänge des modernen Indiens: Religiöse und soziale Reform

R.D. Baird (Hrsg.), Religion in Modern India. 2. Aufl. New Delhi 1991.

Sh. Basu, Religious Revivalism as nationalist Discourse. Swami Vivekananda and New Hinduism in Nineteenth-Century Bengal. New Delhi u. a. 2002.

N.S. Bose, Indian Awakening and Bengal. Kalkutta 1960.

C.F. Campbell, Ancient Wisdom Revived. A History of the Theosophical Movement. Berkeley 1980.

F. Chand, Lajpat Rai. Life and Work (= Builders of Modern India). Delhi 1978.

B.C. Chattopadhyay, Renaissance and Reaction in Nineteenth Century Bengal. Kalkutta 1977.

A. Copley (Hrsg.), Gurus and their Followers. New Religious Reform Movements in Colonial India. New Delhi 2000.

S. Cranston, HPB. The Extraordinary Life and Influence of Helena Blavatsky, Founder of the Modern Theosophical Movement. New York 1993.

S. Cromwell Crawford, Ram Mohan Roy. Social, Political, and Religious Reform in 19th Century India. New York 1987.

V. Dalmia, The Nationalization of Hindu Traditions. Bharatendu Harishcandra and Nineteenth Century Banaras. New Delhi 1997.

P. Dixit, The Political and Social Dimensions of Vivekananda's Ideology, in: IESHR, Bd. 12, Nr. 3, Aug/Sept 1975, S. 293–313.

Ch. Dobbin, Urban Leadership in Western India. Politics and Communities in Bombay City 1840–1885 (= Oxford Historical Monographs). London 1972.

H. Fischer-Tiné, Der Gurukul Kangri oder die Erziehung der Arya-Nation. Kolonialismus, Hindureform und „nationale Bildung" in Britisch-Indien (1897–1922) (= BSF, Bd. 194). Heidelberg 2003.

P. Hacker, Aspects of Neo-Hinduism as Contrasted with Surviving Traditional Hinduism, in: Ders., Kleine Schriften. Hrsg. v. L. Schmitthausen. Wiesbaden 1978, S. 580–680.

P. Hacker, Der religiöse Nationalismus Vivekanandas, in: Ders., Kleine Schriften, hrsg. v. L. Schmitthausen. Wiesbaden 1978, S. 565–579.

P. Hacker, Schopenhauer und die Ethik des Hinduismus, in: Saeculum 4 (1961), S. 365–399. Nachdruck in: Ders., Kleine Schriften, hrsg. v. L. Schmitthausen. Wiesbaden 1978, S. 565–579.

W. Halbfass, Tradition and Reflection. Explorations in Indian Thought. Albany 1991.

C. H. Heimsath, Indian Nationalism and Hindu Social Reform. Princeton 1964.

K.W. Jones, Arya Dharm – Hindu Consciousness in 19th-Century Punjab. Berkeley/Delhi 1976

K.W. Jones, Socio-Religious Reform Movements in India (= NCHI, Bd. 3.1). Cambridge 1989.

J.F.T. Jordens, Dayananda Sarasvati. His Life and Ideas. Delhi 1978.

J.T.F. Jordens, Hindu Religious and Social Reform in India, in: A.L. Basham (Hrsg.), A Cultural History of India. Oxford 1975, S. 365–382.

V.C. Joshi (Hrsg.), Rammohun Roy and the Process of Modernization in India. Delhi 1975.

D. Killingley, Rammohun Roy on the Vedanta Sutras, in: Religion 11 (1981), S. 151–169.

D. Killingley, Rammohun Roy in Hindu and Christian Tradition. Newcastle 1993.

D. Kopf, The Brahmo Samaj and the Shaping of the Modern Indian Mind. Princeton 1979.

D. Kopf, British Orientalism and the Bengal Renaissance. The Dynamics of Indian Modernization 1773–1835. Berkeley/Los Angeles 1969.

E.C. Moulton, The Beginnings of the Theosophical Movement in India, 1879–1885. Conversion and Non-Conversion Experiences, in: G.A. Oddie (Hrsg.), Religious Conversion Movements in South Asia. Continuities and Change, 1800–1900. Richmond 1997, S. 109–172.

P. Nagar, Lala Lajpat Rai. The Man and his Ideas. Delhi 1977.

W. Radice (Hrsg.), Swami Vivekananda and the Modernisation of Hinduism (= SOAS Studies on South Asia). New Delhi 1999.

Renascent Bengal 1817–1857 (= Proceedings of a Seminar organised by The Asiatic Society, Calcutta). Kalkutta 1972.

B.C. Robertson, Raja Rammohan Ray. The Father of Modern India. Delhi 1999.

A.P. Sen, Swami Vivekananda (Modern Indian Greats). New Delhi 2000.

A.P. Sen, Hindu Revivalism in Bengal 1872–1905. Some Essays in Interpretation. Delhi 1993.

N.P. Sil, Ramakrishna Revisited. A New Biography. Lanham/New York/Oxford 1998.

G.D.Sontheimer/H. Kulke (Hrsg.), Hinduism Reconsidered. Delhi 1989.

A. Taylor, Annie Besant. A Biography. Oxford/New York 1992.

J. Wichmann, Das theosophische Menschenbild und seine indischen Wurzeln, in: Zeitschrift für Religions- und Geistesgeschichte 35 (1983), S. 12–33.

2.10 Die indische Nationalbewegung 1885–1947

C.J. Baker, The Politics of South India. 1920–1937. Cambridge 1976.

C.A. Bayly, The Local Roots of Indian Politics. Allahabad 1880–1920. Oxford 1975.

P. Brass/F. Robinson (Hrsg.), The Indian National Congress and Indian Society 1885–1985. Delhi 1987.

B. Chandra u. a., India's Struggle for Independence. New Delhi 1988.

S. Chandra, Dependence and Disillusionment. Emergence of National Consciousness in Later 19th Century India. New Delhi 1975.

J. Gallagher/G. Johnson/A. Seal (Hrsg.), Locality, Province and Nation. Essays on Indian Politics. 1870 to 1940. Cambridge 1973.

L.A. Gordon, Bengal. The Nationalist Movement. 1876–1940. Delhi 1974.

P. Heehs, India's Freedom Struggle 1857–1947, Delhi 1994.

J. Heidrich, Indiens Bourgeoisie und der historische Fortschritt. Die bürgerliche Klasse im Kontext von Formationsentwicklung und nationaler Befreiung. Berlin (Ost) 1989.

J.L. HILL (Hrsg.), The Congress and Indian Nationalism. Historical Perspectives (= Collected Papers on South Asia of the Centre of South Asian Studies, Bd. 9). 2. Aufl. Worcester 1991.

G. JOHNSON, Provincial Politics and Indian Nationalism. Bombay and the Indian National Congress. 1880 to 1915. Cambridge 1973.

S. JOSHI, Fractured Modernity. Making of a Middle Class in Colonial North India. Delhi u. a. 2001.

D.A. LOW (Hrsg.), Congress and the Raj. Facets of the Indian Struggle 1917–47. London 1977.

J. MASSELOS, Indian Nationalism. An History. Third Revised and Enlarged Edition of "Nationalism on the Indian Subcontient. An Introductory History." First Edition 1985. New Delhi 1993.

J.R. MCLANE, Indian Nationalism and the Early Congress. Princeton 1977.

S.R. MEHROTRA, The Emergence of the Indian National Congress. Delhi 1971.

T.R. METCALF (Hrsg.), Modern India. An interpretative Anthology. Sterling/ New Delhi 1990.

E.C. MOULTON, Hume and the Indian National Congress, A Reassessment, in: South Asia, N.S., Bd. 8, Nr. 1 u. 2, June, Dezember 1985, S. 5–23.

R. NANDA, The Making of a Nation. India's Road to Independence. New Delhi 1998.

A. NANDY, The Intimate Enemy. Loss & Recovery of Self under Colonialism. Delhi 1983.

H.F. OWEN, Towards Nationwide Agitation and Organisation: The Home Rule Leagues 1915–1928, in: D.A. Low (Hrsg.), Soundings in Modern South Asian History. London 1968, S. 159–195.

R. PALME DUTT, India Today. London 1940. Indische Ausgabe Bombay 1947, 2. Aufl. Bombay 1949.

D. ROTHERMUND, Die politische Willensbildung in Indien 1900–1960 (= Schriftenreihe des Südasien-Instituts der Universität Heidelberg, Bd. 1). Wiesbaden 1965.

S. SARKAR, Modern India 1885–1947. Delhi 1983.

C. SCHRENCK-NOTZING, Hundert Jahre Indien. Die politische Entwicklung 1857–1960. Eine Einführung. Stuttgart 1961.

A. SEAL, The Emergence of Indian Nationalism. Competition and Collaboration in the Later Nineteenth Century. Cambridge 1971.

M. SHEPPERDSON/C. SIMMONS (Hrsg.), The Indian National Congress and the Political Economy of India 1885–1985. Newcastle-upon-Tyne 1988.

R. SISSON/S. WOLPERT (Hrsg.), Congress and Indian Nationalism. The Pre-Independence Phase. 2. Aufl. Berkeley 1988.

P. SITARAMAYYA, The History of the Indian National Congress. 1. Aufl. 1935, 2. Aufl. in zwei Bden. Bombay 1946 u. 1947.

South Asia Themenheft „Indian National Congress". New Series, Bd. 8, Nr. 1 u. 2, Juni/Dezember 1985.

R. Suntharalingam, Politics and Nationalist Awakening in South India 1852–91. Tucson 1974.

P.K. Varma, The Great Indian Middle Class. New York 1998.

D.A. Washbrook, The Emergence of Provincial Politics. The Madras Presidency, 1870–1920. Cambridge 1976.

D. Weidemann (Hrsg.), 100 Jahre Indischer Nationalkongreß (1885–1985), in: Wissenschaftliche Zeitschrift der Humboldt-Unversität zu Berlin, Gesellschaftswissenschaftliche Reihe Bd. 34 (1985) Heft 9, S. 717–786.

2.10.1 Mohandas Karamchand Gandhi, „Mahatma"

S.S. Ali, Gandhi & South Africa. Delhi 1994.

S. Amin, Gandhi as Mahatma, in: 2.2.4: Subaltern Studies Bd. 3, S.1–61. Nachdruck in: 2.2.4: R. Guha/G.C. Spivak (Hrsg.), S. 288–348.

M. Blume, Satyagraha. Wahrheit und Gewaltfreiheit. Yoga und Widerstand bei Gandhi. Gladenbach 1987.

N.K. Bose, My Days with Gandhi. Kalkutta 1953.

B. Britton, Gandhi Arrives in South Africa. Canton 1999.

J.M. Brown, Gandhi and Civil Disobedience. The Mahatma in Indian Politics 1928–1934. Cambridge 1977.

J.M. Brown, Gandhi's Rise to Power. Indian Politics 1915–1922. London 1972.

M. Chatterjee, Gandhi's Religious Thought. London 1992.

D. Conrad, Gandhi as Mahatma. Polical Semantics in an Age of Cultural Ambiguity, in: V. Dalmia u.a. (Hrsg.), Charisma and Canon. Essays on the Religious History of the Indian Subcontinent. New Delhi 2001, S. 223–249.

D. Conrad, Gandhi und der Begriff des Politischen. Staat, Religion und Gewalt. München 2006.

A.K. Dasgupta, Gandhi's Economic Thought, London/New York 1996.

M. Eberling, Mahatma Gandhi. Leben, Werk, Wirkung. Frankfurt/M. 2006.

E.H. Erikson, Gandhis Wahrheit. Über die Ursprünge der militanten Gewaltlosigkeit. Frankfurt/M. 1971.

L. Fischer, The Life of Mahatma Gandhi. New York 1950. Nachdrucke: London 1951, 1986. Deutsch: Das Leben des Mahatma Gandhi. München 1951.

L. Fischer, Gandhi. His Life and Message for the World. New York 1954. Deutsch: Mahatma Gandhi. Sein Leben und seine Botschaft an die Welt. Frankfurt/M. 1962. Gandhi. Prophet der Gewaltlosigkeit. München 1983.

R. Gandhi, The Good Boatman. A Portrait of Gandhi. New Delhi 1995.

S. Grabner, Mahatma Gandhi. Politiker, Pilger und Prophet. Berlin (Ost) 1983. Überarb. Neuaufl. Frankfurt/M. 1992.

S. Hoeber Rudolph/L.I. Rudolph, Gandhi. The Traditional Roots of Charisma. Chicago 1987.

F.G. Hutchins, India's Revolution. Gandhi and the Quit India Movement. New Delhi 1971.

D.C. Jha, Mahatma Gandhi. The Congress and the Partition of India. Delhi 1995.

J.T.F. Jordens, Gandhi's Religion. A Homespun Shawl. London 1998.

R. Kumar (Hrsg.), Essays on Gandhian Politics. The Rowlatt Satyagraha of 1919. Oxford 1971.

M. Lindley, J.C. Kumarappa. Mahatma Gandhi's Economist. Delhi 2007.

J. Lütt, Mahatma Gandhis Kritik an der modernen Zivilisation, in: Saeculum – Jahrbuch für Universalgeschichte, 37 (1986), Heft 1, S. 96–112.

R.P. Misra, Hind Swaraj – Gandhi's Challenge to Modern Civilization(= Rediscovering Gandhi). New Delhi 2007.

B. Parekh, Colonialism, Tradition and Reform. An Analysis of Gandhi's Political Discourse. Delhi 1989. 2. Aufl. 1999.

Pyarelal, Mahatma Gandhi. Bd. 1: The Early Phase. Ahmedabad 1965. Bd. 2: The Discovery of Satyagraha. On the Threshold. Bombay 1980.

Pyarelal, Mahatma Gandhi. The Last Phase. Bd. 1, Book 1. Ahmedabad 1956. 2. Aufl. 1965. Bd. 1, Book 2. Ahmedabad 1956. 2. Aufl. 1965.

S. Ray (Hrsg.), Gandhi. India and the World. An International Symposium. Bombay/Melbourne 1970.

E.S. Reddy/G. Gandhi (Hrsg.), Gandhi and South Africa. Ahmedabad 1993.

D. Rothermund, Mahatma Gandi. Eine Politische Biographie. München 1997.

K. Sames, Swadeshi. Der Unabhängigkeitsgedanke in Gandhis Wirtschaftskonzept (= Beiträge zur Südasienforschung, Bd. 180). Stuttgart 1998.

M. Swan, Gandhi. The South African Experience. Johannesburg 1985.

G. Tendulkar, Mahatma. Life of Mohandas Karamchand Gandhi. 8 Bde. New Delhi 1951. 2. Aufl. 1960.

B. Zachariah, In Search of the Indigenous. J.C. Kumarappa and the Philosophy of "Gandhian Economics", in: 2.8: H. Fischer-Tiné/M. Mann (Hrsg.), S. 248–269.

2.10.2 Andere Politiker

2.10.2.1 R. Ali

K. K. Aziz, Rahmat Ali. A Biography (= BSAF, Bd. 118). Stuttgart 1987.

2.10.2.2 B.R. Ambedkar

M.S. Gore, The Social Context of an Ideology. Ambedkar's Political and Social Thought. New Delhi 1993.

C. JAFFRELOT, Ambedkar. Leader of the Dalits, Architect of the Indian Constitution. London 2001.

G. OMVEDT, Dalits and the Democratic Revolution. Dr. Ambedkar and the Dalit Movement in Colonial India. New Delhi 1994.

E.M. ZELLIOT, Dr. Ambedkar and the Mahar Movement. Diss. U. Pennsylvania 1970.

2.10.2.3 S.Ch. Bose

L.A. GORDON, Brothers against the Raj. A Biography of Indian Nationalists Sarat and Subhas Chandra Bose. New York 1990.

J. KUHLMANN, Subhas Chandra Bose und die Indienpolitik der Achsenmächte. Berlin 2003

A. WERTH (Hrsg.), Der Tiger Indiens. Subhas Chandra Bose. Ein Leben für die Freiheit des Subkontinents. München 1971.

D. WEIDEMANN, Subhash Chandra Bose's Passage to Germany (1941), in: asien, afrika, lateinamerika 23 (1995), S. 445–459.

2.10.2.4 V. Chattopadhyaya, „Chatto"

N.K. BAROOAH, Chatto. The Life and Times of an Indian Anti-Imperialist in Europe. New Delhi 2004.

2.10.2.5 Aurobindo Ghosh

S. DAS, Sri Aurobindo. A Modern Political Thinker. Delhi 1993.

K. DOCKHORN, Tradition und Evolution. Untersuchungen zu Sri Aurobindos Auslegung autoritativer Sanskritschriften mit einer Einführung in sein Leben und Werk (= Missionswissenschaftliche Forschungen, Bd. 5). Gütersloh 1969.

P. HEEHS, The Lives of Sri Aurobindo. New York 2008.

D.L. JOHNSON, The Religious Roots of Indian Nationalism. Aurobindo's Early Political Thought. Kalkutta 1974.

J. O'CONNOR, The Quest for Political & Spiritual Liberation. A Study in the Thought of Sri Aurobindo Ghose. Delhi 1976.

B. SOUTHARD, The Political Strategy of Aurobindo Ghosh. The Utilization of Hindu Religious Symbolism and the Problem of Political Mobilisation in Bengal, in: Modern Asian Studies 14/3 (1980), S. 353–376.

O. WOLF, Sri Aurobindo (mit Selbstzeugnissen und Bilddokumenten). 9. Aufl. mit ergänzter Bibliographie von W. HUCHZERMEYER Reinbek 1995.

2.10.2.6 G.K. Gokhale

B.R. NANDA, Gokhale. The Indian Moderates and the British Raj. Delhi/London 1977.

2.10.2.7 M. Iqbal

A. SCHIMMEL, Muhammad Iqbal. Prophetischer Poet und Philosoph. München 1989.

2.10.2.8 M.A. Jinnah

S.K. BANDOPADHYAYA, Mohammad Ali Jinnah and the Creation of Pakistan. New Delhi 1991.

A. JALAL, The Sole Spokesman. Jinnah, the Muslim League and the Demand for Pakistan. Cambridge 1985.

S. WOLPERT, Jinnah of Pakistan. New York, Oxford 1984.

2.10.2.9 S.A. Khan

A.A. ANSARI (Hrsg.), Sir Syed Ahmad Khan. A Centenary Tribute. Delhi 2001.

S. MUHAMMAD, Sir Syed Ahmad Khan. A Political Biography. Meerut 1969.

C.W. TROLL, Sayyid Ahmad Khan. A Reinterpretation of Muslim Theology. New Dehli u. a. 1978.

2.10.2.10 Sh. Krishnavarma

H. FISCHER-TINÉ, Sanskrit, Sociology and Anti-imperial Struggle. The Life of Shyamji Krishnavarma (1857–1930), London 2008.

2.10.2.11 P.M.M. Malaviya

S.L. GUPTA, Pandit Madan Mohan Malaviya. A Socio-Political Study. Allahabad 1978.

K. MACLEAN, Hybrid Nationalist or Hindu Nationalist? The Life of Madan Mohan Malaviya (1861–1946), in: 2.3: K. BRITTLEBANK (Hrsg.), S. 107–124.

2.10.2.12 M.N. Roy

S.M. GANGULY, Leftism in India. M.N. Roy and Indian Politics 1920–1948. Kalkutta 1984.

J.P. HAITHCOX, Communism and Nationalism in India. M.N.Roy and Comintern Policy 1920–1939. Princeton 1971.

K. MANJAPRA, M.N. Roy. Marxism and Colonial Cosmopolitanism. London 2010.

A. ZINK, Vorgeschichte und Entwicklung der politischen Ideen Manabendra Nath Roys 1920–1927. Diss. Univ. Augsburg 1974.

2.10.2.13 B.G. Tilak

R.I. CASHMAN, The Myth of the Lokamanya. Tilak and Mass Politics in Maharashtra. Berkeley 1975.

S.A. WOLPERT, Tilak and Gokhale. Los Angeles 1962.

2.10.3 Die Muslim-Bewegung

K. Dittmer, Die indischen Muslims und die Hindi-Urdu-Kontroverse in den United Provinces (= Schriftenreihe des Südasien-Instituts der Universität Heidelberg). Wiesbaden 1972.

P. Hardy, The Muslims of British India. London/New York 1972.

J. Malik, Islamische Gelehrtenkultur in Nordindien. Entwicklungsgeschichte und Tendenzen am Beispiel von Lucknow. Leiden 1997.

M. Mujeeb, The Indian Muslims. London 1967.

M. Pernau, Bürger mit Turban. Muslime in Delhi im 19. Jahrhundert. Göttingen 2008.

F. Robinson, Separatism among Indian Muslims. The Politics of the United Provinces' Muslims 1860–1923 (= Cambridge South Asian Studies). Cambridge 1974.

K.B. Sayeed, Pakistan. The Formative Phase 1857–1948. 2. Aufl. London 1968.

South Asia, Themenheft "Islam in History and Politics". Bd. 22, 1999.

T. Chand, Influence of Islam on Indian Culture. Allahabad 1954. 2. Aufl. 1976.

2.10.4 Communalism

C.A. Bayly, The pre-History of Communalism? Religious Conflict in India 1700–1860, in: Modern Asian Studies 19 (1985), Heft 2, S. 177–203.

B. Chandra, Communalism in Modern India. Delhi 1984.

L. Dumont, Nationalism and Communalism, in: Ders., Religion, Politics and History in India. Paris/Den Haag 1970, S. 89–110.

J. Lütt, Indien. Religiöser Nationalismus im säkularistischen Staat, in: Nationalismus. Wege der Staatenbildung in der außereuropäischen Welt, hrsg. v. E. Bruckmüller/S. Linhart/Chr. Mährdel (=Historische Sozialkunde 4). Wien 1994, S. 119–128,

K.N. Pannikar (Hrsg.), Communalism in India. History, Politics and Culture. New Delhi 1991.

U. Rao, Kommunalismus in Indien. Eine Darstellung der wissenschaftlichen Diskussion über Hindu-Muslim-Konflikte (= Südasienwissenschaftliche Arbeitsblätter, Bd. 4). Halle/S. 2003.

P. van der Veer, Religious Nationalism. Hindus and Muslims in India. Berkeley 1994

2.10.5 Anfänge des Kommunismus in Indien

S. Bairathi, Communism and Nationalism in India. A Study in Inter-Relationship 1919–1947. New Delhi 1987.

S. Datta Gupta, Comintern and the Destiny of Communism in India, 1919–1943. Dialectics of Real and a Possible History. Kolkata 2006. Frühere Version: Comintern, India and the Colonial Question 1920–37. Kalkutta 1980.

H. Krüger, Die Anfänge des Sozialismus in Indien. Der Beginn der Rezeption sozialistischer Ideen in Indien vor 1914. Berlin (Ost) 1985.

H. Krüger, Indische Nationalisten und Weltproletariat. Der nationale Befreiungskampf in Indien und die internationale Arbeiterbewegung vor 1914. Berlin (Ost) 1984.

C.B. McLane, Soviet Strategies in Southeast Asia. An Exploration of Eastern Policy under Lenin and Stalin. Princeton 1966.

G.D. Overstreet/M. Windmiller, Communism in India. Bombay 1960.

S. Rai Chowdhuri, Leftist Movements in India. 1917–1947. New York 1976.

D. Singh, Meerut Conspiracy Case and the Communist Movement in India 1929–1935. Meerut 1990.

2.11 Dekolonisation: Auf dem Weg zur Unabhängigkeit 1917–1947

2.11.1 Dekolonisation Indiens allgemein

R. Danzig, The Announcement of August 20th, 1917, in: JAS 28, I, S. 19–37.

H.J. Leue, Britische Indien-Politik 1926–1932. Motive, Methoden und Misserfolg imperialer Politik am Vorabend der Dekolonisation (= BSAF, Bd. 59). Wiesbaden 1981.

D.A. Low, Britain and Indian Nationalism. The Imprint of Ambiguity 1929–1942. Cambridge 1997.

J. Lütt, Das Ende des Kolonialismus in Asien, in: Jahrbuch der Berliner Wissenschaftlichen Gesellschaft e.V. 1996. Berlin 1997, S. 205–217.

J. Lütt, Übertragung der Macht oder Sieg im Freiheitskampf? Der Weg zur indischen Unabhängigkeit, in: W.J. Mommsen (Hrsg.), Das Ende der Kolonialreiche. Dekolonisation und die Politik der Großmächte. Frankfurt/M. 1990, S. 47–66, 203–225.

R.J. Moore, The Crisis of Indian Unity 1917–1940. Delhi u. a. 1974.

R.J. Moore, Escape from Empire. The Attlee Government and the Indian Problem. Oxford 1983.

B.R. Tomlinson, The Indian National Congress and the Raj, 1929–1942. The Penultimate Phase. London 1976.

2.11.2 Indien im Zweiten Weltkrieg

J.P. Bhattacharjee, World War II and India. A Fifty Years Perspective, in: Proceedings of the Indian History Congress, New Delhi 1990, S. 365–398.

P.W. Fay, The Forgotten Army. India's Armed Struggle for Independence 1942–1945. Ann Arbor 1993.

P. Greenough, Political Mobilization and the Underground Literature of the Quit India Movement, in: MAS 17/2 (1983), S. 353–386.

L. GÜNTHER, Von Indien nach Annaburg. Die Geschichte der Indischen Legion und des Kriegsgefangenenlagers in Deutschland. Berlin 2003.

M. HARCOURT, Kisan Populism and Revolution in Rural India. The 1942 Disturbances in Bihar and East United Provinces, in: 2.11.1: D.A. LOW (Hrsg.), S. 315–348.

R. HARTOG, Im Zeichen des Tigers. Die Indische Legion auf deutscher Seite 1941–1945. Herford 1991.

M. HAUNER, India in Axis Strategy. Germany, Japan, and Indian Nationalists in the Second World War (= Publications of the German Historical Institute London, Bd. 7). Stuttgart 1981.

J. LÜTT, Der Zweite Weltkrieg und die Entkolonialisierung Indiens, in: 2.3: K. PREISENDANZ/D. ROTHERMUND (Hrsg.), S. 153–172.

G.S. MANGAT, Indian National Army. Role in India's Struggle for Freedom. Ludhiana 1991.

J. OESTERHELD, Die Indische Legion in Frankreich, in: G. HÖPP/B. REINWALD (Hrsg.), Fremdeinsätze. Afrikaner und Asiaten in europäischen Kriegen 1914–1945 (= Studien des Zentrums Moderner Orient, Bd 13). Berlin 2000, S. 209–226.

G. PANDEY (Hrsg.). The Indian Nation in 1942. Kalkutta 1988.

A. SHOURIE, "The Only Fatherland". Communists, "Quit India" and the Soviet Union. New Delhi 1991.

J. VOIGT, Indien im Zweiten Weltkrieg. Stuttgart 1978.

2.11.3 Unabhängigkeit und Teilung Indiens

M.A.K. AZAD, India Wins Freedom. The Complete Version. Delhi 1988.

U. BUTALIA, The Other Side of Silence. Voices from the Partition of India. London 2000.

L. COLLINS/D. LAPIERRE, Um Mitternacht die Freiheit. München u. a. 1976. Original: Freedom at Midnight 1976.

D. CONRAD, Von der Teilung Indiens zur Teilung Pakistans. Staatsrechtliche Aspekte, in: 2.13.6: DERS., S.151–208.

I. COPLAND, The Princes of India in the Endgame of Empire. Cambridge 1997.

K. GUPTA (Hrsg.), Myth and Reality. The Struggle for Freedom in India 1945–47. New Delhi 1987.

M. HASAN (Hrsg.), India Partitioned. The other Face of Freedom. 2. Aufl. 1997.

H.V. Hodson, The Great Divide. Britain–India–Pakistan. Delhi 2000. Zuerst London 1969.

S. KAUL (Hrsg.), The Partitions of Memory. The Afterlife of the Division of India. London 2001.

Y. KHAN, The Great Partition. The Making of India and Pakistan. New Haven/London 2007.

R. Lohia, Guilty Men of India's Partition. Hyderabad 1970.

V.P. Menon, The Transfer of Power. London 1957. Indische Ausgabe Delhi u. a. 1968.

C.H. Philips, The Partition of India 1947. Cambridge 1967.

C.H. Philips (Hrsg.), The Partition of India. Policies and Perspectives 1935–1947. London 1970.

A. Roberts, Eminent Churchillians. London 1994. Deutsch: Churchill und seine Zeitgenossen. München 1998.

D. Rothermund, Delhi, 15. August 1947. Das Ende kolonialer Herrschaft. München 1998.

A. Roy, The High Politics of India's Partition. The Revisionist Perspective, in: S.M. Hasan (Hrsg.), India's Partition. Process, Strategy and Mobilization. Delhi 1994, S. 102–132.

B. Sahni, Tamas oder der Moslem, der Hindu, der Sikh und die Herren (= Neue indische Bibliothek, Bd. 19). Frauenfeld im Waldgut 1994.

N.S. Sarila, The Shadow of the Great Game. The Untold Story of India's Partition. New York/London 2006.

A.I. Singh, The Origins of the Partition of India, 1936–47. Oxford u. a. 1987.

H. Singh, Colonial Hegemony and Popular Resistance. Princes, Peasants, and Paramount Power. New Dehli/Thousand Oaks/London 1998.

South Asia, Themenheft "India's 'Tryst with Destiny' 1947. Visions – Desillusionments – Achievements", Bd. 29, Nr. 1, April 2006.

South Asia, Themenheft "North India. Partition and Independence", Bd. 18, 1995.

S. Wolpert, Shameful Flight. The Last Years of the British Empire in India. New York/Oxford 2006.

2.12 Das unabhängige Indien („Indische Union", „Republik Indien", „Bharat")

2.12.1 Allgemein

P.R. Brass, The Politics of India since Independence (= NCHI, Bd. 4.1). 2. Aufl. Cambridge 1994.

B. Chandra u.a., India after Independence, 1947–2000. New Delhi u. a. 2000 (1999).

R. Guha, India after Gandhi. The History of the World's Largest Democracy. London 2007.

S.S. Harrison, India. The Most Dangerous Decades. Princeton/Madras 1960.

S. Khilnani, The Idea of India. London 1997.

S.A. Kochanek, The Congress Party of India. Princeton 1968.

J. Malhotra, Indien – Wirtschaft, Verfassung, Politik. Wiesbaden 1990.

J. Masselos (Hrsg.), India. Creating a Modern Nation. Sterling/Delhi 1990.

D. Rothermund (Hrsg.), Indien. Kultur, Geschichte, Politik, Wirtschaft, Umwelt. Ein Handbuch. München 1995.

M. J. Zins, Histoire politique de l'Inde indépendante. Paris 1992.

2.12.2 Einzelne Politiker

2.12.2.1 I. Gandhi

K. Frank, The Life of Indira Nehru Gandhi. Boston/New York 2002.

2.12.2.2 R. Lohia

I. Kelkar, Dr. Rammanohar Lohia. His Life and Philosphy. New Delhi 2009.

Y. Yadav (Hrsg.), Politics and Ideas of Rammanohar Lohia. Themenheft Economic and Political Weekly, 2.–8. Oktober 2010, S. 46–107.

2.12.2.3 J. Narayan

B. Prasad, Jayaprakash Narayan. Quest and Legacy. New Delhi 1992.

2.12.2.4 J. Nehru

J.M. Brown, Nehru. A Political Life. New Haven/London 2003.

S. Gopal, Jawaharlal Nehru. A Biography. 3 Bde. New Delhi 1976–1984.

S. Tharoor, Die Erfindung Indiens. Das Leben des Pandit Nehru. Frankfurt/M. 2006.

S. Wolpert, Nehru. A Tryst with Destiny. Oxford/New York 1996.

2.12.2.5 L.B. Shastri

L.P. Singh, Portrait of Lal Bahadur Shastri. A Quintessential Gandhian. Delhi 1996.

C.P. Srivastava, Lal Bahadur Shastri, Prime Minister of India 1964–1966. A Life of Truth in Politics. Delhi 1995.

2.12.3 Außenpolitik

D. Bernstorff, Indiens Rolle in der Weltpolitik. Eine Untersuchung über das außenpolitische Selbstverständnis indischer Führungskräfte. Diss. phil. Freiburg i.B. 1963.

R.C. Hingorani, Nehru's Foreign Policy. New Delhi 1989.

H. Kapur, India's Foreign Policy 1947–92. Shadows and Substance. New Delhi 1994.

J. Lütt, Nehru und Indiens Politik der Blockfreiheit, in: D. Geppert/U. Wengst (Hrsg.), Neutralität – Chance oder Chimäre? Konzepte des Dritten Weges für Deutschland und die Welt 1945–1990. München 2005, S. 133–154.

N. Maxwell, India's China War. London 1970.

Ch. Wagner, Die „verhinderte" Großmacht? Die Außenpolitik der Indischen Union 1947–1998. Baden-Baden 2005.

2.12.4 Das Kaschmir-Problem

L. Blinkenberg, India and Pakistan. The History of Unsolved Conflicts, Bd. I. Odense 1998.

C. Dasgupta, War and Diplomacy in Kashmir. 1947–48. New Delhi 2002.

S. Ganguly, The Crisis in Kashmir. Portents of War – Hopes of Peace. Cambridge 1997.

P. Höning, Der Kaschmirkonflikt und das Recht der Völker auf Selbstbestimmung. Berlin 2000.

P.S. Jha, Kashmir 1947. Rival Versions of History. Delhi 1996.

A. Lamb, Incomplete Partition. The Genesis of the Kashmir Dispute 1947–1948. Hertingfordbury 1997.

D. Rothermund, Krisenherd Kaschmir. Der Konflikt der Atommächte Indien und Pakistan. München 2002.

S. Widhalm, Democracy and Violent Separatism in India. Kashmir in a Comparative Perspective. Uppsala 1997.

2.12.5 Die kommunistischen Parteien

B.S. Gupta, CPI-M. Promises, Prospects, Problems. New Delhi 1979.

A.P. Mukherjee, Maoist „Spring Thunder". The Naxalite Movement (1967–1972). Kolkata 2007.

H. Palme, Die Naksaliten-Bewegung in Indien, in: P. Feldbauer/H.J. Puhle (Hrsg.), Bauern im Widerstand. Wien/Köln/Weimar 1992, S. 133–152.

I. Rothermund, Die Spaltung der Kommunistischen Partei Indiens. Ursachen und Folgen. Wiesbaden 1969.

R.S. Singh/C. Singh, Indian Communism. Its Role towards the Indian Polity. New Delhi 1991.

2.12.6 Hindu-Nationalismus

C. Baxter, The Jana Sangh. A Biography of an Indian Political Party. Bombay u. a. 1971.

C. Bhatt, Hindu Nationalism. Origins, Ideologies and Modern Myths. Oxford 2001.

Ch. Brosius, Empowering Visions. The Politics of Representation in Hindu Nationalism. London 2005.

M. Casolari, Italian Fascism and Indian Radical Nationalism. The Case of the (sic!) Hindu Fundamentalism. Vortrag vor der 15th European Conference on Modern South Asian Studies, Prag, 8.–12. September 1998, Panel 7.

M. Casolari, Hindutvaʼs Foreign Tie-up in the 1930s – Archival Evidence, in: EPW 22, Januar 2000, S. 218 228.

T. Delfs, Hindu-Nationalismus und europäischer Faschismus. Vergleich, Transfer- und Beziehungsgeschichte (= Bonner Asienstudien, Bd. 6). Hamburg-Schenefeld 2008.

P.S. Ghosh, BJP and the Evolution of Hindu Nationalism. Delhi 1999.

B.D. Graham, Hindu Nationalism and Indian Politics. The Origins and Development of the Bharatiya Jana Sangh. Cambridge 1990.

T.B. Hansen, The Saffron Wave. Democracy and Hindu Nationalism in Modern India. Princeton 1999.

C. Jaffrelot, The Hindu Nationalist Movement and Indian Politics, 1925 to the 1990s. Strategies of Identity-Building, Implantation and Mobilisation. London 1993.

H.-J. Klimkeit, Der politische Hinduismus. Indische Denker zwischen religiöser Reform und politischem Erwachen. Wiesbaden 1981.

C. Krishna (Hrsg.), Fascism in India. Delhi 2003.

V.H. Lorentz, Nationalismus und Sozialismus als Problem der Dekolonisation. Die Congress Socialist Party. Diss. Bonn 1976.

J. Lütt, Drei Jahre Regierung der Hindu-Nationalisten vor dem Hintergrund der neueren Geschichte Indiens, in: W. Draguhn (Hrsg.), Indien 2001 – Politik, Wirtschaft, Gesellschaft. Hamburg 2001, S. 79–105.

J. Lütt, Hindu-Nationalismus in Uttar Pradesh 1867–1900 (= Kieler Historische Studien, Bd. 9). Stuttgart 1970.

J. Lütt, Der Hinduismus auf der Suche nach einem Fundament, in: H. Kochanek (Hrsg.), Die verdrängte Freiheit. Fundamentalismus in den Kirchen. Freiburg i.Br. 1991, S. 218–239.

J. Lütt, Die regionalen Wurzeln der Hindu Mahasabha, in: H. Kulke/D. Rothermund (Hrsg.), Regionale Tradition in Indien, Wiesbaden 1985, S. 219–233.

Y.K. Malik/V.B. Singh, Hindu Nationalists in India. The Rise of the Bharatiya Janata Party, New Delhi u. a. 1995.

M. Schied, Die Evolution einer fundamentalistischen Bewegung im Hinduismus. Der Ayodhya-Konflikt. Berlin 1992.

C. Six, Hindu-Nationalismus und Globalisierung. Die zwei Gesichter Indiens. Symbole der Identität und des Anderen (= Geschichte, Entwicklung, Globalisierung, Band 2). Frankfurt/M. 2001.

U. Skoda/K. Voll (Hrsg.), Der Hindu-Nationalismus in Indien. Aufstieg – Konsolidierung – Niedergang? (= Berliner Studien zur Internationalen Politik und Gesellschaft, Bd. 1) Berlin 2005.

J. Zavos, The Emergence of Hindu Nationalism in India. Oxford 2000.

2.12.7 Communal Riots, Gewalt zwischen den Religionsgruppen

P.R. Brass, The Production of Hindu-Muslim Violence in Contemporary India. Seattle/London 2003

A.A. Engineer, Communal Riots after Independence. A Comprehensive Account. Delhi 2004.

S.K. Ghosh, Communal Riots in India. Meet the Challenge Unitedly. New Delhi 1987

M.C. Nussbaum, The Clash Within. Democracy, Religious Violence, and India's Future. Cambridge (Mass.) 2007.

S. Varadarajan, Gujarat. The Making of a Tragedy. 2002.

2.12.8 „JP"-Bewegung und Emergency

W. Adam, Indien (= Edition Zeitgeschehen). Hannover 1977.

B. Chandra, In the Name of Democracy. JP Movement and the Emergency, New Delhi 2003.

P.N. Dhar, Indira Gandhi, the „Emergency", and Indian Democracy. New Delhi 2000.

E. Kulke, Die Abwahl einer Diktatur. Hintergründe und Auswirkungen der indischen Parlamentswahlen 1977 (= Arnold-Bergstraesser-Institut, Aktuelle Informations-Papiere zu Entwicklung und Politik, Nr. 4). Freiburg 1977.

K. Nayar, The Judgement. Inside Story of Emergency in India. Delhi 1977.

A. Shourie, Symptoms of Fascism. New Delhi 1978

S. Sinha, Emergency in Perspective. Reprieve and Challenge. New Delhi 1977.

E. Tarlo, Unsettling Memories. Narratives of the "Emergency" in Delhi. London 2001.

M. Yunus, Persons, Passions and Politics. Delhi 1980.

2.12.9 Panjab-Krise, Sikh-Separatismus, Khalistan

R. Jeffrey, What's Happening to India? 2. Aufl. London u. a. 1994.

M. Stukenberg, Der Sikh-Konflikt (= Beiträge zur Südasienforschung, Bd. 167). Stuttgart 1995.

M. Tully/S. Jacob, Amritsar. London 1994.

2.12.10 Aufstieg der Dalits und der „Other Backward Classes"

Ch. Jaffrelot, India's Silent Revolution. The Rise of the Lower Castes in North India. London 2003.

M. Galanter, Competing Equalities. Law and the Backward Classes in India. Berkeley 1984.

O. Mendelsohn/M. Vicziany, The Untouchables. Subordination, Poverty and the State in Modern India. Cambridge 1998.

S.M. MICHAEL (Hrsg.), Untouchable. Dalits in Modern India. London 1999.

G. OMVEDT, Dalit Visions. The Anti-Caste Movement and the Construction of an Indian Identity. New Delhi 1995.

G. SINGH/H.L. SHARMA, Reservation Politics in India. Mandalisation of the Society. New Delhi 1995.

2.12.11 Liberalisierung der Wirtschaft seit 1991

I.J. AHLUWALIA (Hrsg), India's Economic Reforms and Development. Essays for Manmohan Singh. Delhi/New York 1998.

M. ENSKAT, Indiens wirtschaftspolitische Reformen nach 1991. Eine Fallstudie des Stromsektors. Diss. Heidelberg 2001.

K. NATH, India's Century. The Age of Entrepreneurship in the World's Biggest Democracy. New York 2008.

A. PANAGARIYA, India the Emerging Giant. Delhi 2008.

D. ROTHERMUND (Hrsg.), Liberalising India. Progress and Problems. Delhi 1996.

C. RANGARAJAN, Structural Reforms in Industry, Banking, and Finance. A Case Study of India. Singapur 2000.

2.13 Übergreifende Themen

2.13.1 Indien und Europa

N. K. BAROOAH, India and the Official Germany. 1886–1914. Frankfurt/M. 1977.

U. BITTERLI/E. SCHMITT (Hrsg.), Die Kenntnis beider „Indien" im frühneuzeitlichen Europa. München 1991.

H. BRÜCKNER/K. BUTZENBERGER/A. MALINAR/G. ZELLER (Hrsg.), Indienforschung im Zeitenwandel. Analysen und Dokumente zur Indologie und Religionswissenschaft in Tübingen. Tübingen 2003.

M. CLUET (Hrsg.), La Fascination de l'Inde en Allemagne 1800–1933. Rennes 2004.

A. DAS GUPTA, Handel, Hilfe, Hallstein-Doktrin. Die deutsche Südasienpolitik unter Adenauer und Erhard 1949–1966. Husum 2004.

G. DHARAMPAL-FRICK, Indien im Spiegel deutscher Quellen der Frühen Neuzeit 1500–1750. Studien zu einer interkulturellen Konstellation. Tübingen 1994.

W. HALBFASS, Indien und Europa. Perspektiven ihrer geistigen Begegnung. Basel/Stuttgart 1981. Überarb. englische Ausgabe India and Europe. An Essay in Understanding. Albany 1988.

H. LIEBAU (Hrsg.), Geliebtes Europa – Ostindische Welt. 300 Jahre interkultureller Dialog im Spiegel der Dänisch-Halleschen Mission. Katalog der

Jahresausstellung der Franckeschen Stiftungen zu Halle vom 7. Mai–3. Oktober 2006. Halle/S. 2006.

S.L. Marchand , German Orientalism in the Age of Empire. Religion, Race, and Scholarship. Cambridge u. a. 2009.

D.T. McGetchin/P.K.J. Park/D.R. SarDesai, Sanskrit and "Orientalism". Indology and Comparative Linguistics in Germany, 1750–1958. Delhi 2004.

O. Molden (Hrsg.), Dialogkongress Westeuropa – Indien des Österreichischen College in Alpbach. Eröffnungsansprachen, Plenarvorträge, Abschlußberichte der Plattformen. Wien o.J. (1983).

M. Nanda, European Travel Accounts during the Reigns of Shahjahan and Aurangzeb. Kurukshetra 1994.

P. Rabault-Feuerhahn, L'archive de origines. Sanskrit, philologie, anthropologie dans l'Allemagne du XIXe siècle (= bibliothèque franco-allemande). Paris 2008.

T. Raychaudhuri, Europe Reconsidered. Perceptions of the West in Nineteenth-Century Bengal. 2. Aufl. New Delhi 2002.

R. Römer, Sprachwissenschaft und Rassenideologie in Deutschland. München 1989.

J.P. Rubiés, Travel and Ethnology in the Renaissance. South India through European Eyes 1250–1625. Cambridge 2000.

J.P. Rubiés, Oriental Despotism and European Orientalism. Botero to Montesquieu, in: Journal of Early Modern History 9 (2005), 1–2, S. 109–160.

H.W. Schütte, Die Asienwissenschaften in Deutschland. Geschichte, Stand und Perspektiven (= Mitteilungen des Instituts für Asienkunde Hamburg, Bd. 353). Hamburg 2002.

R. Schwab, The Oriental Renaissance. Europe's Rediscovery of India and the East 1680–1880. New York 1984 (franz. Original 1953).

S. Stuurman, François Bernier and the Invention of Racial Classification, in: History Workshop Journal 50 (2000), S. 1–19.

S.J. Tambiah, What Did Bernier Actually Say? Profiling the Mughal Empire, in: Contributions to Indian Sociology (n.s.) 32, 2 (1998), S. 361–386.

T.R. Trautmann, Aryans and British India. Berkeley 1997.

C. Tzoref-Ashkenazi, Der romantische Mythos vom Ursprung der Deutschen. Friedrich Schlegels Suche nach der indogermanischen Verbindung. Göttingen 2009.

J. Voigt, Die Indienpolitik der DDR. Von den Anfängen bis zur Anerkennung (1952–1972) (= Stuttgarter Historische Forschungen, Bd. 5). Köln/Weimar/Wien 2008.

J. Voigt, Relations between the Indian National Movement and Germany from 1870 till 1945. Kalkutta o.J.

Zeitschrift für Kulturaustausch, Themenheft „Utopie – Projektion – Gegenbild. Indien in Deutschland", hrsg. v. N.Klein/A.Bhatti/J. Lütt, 37/3 (1987).

2.13.2 Sozialgeschichte

R. Ahuja, Die Erzeugung kolonialer Staatlichkeit und das Problem der Arbeit. Eine Studie zur Sozialgeschichte der Stadt Madras und ihres Hinterlandes zwischen 1750 und 1800 (= BSAF, Bd. 183). Stuttgart 1999.

K. Bruhn, The Predicament of Women in Ancient India. Berlin 2008.

J.M. Everett, Woman & Social Change in India. New Delhi 1981.

B.B. Misra, The Indian Middle Classes. Their Growth in Modern Times. London 1961 u.ö.

J. Nag, Social Reform Movements in Nineteenth Century India. Jaipur 1988.

S. Natarajan, A Century of Social Reform in India. Bombay u. a. 1959.

E. Stokes, The Peasant and the Raj. Studies in Agrarian Society and Peasant Rebellion in Colonial India (= Cambridge South Asian Studies, Bd. 28). Cambridge 1978.

R. Syed, „Ein Unglück ist die Tochter". Zur Diskriminierung des Mädchens im alten und im heutigen Indien. Wiesbaden 2001.

2.13.3 Wirtschafts- und Agrargeschichte

D. Arnold, Famine, Social Crisis and Historical Change. London 1988.

F.C. Badhwar, Indian Railways 1853–1953, New Delhi 1975.

A.K. Baghi, Colonialism and Indian Economy, New Delhi 2010.

B.M. Bhatia, Famines in India. A Study in some Aspects of the Economic History of India (1860–1965). 2. Aufl. Bombay u. a. 1967.

N. Charlesworth, British Rule and the Indian Economy 1800–1914 (= Studies in Economic and Social History). London u. a. 1982. Nachdruck 1985.

V. M. Dandekar, The Indian Economy 1947–92. Bd. 2: Population, Poverty and Employment. New Delhi 1996.

M. Davis, Late Victorian Holocausts. El Nino Famines and the Making of the Third World. London/New York 2001. Deutsch: Die Geburt der Dritten Welt. Hungerkatastrophen und Massenvernichtung im imperialistischen Zeitalter. Berlin u. a. 2005.

W. Digby, "Prosperous" British India. A Revelation from Official Records. London 1901.

R. Dutt, The Economic History of India. Bd. I: Under Early British Rule 1757–1837. London 1902. Dritter Nachdruck Delhi 1976. Bd. II: In the Victorian Age 1837–1900. London 1904. Dritter Nachdruck Delhi 1976.

D.R. Gadgil, The Industrial Evolution of India in Recent Times 1850–1939. 5. Aufl. Delhi 1988.

P. Greenough, Prosperity and Misery in Modern Bengal. The Famine of 1943–1944. New York 1982.

I. Habib, Studying a Colonial Economy – Without Perceiving Colonialism, in: MAS 19,3 (1985), S. 368–374.

W. Keller, Strukturen der Unterentwicklung Indiens 1757–1914. Eine Fallstudie über abhängige Reproduktion (= Beiträge zur Kolonial- und Überseegeschichte, Bd. 15). Zürich 1977.

B. Kling, Partner in Empire. Dwarkanath Tagore and the Age of Enterprise in Eastern India. Kalkutta 1976.

D. Kumar (Hrsg.), The Cambridge Economic History of India. Bd. 2: c. 1757–1970. Cambridge 1983.

D. Lal, The Hindu Equilibrium. India c. 1500 BC–AD 2000. Oxford 2005.

D. Ludden, An Agrarian History of South Asia (= NCHI 4,4). Cambridge 1999.

A. Maddison, Class Structure and Economic Growth. India and Pakistan since the Moghuls. London 1971.

M.D. Morris/T. Matsui/B. Chandra/T. Raychaudhary, Indian Economy in the Nineteenth Century. A Symposium. Delhi 1969.

R. Mukerjee, The Economic History of India 1600–1800. Allahabad 1995.

M.A. Rao, Indian Railways, New Delhi 1975.

D. Rothermund, Government, Landlord and Peasant in India. Agrarian Relations under British Rule 1865–1935. Wiesbaden 1978.

D. Rothermund, Indiens wirtschaftliche Entwicklung. Von der Kolonialherrschaft bis zur Gegenwart. Paderborn u. a. 1985.

D. Thorner, Investment in Empire. British Railway and Steam Shipping Enterprise in India 1825–1849. Philadelphia 1950.

D. u. A. Thorner, Land and Labour in India. 2. Aufl. Bombay 1965.

H. Tischner, Die wirtschaftliche Entwicklung Indiens in den Jahren 1951–1978 unter besonderer Berücksichtigung der Auslandshilfe. Berlin 1981.

B.R. Tomlinson, The Economy of Modern India 1860–1970 (= NCHI 3,3). Cambridge 1996.

2.13.4 Militärgeschichte

T.A. Heathcote, The Military in British India. The Development of British Land Forces in British India 1600–1947. Manchester 1995.

D. Kolff, Naukar, Rajput and Sepoy. The Ethnohistory of the Military Labour Market in Hindustan, 1450–1850. Cambridge 1990.

D. Omissi, The Sepoy and the Raj. The Indian Army 1860–1940. London 1994.

2.13.5 Umweltgeschichte

P.Anker, Imperial Ecology. Environmental Order in the British Empire 1895–1945. Cambridge 2001

D. Arnold/R. Guha (Hrsg.), Nature, Culture, Imperialism. Essays on the Environmental History of South Asia. Delhi u. a. 1996.

R. Grove/V. Damodaran/S. Sangwan, Nature and the Orient. The Environmental History of South and Southeast Asia. Delhi u. a. 1998.

M. Mann, Britische Herrschaft auf indischem Boden. Landwirtschaftliche Transformation und ökologische Destruktion. Stuttgart 1992.

M. Mann, Natur und Kultur. Umweltgeschichte Südasiens, ca. 1700–2001, in: 2.3: Preisendanz/Rothermund (Hrsg.), S. 212–232.

2.13.6 Verfassungs- und Rechtsgeschichte

G. Austin, Working a Democratic Constitution. The Indian Experience. Oxford 1999.

A.C. Banerjee, The Constitutional History of India. Bd. 1: 1600–1858. 2. Aufl. Delhi 1987.

D. Conrad, Zwischen den Traditionen. Probleme des Verfassungsrechts und der Rechtskultur in Indien und Pakistan. Gesammelte Aufsätze von Dieter Conrad, hrsg. v. J. Lütt/M.P. Singh, Stuttgart 1999.

J. Fisch, Cheap Lives and Dear Limbs. Wiesbaden 1983.

M.P. Jain, Outlines of Indian Legal History. 3. Aufl. Bombay 1972.

B. Shiva Rao u. a., The Framing of India's Constitution. 5 Bde., New Delhi 1965–71.

R. Singha, A Despotism of Law. Crime & Justice in Early Colonial India. Delhi 1998.

2.13.7 Bildungsgeschichte

H. Fischer-Tiné, Vom Wissen zur Macht. Koloniale und „nationale" Bildungsmodelle in Britisch-Indien, ca. 1781–1920, in: 2.3: Preisendanz/Rothermund (Hrsg.), S. 90–112.

S.C. Ghose, The History of Education in Modern India 1757–1986. Hyderabad 1995.

K. Kumar/J. Oesterheld (Hrsg.), Education and Social Change in South Asia. Delhi 2007.

M. Pernau (Hrsg.), The Delhi College. Traditional Elites, the Colonial State, and Education before 1857. New Delhi 2006.

Anhang

Abkürzungen

AA	Auswärtiges Amt
AICC	All India Congress Committee
AMP	Asiatic Mode of Production
APW	Asiatische Produktionsweise
BJP	Bharatiya Janata Party
BJS	Bharatiya Jana Sangh
BSAF	Beiträge zur Südasienforschung
BSF	Border Security Force
BSP	Bahujan Samaj Party
CEHI	Cambridge Economic History of India
CHI	Cambridge History of India
CPI	Communist Party of India
CPI (M)	Communist Party of India (Marxist)
CPI (M-L)	Communist Party of India (Marxist-Leninist)
CSP	Congress Socialist Party
CWMG	The Collected Works of Mahatma Gandhi
DMK	Dravida Munetra Kazagam
EIC	East India Company
EPW	Economic & Political Weekly
GG	Governor General
GoI	Government of India
GIA	Government of India Act 1935
GWU	Geschichte in Wissenschaft und Unterricht
HCIP	History and Culture of the Indian People
HMS	All India Hindu Mahasabha
HZ	Historische Zeitschrift
ICS	Indian Civil Service
IESHR	Indian Economic and Social History Review
ILC	Imperial Legislative Council
INA	Indian National Army
INC	Indian National Congress
IPKF	Indian Peace Keeping Force
JP	Jayaprakash Narayan
JVP	Janata Vimukti Peramuna
LC	Legislative Council
LTTE	Liberation Tigers of Tamil Eelam
MAS	Modern Asian Studies
ML	Muslim League, Muslim-Liga
NCHI	New Cambridge History of India
NHRC	National Human Rights Commission

NWFP	North-West Frontier Province
OBC	Other Backward Classes
OIK	Ostindien-Kompanie
PP	Parliamentary Papers
RSS	Rashtriya Svayamsevak Sangh
RTC	Round Table Conference
SC	Scheduled Classes
SOAS	School for Oriental and African Studies
SP	Samajwadi Party
ST	Scheduled Tribes
TS	Theosophical Society
TOP	Transfer of Power. Voller Titel: Constitutional Relations between Britain and India. The Transfer of Power, 1942–7. Hrsg. v. N. MANSERGEH/E.W.R. LUMBY. London 1970–1983.
UP	United Provinces, seit 1950 Uttar Pradesh
VOC	Verenigte Oostindische Compagnie
WC	Working Committee
XCHR	Xavier Centre of Historical Research

Karten

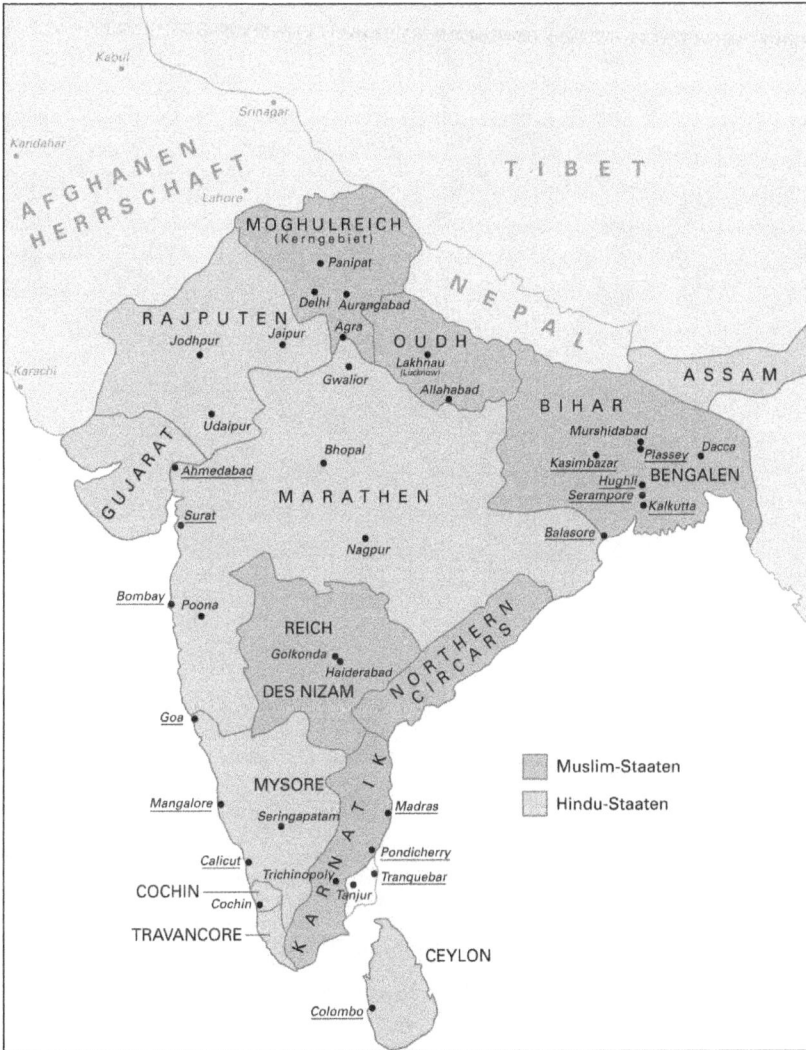

Abbildung 1: Indien am Vorabend der britischen Eroberung 1757

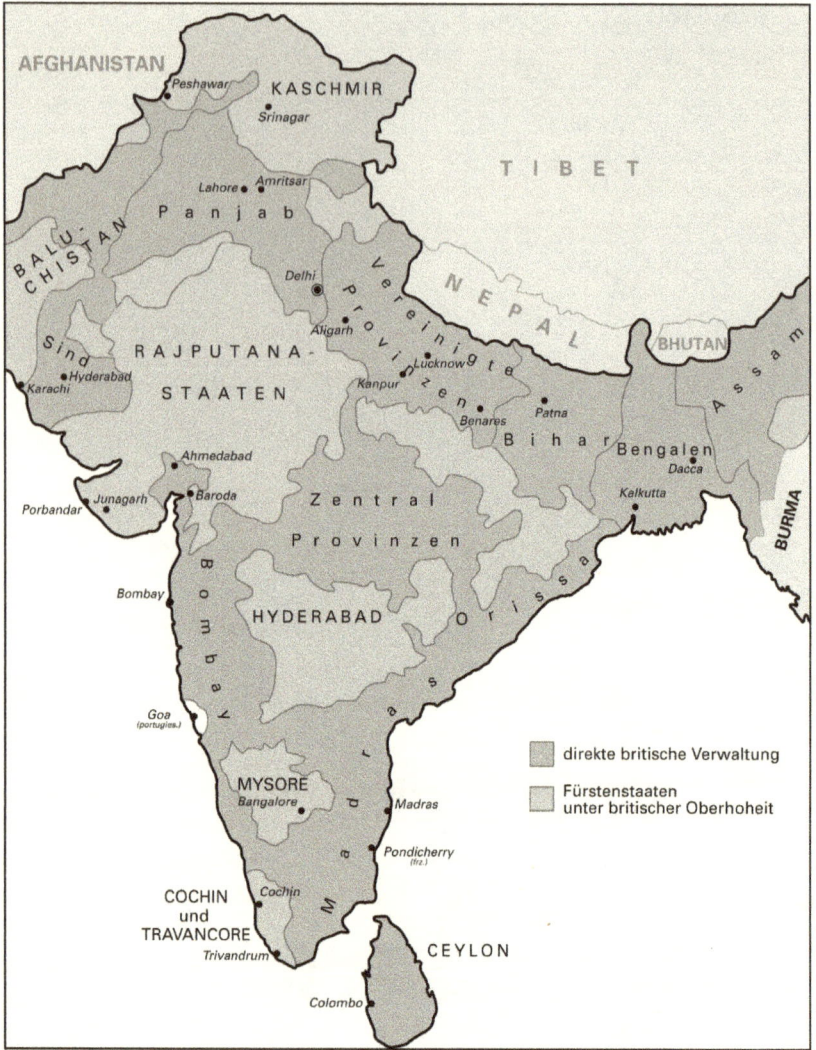

Abbildung 2: Indien am Vorabend der Unabhängigkeit 1947

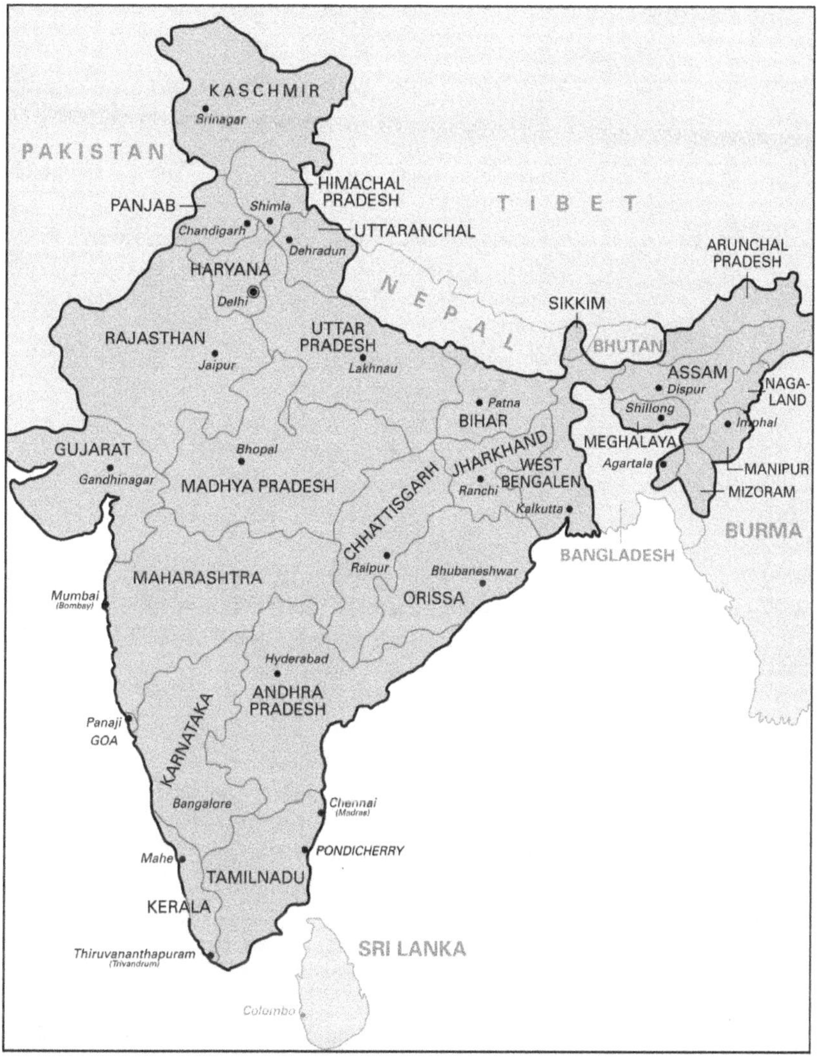

Abbildung 3: Indien heute

Zeittafel

1498, 20.5.	Vasco da Gama landet in Calicut, Südwestküste Indiens
1502–1503	Vasco da Gamas zweite Indienreise.
1503	Erstes portugiesisches Fort in Cochin an der Malabarküste
1505	Gründung des „Estado da India" durch König Manuel von Portugal
1505/6	Indienfahrt mit deutschen und italienischen Kaufleuten
1510	Goa wird portugiesisch
1535	Diu wird portugiesisch
1542	Franz Xaver landet in Goa
1554	Einführung der Inquisition in Goa
1559	Daman wird portugiesisch
1565	Schlacht von Talikota
1599	Synode von Diamper
1600	Gründung der englischen East India Company, EIC
1602	Gründung der holländischen Ostindienkompanie (VOC)
1640	Gründung von Madras
1661	Bombay wird britisch
1664	Gründung der französischen Ostindien-Kompanie
1690	Gründung von Kalkutta
1706	Beginn der protestantischen Mission in Tranqebar
1717	„Farman" des Moghul-Kaisers Farrukhsiyar über Handelsprivilegien für die EIC
1746, 24.10.	Schlacht bei Adyar
1757, 24.6.	Schlacht bei Plassey
1757–60	Robert Clive Gouverneur von Bengalen
1761	3. Schlacht bei Panipat.
1764	Schlacht bei Buxar
1765	Die EIC bekommt die Diwani für Bengalen, Bihar und Orissa übertragen
1767–69	Erster Mysore-Krieg
1772–85	Warren Hastings Generalgouverneur
1772	Kalkutta wird Hauptstadt von Britisch-Indien
1774	Gründung des Supreme Council und des Supreme Court in Kalkutta
1775–82	Erster Maratha-Krieg
1780–84	Zweiter Mysore-Krieg
1784	Pitts India Act, Gründung der Asiatic Society of Bengal
1786–93	Prozeß gegen Warren Hastings

1790–92	Dritter Mysore-Krieg
1793, 22.3.	Verkündung des Permanent Settlement in Bengalen
1798–99	Vierter Mysore-Krieg
1799, 4.5.	Schlacht von Seringapatam. Tod Tipu Sultans
1798–1805	Marquess Wellesley Generalgouverneur von Indien
1803–05	Zweiter Maratha-Krieg
1803	Eroberung Delhis durch die Briten
1813	Erneuerung der Charta der EIC: Freihandel und Zulassung der christlichen Mission. Aktive Erziehungspolitik.
1814–16	Krieg mit Nepal (Gurkha-Krieg)
1815	Rammohan Roy beginnt seine öffentliche Reformtätigkeit
1817–18	Zerstörung des Marathen-Reichs
1817	James Mill: The History of British India
1828–1856	Reform-Ära.
1828	Rammohan Roy gründet den Brahmo Samaj
1829	Verbot von Suttee
1835	Thomas Babington Macaulay: Minute on Education
1839	Tod Ranjit Singhs
1839–42	Erster Anglo-Afghanischer Krieg
1843	Eroberung von Sind
1845–46	Erster Sikh-Krieg
1848–49	Zweiter Sikh-Krieg. Annexion des Panjab
1852	2. Anglo-burmesischer Krieg
1856	Annexion von Oudh
1857/8	Indischer Aufstand („Mutiny")
1858	Indien wird Kronkolonie.
1869, 2.10.	Mohandas Karamchand Gandhi geboren
1875	Gründung des Arya Samaj, Gründung der Theosophischen Gesellschaft
1877, Januar	Delhi Durbar: Lord Lytton ruft Königin Victoria zur Kaiserin von Indien aus
1878–80	2. Anglo-afghanischer Krieg
1879	Vizekönig Lytton lässt alle Importzölle auf britische Baumwollstoffe aufheben
1885, Dezember	Gründung des Indian National Congress in Bombay
1886	3. Anglo-burmesischer Krieg. Oberburma wird annektiert. Gandhi zum Studium in England
1893	Swami Vivekananda spricht vor dem „Parlament der Religionen" in Chicago. Gandhi in Südafrika
1896/7	Schwere Hungersnot in fast ganz Indien
1905	Teilung Bengalens
1906, Dezember	Gründung der Muslim-Liga
1909	Morley/Minto-Reformen
1916, Februar	Gandhi betritt die politische Bühne Indiens

1917, 20.8.	August-Erklärung der britischen Regierung
1918/19	Montagu-Chelmsford-Reformen
1919, 21.2.	Rowlatt Act wird verkündet
1919, 13.4.	Massaker im Jallianwala Bagh in Amritsar
1920–1921	Non-Cooperation Campaign
1921, 4.2.	Chauri Chaura
1923, August	Große Konferenz der Hindu Mahasabha in Benares
1928	Nehru Report
1929	Der INC erklärt Purna Swaraj zum offiziellen Ziel
1930, 21.1.	Am Ufer des Ravi bei Lahore wird die indische Flagge entrollt
1931, September	2. Konferenz am Runden Tisch (RTC)
1932, 20.9	Gandhi beginnt sein „Epic Fast"
1935	Government of India Act
1937	Wahlen zu den Gesetzgebenden Räten (LC)
1938, 24.07.	Treffen zwischen Nehru und Labour-Führern in Cripps' Privathaus
1939, 03.09.	Vizekönig Linlithgow erklärt im Namen Indiens den Krieg an das Deutsche Reich.
1939,15.9.	Der INC verurteilt die Umstände des Kriegseintritts Indiens und fordert Erklärung der Kriegsziele
1939, 23.10	Die Kongress-Regierungen in den Provinzen treten zurück
1939, 22.12.	Aus Freude über den Rücktritt der INC-Regierungen in den Provinzen ruft Jinnah den „Day of Deliverance" aus.
1940, 23.3.	Lahore (Pakistan)-Resolution der Muslim-Liga.
1940, 1.6.	Emergency Power Ordinance mit dem Ziel, „to crush Congress finally"
1940, 8.8.	„August-Angebot" der britischen Regierung an Indien
1940, 13.10	Der Arbeitsausschuss (WC) beschließt eine „Individuelle Satyagraha-Kampagne"
1941, 28.3.–8.2.1943	Subhas Chandra Bose in Deutschland
1942, 22.3	Ankunft von Sir Stafford Cripps in Indien
1942, 11.4	Ablehnung des Cripps-Angebots durch den Kongress
1942, 8.8	Gandhi und die Kongress-Führung werden verhaftet, danach beginnt der August-Aufstand
1945, 14./15.6.	Der Arbeitsausschuss (WC) des INC wird aus dem Gefängnis entlassen
1946, 19.–23.2	Meuterei in der Royal Indian Navy in Bombay
1946, 16.5.	Der Cabinet Mission Plan wird vorgestellt
1946, 16.8.	„Direct Action Day" in Kalkutta
1947, 3.6.	Der Beschluss zur Teilung Indiens wird verkündet
1947, 14./15.8.	Unabhängigkeit Indiens und zugleich Teilung
1947, 17.8.	Boundary Commission Award wird verkündet

1947, 22.10.–1.1.1949	Kaschmir-Krieg
1947, 26.10.	Der Maharaja von Kaschmir unterzeichnet das Beitrittsgesuch an Indien (Instrument of Accession)
1948, 30.1.	Mahatma Gandhi wird ermordet
1951, 1.1.	Indien beendet noch vor den Westalliierten den Kriegszustand mit dem ganzen einstigen deutschen Reichsgebiet
1951, 12.5	Eröffnung des ersten Generalkonsulats der Bundesrepublik Deutschland in Bombay
1955, April/Mai	Bandung-Konferenz
1959, 31.7.	Die kommunistische Landesregierung in Kerala wird durch „President's Rule" von der Zentralregierung abgesetzt
Ende 1961	Besetzung Goas durch Indien
1962, Okt./Nov.	China greift Indien an
1964, 27.5.	Tod Nehrus
1964, Juni–Jan 1966	Lal Bahadur Shastri Premierminister
1965, 6.–23.9.	Zweiter Krieg zwischen Indien und Pakistan
1966, 3.–10.1.	Konferenz von Taschkent
1966–1977	Erste Regierungszeit Indira Gandhis
1967, 23.5.	Beginn der Naxaliten-Bewegung
1971, 3.–17.12.	Krieg zwischen Indien und Pakistan wegen Bangladesch
1974–1975	JP-Bewegung
25./26.6.1975–16.1.1977	Regierung des Inneren Notstands („Emergency") Regierung der Janata Party
1980, Jan.–Okt. 1984	2. Regierungszeit Indira Gandhis
Anfang 1980	Beginn der Khalistan-Bewegung
1980, 23.6.	Sanjay Gandhi verunglückt tödlich bei einem Flugzeugabsturz
1984, 4.–7.6.	Operation Bluestar. Erstürmung des Goldenen Tempels in Amritsar durch die indische Armee
1984, 31.10.	Ermordung Indira Gandhis durch ihre Sikh-Leibwächter
1984, Nov.–Nov.1989	Rajiv Gandhi Premierminister
Mai 1986	Muslim Woman (Protection of Rights on Divorce) Act
Juli 1987	Indo-Sri Lanka Accord
1991, 24.5	Ermordung Rajiv Gandhis durch die „Tamil Tigers"
1991–1996	Kongress-Regierung unter Narasimha Rao
1991, 24.7.	Die indische Regierung beschließt die wirtschaftliche Öffnung Indiens
1992, 6.12.	Erstürmung der Babur-Moschee in Ayodhya
1998–2004	Die BJP in Koalition an der Macht
1999, 20.2.	Premierminister Vajpayees Busfahrt nach Lahore
Mai 1999	Indisch-pakistanischer Konflikt um Kargil

2001, 13.12.	Anschlag auf das indische Parlament mit anschließender Truppenmobilisierung in Indien und Pakistan
2002, 27.2.	Zwischenfall in Godhra mit anschießenden „Gujarat Riots"

Glossar

Akali Dal	Politische Partei der Sikhs im Panjab
AICC	s. All India Congress Committee
All India Congress Committee	Die Delegiertenversammlung des Indischen Nationalkongresses, vor 1947 eine Art inoffizielles Parlament. Siehe auch Working Committee
Anglo-Inder	Nachkommen von Indern und Engländern oder anderen Weißen. Bilden eine eigene Gruppe (*community*) mit verfassungsrechtlichem Rang
Atman und Brahman	Einzelseele und Allseele
Bande Mataram	Sanskrit: „Ich beuge mich vor der Mutter". Gedichttitel von Bankim Chandra Chatterjee (1838–1894) aus seinem Roman Anandamath (1882), wobei „Mutter" sowohl die Göttin Kali als auch das Land Indien bedeuten kann. Danach nannte Aurobindo Ghosh eine seiner Zeitschriften. Inoffizielle Nationalhymne
Bharatiya Sanskriti	„Indische Kultur", von Deen Dayal Upadhyaya geprägter Begriff
Bhoodan-Bewegung	Landschenkungsbewegung des Vinoba Bhave
Bonded labour	Schuldknechtschaft
Communalism	Eine Bewegung oder Politik, die im Namen und für die Interessen einer bestimmten *community* geführt wird
Community	Bevölkerungsgruppe, meistens religiös definiert (Hindus, Muslime etc.), aber auch sozial (Dalits) oder rassisch (Anglo-Inder)
Communal Riots	Blutige Zusammenstöße zwischen Angehörigen von Communities, besonders zwischen Muslimen und Hindus
Dastak	Handelspass
Dharma	Weltgesetz, Weltordnung, allgemein als „Religion" übersetzt.
Durbar, darbar	Hof eines Fürsten bzw. des Kaisers, Hofhaltung
Durga Puja	Verehrung der Göttin Durga. Jährliches Fest in Bengalen, vor allem in Kalkutta
Firman	Erlass, Vertrag, Konzession.
Fünf-Stadien-Modell	Im Marxismus die Darstellung der Weltgeschichte als Abfolge der fünf Stadien (auch „Grundformationen") Urgesellschaft, Sklavenhaltergesellschaft, Feudalismus, Kapitalismus, Sozialismus

Gesetzgebende Räte	Engl. Legislative Councils. 1861 wurde in der Zentralregierung ein Legislativrat durch Erweiterung des Exekutivrats um 12 vom Generalgouverneur ernannte Mitglieder gebildet, später durch die Reformgesetze von 1892, 1909 (Morley/Minto-Reformen), 1919 (Montagu-Chelmsford-Reformen) und 1935 (Government of India Act) stetig erweitert. Auch auf Provinzebene wurden Legislativräte eingerichtet (Provincial Legislative Councils)
Green Revolution	Grüne Revolution. Modernisierung der Landwirtschaft im Panjab und später auch im übrigen Indien seit den späten 1960er Jahren
Gomastha	Zwischenhändler in Bengalen (18. Jh.)
Hari Aum	Deckname der Operation, mit der Indira Gandhi die Emergency ausrief. Sanskrit, etwa „Oh Heiliger Vishnu"
Hartal	Eine Art Generalstreik, die Geschäfte werden geschlossen, das öffentliche Leben kommt zum Stillstand
Home Charges	Kosten der britischen Verwaltung einschließlich der Pensionen der ehemaligen ICS-Beamten
INC	s. Indian National Congress
Indian National Congress	Indischer Nationalkongress, Indische Kongress-Partei, oder einfach: der Kongress.
Infanticide	Kindstötung, vor allem von weiblichen Neugeborenen, in einigen Kasten, vor allem bei den Rajputen bis ins 19. Jh. verbreitete Sitte
Ishvara	Sanskrit: Gott, persönlicher Gott
Jati	siehe Varna.
Ka(a)r sevak	wörtlich: Diener der Sache, meist mit „Freiwilliger" übersetzt, hindu-nationalistischer Aktivist
Karmayogin	Sanskrit: Jogi der Tat. Titel einer Zeitschrift Aurobindo Ghoshs
Kavya	Sanskrit: Dichtung als literarische Gattung
Khalsa	Der von Guru Gobind Singh gegründete militante Kern der Sikhs. Sikh-Bruderschaft
Lok Sabha	= Versammlung des Volkes. Das indische Zentralparlament. Daneben gibt es als zweite Kammer die Rajya Sabha
Marwaris	Sammelbegriff für sehr erfolgreiche Geschäftsleute, die ursprünglich aus Rajasthan stammen, entweder Jains oder Vishnuiten sind und einen Schwerpunkt in Kalkutta haben

Maulvi	Islamischer Geistlicher
Moplahs	Volksgruppe indisch-arabischer Herkunft in Malabar
Mukti Fauj, Mukti Bahini	Befreiungsarmee, Befreiungsheer, die Untergrundarmee der ostbengalischen Unabhängigkeitskämpfer 1971
Pandit (engl. Pundit)	Sanskrit-Gelehrter. Die Kaschmir-Brahmanen werden allgemein Pandits genannt („Pundit Nehru")
Permanent Settlement	(Permanent Settlement of land revenue) Dauerhafte Veranlagung der Grundsteuer, 1792/93
Personal law	Zivilgesetz, das nur für eine bestimmte religiöse Gruppe gilt
Peshwa	Führer des Marathenreichs, eine Art Hausmeier
President's Rule	Übernahme der Regierung eines Union State durch den Präsidenten nach § 356 der Verfassung
Puja	Bei den Hindus Gottesdienst im Tempel oder vor dem Hausaltar
Raiyat, engl. ryot	Arabisch: Untertan. In Indien: Kleiner Bauer, Pächter. Hobson-Jobson: „a tenant of the soil"
Ramrajya	Herrschaft des Rama. Bei Mahatma Gandhi: Ideale Herrschaft
Sannyasi, Samnyasin	abgeleitet von Sanskrit *sannyas* = Verzicht, das vierte Stadium im Leben eines Hindus, frei übersetzt: heimatloser Bettelmönch
Sarva-dharma-sambhava	Gleichheit (im Sinne von Gleichberechtigung) aller Religionen. Hindi- bzw. Sanskritbegriff für „Säkularismus", wie ihn die Hindu-Nationalisten verstehen. Gegenbegriff zu *dharma-nir-apeksyata*, Nichtbeachtung der Religion, „denial of religion", wie die Kongress-Partei den Begriff Säkularismus versteht. Neuerdings wird der Begriff *panth-nir-apeksyata* gebraucht, da *panth* eher die konkrete historische Religion bedeutet, während *dharma* Religion schlechthin bedeutet
Sati, Suttee	Sanskrit = die tugendhafte Frau, in der anglisierten Version Suttee meint es die Witwenverbrennung
Schudras	auch Shudras, Sudras. Der vierte *varna*. OBC, Non-Brahmans
Sepoy, persisch sipahi	indischer Soldat der Armeen der EIC
Shankaracharya	Philosoph des 9. Jh., der allgemein als oberste Autorität des Hinduismus angesehen wird.

	Nach ihm nennen sich die vier Shankaracharyas, die heutzutage die oberste Autorität in hinduistischen Angelegenheiten beanspruchen
Syndicate	Polemische Bezeichnung von linker Seite für die Gruppe von politischen Gegnern Indira Gandhis. Ihnen wurde eine „rightist" Orientierung unterstellt, zum Teil zu unrecht
Taluqdar	Steuereinnehmer, dann Großgrundbesitzer in Oudh
Thugs	Raubmörder, die im Namen der Göttin Kali Reisende überfielen und mit einem gelben Seidenschal erdrosselten. Abstractum: Thuggee
Upanischaden	Textgattung des Veda, Vedanta.
Varna	Eins der beiden Wörter für „Kaste", das andere *jati*. Die vier Varnas sind: Brahmanen, Kshatriya, Vaishyas, Schudras. Varna ist eher als „Stand" zu verstehen, während *jati* die kleinere endogame Einheit bedeutet (davon gibt es zwischen drei- und viertausend)
Veda	Sammlung von heiligen Sanskrit-Texten, die als oberste textliche Autorität des Hinduismus gilt
Vote bank	Stimmenblock, Wählergruppe, auf deren Zustimmung eine Partei fest bauen kann, wie z. B. die Muslime, die Unberührbaren u. a.
Working Committe (WC)	Arbeitsausschuss des AICC (siehe dort), auch Congress High Command genannt, die oberste Leitung der Kongress-Partei
Zamindar	Steuereinnehmer, durch das Permanent Settlement zum Großgrundbesitzer gemacht (siehe auch Rayat).

Register

Personenregister

Abdul Kalam, A.P.J. 194
Abdur Rahman 44
Advani, Lal Krishna 111, 118
Afsal Khan 54
Aga Khan 58
Ahmad Khan, Syed 57f., 170
Ahmed Shah Abdali (Durrani) 23, 28
Akbar 6, 11, 149
Alexander I. von Russland 27
Ali Naqi Khan 166
Amanullah 60
Ambedkar, Bhimrao Ramji 75f., 120
Anwar-ud-din-Khan 12
Apte, N.D. 91
Aristoteles 154
Arnold, Edwin 62
Aschoka 99
Attenborough, Richard 175
Attlee, Clement 79, 88f., 172, 174, 176
Auckland, George Eden 28
Aurangzeb 12, 14, 24, 54, 151, 153
Ayub Khan 103
Azad, Maulana Abul Kalam 88, 176

Badauni 149
Badge, Digamber 91
Bahadur Shah Zafar II. 39, 167
Baji Rao II. 26
Bakshi Ghulam Muhammad 93
Banerjea, Surendranath 50, 168
Barkatullah, Maulana 60
Beck, Theodore 58
Bentham, Jeremy 32, 34, 180
Bentinck, William 32f.
Bernier, François 154
Besant, Annie 49
Bhave, Vinoba 82, 96
Bhindranwale, Jarnail Singh 113
Bhutto, Zulfiqar Ali 106f.
Blavatsky, Helena Petrowna 48f.
Blunt, W.S. 181
Bopp, Franz 160
Borodin, Michail Markowitsch 71
Bose, Subhas Chandra 73, 82–86, 91, 154, 162, 168, 174
Botha, Louis 64
Bright, John 181
Brydon, William 29

Bucharin, Nikolai Iwanowitsch 72
Bulwer-Lytton, Edward 43
Burke, Edmund 19, 22
Burnouf, E. 165

Campbell, Sir Colin 40
Carey, William 31f.
Cavagnari, Pierre Louis 44
Charles II. von England 11
Chatterji, Bankim Chandra 164
Chattopadhyaya, Virendranath („Chatto")
60, 71, 134
Chauhan, Jagjit Singh 113
Child, Sir Josua 151
Chopra, P.N. 173
Churchill, Winston 74, 83, 87, 175
Clinton, Bill 123
Clive, Robert 15–17, 22, 152f.
Cornwallis, Charles, 1st Marquess 25, 30, 41, 155
Cotton, Sir Henry 181
Cripps, Stafford 78f., 83, 88, 172
Cromwell, Oliver 9
Curzon, George Nathaniel 55, 61, 180

Dalhousie, Marquess 35, 39, 153, 167
Dange, Shripad Amrit 95
Das, Chittaranyan (C.R.) 67, 83
Das, Taraknath 60
Datta, Bhupendranath 60
Dayananda Saraswati 47–49
Deb, Raja Radhakanta 37, 165
Defoe, Daniel 15
Derozio, Henry Louis Vivian 38
Desai, Morarji 102–104, 109–111
Deussen, Paul 49
Digby, William 181
Dillon, Ganga Singh 113
Disraeli, Benjamin 43f.
Dost Mohamed 28, 40
Drake, Francis 7
Dufferin, Marquess of Dufferin and Ava
45, 53
Duperron, Anquetil 160
Dyer, Reginald 66

Einstein, Albert 77

Elgin, Victor Alexander Bruce, 9th Earl 180
Elisabeth I. von England   9

Fakruddin Ali Ahmed   109
Farkushiyar   11, 15
Fernandes, George   108, 111
Foucault, Michel   140
Francis, Philip   20
Francke, August Hermann   150
Franz Xaver   6

Gait, E.A.   192
Gama, Vasco da   2f., 144f., 147
Gandhi, Feroze   103
Gandhi, Indira   1f., 103–105, 107–114, 116f., 173, 188f., 193
Gandhi, Mohandas Karamchand, „Mahatma"   2, 50, 55, 59, 62–65, 67–70, 73–84, 86f., 89–91, 94, 96, 103, 108, 131, 133, 135, 142, 164f., 168, 171–173
Gandhi, Rajiv   114–116, 122, 193
Gandhi, Sanjay   110, 114, 188
Gandhi, Sonia   122, 194
Ghosh, Aurobindo   51, 54–56, 164, 168
Giri, V.V.   104
Gladstone, William   44, 186
Godse, Nathuram   90f.
Goethe, Johann Wolfgang von   159
Gokhale, Gopal Krishna   65, 168, 187
Golab Singh   30
Gomara, Francisco Lopez de   144
Gowde, H.D. Deve   117
Gramsci, Antonio   142
Grant, Charles   30–32
Grover, B.R.   173
Gujral, Kumar   116f.

Habibullah   60
Haider Ali Khan   24–26
Haji Habib, Sheth   64
Hakluyt, Richard   152
Haksar, P.N.   103
Hardinge, Charles, Baron   60
Hare, David   38
Hari Singh   101
Hastings, 1st Marquess   27
Hastings, Warren   16f., 20–23, 30f., 127, 152f., 159, 170, 175
Havelock, Henry   40
Hawkins, William   10
Hedgewar, K.B.   69
Hegel, Georg Friedrich Wilhelm   125
Heinrich der Seefahrer   145f.
Hentig, Werner Otto von   60

Herder, Johann Gottfried   159
Hitler, Adolf   84f., 174
Hobsbawm, Eric   158, 164, 181
Humayun   4
Hume, Allan Octavian   49, 133, 169
Hume, David   38
Hyndman, Henry M.   181

Ignatius von Loyola   6
Irwin, E.F.L. Wood, Earl of Halifax, Vizekönig   73f.

Jahangir   10f.
Jayawardene, J.R.   115
Jinnah, Mohammad Ali   67–70, 80f., 88f., 168, 175f.
Johannes Paul II.   149
Johannes, Priesterkönig   145
Johnson, Louis   83
Jones, Sir William   22, 30f., 127, 138f., 159f.
Joshi, P.C.   95

Kamraj, Kumarasami   104
Kant, Immanuel   38
Kapur, J.L.   172
Karl VI.   151
Kennedy, George F.   101
Kharak Singh   29
Kissinger, Henry   107
Krishnadevaraya   4
Kumarappa, J.C.   172

Laski, Harold   78
Lawrence, Henry   30
Lawrence, John   167
Le Corbusier   93
Lenin, Wladimir Iljitsch   71, 77, 132
Liaquat Ali Khan   102
Linlithgow, Victor, Lord   81f., 176
Locke, John   21, 38
Lohia, Rammanohar   77, 96, 176
Ludwig XVI. von Frankreich   25
Lumley, Roger   87
Lytton, Lord Robert   43f., 169, 180f.

Macaulay, Thomas Babington   33f., 46, 140, 172
MacDonald, James   75
Mahalanobis, Prasanta Chandra   98
Malabari, Behramji   53
Malaviya, Pandit Madan Mohan   68f., 74, 168
Mallik, Madhab Chandra   38
Mannheim, Karl   164
Manucci, Niccolao   12

Manuel I. von Portugal   4, 144, 147
Masani, Minoo R.   77
Maximilian I.   144
Mayawati   121
Mazumdar, Charu   105f.
Mazzini, Giuseppe   50, 52
Mazzotta, Orlando   84
Mehta, Ashoka   77
Menon, Krishna   78f.
Mill, James   32, 127, 129, 180
Milton, John   152
Mindon Min   45
Minto, Lord   58f.
Mir Jafar   15–17
Mir Kasim   16
Modi, Narendra Kumar   123, 191
Mohamed Reza Khan   17
Montesquieu, Charles-Louis de Secondat
    154
Mookerjee, Sir Ashutosh   97
Mookerjee, Syama Prasad   96f.
Moonje, B.S.   69
Moritz von Nassau   13
Morley, John   58f.
Mountbatten, Louis, Lord   89
Mountbatten, Louis, Lord, Vizekönig
    175–177
Müller, Max   49, 130, 165
Münzenberg, Willy   77
Mujib-ur Rahman, Sheikh   106
Mukherjee, M.K.   174
Mun, Thomas   10
Musharraf, Pervez   123f.

Naidu, Sarojini   60, 70, 74
Namboodiripad, E.M.S.   95
Namier, Sir Louis   131
Nana Sahib   39, 166
Nao Nibul Singh   29
Naoroji, Dababhai   52, 130, 157, 181
Napoleon I.   25–27, 153
Narain, Raj   111
Narayan, Jayaprakash   77, 86, 96, 107–109,
    188
Nasser, Gamal Abdel   100
Nawab of the Carnatic   siehe Anwar-ud-
    din-Khan
XE Nehru, Jawaharlal   3, 51, 73f., 77–79,
    81–83, 88f., 91f., 94–103, 117, 157, 168,
    170, 172, 175–177, 187, 194
Nehru, Motilal   67, 70, 73f., 77
Niazi, Amir Abdullah Khan   107
Niedermayer, Oskar Ritter von   60
Nightingale, Florence   181
Nkrumah, Kwame   100

Nobili, Roberto de   6f.

Olcott, Henry   48
Oppenheim, Max von   60
Orlow, Alexej Fjodorowitsch   27
Outram, James   40
Ovington, John   11

Paine, Tom   38
Pal, Bipin Chandra   55
Pandey, Mangal   40
Panini   47
Paradis   13
Parmanand, Bhai   69
Patel, Chimanbhai   102, 108
Patel, Vallabhbhai, Sardar   82, 92, 94
Patil, Pratibha   194
Patwardhan, Achyut   77
Paul I. von Russland   27
Pelsaert, François   156
Pinto, Celsa   144
Pitt d. Ä., William   152
Plütschau, Heinrich   150
Prasad, Rajendra   94
Pratap, Mahendra   60
Premadasa, Ranasinghe   116
Purchas, Samuel   146

Quinet, Edgar   160

Radcliffe, Cyril   89
Radhakrishnan, Sarvepalli   164
Raghunat Rao   24
Rahman, Mujibur   107
Rai, Lala Lajpat   56, 73
Raj, Hans   56
Ram, Jagjivan   110f.
Ram, Kanshi   120f.
Ramakrishna, Shri   49
Rand, W.C.   54
Ranjit Singh   28f.
Rao, Narasimha   116, 121
Rao, N.T. Rama   112
Reddy, Neelam Sajiva   111
Remme, Tilman   174
Ripon, Lord George Frederick Samuel Ro-
    binson, Marquess   44
Risley, Herbert   59
Roberts, Frederick   45
Roe, Sir Thomas   10, 151
Rommel, Erwin   85
Roosevelt, Franklin Delano   83
Roosevelt, Theodore   158
Rose, Hugh   40

Rosenberg, Alfred   84
Row, T. Subba   49
Roy, Manabendra Nath   71f., 134
Roy, Rammohan   35–38, 49, 162–164

Sacy, Sylvestre de   160
Sahni, Bhisham   175
Said, Edward   1f., 138–140, 142, 155,
   161f., 170, 187
Saraswati, Dayananda   164
Satya Bhakta   72
Savarkar, Vinayak Damodar   69, 91, 97,
   117
Schlegel, August Wilhelm   127, 160
Schlegel, Friedrich   159, 161
Schmitt, Carl   171
Schopenhauer, Arthur   160, 163
Schurhammer, Georg   144
Shah Alam   17
Shah Shuja   28
Shankaracharya   36, 163
Sharif, Nawaz   123
Sharma, Suresh   190
Shastri, Lal Bahadur   94, 102f.
Sheikh Abdullah, „Löwe von Kaschmir"
   92, 177
Shekhar, Chandra   111, 116
Sher Ali   44
Sher Singh   29
Shivaji   54
Shore, John   30
Singh, Choudhary Charan   111
Singh, Manmohan   121, 186, 194
Singh, Swaran   107
Singh, Vishwanath Pratap   116, 118f.
Singh, Zail   114
Sinha, Jagmohan Lal   109
Sinnett, Alfred P.   49
Siraj-ud-Daula   14–16
Sirdar Ayub Khan   45
Sleeman, William Henry   33
Smith, Adam   145, 180
Smuts, Jan   64
Springer, Balthasar   148
Stalin, Jossif W.   72, 132
Strachey, Sir Richard   182
Strasser, Gregor   84

Strasser, Otto   84
Sukarno   99f.

Tagore, Dwarkanath   162
Tagore, Rabindranath   65, 154
Tandon, Purushottam Das   95
Thibaw   45f.
Thoreau, Henry David   73
Tilak, Bal Gangadhar   53–56, 67–70, 168
Tipu Sultan   25f., 154f.
Tito, Josip   100
Tojo Hideki   82, 85
Tolstoj, Leo   65f.
Trott zu Solz, Adam von   85
Tschou Enlai   100

Upadhyaya, Deen Dayal   97

Vajpayee, Atul Behari   110f., 122–124
van Linschoten, Jan Huygen   8f., 156
Vansittart, Henry   16
Verma, Nirmal   189
Victoria I. von England   41, 43, 53, 63
Vivekananda, Swami   49f., 60, 164
Voltaire   38

Wavell, Archibald   87, 176
Weber, Max   136, 171
Wedderburn, William   181
Wellesley, Richard Colley, Marquess   26,
   32, 153
Wereschtschagin, Wassili   167
Wesley, Charles   30
Wesley, John   30
Wicki, J.   144
Willingdon, Freeman, Marquess   75
Wilson, H.H.   129, 160, 165

Yadav, Mulayam Singh   119
Yahya Khan   106
Yakub Khan   44

Zakir Hussein   104
Ziegenbalg, Bartholomäus   150
Zurara, Gomes Eanes de   146

Autorenregister

ADAM, W.   189
ADAMS, B.   159
ALI, S.S.   171
ALLEN, C.   152
AMIN, S.   171
APPADORAI, A.   138
ARNOLD, D.   179

BAGCHI, A.M.   181
BAKER, C.J.   131
BALLHATCHET, K.   143
BARBER, N.   155
BAROOAH, N.   134
BAYLY, C.A.   126, 131, 141, 154, 170
BENDIX, R.   135f.
BERNIER, F.   20, 155
BHATIA, B.M.   180
BHATTACHARYA, N.N.   186
BHATTI, A.   140
BITTERLI, U.   145
BLINKENBERG, L.   177
BLUSSÉ, L.   150
BOLTS, W.   18f., 34
BORGES, CH.   144, 149
BOXER, R.   145
BRASS, P.R.   193
BRAUNBERGER, G.   187
BRECKENRIDGE, C.A.   138–140
BRIE, F.   152
BRITTON, B.   171
BROWN, J.   131
BRÜCKNER, H.   128
BRUHN, K.   141, 161
BUSS, A.   137
BUTALIA, U.   175
BUTZENBERGER, K.   128

CASOLARI, M.   190
CHAKRABARTY, D.   141, 143
CHAKRAVORTY SPIVAK, G.   142
CHAND, T.   130
CHANDRA, B.   108, 156, 181, 189
CHATTERJEE, P.   138, 141, 170
CHICHEROV, A.I.   133
COLLINS, L.   172, 175
CONRAD, D.   81, 162, 171, 176, 188
CRAWFORD, S. CROMWELL   165
CROUZET, F.   159

DALMIA, V.   161, 164
DALRYMPLE, W.   165
DANZIG, R.   61

DAS, M.N.   167
DASGUPTA, C.   172, 177
DASTON, L.   147
DATTA, K.K.   139
DAVIS, M.   1, 158f., 178–183
DAVIS, R.   158
DE, B.   162
DELFS, T.   190
DELLON, C.H.   149
DEUTSCH, K.W.   135
DHAR, P.N.   193
DILKES, CH.W.   42
DIRKS, N.   138f.
DIXIT, P.   49
DOBBIN, C.   131, 137
DODWELL, H.H.   152, 167
DOW, A.   154
DUMONT, L.   139, 170
DUTT, R.CH.   130, 157, 181

EBERLING, M.   171
EISENSTADT, S.   136
Elphinstone, M.   27
ELSENHANS, H.   191f.
ENGELS, F.   132, 154
ENGINEER, A.   192
ERHARD, A.   148

FERNANDEZ-ARMESTO, F.   146
FISCH, J.   170
FISCHER, L.   89
FISCHER, W.   158
FISCHER-TINÉ, H.   143, 162, 172
FÖRSTER, S.   126, 153
FRANK, A.G.   137
FRANK, K.   188
FRYKENBERG, R.   161
FURBER, H.   151

GAASTRA, F.S.   150
GALLAGHER, J.   131
GANDHI, G.   171
GANDHI, L.   141
GATZLAFF, M.   175
GEERTZ, C.   134
GHOSH, B.K.   189
GOETZ, H.   154
GREENOUGH, P.   182
GRÜNENDAHL, R.   161
GUHA, R.   142
GUPTA, B.K.   155, 170

Habib, I.   133, 154, 156, 173, 181, 183, 185
Hacker, P.   50, 139, 164
Halbfass, W.   128, 139, 164f.
Hamilton, C.J.   152
Hauboldt, E.   188
Hauner, M.   84, 174
Heimsath, C.H.   53
Heston, A.   183, 185
Hoeber-Rudolph, S.   135

Inden, R.   138

Jaffrelot, C.   190
Jalal, A.   176
Jarric, P. du   149
Jayaswal, K.P.   130
Jha, Prem Shankar   191
Jha, P.S.   177
Jha, R.K.   190
Jha, S.C.   133
Johnson, C.   131
Jones, E.L.   137
Joshi, V.C.   162

Kantowsky, D.   136
Kellenbenz, H.   148
Khan, Y.   175
Khilnani, S.   162
Killingley, D.   163
Kipling, R.   42
Kling, B.   162
Knabe, W.   148
Knefelkamp, U.   145
Kopf, D.   162
Kothari, R.   135f.
Krieger, M.   150
Krishna, C.   190
Kroboth, R.   146
Krüger, H.   134
Kuhlmann, J.   174
Kulke, H.   128, 132, 139, 147, 164
Kumar, D.   157, 182, 185

Lal, D.   140, 178, 183–186
Lamb, A.   177
Landes, David S.   146, 158, 181
Lapierre, D.   172, 175
Lassen, C.   127
Lerner, D.   135
Leue, H.-J.   150
Lewkowski, A.I.   133, 158
Liebau, K.   150
Lindley, M.   172
Loetscher, H.   146

Ludden, D.   138
Lütt, J.   137, 139, 160, 170, 172
Luithle, A.   137

MacFarlane, I.   155
Maddison, A.   183
Männicke, J.   193
Majumdar, R.C.   129f., 165f.
Malekandathil, P.   148
Malik, J.   154
Malinar, A.   128, 132
Mani, L.   139
Manjapra, K.   134
Mann, M.   162, 172, 179
Mansergh, N.   172
Marchand, S.L.   160
Marshall, P.   159
Marx, K.   21, 34f., 96, 132, 154, 158
Mathew, K.S.   148
Matsui, T.   156
McGetchin, D.T.   128, 161
McLane, J.R.   169
Mendonca, D. de   149
Menon, V.P.   174
Misra, B.B.   172
Mitterauer, M.   137
Mookerji, R.K.   130
Morris, M.D.   156, 183
Muir, R.   19, 151f.
Munshi, K.M.   158

Nandy, A.   136, 139
Neill, S.   149
Nolte, H.H.   158
Nussbaum, M.   171, 190f.

Orme, R.   13
Osterhammel, J.   126, 155

Palme Dutt, R.   132, 169
Panikkar, K.M.   2, 145
Panikkar, K.N.   173
Park, P.K.   128, 161
Philips, C.H.   129f., 162, 174f.
Pirzada, S.S.   81
Pögl, G.   146
Pohle, J.   147f.
Polanyi, Karl   182
Poliakov, L.   161
Prakash, G.   139, 167
Preisendanz, K.   154
Priolkar, A.K.   149

Rabault-Feuerhahn, P.   160

Ranger, T.   164
RAO, V.N.   128, 147
RAYCHAUDHURI, T.   156, 163
REDDY, E.S.   171
REINHARD, W.   146, 150, 152
REMMINGER, E.   148
ROBERTS, A.   175
ROBERTS, F.   172
ROCHER, R.   140, 159
RÖMER, R.   160
ROTHERMUND, D.   134, 147, 154, 164, 171, 188
ROY CHOUDHURY, M.L.   149
ROY, A.   175
RUBEN, W.   133, 158
RUBIÉS, J.-P.   155
RUDOLPH, L.I.   135
RUSSELL, P.   146, 168

SAMES, K.   172
SARDESAI, D.R.   128, 161
SARILA, N.S.   173f., 176f.
SARKAR, J.N.   153
SARKAR, S.   56, 143, 173
SAVARKAR, V.D.   130, 166, 192
SAYEED, K.B.   71
SCHÜTTE, H.W.   128
SCHWAB, R.   160
SCHWERIN, K.   134
SEAL, A.   131, 169
SEELEY, J.R.   42, 151, 166
SEN, S.N.   166
SHOURIE, A.   188
SHULMAN, D.   128, 147
SIEFERLE, R.P.   137, 160
SIMON, J.L.   184
SINHA, N.K.   17, 157, 159
SITARAMAYYA, P.   130
SKODA, U.   191, 193
SMITH, A.   19, 34
SMITH, V.   129
SOMBART, W.   15
SONTHEIMER, G.-D.   139, 164
SOUZA, T.R. DE   144, 149

SPEAR, P.   14, 61
SPRATT, PH.   206
STAGL, J.   147
STEENSGAARD, N.   150
STEIN, B.   154
STIETENCRON, H. VON   139
STOKES, E.   155, 161
STONE, I.   179
STRACHEY, J.   182
STUURMAN, S.   155
SUBRAHMANYAM, S.   128, 144, 147, 149
SWAN, M.   171

TAMBIAH, S.J.   155
TELTSCHER, K.   155, 159
TENDULKAR, G.   74, 83
THORNER, D.   35, 99
THORNER, D. UND A.   181
TZOREF-ASHKENAZI, CH.   161

URE, J.   146

VEER, P. VAN DER   138–140, 161
VERELST, H.   18f.
VISARIA, L. UND P.   185
VISWANATHAN, G.   167
VOIGT, J.   174f.
VOLL, K.   191, 193

WAINWRIGHT, M.D.   162
WALFORT, C.   178
WALLERSTEIN, I.   146, 158
WASHBROOK, D.A.   154
WENDE, P.   187
WHITCOMBE, E.   179
WINDSCHUTTLE, K.   140
WITTFOGEL, K.A.   132f.
WOLPERT, S.   70, 175
WOODRUFF, P.   43

ZACHARIAH, B.   172
ZELLER, G.   128
ZUPANOV, G.   149

Orts- und Sachregister

Adyar   12f., 49
Ägypten   27, 48, 100, 180
Afghanen   23, 25, 28, 74
Afghanistan   4, 23, 27–29, 40, 44, 46, 51, 60, 72, 124, 153
Age of Consent Bill   53f., 143
Agra   8, 10, 35
Ahmedabad   11, 65, 73, 123
Akali Dal   97, 104, 112–114
All India Congress Committee (AICC)   66f., 74, 77, 89
Allahabad   39, 47, 109, 131
Almond-Pye-Gruppe   135
Amritsar   66, 113
Andhra Pradesh   93, 106, 112
Anglo-Inder   61, 75
Annaburg   85
Antwerpen   5, 8f.
Arcot   12, 26
Arier   84, 127, 160, 183
Arya Samaj   47f., 56, 69
Aryas   48, 160
Asiatick Society of Bengal   22, 127
Asiatische Produktionsweise (APW)   132
Assam   88, 107, 112, 115
Augsburg   7, 147
August-Aufstand   82, 95, 176
August-Erklärung 1917   61
Avadhi   103
Awadh   26
Ayodhya   118, 123

Babur-Moschee   118, 161
Badarayana   36
Bahmanidenreich   4
Bahujan Samaj Party (BSP)   116, 120f.
Bandung   99f.
Bangladesh   106f., 112, 124, 127
Baroda   54, 75
Batavische Republik   9
Belgrad   100
Belutschistan   60, 88
Benares   35, 39f., 47, 68
Benares Hindu University   86
Benares Sanskrit College   22
Bengal Army   40
Bengalen   11, 14, 17, 31f., 36, 40, 47, 49–51, 55f., 58f., 80, 87–89, 114, 151, 155, 157, 164
Bengali   32, 36, 38, 53
Bengalische Renaissance   37, 161f., 170
Berar   180

Berlin   60, 71, 77, 82–84, 96
Bhagavadgita   54, 62, 159
Bharatiya Jana Sangh (Jan Sangh)   97, 104f., 108, 110f., 113, 188, 190
Bharatiya Janata Party (BJP)   3, 111, 114, 116–118, 120–124, 173, 188, 190, 192
Bharatiya Lok Dal (BLD)   108, 111
Bhoodan-Bewegung   96
Bhutan   27
Bihar   38, 49, 89, 93, 106, 108, 119
Bijapur   3f.
Bildungspolitik   187
Black Act   63f.
Black Hole   15, 155
Blockfreiheit   3, 99f., 107, 124, 194
Bombay   11, 24, 34f., 47f., 50f., 54, 62, 69, 75f., 87f., 93, 131, 152, 154, 157
Brahmanen   7, 31, 36, 38, 46, 51, 90, 103, 129, 139, 184, 192
Brahmo Samaj   37, 47f., 143
Brüssel   77, 100
Buddhisten   113
Burenkrieg   9, 63
Burma   45f., 52, 82, 85, 112, 168

Cabinet Mission   88f., 175f.
Cafilas   5
Calicut   3
Cannanore   3
Cartaz   5
Ceylon   siehe Sri Lanka
Chandigarh   93
Chattisgarh   93
Chauri Chaura   67
Chennai   siehe Madras
China   5, 28, 77, 82, 95, 100, 105, 111, 137, 180
Christentum   145, 194
– Indische Christen   61, 75, 95, 122
– Mission   31f., 46, 150, 167
Cochin   93
College of Fort William   32
Communal Riots   123
Communalism   52, 68, 92, 119, 139, 141f., 170, 188f., 191
Communist Party of India (CPI, CPI (M), CPI (ML))   72, 95f., 100, 102–106, 108, 110, 114, 116, 134, 188
Congress Socialist Party (CSP)   77, 96
Cripps-Mission 1942   79, 82f., 86, 88, 173, 176

Dänemark   150
Dakka   58, 107
Dalits   116, 119, 194
Dandi   73f.
DDR   134
Dekkan   1, 153
Dekolonisierung   3, 59, 172
Delhi   24, 26, 35, 38f., 43, 57, 84, 89f., 97f., 103, 106, 110, 114, 153, 167
Delhi, Sultanat   4, 12
Depressed Classes   *siehe* Unberührbarkeit, Unberührbare
Depressed Classes of India Association   76
Deurbanisierung   178
Deutschland   77, 81, 83, 85, 98
De-Industrialisierung   158, 178, 186
Dharma   48
Dharma Sabha   37
Diu   4f.
Diwani   17, 20, 157
Dominion-Status   68, 83
Dorfgemeinde   138, 183
Drain of wealth   52, 178
Dravida Munnetra Kazhagam (DMK)   94, 97, 104
Dundee   180
Durand-Linie   46

East India Company (EIC)   8f., 14, 16–20, 22–26, 28, 30–32, 34f., 40f., 151f., 154, 157
Eisenbahn   34f., 40, 45, 167, 181f.
Emergency   92, 109f., 112, 188, 190, 194
Emir   28
England   82, 149f., 157, 187
Englisch als Unterrichtssprache   33, 37, 167
Entkolonisierung   *siehe* Dekolonisierung
Estado da India   4, 8, 143, 149
Evangelikalismus   30f., 127, 161f.

Faktoreien   11, 14f., 151
Faschismus   78f., 84, 104, 188–190
Fasten   66, 75f., 87, 90, 109
Fatehpur Sikri   6
Formosa (Taiwan)   8, 86, 174
Forward Bloc   84
Frankreich   60, 82, 93, 152, 155
Freihandel   34, 179f., 186
Fürstenstaaten   26, 41, 43, 89, 92
Fundamentalismus   189

Gandhi-Irwin-Pakt   74
Ganges   38
Geldverleiher   180, 182

Gesetzgebende Räte   59, 88
Getrennte Wählerschaften (Separate Electorates)   58, 61, 70, 175
Ghazni   28
Goa   3f., 6, 10, 94, 100, 144, 148
Godhra   123
Golkonda, Sultanat   1, 4f., 12
Good Government   33, 35, 42, 186
Government of India Act   40, 79f., 91f.
Great Game   28, 46, 176
Grüne Revolution   105, 114
Gujarat   4, 11, 62, 93, 102, 108f., 122f., 190

Halle   150
Halle-Mission   31, 150
Harijan   76
Haryana   93
Heilige Kuh   47, 58, 68, 92, 123
Herat   28, 40, 44f.
Himachal Pradesh   93, 117
Himalaya   29, 43
Hindi   47, 57f., 68, 80, 91, 93f., 123, 187
Hindi-Urdu-Kontroverse   58
Hindu College   32, 37f.
Hindu Mahasabha (HMS)   68f., 90f., 96f., 166, 173, 190
Hinduismus   138, 164, 183, 192
Hindus   3, 6, 16, 22, 25, 29–32, 39, 48, 51, 55, 57f., 66–68, 76, 79f., 88–90, 92, 113, 123, 159, 170f., 175, 177, 184, 194
Hindutva   69, 117, 192
Hindu-Agenda   123
Hindu-Muslim-Konflikt   78
Hindu-Nationalismus   3, 68, 86, 91f., 95, 97, 111, 115–119, 126, 143, 161, 189, 192, 194
Holländer   8
Holstein   151
Hormus (Ormuz)   4
Hugli   11, 31
Hungersnöte   20, 35, 43, 87, 169, 178, 180, 182
Hyderabad   23–26, 43, 92f., 95

Ilbert Bill   44
Imperialismus   43, 46, 71, 78f., 81, 133, 180
Improvement   33
India League   75, 78
Indian Civil Service (ICS)   41f., 51, 54, 58, 60, 91, 130, 142, 168f.
Indian National Army (INA)   85, 87, 91
Indian National Congress (INC)   *siehe* Indischer Nationalkongress, s.a. Kongress-Partei

Indische Legion 85
Indischer Aufstand (Mutiny) 38, 57, 153, 155, 165f., 168
Indischer Nationalkongress, s.a. Kongress-Partei 2, 46, 49–54, 56f., 62, 68f., 71–77, 79f., 83f., 133, 136, 166f., 169f., 173, 175, 187
Indischer Ozean 3
Indischer Sozialismus 95f., 120
Indonesien 82
Indo-Sri Lanka Accord 115
Industrialisierung 3, 52, 133, 137, 186
Inquisition 6, 149
Interlopers 9
Investment 18, 157
Italien 77, 83

Jagatseths 15
Jainismus 6, 113
Jallianwala-Bagh 66
Jammu siehe Kaschmir
Janata Dal 116, 119
Janata Party 110f.
Janata Vimukti Peramuna (JVP) 116
Japan 5, 8, 82, 85, 174
Java 27
Jesuitenorden 6, 11, 149
Jhansi 39f., 167
Jharkand 93
JP-Bewegung 108, 190
Jugoslawien 194
Junges Bengalen 38

Kabul 28f., 44f., 60, 84
Kali, Göttin 31, 33, 38
Kalkutta 11, 14–17, 21, 31–38, 40, 43, 46f., 50f., 55–57, 70, 73, 83, 89, 97, 105f., 157
Kanara 156
Kandahar 28, 45
Kanpur 39, 47, 72, 157, 167
Kap der Guten Hoffnung 27
Kapitalismus 71, 137
Karatschi 89
Karnataka 93
Kaschmir 27, 29f., 43, 90, 92f., 97, 101–103, 107, 123, 177, 194
Kaschmir-Brahmanen 29
Kastenwesen 31, 33f., 46, 48, 51, 54, 62, 65, 76, 92, 97, 99, 110, 116, 119–121, 133, 135, 138, 141f., 167, 183, 186, 192
Kayasths 46, 51
Kerala 67, 93, 95
Khalistan 112f.
Khilafat 66f., 72
Khyber-Pass 29

Kiel 49
Kolonialismus 71f., 78, 109, 126, 132, 137, 145, 178, 181, 186f., 193
Komintern 71f., 77, 86
Kommunismus, Kommunisten 68, 77, 79, 86, 95f., 105, 110, 134
Kongress-Partei 50, 67, 79, 81–83, 86, 88f., 91, 94–96, 99, 102–105, 108–111, 113f., 116f., 119–122, 124, 134, 172, 175–177, 188f., 191
Konstruktives Programm Gandhis 75
Kontraktarbeiter (Kulis) 63, 179
Korea-Krieg 99
Koromandelküste 6, 8
Kosimbazar 11, 14
Kshatriyas 48

Labour Party 77–79, 88f., 98, 173
Lahore 39, 47f., 73, 103, 123
Lakhnau 39f., 51, 157
Lancashire 34, 157, 180, 186
Lenin-Roy-Debatte 71
Lissabon 5f., 8, 147, 149
Lok Sabha 95, 105, 117, 121
London 20, 32, 56, 63f., 69, 74f., 83, 89, 150, 169
Lorient 12
Lucknow-Pakt 70

Madhya Pradesh 93, 117
Madras 11f., 15, 21, 24, 34, 47, 49, 51, 86, 93f., 131, 152, 157, 179
Maharashtra 47, 53f., 56, 69, 90f., 93, 97
Malabar 5, 25, 93, 171
Malaiische Halbinsel 4
Malakka 4f.
Malayalam 93
Manchester 180
Mandalay 45
Mandal-Commission 118f.
Mangalore 25
Manus Gesetzbuch 31, 120, 141, 159
Marathen 17, 23–28, 54, 130, 153, 166
Marwaris 97
Marxismus, Marxismus-Leninismus 71, 96f., 132, 136, 142, 169, 181, 189
Massaker von Amritsar 66
Massaker von Cawnpore 40, 167
McMahon-Linie 101
Meerut 38–40, 85
Meghalaya 107
Mekka 3
Merkantilismus 10
middle class 41, 43f., 46f., 72, 168
Minderheiten 70, 74f.

Minute on Education 33, 37
Modernisierung 126, 135–137, 187, 193
Modernisierungstheorien 134f.
Moghuln 4, 10f.
Moghulreich 4, 8, 54, 151, 184
Montagu-Chelmsford-Reformen 61, 73
Moskau 71f., 77, 84, 86, 110
Multan 30, 39
Murshidabad 17, 157
Muslime 16, 29, 39, 51, 55, 57–59, 61, 66f., 70, 74, 79f., 86, 88–90, 92, 99, 119, 123, 145, 170f., 175, 194
Muslim-Liga 57f., 68–71, 80f., 86, 88f., 115, 170, 176
Mutiny siehe Indischer Aufstand (Mutiny)
Mysore 23–26, 43, 93, 154

Nagaland, Nagas 112
Natal 63
Nation building 3, 92, 135
National Front (NF) 116
National Social Conference 53f.
Nationalbewegung, indische 46, 50, 75, 131
Nationalismus 46, 50, 84, 131, 142f., 164, 168, 170, 181
Nawab 17
Naxaliten 105f.
Nayakas 8, 147
Nehru Report 187
Nellore 26
Nepal 27
Nestorianer („Sankt-Thomas-Christen") 6f.
New Delhi 123
New York 48, 56, 124
Nichtzusammenarbeit (Non-cooperation) 66–68, 70, 73
Niederlande 145, 149f.
Nizam 23, 25, 92
Noakhali 89
Nürnberg 7, 147

Opium 180
Orientalischer Despotismus 26, 129, 132, 154
Orientalismus-Debatte 128, 140
Orissa 11, 122
Osmanen 25
Osmanisches Reich 59f., 66
Ostbengalen 171
Ostindien-Kompanien, s.a. East India Company 8, 12, 150, 155
Ostpakistan, s.a. Bangladesh 102, 106f.

Other Backward Classes 121, siehe Kastenwesen
Oudh 17, 38–40, 166f.
Oxford 186

Pakistan 2f., 80f., 88–92, 100–103, 106f., 111, 118, 123f., 127, 175–177
Pakistan-Resolution 81
Panipat 24
Panipat, Schlacht von 4
Panislamismus 72
Panjab 27–30, 39, 48, 56, 80, 88f., 91, 93, 97, 105, 113f., 177
Panjabi 93
Panjabi Suba 112f.
Parsismus 6, 137
Pathanen 88
Patna 11, 17, 39, 77, 108
Pearl Harbour 82
Permanent Settlement 20f., 163
Perser 25
Persien 3f., 27f., 151
Personal Law 22
Peshawar 39, 74
Peshwa 39, 166
Pfefferküste siehe Malabar
Pirpur-Report 80, 176
Pitts India Act 19, 152
Planungskommission 98, 102
Plassey, Schlacht von 16–18, 35, 39, 151f., 157
Plünderung Bengalens 17f., 157f.
Pondicherry 12, 56, 93, 148
Poona-Pakt 76
Poonch 177
Porbandar 62
Portugal 94, 144f., 147, 149
Postkolonialismus 1, 137, 175
President's Rule 92, 95, 106, 108, 114
Puna (Poona) 54, 90

Quit-India-Bewegung 86

Raja 25
Rajasthan 117
Rajkot 62
Rajputen 4, 51, 130
Ramakrishna-Mission 47, 50
Ramjanmabhumi 118
Rangoon 82
Rashtriya Swayamsevak Sangh (RSS) 69, 96, 111, 118, 173, 189f.
Rassismus 42, 84, 143, 155
Regionalparteien 116
Round Table Conference 73f.

Rourkela   98
Russische Revolution   66
Russland   27f., 44, 46, 151

Säkularismus   3, 91f., 102, 117, 190, 194
Salzgesetz   73
Samajwadi Party (SP)   116, 119–121
Samorin   3
Sanskrit   32, 36f., 47
Satyagraha   64, 66
Scheduled Castes (SC), Scheduled Tribes
   (ST)   119f.
Selbstbestimmungsrecht der Völker   78
Separate Electorates   siehe Getrennte Wäh-
   lerschaften (Separate Electorates)
Sepoys   38
Serampore   31, 37
Serampore College   32
Seringapatam   25f.
Shah Commission   188
Shah-Bano-Fall   114–117
Sheffield   180
Sikhs   27–30, 40, 61, 90, 93, 97, 112–115,
   117, 119, 130, 137, 170, 194
Sikkim   94
Simla   43, 58, 107
Simla-Abkommen   107
Sind   27–29, 80, 88
Singapur   82, 85
Socialist Party of India   96, 104, 108, 110
Sowjetunion   71, 77, 83–85, 99, 103f., 107,
   124, 134, 176, 188, 193f.
Sozialismus, s.a. Indischer Sozialismus   43,
   77, 91, 104, 109, 132, 190, 193
Spanien   144
Sri Lanka   8, 27, 48f., 115
Srinagar   101
Südafrika   62–65
Sumatra   4, 9
Surat   8, 10–12, 26, 73
Sutlej   29
Swadeshi-Kampagne   55–57
Swatantra Party   97, 102, 104f., 111
Syndicate   102, 104

Talikota, Schlacht von   4
Taluqdars   39f., 167
Tamilen   97, 150
Tamilnadu   115f.
Taschkent   72, 103

Telengana   93, 95
Telugu Desam Party   112
Theosophische Gesellschaft   47–49, 169
Thugs, Thuggee   33, 162
Tibet   28, 100f.
Tokio   85
Tranquebar   31, 150
Travancore   25f., 93
Tripura   107
Turkestan   45

Unberührbarkeit, Unberührbare   48, 61,
   65, 67f., 75f., 92, 99, 110, 118–120, 192
United Provinces   siehe Uttar Pradesh
Unterentwicklung   126, 134, 156
Upanischaden   36f., 49
Urdu   57, 68, 80
USA   71, 82, 99, 107, 124, 126, 135, 173,
   191, 193
Utilitarismus   32, 127, 161f.
Uttar Pradesh   48, 58, 67, 80, 93, 102, 117–
   121, 171
Uttaranchal   93

Vallabhacharis   47, 62, 137
Venedig   4
Vereinte Nationen   99, 101
Verfassung   88f., 91, 109
Vijayanagara   4f., 8, 24, 127, 147
Vischnuismus   47
Vishva Hindu Parishad (VHP)   118
Volkszählungsberichte (Census Reports)
   138, 141, 185, 192

Wahlen zur Lok Sabha 1971   105
Westbengalen   97, 105–107, 115
Wirtschaftsliberalisierung   118, 123
Witwen   33, 48
Witwenverbrennung, Suttee   33, 37, 139,
   141, 143, 162, 167
Wood Despatch   34

Yadavs   119f.

Zamindar   20f., 36
Zentralasien   4, 27, 72
Ziviler Ungehorsam (civil disobedience)
   73f., 76
Zürich   77
Zwei-Nationen-Theorie   80f.

Oldenbourg Grundriss der Geschichte

Herausgegeben von Lothar Gall, Karl-Joachim Hölkeskamp und Hermann Jakobs

Band 1a: *Wolfgang Schuller*
Griechische Geschichte
6., akt. Aufl. 2008. 275 S.,
4 Karten
ISBN 978-3-486-58715-9

Band 1b: *Hans-Joachim Gehrke*
Geschichte des Hellenismus
4. durchges. Aufl. 2008. 328 S.
ISBN 978-3-486-58785-2

Band 2: *Jochen Bleicken*
Geschichte der Römischen Republik
6. Aufl. 2004. 342 S.
ISBN 978-3-486-49666-6

Band 3: *Werner Dahlheim*
Geschichte der Römischen Kaiserzeit
3., überarb. und erw. Aufl. 2003.
452 S., 3 Karten
ISBN 978-3-486-49673-4

Band 4: *Jochen Martin*
Spätantike und Völkerwanderung
4. Aufl. 2001. 336 S.
ISBN 978-3-486-49684-0

Band 5: *Reinhard Schneider*
Das Frankenreich
4., überarb. und erw. Aufl. 2001.
224 S., 2 Karten
ISBN 978-3-486-49694-9

Band 6: *Johannes Fried*
Die Formierung Europas 840–1046
3., überarb. Aufl. 2008. 359 S.
ISBN 978-3-486-49703-8

Band 7: *Hermann Jakobs*
Kirchenreform und Hochmittelalter
1046–1215
4. Aufl. 1999. 380 S.
ISBN 978-3-486-49714-4

Band 8: *Ulf Dirlmeier/Gerhard Fou-
quet/Bernd Fuhrmann*
Europa im Spätmittelalter 1215–1378
2. Aufl. 2009. 390 S.
ISBN 978-3-486-58796-8

Band 9: *Erich Meuthen*
Das 15. Jahrhundert
4. Aufl., überarb. v. Claudia Märtl
2006. 343 S.
ISBN 978-3-486-49734-2

Band 11: *Heinz Duchhardt*
Barock und Aufklärung
4., überarb. u. erw. Aufl. des Bandes
„Das Zeitalter des Absolutismus"
2007. 302 S.
ISBN 978-3-486-49744-1

Band 12: *Elisabeth Fehrenbach*
Vom Ancien Régime zum Wiener
Kongreß
5. Aufl. 2008. 323 S., 1 Karte
ISBN 978-3-486-58587-2

Band 13: *Dieter Langewiesche*
Europa zwischen Restauration und
Revolution 1815–1849
5. Aufl. 2007. 260 S., 3 Karten
ISBN 978-3-486-49765-6

Band 14: *Lothar Gall*
Europa auf dem Weg in die Moderne
1850–1890
5. Aufl. 2009. 332 S., 4 Karten
ISBN 978-3-486-58718-0

Band 15: *Gregor Schöllgen/Friedrich Kießling*
Das Zeitalter des Imperialismus
5., überarb. u. erw. Aufl. 2009. 326 S.
ISBN 978-3-486-58868-2

Band 16: *Eberhard Kolb/Dirk Schumann*
Die Weimarer Republik
8., aktualis. u. erw. Aufl. 2012.
Ca. 349 S., 1 Karte
ISBN 978-3-486-71267-4

Band 17: *Klaus Hildebrand*
Das Dritte Reich
7., durchges. Aufl. 2009. 474 S.,
1 Karte
ISBN 978-3-486-59200-9

Band 18: *Jost Dülffer*
Europa im Ost-West-Konflikt 1945–
1991
2004. 304 S., 2 Karten
ISBN 978-3-486-49105-0

Band 19: *Rudolf Morsey*
Die Bundesrepublik Deutschland
Entstehung und Entwicklung bis
1969
5., durchges. Aufl. 2007. 343 S.
ISBN 978-3-486-58319-9

Band 19a: *Andreas Rödder*
Die Bundesrepublik Deutschland
1969–1990
2003. 330 S., 2 Karten
ISBN 978-3-486-56697-0

Band 20: *Hermann Weber*
Die DDR 1945–1990
5., aktual. Aufl. 2011. 384 S.
ISBN 978-3-486-70440-2

Band 21: *Horst Möller*
Europa zwischen den Weltkriegen
1998. 278 S.
ISBN 978-3-486-52321-8

Band 22: *Peter Schreiner*
Byzanz
4., aktual. Aufl. 2011. 340 S., 2 Karten
ISBN 978-3-486-70271-2

Band 23: *Hanns J. Prem*
Geschichte Altamerikas
2., völlig überarb. Aufl. 2008. 386 S.,
5 Karten
ISBN 978-3-486-53032-2

Band 24: *Tilman Nagel*
Die islamische Welt bis 1500
1998. 312 S.
ISBN 978-3-486-53011-7

Band 25: *Hans J. Nissen*
Geschichte Alt-Vorderasiens
2., überarb. u. erw. Aufl. 2012. 309 S.,
4 Karten
ISBN 978-3-486-59223-8

Band 26: *Helwig Schmidt-Glintzer*
Geschichte Chinas bis zur mongo-
lischen Eroberung 250 v. Chr.–1279
n. Chr.
1999. 235 S., 7 Karten
ISBN 978-3-486-56402-0

Band 27: *Leonhard Harding*
Geschichte Afrikas im 19. und
20. Jahrhundert
2., durchges. Aufl. 2006. 272 S.,
4 Karten
ISBN 978-3-486-57746-4

Band 28: *Willi Paul Adams*
Die USA vor 1900
2. Aufl. 2009. 294 S.
ISBN 978-3-486-58940-5

Band 29: *Willi Paul Adams*
Die USA im 20. Jahrhundert
2. Aufl., aktual. u. erg. v. Manfred
Berg 2008. 302 S.
ISBN 978-3-486-56466-0

Band 30: *Klaus Kreiser*
Der Osmanische Staat 1300–1922
2., aktual. Aufl. 2008. 262 S., 4 Karten
ISBN 978-3-486-58588-9

Band 31: *Manfred Hildermeier*
Die Sowjetunion 1917–1991
2. Aufl. 2007. 238 S., 2 Karten
ISBN 978-3-486-58327-4

Band 32: *Peter Wende*
Großbritannien 1500–2000
2001. 234 S., 1 Karte
ISBN 978-3-486-56180-7

Band 33: *Christoph Schmidt*
Russische Geschichte 1547–1917
2. Aufl. 2009. 261 S., 1 Karte
ISBN 978-3-486-58721-0

Band 34: *Hermann Kulke*
Indische Geschichte bis 1750
2005. 275 S., 12 Karten
ISBN 978-3-486-55741-1

Band 35: *Sabine Dabringhaus*
Geschichte Chinas 1279–1949
2. Aufl. 2009. 282 S., 1 Karte
ISBN 978-3-486-59078-4

Band 36: *Gerhard Krebs*
Das moderne Japan 1868–1952
2009. 249 S.
ISBN 978-3-486-55894-4

Band 37: *Manfred Clauss*
Geschichte des alten Israel
2009. 259 S., 6 Karten
ISBN 978-3-486-55927-9

Band 38: *Joachim von Puttkamer*
Ostmitteleuropa im 19. und
20. Jahrhundert
2010. 353 S., 4 Karten
ISBN 978-3-486-58169-0

Band 39: *Alfred Kohler*
Von der Reformation zum Westfäli-
schen Frieden
2011. 253 S.
ISBN 978-3-486-59803-2

Band 40: *Jürgen Lütt*
Das moderne Indien 1498 bis 2004
2012. 272 S., 3 Karten
ISBN 978-3-486-58161-4

www.ingramcontent.com/pod-product-compliance
Lightning Source LLC
Chambersburg PA
CBHW020447100426
42812CB00041B/3499